中國影帝

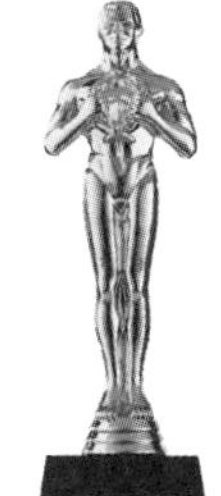

溫家寶

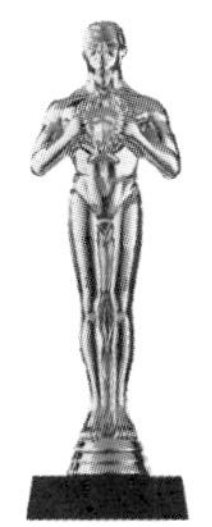

China's Best Actor: Wen Jiabao

余杰 著

鮑彤 序

書名：　　　中國影帝溫家寶
作者：　　　余杰
序：　　　　鮑彤
封面照片：　Miguel Villagran - AFP/Getty Images
封面設計：　Renee Chiang
出版社：　　新世紀出版及傳媒有限公司
聯絡方式：　editors@newcenturymc.com
國際統一書號：978-988-19430-2-6
定價：　　　港幣 118 圓

香港印刷，2010 年 10 月

English Title: China's Best Actor: Wen Jiabao
Author: Yu Jie
Forward: Bao Tong
Cover Photo: Miguel Villagran - AFP/Getty Images
Design, Layout and Production: Renee Chiang
Publisher: New Century Media & Consulting Co. Ltd.
editors@newcenturymc.com
ISBN: 978-988-19430-2-6
Price: HK $118

Printed in Hong Kong, 2010 October

目錄

第三卷 山外青山樓外樓 人生經得幾拳頭

第四卷 自由平等遮羞布 民主集中打劫棋

第五卷 何處不是人肉宴 古久帳簿幾篇章

附錄

鮑彤序：虛擬的中國和現實的中國

——推薦余杰作品《中國影帝溫家寶》

中國的公民之所以關注共產黨的各級領導人，是因為每個人的命運都掌握在領導手裏。千家萬戶對領導都有所求——請求領導過問拖欠的工錢，請求領導制止官商勾結的暴力拆遷，請求領導把自己黨內的腐敗「領導」好，請求領導別再「領導」老百姓的事，別再管老百姓聽什麼歌，看什麼戲，什麼書報不准出，哪些網絡必須封，等等。

作家余杰寫作和出版《中國影帝溫家寶》，無非是批評領導，無非是對領導抱有希望，無非是想知道領導人到底有沒有正視而不迴避擺在他們面前的、非解決不可的重大社會問題，有沒有決心從善如流，實施憲法，使中國在建設成為名副其實的共和國方面獲得實質性、制度性的進步？如果對領導絕望，還會浪費筆墨嗎？這是一種自下而上的批評。這些批評的言論，反映了一種普遍存在的情緒和要求。我看這種情緒和要求是完全可以理解的，是真正能夠推動中國社會進步的積極因素。

到底是共產黨為實現理想而建立，還是理想為解釋共產黨的領導權而存在？虛幻與現實，誰為了誰，這個根本問題，到了公元 2010 年，竟然誰也說不清楚了。但據說共產黨領導的國家裏面黨的領導是「公僕」；所以連斯大林也認為：對自下而上的批評，只要有百分之五的正確性，就應當歡迎；如果要求批評者百分之百正確，那就沒有自下而上的批評了！

「自下而上的批評」是文明社會的家常便飯，但在「無產階級專政國家」中卻是難上加難的大難題。斯大林的話對中國顯然沒有約束力。根據中國的國情和特色，主人和公僕的關係與眾不同，即便如此，查來查去，中國的憲法、刑法、民法，都沒有說過公民批評不得黨國領導人。

六十年前流行過一句話，叫做「批評和自我批評是社會發展的動力」。1953 年出過一個「壓制批評的人是黨的死敵」事件：一位曾經為

革命出生入死的老共產主義者，壓制一位專科學生的批評，中共中央發覺後，給了他留黨察看和撤銷部長職務的處分。此事被立即通報全國，要求全黨高級幹部，務必傾聽來自人民群眾的批評，不可因身居高位而批評不得。

現在流行唱紅打黑。正是毛澤東本人，在七大會場上，請求大會批准，把「批評和自我批評」列為本黨「區別於其他一切政黨」的標誌。須知有無「認真的而不是敷衍的」批評和自我批評，是區別真共產黨和假共產黨的標誌。有批評和自我批評的共產黨，是真；無批評和自我批評的共產黨，是假。

《中國影帝溫家寶》，不能在大陸出版，準備到香港出，但是作家受到警告，香港也不許出。警方的邏輯是，領導人不是普通人，批評領導人就會成為很嚴重的刑事案件，很有可能像劉曉波那樣判重刑。

警方的邏輯是現實的邏輯，但這是小題大做，起碼是幫倒忙；說得嚴肅一點，是替和諧開倒車；用法律語言來說，這是非法的，違憲的。我希望警方懸崖勒馬，迷途知返——現在還來得及。也許毛澤東當時說「批評和自我批評」的時候意在表演，但一經成為中國共產黨的宣言而載入史冊，受黨領導的警方就不應該把它視為兒戲。文明的進步需要積累，昨天和今天的表面文章，說不定就是明天保護人權的具體現實。

對公民的批評，需要黨國領導「有則改之，無則加勉，言者無罪，聞者足戒」；用不著緊張，用不著動用無產階級專政的國家力量來「維穩」。

我很樂意為《中國影帝溫家寶》作序。因為中國存在著兩個世界，一個是言者無罪的虛擬世界，一個是言者有罪的現實世界。領導和被領導，大家都在矛盾中間過日子。為了解決矛盾，首先需要指出矛盾。二百多年前，安徒生用童話故事《皇帝的新衣》向歐洲人指出了矛盾。現在同樣需要有人向中國人指出矛盾。余杰先生作了勇敢的嘗試，這本書也將因此成為檢驗中國的藥劑。如果從此以後，言者真的無罪，黨國領導，省市領導，縣區領導，鄉鎮領導，真的成為公民有權批評的對象，公民真的有了批評任何官員而免於恐懼的自由，這本書就完成了自己的使命。

二零一零年七月二十八日

鮑彤是原中共中央委員、政治局常委政治秘書、中央政治體制改革研究室主任。

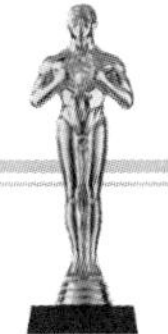

自序：戰勝恐懼的「薩米亞特」式寫作

——兼論我為何批評溫家寶

如果放棄自由，我將日漸衰弱。那些可以出賣的靈魂是騷動和黑暗的。對任何事都不能撒謊，否則四分之三的真相後便是二分之一，四分之一。

喬治・康拉德

活在真實中，為真實而寫作

二零零三年春，我第一次到美國訪問的時候，零距離接觸到美國的電視、廣播、報刊和網絡，這才大吃一驚：幾乎九成以上的政治類評論都在尖銳地批評以總統為代表的行政分支。惡搞總統的漫畫觸目可見，如果僅僅從媒體上瞭解美國總統的話，一定會認定他是一個十惡不赦、窮凶極惡的大壞蛋。我曾經讀過旅美作家林達寫的一本名為《總統是靠不住的》的書，看來，大部分美國人不僅認為總統是靠不住的，甚至認為總統是各種社會問題的罪魁禍首（儘管這個總統是他們自己用選票選舉出來的），正如自己亦貴為總統的里根的那句名言：「政府解決不了問題，政府就是問題的所在。」而同樣也是大家批評甚至惡搞的對象的小布什，也在一次演講中如是說：「人類千萬年的歷史，最為珍貴的不是令人炫目的科技，不是浩瀚的大師們的經典著作，而是實現了對統治者的馴服，實現了把他們關在籠子裡的夢想。我現在就是站在籠子裡向你們講話。」

在一個正常的、健康的社會裡，批評政府、批評國家元首和行政首長，是公民及知識分子的權利與天職。接受公眾的批評甚至「謾罵」，也是所有的從政者首先需要修煉的一項「基本功」——如果沒有這種心理素質，就不要參加這場遊戲。美國開國元勳傑弗遜說過：「自由的輿論與政府相比更為重要，寧可沒有政府有自由的報紙，也不能沒有自由的報紙

而有政府。」在我看來，這就是兩百多年來美國成為繁榮而富強的國度，而且從未發生過一次政變的原因之一。一個任由民眾批評的政府，必然是民主而自信的政府，其穩定是不言自明的；反之，一個不能容忍民眾批評的政府，必然是專制而自卑的政府，即便耗費天價的維穩費用，亦無法實現真正的長治久安。

並不是所有的社會都實現了對統治者的馴服，都將統治者關進了籠子裡。很不幸，我便生活在一個不正常的、不健康的社會當中：盤踞在我頭上的政府，不是我投票選舉出來的政府，而是以武力和謊言強迫大家忍受的政府。在中國，不是統治者被人民關進籠子裡，而是統治者將人民關進籠子裡。重慶一名懷疑自己孩子死於三鹿毒奶粉的家長唐琳，只是在網上發表了幾句洩憤的言論，五月被警方帶走，七月初證實被「勞教」，罪名是「製造恐怖氣氛，危害公共安全」。所謂「公共安全」，其實是殺人者的安全。於是，殺人者獲得高昇，被害者繼續受到戕害。那麼，這種慘淡的現實是否意味著，我們只能遠遠地羨慕美國公眾和美國知識分子自由自在地批評政府的權利與自由呢？不，我不接受「某些東西可以言說，某些東西不可以言說」的「潛規則」，也不願意成為「沉默的大多數」中的一員。作為一名寫作者，我對自己的最低要求是：活在真實中，為真實而寫作。

當年，性情羞怯的劇作家哈維爾從來沒有想到自己會成為一名「政治人物」，卻因為「活在真實中，為真實而寫作」的理想與實踐，而受到捷克當局的騷擾、誹謗甚至逮捕。但他努力傳達的信息絕對與政治無關。哈維爾堅持認為，重要的不是和當權者爭論，在一個靠著謊言執政的政權下，唯一有意義的事情就是要「生活在真實中」。他在一篇文章中討論了捷克脆弱的知識分子反對派的目標和策略。他說，目標應當是無論政府想把什麼強加到你的身上，你都應該按自己的意志行事，好好活著，「假裝」你真的很自由。

由此，哈維爾和他的朋友們選擇了「薩米亞特」（samizdat）式的寫作。這個詞語最初來自俄語，意思是未經官方許可的出版物。早在三百多年前，偉大的英國詩人彌爾頓便在《論出版自由》中表示：上帝賦予人類自由意志和選擇善惡的能力，所以根據良心作自由討論是最重要的自由。而早在一百五十多年前，偉大的德國詩人海涅便寫道：「那些思想創

子手們使我們成為罪犯。因為作者……經常犯殺嬰罪：作者由於懼怕審查官而變得瘋狂，殺死了自己思想的嬰兒。」為了捍衛思想的自由和言論的自由，蘇聯和東歐的知識分子們堅守「薩米亞特」式的寫作和傳播方式：複印稿、打印稿、地下印刷品……這是一種「地下」狀態的寫作，寫作者卻保持著「地上」的陽光明媚的心態。在那個科技不發達、互聯網尚未出現的時代裡，他們的文字和思想的傳遞需要克服重重困難——比如，在羅馬尼亞，公民不能自由地購買打印機，購買打印機需要獲得有關部門的層層審批，並由國家統一編號，以便當局調查打印稿是由哪台打印機打印出來的。於是，作家們只能以手稿的形式，傳播那些比較「敏感」的文章。

今天的中國，雖然有了互聯網，但又出現了防火牆，我的文字都被他們用技術手段阻隔在牆外；中國大陸之外的香港和台灣有出版自由，我寫的書只能在香港和台灣出版，自己帶回大陸的時候卻遭到海關的查扣。所以，我的寫作也是一種「薩米亞特」式的寫作。這是一種需要戰勝恐懼的寫作：我「假裝」生活在一個有言論自由的國家，在那樣的國家裡，每個公民都可以用最「刻薄」的語言「羞辱」政府和各級官員，而不必擔憂秘密警察夜半敲門；我「假裝」生活在一個有宗教信仰自由的國家，在那樣的國家裡，每個公民都可以依照良心公開地敬拜自己的神，而不必擔心受到政府的干涉與打壓。這種「假裝」不是阿Q式的「精神勝利法」，這種「假裝」有時需要付出沉重代價：比如，你的名字被列入宣傳部的「黑名單」，你的電話和電郵遭到國保警察的竊聽和偷窺，你來往的朋友會變得越來越少，你不能在大學的講座和會議上登台發言……甚至還有可能像劉曉波那樣，僅僅因為追求「活在真實中，為真實而寫作」，就被以「煽動顛覆國家政權」的莫須有的罪名，判處高達十一年的重刑。劉曉波的判決書中被當作犯罪證據的那些文字，在我的文章中都可以找到相似的段落。也就是說，劉曉波的罪名隨時隨刻都可能安在我的頭上。

胡溫之間究竟是一種什麼樣的關係？

儘管如此，我不會在信仰自由和言論自由方面作任何的退讓和放棄。如果沒有信仰自由和言論自由，活著，豈不成了行屍走肉？而言論

自由中最關鍵的部分，就是批評的自由，特別是批評統治者的自由。當我面對中國的歷史的時候，既批評皇帝，也批判宰相。在帝制時代，暴君與奸相總是相輔相成的，暴君之暴與奸相之奸，乃是專制制度缺一不可的兩個車輪。歷史學者祝總斌在《兩漢魏晉南北朝宰相制度研究》一書中分析說，宰相是中國古代的統治機器中，重要性僅次於君主的一個環節，一般說，它由君主精選，由統治經驗豐富的大臣組成。「君主握有對一切政務的最後決定權和否決權，但一般不直接統領百官，處理政務；宰相負責直接統領百官，處理政務，然而原則上只能『助理萬機』，並無最後決定權和否決權。沒有君主，便無法統一封建統治階級不同集團、派別的行動，便不能建立政權，形成國家；而沒有宰相，一般說，統治機器便很難有效地運轉。」換言之，既然宰相是君主親自選擇的，壞君主選擇的必然是壞宰相，壞君主不可能選擇好宰相；反之，壞宰相是壞皇帝實現其暴政的最佳助手，再勤奮的暴君也不可能一個人幹完所有的壞事，那麼壞宰相便顯得尤為重要了。君相關係是中國政治傳統中最基本的架構。

用此角度透視中共的權力結構，即可發現：中共雖然言必稱馬列，其統治模式仍然沿襲中國的皇權專制傳統。黨魁即皇帝，黨國即皇家，政治局即軍機處，連他們辦公的地方都是昔日皇帝居住的中南海。毛澤東拒絕梁思成的在老北京城的西郊設立新的行政中心的建議，而是選擇入駐皇帝的花園，不僅僅是為了舒適與安全，更是要取得當代帝王的象徵性的身份。由此可見，中共這台統治機器的核心仍然是皇帝和丞相的「合二為一」。所以，毛澤東與周恩來可以合作至死，毛澤東清洗了高崗、彭德懷、劉少奇、林彪等權臣，卻單單讓周恩來成為「不倒翁」。當年，毛選擇周作助手；今天，胡選擇溫作助手，絕對不是「偶然」，而是「精挑細選」的結果。這是極權主義的必然邏輯：既生毛，必生周；同理，既生胡，必生溫。毛與周之間的合作遠遠多於矛盾，胡與溫之間的關係亦然。故意誇大他們之間的分歧是沒有意義的，他們屬於同一個「一榮俱榮、一損俱損」的「司令部」。毛與胡所幹的每一件壞事，周與溫都不能免除其幫兇的罪責。當代中國人之厄運，在於遭遇了翻天倒海、無惡不作的毛，但如果沒有周之亦步亦趨、周密部署，毛之狂想則難以落實，故而周亦是罪不容赦的兇手。同理，在今天的中國，溫家寶在整個政權

中所起的作用也是如此：如果沒有溫的配合與支持，胡的獨角戲是唱不下去的。

對溫家寶的分析與評論，可以放在中國源遠流長的宰相傳統之中，以「大歷史」的視角來審視之。在這一傳統之中，孔明和包拯是中國人心目中賢相的最高境界。中國的士大夫最喜歡的是諸葛亮，「一部西遊全憑大聖翻觔斗，半場三國多賴孔明用計謀」，經由《三國演義》等歷史小說之渲染，蜀漢政權的丞相諸葛亮成了士大夫心目中智慧與道德的化身，成了歷代爭先恐後地「入君彀中」的「天下英雄」的最高人生目標。諸葛亮的「忠」，使他的聲望甚至蓋過了主人，人們但知有「武侯祠」而不知有劉備墓。諸葛亮的「智」，則開啟了具有中國特色的厚黑學的先聲。在人們一味的讚譽中，唯有魯迅看出其「狀多智而近妖」。而中國的老百姓最喜歡的則是包拯，他們喜歡的不是歷史中真實的包拯，而是若干戲曲故事的主人公包青天。這個面黑如漆的包公執掌著一個具有懲惡揚善功能的龍頭鍘，這個龍頭鍘如同封神榜中神仙們的法寶，帶給觀眾現實生活中最為匱乏的公義，也蘊含著生活在人治社會的人們對法治最熱切的渴望。在戲劇舞台上，包青天甚至可以找來八賢王手中那只「上打昏君，下打奸臣」的金鐧，來一場「打龍袍如打昏君」的行為藝術。濃得化不開的孔明情結與包拯情結表明，中國的「大傳統」與「小傳統」在此重合在一起了。

一般來說，中國人對君王的態度是敬而遠之，像德國人那樣全身心地崇拜希特勒的時候並不多（毛時代是一個特例）；但絕大多數中國人都對賢相充滿美好之憧憬，即便君王再殘暴，只要他旁邊有一個孔明或包拯一樣的賢相，這日子便可以忍受下去（所以，當毛的偶像崇拜破滅許久之後，許多普通人仍然對周不乏好感）。在此意義上，如果說君主是專制體制的大腦，那麼丞相就是專制體制的心臟。丞相不僅使臂使指地指揮各級官僚，而且成為「屁民」與「暴君」之間的最佳「調和者」——沒有丞相親自出面撫慰，「屁民」哪能如此安於被宰割的悲慘命運呢？賢相情結繼續在主宰著相當一部分中國人的思想和生活。古有孔明和包拯，今有周恩來和溫家寶，似乎沒有他們，中國人就不能生活得安安穩穩的。今天，溫家寶的良好名聲，除了歸功於他個人出色的演技之外，也表明中國人的孔明情結和包拯情結的「現代轉化」。

在此意義上，一切的歷史都是當代史，一切的當代史又都是歷史。就溫家寶個人而言，他自覺或不自覺地都以孔明和包拯為自我期許；就大部分老百姓而言，他們自覺不自覺地用戲劇和影視中的孔明和包拯的形象來對應現實中的溫家寶。演員和觀眾都入戲了。「是耶，非耶，其信然耶；秦歟，漢歟，將近代歟」，溫家寶下礦井吃餃子、到農村開拖拉機、在災區搬磚頭，都比央視精心製作的「下鄉」的文藝節目「同一首歌」更加「貼近群眾」、「貼近生活」。但是，表演就是表演，表演是當不得真的。思想史家徐復觀指出：「專制政治及抱專制思想的人，在其本質上和知識與人格是不能相容的。太史公在《史記》中對當時朝廷的提倡儒術，常用一個『飾』字，即是不過以儒術來作專制的裝飾之用。」以此分析溫家寶的內在人格與外在表現，畫皮畫骨、入木三分。溫家寶執政以來所有的作為，目標都只有一個，那就是「飾」。他知道中共這架老爺車即將散架了，自己不是一個有魄力和能力剎車或改道的駕駛員，更何況自己只是坐在副駕駛的座位上。於是，他只能像一個木偶人一樣，「飾」得了一時算一時，堅持到曲終人散的那一刻就算是最大的勝利。至於下一場戲該怎麼演，那就跟自己無關了。正是這樣一種定位，使得胡溫之間的搭配，形成了一種「超穩定結構」。胡對溫是絕對信任的。有的時候，胡甚至會允許溫在媒體上搶了自己的風頭，因為他知道溫的出色表演對「九人團」是有利的，溫不會像胡耀邦和趙紫陽那樣不知好歹地「自掘墳墓」。

鑒於胡溫如同一枚硬幣之兩面，我對胡與溫的批評，目的都是戳穿這種權力的「超穩定結構」。有朋友好心地勸告我說，不要點名批評胡溫，這樣做風險太大，你不妨只談體制，以免觸怒具體的批評對象。但在我看來，人與制度是一種互動關係，一套壞的制度，是靠一群壞的統治者來維持和推動的。忽略個人的責任，抽像地批判制度的罪惡，沒有任何意義。所以，點名批評胡錦濤、溫家寶和他們的前任、後任，以及他們的同僚、下屬和打手，是我的生活和寫作中不可分割的一部分。在此原則之下，我批評溫家寶，乃至專門結集出版一本批評他的文集，並非我與他之間有什麼私人恩怨，而是他擔任了總理這一職務——我的批評既是針對他個人的，更是針對他所擔任的職務的。我希望的這一批評工作讓越來越多的讀者意識到，原來批評總理並非一件「大逆不道」的事情，而本來就該是公民實踐其言論自由的「家常便飯」。

我的「公民議政」不是政治鬥爭的一部分

每當我批評溫家寶的時候，便會遇到一種「反批評」。在那些自稱追求民主自由的人士中，此觀點亦相當普遍：溫家寶畢竟在公共領域中表達了一些對民主的贊同和對民生的關切，即使他說的全都是一些無法實現的空話，也比那些連空話都不說的同僚好一些吧？溫家寶這些支持民主、支持改革、關心弱勢群體的表達，已經顯示出他的政治立場與胡黨魁以及其他幾名政治局常委之間存在明顯差異。職之是故，民間社會對溫不妨多一些鼓勵和嘉許，讓以溫家寶為代表的黨內改革派感受到來自民間的支持與肯定，從而更有信心地去從事改革事業。或者，我們通過促使溫家寶「向右轉」的計謀，擴大統治階層內部的差異，甚至讓中共高層陷入內部分裂，出現「黨內有派」的格局。這樣，中國的變局才有可能早日到來。職之是故，他們指出，那些批評溫家寶的聲音，堵死了黨內開明派騰挪的空間，甚至從反面加強了中共黨內的團結。他們得出的結論是：批評溫家寶不利於推動中國的民主化。

在我看來，此類觀點是那些權謀術與厚黑學讀得太多的人的癔症。首先，溫與其他同僚之間的「分裂」，根本就是一部分「過於善良的中國人」在象牙塔中想像出來的海市蜃樓。溫既不是毫無權力的擺設，也不是中南海裡的異議者，否則他的「仰望星空」和「腳踏實地」的言論，怎麼會被當作全國高考作文的題目呢？否則他怎麼可能在胡黨魁都還沒有獨自出版著作的時刻，自己率先出版一本歌功頌德的訪談錄呢？溫家寶不是一個被架空的、「有心殺賊，無力回天」的總理，而是一個精通權謀、明哲保身的總理。其次，中共統治者從來就不在乎「民意」如何，在中共統治中國大陸的六十年裡，「民意」從來沒有與權力階層達成過「良性互動」。因此，用弱不禁風的「民意」去支持「潛在的改革派」，是一種不切實際的、自我加冕的「單相思」。而這類觀點的更為致命之處在於：它將知識分子的寫作與表達，看作是政治鬥爭的一部分，看作是權力運作中的一個棋子。即便是被打壓的異議者，也汲汲於充當一名「地下帝王師」。這是對現代知識分子的獨立身份和存在意義的貶低和蔑視。真正的現代知識分子絕對不會扭曲自己的言論自由去迎合政治權謀的目的。這種觀點的流行只能表明，許多中國人的思維方式仍然停留在「資治通鑒」式的中古時代。

與之相反，我在《中國影帝溫家寶》一書中主要表達如下之觀點：第一，胡溫是一體的，胡溫與其他政治局同僚以及江系人馬之間的合作遠遠多於分歧。黨內各派系都深深地知道，他們的「團結」乃是壟斷權力的前提，「不團結」對大家都沒有好處。因此，他們的內鬥通常會「點到為止」，而不會「見血封喉」。第二，胡溫絕非改革派，六四屠殺之後，中共體制內部出現改革派的可能性微乎其微。只有堅持「不改革」的理念的人，才有機會成為「接班人」之候選人。因此，寄希望於中共領袖「自改革」是不切實際的幻想。對於民間社會來說，與其憧憬明君或賢相的出現，不如從自己開始做起，一點一滴地對抗冷漠和恐懼的制度與文化。第三，我們要將批評胡錦濤、溫家寶以及所有的統治者當作一種不言自明的自由與權利，要讓這種批評內化為我們的日常生活的一部分，並且探索與積累進行批評所需要的知識，如美國開國元勳之一的約翰·亞當斯所說：「記住，無論冒多大的風險都要支持自由。……而自由，如果人們不瞭解它，它也很難被保存下來。人天生有權獲得知識。偉大的造物主沒有白費心血，他賦予他們理解力和求知慾。但除此之外，他們還有一種權利，一種毋庸置疑、不可割讓、不能廢棄、神聖的、瞭解最令人敬畏和嫉妒的知識的權利，我所指的是有關他們統治者的性格和行為的知識。」我的觀點當然可能有對有錯，但我希望所有讀者都參與到支持批評自由和言論自由的事業當中來。

我的公民「議政」從來不是黑幕後的政治鬥爭的一部分。我對中共內部政治派別的此消彼長以及探究這些大人物的「內心世界」不感興趣，我所追求是：是，就說是；非，就說非。用我的筆，寫我自己的所見所聞，所思所想。楊憲益先生說得好，「豈有書生能造反，傾城何必怨紅顏」。但是，一個極為弔詭的事實仍然出現了：對政治最不感興趣的我，居然成了胡溫當局派遣的國保們「貼身保護」的對象，居然被某些人定義為「搞政治的危險分子」，我這個小時候的「乖乖孩」突然變成了「不可接觸」的「麻煩製造者」──出於真實的危險和想像中的危險，出於外在的恐懼和內心的恐懼，很多人不再敢跟我來往，國保們的孤立策略收到了一定的效果。那麼，這樣的代價是否太大了？不，跟林昭、顧准和遇羅克的遭遇相比，這樣的代價是我可以承受的。如果放棄了上帝賦予的言論自由，我豈不成了一具行屍走肉？那將是一個更加可怕的結果。所

以，無論冒著多麼大的風險，我仍然要這樣生活、這樣寫作，不是說我有多麼勇敢，而是說這就是我所熱愛的、所選擇的生活方式和寫作方式。

能夠參與當代中國「薩米亞特」式的寫作，是我的榮幸與異象。在這個意義上，我與劉曉波一起並肩前行。捷克「薩米亞特」寫作的代表人物、作家伊凡·克里瑪說過：「一個出於其內心的需要，敢於直面權力者，敢冒一切風險的人，只擁有一個小小的希望：通過他的行動，他將提醒那些當權的人，權力來自何處，權力的起源是什麼，他們的職責是什麼，也許他會使他們變得多一些人性。然而，對那些當權的人來說，對那些屈服於權力的人來說，這樣的一個目標好像是愚蠢透頂。可是，對無權者來說，我們的希望就隱藏在那些傻瓜的行為裡面。」而「七七憲章」的起草者和組織者、並為之付出生命代價的哲學家揚·帕托切克亦指出：「七七憲章的簽署者們不為自己謀求政治權力，也不想成為道德權威委員會或社會『良心』；他們不把自己凌駕於任何人之上，也不隨意評判別人；他們的努力單單是為了淨化並加強對一個更高權威存在的意識……今天，行為的動機可以不再那麼單一，像以前一樣，主要是出於恐懼或個人的利益，而是尊重人內在裡最高的東西，他對義務和共同福祉的理解，對需要承擔責任的理解，哪怕是承受某些不幸、誤解與某種危險。」這正是我從事「公民議政」，致力於「薩米亞特」式的寫作，以及批評作為總理的溫家寶的原因。

我寫作，我表達，故我自由，故我存在。是為序。

二零一零年六月二十一、二十二日初稿
二零一零年七月十三日定稿

第一卷

從來白骨易成精　化作千嬌百媚形

拒絕政治體制改革，信心與希望便是肥皂泡

——評溫家寶訪談錄《信心與希望》

我談論權利，是因為只要有了權利，我們就可以離開這種神燈表演。

卡茲米爾茲·布蘭迪斯

中國是一個喜歡造神和喜歡編神話的國家。即便是無比平庸的胡錦濤時代，也要造出一個溫家寶神話來撫慰失喪的人心。胡溫剛剛上台的時候，人們對「胡溫新政」的憧憬簡直比直聳雲霄的迪拜塔還要高。當胡溫的兩屆任期已經過了大半，許多人才不得不承認「鐵馬冰河入夢來」的冷酷與荒寒，中國的貧富懸殊和社會不公如同脫韁的野馬一般飛奔，胡錦濤亦名列世界六大獨裁者的光榮榜，躲在胡錦濤背後的溫家寶暫時「倖免於難」，但他其實是在幕後與胡總分享此一殊榮。

時至今日，仍然有不少人將對中共政權最後的善意寄托到溫家寶的身上，認為溫家寶是一個「人民的好總理」，只是受制於既得利益集團不能大展宏圖罷了，所謂「滾滾江山，只為大花臉爭權，國老無能終散局」。於是，海外媒體頻頻製造各種關於溫家寶的「假新聞」：比如，溫家寶因紀念胡耀邦成為中南海中的「異見分子」，溫家寶因倡導「普世價值」而受到保守派和軍方的猛烈攻擊等等。中國人從來都沒有學會避免在同一個地方第二次、第三次地跌倒。幾年之前，人們曾經對朱鎔基報以多麼大的期望，如今又將同樣大的期望給予了溫家寶，而神話只能一次接一次地破滅。

溫家寶出版新書《信心與希望》

中共的領導人都喜歡出書，這是從蘇聯的勃列日涅夫那裡學來的傳統。勃列日涅夫的虛榮心極強，他要證明自己在任何領域中都具備卓越的才華，包括文化領域。他組織了龐大的寫作班子為其撰寫理論文章、自傳和長篇小說，並大量印刷精裝本，將這些堂皇的巨著發佈到每一個黨小組之中。在中共王朝，從毛太祖到江世宗，也都喜歡顯示自己「指點江山、激揚文字」的一面，溫家寶雖然常常裝扮出謹小慎微的姿態來，但這一次還是克制不了個人的虛榮心，下令結集出版《信心與希望：溫家寶總理訪談實錄》一書，一夜之間擺滿全國的大小書店。

這本書收入了溫家寶兩次與網友聊天和一次接受新華社記者專訪的內容，這是此前的領導人著述中罕有的材料。互聯網在中共營造的鐵幕上撕開一個大口子，中共投資數百億的金盾工程日漸失效，中共當局意識到，除了消極防禦之外，還要主動出擊。於是，大大擴增網絡警察的編制，並招募數百萬兼職的「五毛黨」引導網絡輿論，甚至胡錦濤、溫家寶親自出馬，上網與網民對話，放低姿態作親民秀，以收買人心。胡錦濤性格沉穩陰冷，更喜歡在幕後發號施令，到台前演戲不是其所長。溫家寶正好補充了胡錦濤的不足，他喜歡下礦井，探農舍，痛哭流涕；也喜歡引經據典，顯示自己博覽群書，上網回答一些經過嚴密篩選的問題，更是其展示與民眾的魚水情的好機會。

新華出版社的副社長要力石說，溫家寶總理的網聊部分，不同於平日裡的發佈會，更有一種「促膝談心」的感覺。他吹捧說：「除了縱貫國內外的大事，裡面亦有總理個人生活經歷和感想，這也體現出了溫總理平易近人的親民作風。」然而，在我看來，這種親民作風是做出來的，而不是自然的流露。西方的政治家是民眾選舉出來的，他們的政治生命繫於民眾的選票，所以親民是他們的本能；而共產黨的領導人是前任幫主指定或在密室中推舉出來的，民眾無權選舉，所以親民只是他們的表演。

「抬頭望戲中，忠奸將相時時出；袖手觀台上，真假包公去去來」，溫家寶的表演頗受民間的歡迎，他就是要在中共失去統治合法性和民意基礎的時刻，給民眾注射一劑春藥，以點燃他們的「信心」與「希望」。而那些享受溫家寶表演的民眾，用學者余世存的話來說，就是一群「類人孩」。所謂「類人孩」，就是心智還沒有成熟的、缺乏理性的人，如余

世存所說，「是站在進化的立場上對某共同體中個體的生存狀態的命名，可以說，前現代社會的個體成員都是類人孩。不過，類人孩更屬於東方社會，更屬於專制國家。」所有的「類人孩」都有濃得化不開的「戀母情結」，除了家庭中的母親之外，溫家寶便成了「黨啊，親愛的母親」的最佳投射。

「王霸結合」、「父母共治」的中共權力模式

溫家寶在華人世界中頗有人望，汶川大地震之後他率先趕到災區，感動得一名曾經以「恥辱者」自居的文人含著眼淚體貼地說，「他太累了」。還有很多到北京來上訪的老百姓說，溫總理是好人，只是地方官員太壞了，如果溫總理知道了我的冤案，一定會讓我沉冤得雪。那麼，如何才能對溫家寶實現「祛魅」呢？

中共的權力模式用八個字便可概括：「王霸結合」與「父母共治」。學者李劼在分析毛澤東與周恩來的關係時指出，中國的帝王之術有霸道和王道之分，兩者相輔相成；而中國家庭中的父母形象也正好是這兩種角色的互補。由父親施行暴政，由母親主持仁政，前者雷厲風行，後者和風細雨。這種家庭結構與政治行為的對稱性，在一九四九年以後的毛澤東－周恩來的政治模式的構成上得到了完美的體現。李劼對周恩來在毛澤東政權中的作用的分析尤其精彩：「周恩來自小養成一種陰柔氣質，以至於在『五四』文明戲時代，他在舞台上扮演的竟是女角。事實上，周恩來一生所扮演的都是這個角色。每當那個父親將那些不馴順的子民責打一通之後，總由這位『母親』出場作溫存的撫慰。」

多年之後，毛澤東的猙獰面目全然暴露，毛澤東的偽神崇拜亦灰飛煙滅，而唯有周恩來的牌位依然在中共的「先賢祠」裡屹立不倒，周恩來在許多中國人心目中還是「東方完人」的道德典範和人格頂點。周恩來是中國歷史上比干、蕭何、諸葛亮、魏征、包拯、劉伯溫、張居正等「賢相」序列的集大成者，中國的廣大農民以及由耕而讀的士大夫，對君王多半深懷敬畏之心，而對賢相則更多的是充滿依偎之情。在這個意義上，周恩來是毛澤東時代的一顆「定海神針」，毛澤東差不多將昔日一起打江山的同僚全部清洗掉，偏偏讓周得以善終，也正是因為看到了周的這種不可或缺的地位和作用。毛並不喜歡周，他聽到周去世的消息之後，讓

張玉鳳買來鞭炮在中南海中燃放，以洩心頭之恨；但毛又離不開周，因為沒有周的配合，他獨木難撐，政令難出中南海。

今天的中共跟毛太祖的時代相比，根本性質和權力模式並未發生大的改變。黨魁學毛，總理學周，並努力形成一種類似於「毛周配」的「超穩定結構」。江澤民時代的前半截，作為總理的李鵬對一夜之間獲得高昇的江並不服氣，兩人貌合神離；江澤民時代的後半截，作為總理的朱鎔基則過於強勢，與江澤民的配合仍不「和諧」，朱只能任一屆，且當其財經干將紛紛落馬之後，他本人就只能無所作為了。江時代的兩個總理都沒有達致對黨魁「亦步亦趨」的程度。而到了胡錦濤時代，「胡溫配」的契合程度，幾乎直追當年的「毛周配」：如果說胡錦濤繼承的是毛澤東的打狗棒，那麼溫家寶繼承的便是周恩來的衣缽。

在一個死嬰被當作垃圾的國家，何處覓尊嚴？

溫家寶提倡的「尊嚴說」，讓他贏得了不少心悅誠服的掌聲。在《信心與希望》這本書中，溫家寶在回答一名網友提問的時候，如此闡述他將怎樣讓老百姓活得更有尊嚴：第一，每個公民在憲法和法律規定的範圍內，都享有憲法和法律賦予的自由和權利。第二，國家發展的最終目的是為了滿足人民群眾日益增長的物質文化需求。第三，整個社會的全面發展必須以每個人的發展為前提。

在我看來，這個問題回答，溫家寶可以得滿分，這段話簡直可以跟美國總統就職演講中對自由、民主、人權的宣揚相媲美了。然而，正如一位當過右派的北大老教授所說，中共從來都是「好話說盡，壞事做絕」，這八個字是不是可以用來反問溫家寶呢？溫家寶先生，你們的憲法和法律為什麼不保障劉曉波和譚作人的自由和權利呢？他們是中國的好公民，不是國家的敵人。溫家寶先生，你領導的財政部公佈的財政預算中，為什麼大幅增加軍費，而削減本來就少得可憐的社會保障和醫療的開支呢？溫家寶先生，那些躲貓貓死、喝水死、自焚死的公民，跟你炫耀的 GDP 的高速發展之間究竟是什麼樣的關係呢？這三個問題，讓溫家寶的三點回答顯得那麼虛偽和蒼白。

就在溫家寶的「尊嚴說」凱歌高奏之時，就在那些自以為「站起來」的中國人搔首弄姿之時，從「和諧號」上傳來了一則駭人聽聞的消息：民

眾在山東濟寧市郊發現二十一具嬰兒的遺體。濟寧衛生局方面稱，這些死亡嬰兒，「按法律規定，屬於醫療垃圾」。是的，在這個可詛咒的國家裡，這些孩子的屍體是「醫療垃圾」，是不配享有溫家寶總理賞賜的「尊嚴」的。不僅是他們，那些死於豆腐渣校舍的孩子，那些死於毒奶粉的孩子，那些死於毒疫苗的孩子，那些死於鉛中毒的孩子，統統都被排除在「尊嚴」之外。連生命都得不到保障，何來尊嚴之有？結石寶寶的父親趙連海，為了捍衛死去的孩子的尊嚴，被溫家寶的政府抓進監獄。趙連海的尊嚴與溫家寶的尊嚴，怎麼就相差這麼大呢？

拒絕政治體制改革，信心與希望便是一串色彩斑斕的肥皂泡，雖然美麗，卻一碰就破。溫家寶在「兩會」的新聞發佈會上引用屈原《離騷》中的「亦余心之所善兮，雖九死其猶未悔」來明志。可惜的是，當年朱鎔基已經發過了扛著棺材當總理的豪言壯語，溫家寶再用詐死之計已經騙不了人了。這是一個繼續「吃人」的國家，人肉的筵席一直在延伸著。哪一天溫家寶的神話破滅了，哪一天這個人肉的筵席才能被掀翻，哪一天中國人才能真正活得有尊嚴。

二零一零年四月二日

從蝸居中走出來的總理能讓人民免於蝸居嗎？

口吐真言，永遠豎立；
舌說謊話，只存片時。

聖經《箴言》十二章十九節

溫家寶在接受中國政府網和新華網的聯合專訪時，有網友問，二零零九年房價漲得有些離譜，二零一零年高房價的問題會緩解嗎？

溫家寶表示，群眾的心情我非常理解。「我也知道所謂『蝸居』的滋味。因為我從小學到離開家的時候，全家五口人只有九平方米的住房。當然，時代不同了，我們應當按現在的條件來改善群眾的住房。其實，如果說改革開放三十年來，城鄉居民的住房都有相當的改善，大概是城鎮人均住房面積增長了五倍，農村人均住房面積增長了三倍。」

馬屁記者不小心洩漏天機

既然總理主動憶苦思甜了，下面的宣傳機構立即行動起來。於是，半個月後，《人民日報》發表了記者陳傑撰寫的《溫家寶，從一條小巷走出的大國總理》一文，考據出溫家寶頗為清貧和艱辛的幼時生活，其中第一部分《小巷裡的舊居》是這樣寫的：

溫家寶，天津市人。溫家世居今天津市北辰區宜興埠，後遷入城內。

「你找溫家寶的家？」記者在天津市舊城南開區尋找溫家寶中小學時代居住的房子。狹窄的達摩庵前胡同，拐角雜貨鋪的一位大嬸指給記者，「那就是，他前幾年回家時，我見過他」。親切的口氣像講鄰居家的大哥。

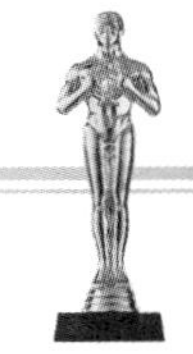

達摩庵，「文化大革命」前香火繚繞的尼姑庵。溫家寶曾居住的是達摩庵前胡同九號院，推開年代較遠的院門，面前是十分擁擠的小院，左側翻修後房子就是溫家寶過去的家。房屋的新主人劉志傑大爺、劉玉英大娘老兩口，原住九號院對門，七八年前買下溫家的老房。溫家寶兄妹三人，他為長子，與父母一家五口居住在不足二十一平方米的兩間平房，上大學前就在這裡成長度過。鄰居們說，溫家寶的父母分別是中小學老師，帶著三個孩子，家境很不寬裕，居室的「洋灰」地面坑坑窪窪，沒有什麼像樣的傢俱，非常簡樸。老鄰居敬重溫家書香門第，至今稱溫家寶的父親為「溫先生」。在他們的印象中，溫家寶很聰明，功課很好，做事穩穩當當。人們記得，他與小夥伴一起卸下院門當乒乓球檯。母親上班把房門鑰匙留在鄰居家，溫家寶放學去取，「劉娘，我媽把鑰匙放您這了？」言猶在耳。

溫家寶到中央工作後曾幾次回到這條胡同，看望父母，走訪老鄰長輩，親親熱熱拉家常，在眾人眼中，他還是隔壁的孩子，沒有一點官架子。有時，溫家寶的母親炸好面醬，托跑運輸的鄰居帶到北京。

徘徊在這條有些破舊的胡同，站在溫家老屋的原址，一個十三億人口的大國總理就是從這裡走出的，讓人感到與歷史貼得這麼近，「平民情結」一定植根在他的胸中，他時刻惦念像兒時鄰居一樣中國千千萬萬普通的百姓，與他們共同創造幸福生活。

先不說這篇文章中的種種吹捧和諂媚之詞如何讓人肉麻和噁心，這篇文章最大的價值在於不小心之間揭穿了溫家寶的彌天大謊，就此而言，這名拍馬屁的記者可謂功莫大焉：溫家寶在接受採訪時說，他們全家五口人擠在只有九平方米的住房之中，但在《人民日報》記者寫的這篇文章卻透露，溫家寶一家擁有的是兩間共二十一平方米的住房。九平方米與二十一平方米之間，足足相差了兩倍多！即便是總理日理萬機造成記憶有一定的誤差，但也不至於相差到這樣離譜的程度吧？更何況溫家寶是學理工科出身的，講究以「科學發展觀」來治國。科學的原則在於尊重事實、在於一絲不苟，科學不是寫詩，詩人可以將二十一平方米想像成九平方米，但一個科技工作者不能如此篡改數據，一名大國總理更不能如此瞞天過海。

從達摩庵到中南海的路有多長？

這名妙筆生花的記者竭力營造溫家寶此刻仍然「臨在」達摩庵的幻想。但是，我想說的是，達摩庵的老百姓們，溫家寶早已不是當年的「鄰家少年」了。你們繼續蝸居，他已登堂入室。溫家寶的上位，靠的不是能力，而是演技，是說謊不臉紅的演技。中國政府需要的不是一個大刀闊斧、根植痼疾的良醫式的宰相，而是一個精通魯迅所說的「瞞」和「騙」的技術的首席演員。於是，上行下效，既然一個堂堂的大國總理，連自己少年時代居住過的住房面積都要公開造假，他所領導的政府如何瘋狂地造假就可想而知了。所以，國家統計局才敢於拿出房價只漲了一個百分點的報告來；所以，山西省衛生廳才宣佈不存在有毒疫苗的問題；所以，外交部發言人才敢於斬釘截鐵地說中國只有罪犯而沒有異議分子。溫家寶政府，算不算是一個謊話大王領導一群貪官污吏的政府呢？

溫家寶的話，常常說出了中國現實的反面。或者說，中國的現實很快就給他剛說出口的話一記響亮的耳光。果然，溫家寶剛剛表白說他對人民群眾蝸居的處境「非常理解」，北京立即就出現了天價地王，房價再度飆升。以北京房價的均價兩萬而論，如果一名普通大學畢業生年收入為兩萬，一年的收入只能購買一平方米的住房。換言之，如果他購買六十平方米的住房，需要花掉工作六十年、不吃不喝的全部收入，但一個人實際的工作時間大致為四十年，且還需要諸多日常開支、養家餬口，所以一套小小的住房足以壓死一家人。面對此種處境，溫家寶除了安慰性地說幾句「理解」的話，簡直束手無策。這樣的人適合出演言情片，而不適合當大國總理。

當然，如果抱著「同情之心」去理解溫總理，即便是他們一家當年居住的不是九平方米而是二十一平方米的住宅，也算是蝸居，也足以表明溫家寶的平民出身。但是，無論是昔日的蝸居，還是今日的蝸居，始作俑者究竟是誰呢？是怪中國的老百姓自己不爭氣、自己太懶惰嗎？毛澤東時代全民貧困的局面，是因為黨壟斷一切資源，黨控制全民的生活，黨是刀俎，百姓是魚肉，百姓只能任黨宰割。在「大公無私」的毛澤

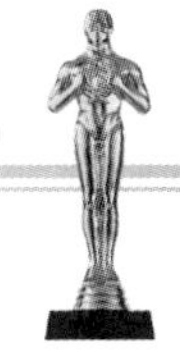

東時代，所有的土地和房產都被收歸國有，所有的住房都由政府分配。如同經濟學家、諾貝爾經濟學獎得主阿瑪蒂亞·森所說，很多時候，大饑荒的蔓延不是因為物資的匱乏，而是因為專制政府對信息的控制和壟斷；同樣的道理，在中共建政以來的前三十年，中國人，尤其是城市居民（包括溫家寶一家）住房條件的惡劣，也是由於毛澤東政權對民間社會的擠壓、對民眾勞動成果的剝奪造成的。毛澤東可以在全國各地擁有數十座超過昔日帝王的奢華的行宮別墅，老百姓卻只能「四代同屋」，看看方方寫的《風景》，就知道那樣的生活有多麼「幸福」了。

溫家寶為何無法遏制房價的上漲？

而「毛後」所謂「改革開放」的三十年，僅僅由於當局少作一點惡，對民眾少作一些束縛，蘊藏在民眾之中的、自發的力量與激情，便如火山岩漿般迸發出來。是民眾自己的努力，讓自己的生活水準（包括住房條件）有了很大的改善，而絕對不是鄧小平、江澤民、胡錦濤們的造福與恩賜。然而，當權者看不得老百姓過上一天好日子。進入二十一世紀之後，當局再度以抬高地價的方式，第二次向民眾徵收隱形的重稅，以此達成掠奪民眾手中剛剛捂熱的一點血汗錢的目標。所以，正是政府的「賣地」財政和「房地產」GDP，才讓新一代的中國人深陷於蝸居的漩渦之中。人性都是卑微的，像《蝸居》中的女主人公海藻那樣，不惜出賣愛情、青春和尊嚴，換取「告別蝸居」的生活，遂成為一種大部分人都可以「理解」的方式。不知一慣都作道貌岸然狀的溫家寶總理，是否也會「理解」這樣的生活選擇呢？

溫家寶大肆標榜當年的蝸居生活，是為了拉近與百姓的距離嗎？可惜，這個距離早已遙不可及：一入中南海，皇宮深如海，中南海裡面的人，又怎麼會跟蝸居裡的人有共同的價值立場與思維方式呢？但我還是想建議溫家寶先生，既然你樂於回顧當年的蝸居生涯，就應當反思毛時代人民的蝸居狀態是如何形成的，就應當徹底批判毛澤東時代奴役人民、戕害人民的種種罪惡；既然你樂於回顧當年的蝸居生涯，應當對當下普通民眾蝸居的現狀對症下藥，僅僅讓部分央企撤出房地產行業只是杯水車薪，剩下的那批央企仍然佔據著房地產行業九成的份額，各地政府仍然在樂此不疲地通過賣地拉動地方經濟的繁榮，並加劇經濟的泡沫

化，你敢於觸動這個盤根錯節的既得利益集團嗎？你當然不敢「壯士斷腕」了，因為你的弟弟溫家宏便是一個大房地產商，你們的家族也從猛漲的房價中獲得巨大的利益，吃到嘴巴裡的糖你們願意吐出來嗎？

一個從蝸居中走出來的總理，就能讓人民免於蝸居的處境嗎？在我看來，這是一種逆向的血統論。其實，無論是太子黨還是平民子弟，一旦進入中共一黨壟斷的權力體系之中，都不會有太大的區別。如果說存在差別的話，那就是：像溫家寶這樣平民出身的高官，有一種從底層奮鬥出來的「于連式」（于連為法國作家司湯達小說《紅與黑》之主人公，他代表著一類貧寒人家出身、為飛黃騰達而不擇手段的青年人）的人格模式，知道苦日子是什麼味道，為了徹底告別苦日子，不惜付出任何代價，包括人格的完整和人性的尊嚴。正因為目前的飯碗來之不易，這類人比起從小養尊處優的太子黨來，更是念茲在茲、戰戰兢兢。溫家寶看到了趙紫陽的「前車之鑒」，遂奮不顧身地投入特權階層，去瓜分屬於自己的份額。所以，寄希望於溫家寶出手遏制房價的上漲，無異於與虎謀皮。中國的老百姓只能繼續蝸居下去，老百姓在蝸居中所付出的代價，正是溫家寶和他的政權存在的前提。

屠童案背後的「深層原因」是什麼？

二零一零年五月十三日，鳳凰衛視《華聞大直播》節目播出國務院總理溫家寶接受鳳凰衛視記者就近期校園被襲事件採訪的內容。溫家寶說：「政府也高度重視，對於幾起兇殺案，造成的兒童的傷亡，心裡感到非常難過，對於他們家庭出現的這種不幸，心裡也感到非常的難過。我們除了採取強有力的治安措施之外，我們還要注意解決造成這些問題的一些深層次的原因，包括處理一些社會矛盾，化解糾紛，加強基層的調解作用，這些工作我們都在努力去做。我想一個和諧、安全的環境，不僅會給孩子們，而且應該給每一個人，我們一定能夠做到這一點。」

這番話聽上去似乎有幾分誠意，畢竟他是唯一公開表示「心裡難過」的中共政治局常委。然而，貴為一國總理，僅僅是對接二連三的慘案表示「重視」、僅僅是對諸多孩子的死難表示「難過」，是不夠的。連御用文人余秋雨都知道「含淚勸說」，溫家寶不能停留在跟余秋雨同樣的水準上。否則的話，溫家寶不妨辭去總理的職務，乾脆去當一名「文化大師」算了。或者，如果擔任總理只需要具備言辭絢爛、演技突出、隨時流淚的本領，那麼巧言令色、口蜜腹劍的余秋雨才是總理的最佳人選呢。

更為弔詭的是，貴為政治局第二號人物，溫家寶卻沒有安排影響力比鳳凰衛視大若干倍的央視前來採訪，而是選擇大部分國人都無法收看到的鳳凰衛視來「表露心聲」。國內各大媒體轉載這一消息的時候，只是泛泛稱之為「接受媒體採訪」，故意隱去鳳凰衛視之名字。究竟是溫家寶無法控制央視、甚至不能通過央視來傳遞自己的觀點，因此不得不將鳳凰衛視作為一個臨時的「透氣孔」；還是溫家寶嚴格遵循中共內部的宣傳紀律，只有在面對那些國人基本上接觸不到的媒體的時候，才敢說幾句真話呢？

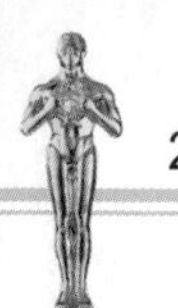

「飛地發展」必然導致暴力氾濫

在訪談中，溫家寶承認，在若干血腥的屠童案件的背後，還有「深層原因」。然而，溫家寶在這段講話中並未明確指出「深層原因」究竟是什麼，而只是拋出虛幻的承諾「我們一定能夠做到這一點」來。連醫生都知道，必須對症下藥，溫家寶連病根都沒有找到，為什麼就有藥到病除的把握呢？這些案件充分表明，今天的中國社會遠非「和諧社會」，也根本沒有「以人為本」。胡溫執政以來，當局腰包越來越鼓，財大氣粗之後，以為「北京共識」可以取代「華盛頓共識」。殊不知，他們引以為自豪的「中國模式」，不僅不能拯救世界，甚至也不能將中國帶入繁榮自由的彼岸。中國當下的境況，不是欣欣向榮，而是病入膏肓。

近期中國的屠童案此起彼伏，其本質與美國時有發生的校園槍擊案完全不同：美國的校園槍擊案多發生在大學和中學，兇手多為在學校就讀的、青春期情緒波動的青少年，因此並不能推導出美國存在嚴峻的社會問題的結論；而中國的屠殺孩童的案件多發生在幼兒園與小學，兇手多為從外面闖入的成年人，他們大都未患有精神疾病，之所以精心選擇最弱小的孩童下手，乃是對溫家寶所宣揚的「比太陽還要光輝的公義」絕望之後的瘋狂之舉，這些殘忍的殺戮已然顯然出中國的社會衝突和社會矛盾已經到了火山爆發的前夜，靠擴大警力維穩無異於抱薪救火，必須啟動政治體制改革才能治本。

近期屠童案件密集發生，表明中國的發展模式是一種非公義的模式。波蘭作家卡普欽斯基在剖析蘇俄政權崩潰的傑作《帝國》一書中，用了一個概念來描述蘇俄社會的特徵，即「飛地發展」。他謙虛地說，這是「一個笨拙的術語」，其實這個術語非常形象且極為準確。卡普欽斯基如此描述說：「在高度發達的歐洲國家，比如說像荷蘭和瑞士，週遭的物質環境多少都以相似的水準發展：房子漆得工整，窗戶上有嵌畫玻璃，路上的柏油平滑，交通動線區分得很好，各處商店均有充足的存貨，餐廳溫暖乾淨，街燈明亮，草坪修剪得整整齊齊。但在飛地發展的國家裡，景象看起來就不同了。一間優雅的銀行矗立在破爛的公寓建築間；一間奢華的旅館被貧民區包圍；一個人從照明光亮的機場走進一個陰森、污穢城市的黑暗之中；在奧迪精品店光輝燦爛的展示櫥窗旁，是當地骯髒、空蕩、沒有開燈的商店；在豪華的私人轎車旁是老舊、發臭、擁擠的城市公

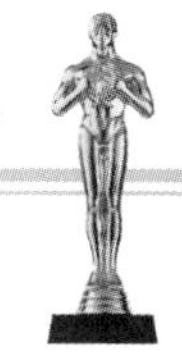

交車；首府建構了它芳香和發光的聖堂，發展出這些棒極了的飛地，卻沒有意願，也不想要發展國家的其他部分了。」今天的中國的情形不正是如此嗎？從北京奧運場館的中心區步行十分鐘，從上海世博會核心區步行十分鐘，在恢宏亮麗的現代建築的陰影下，就可以發現連綿起伏、破舊不堪的貧民窟，以及生活在其中的不計其數的怨憤、絕望的人群——那些喪心病狂的兇手，也許就泯然於這些人群之中。這就是中國的「國際大都市」慘不忍睹的真相。

昔日的蘇聯因社會不公正而崩潰，今天比之更加不公正的中國如何吸取前車之鑒呢？即便溫家寶權力有限，至少可以將財政收入向醫療和社保方面略微傾斜，至少可以約束自己的家人遠離腐敗、停止化公為私的「資本運作」。他有沒有這樣做呢？相信我們大家都看得很清楚。

唯有自由才能消解暴力

溫家寶的話音剛落，公安部發言人武和平次日在公安部的新聞發佈會上立即高調表示：「如果犯罪分子膽敢再採取這種手段，我們將依據刑法的有關規定和人民警察使用警械和槍支的規定，堅決執法，毫不客氣。」言下之意就是，在面對這類特殊情況的時候，警察開槍殺人的權力可以擴張，其口氣中充滿殺氣騰騰的味道。而在相關報道中，橡膠警棍、瓦斯噴射罐、防衛鋼叉等器械已經開始配備給校園保安人員。這種思路，仍然是以暴易暴的。然而，以暴力阻止暴力何時成功過呢？

武和平又說：「對有可能造成危險的人員，要通過群眾的舉報採取必要的救治和管理措施。」實際上，此前多起屠殺孩童慘案的兇手，並非精神疾病患者，而以武和平為代表的警方的觀點，則將兇手統統視為精神疾病患者，這樣就可以順理成章地將慘案都歸結為偶發事件，以消除其社會背景和社會根源。另一方面，也以此為借口，展開對精神疾病患者的歧視性管理，甚至是強制救治和關押。這種只要是具有潛在危險的人員，都可以對其實施「必要的救治」的思路，在目前人心惶惶的情形之下，很可能會得到大部分普通民眾的支持。所謂「明修棧道，暗渡陳倉」，屠童案件反倒成了警方為所欲為的借口，又一批公民的基本人權將遭到粗暴的侵犯和踐踏。

消除暴力的最佳方法，絕對不是讓民眾生活在更加不自由的境況之中。我想向溫家寶和武和平推薦學者唐逸於二零零二年寫作的一篇論文。這篇題為《當前中國社會中暴力蔓延的根源》的文章，倘若早被在上掌權者讀到並引以為鏡鑒，今天就不會有如此多的孩童無辜死難了。然而，「亡羊補牢，未為晚也」，唐逸的諄諄告誡今天依然發人深省：「極權統治下的人性遭到嚴重扭曲，人的冷漠、猜忌、壓抑、仇恨乃是變形暴力的溫床。如果沒有長期的壓制和扭曲，怎麼會突發文革的普遍暴力呢？」唐逸認為，總體上，人活得越自在，相互間的仇恨越少，則暴力越少。在此意義上，自由體制化解暴力的可能性較大。弘揚自由的精神，以此構成社會的基礎價值和體制，乃是消解暴力和實現內在理性秩序的必由之路。

毫無疑問，只有當民眾具備了免於匱乏的自由和免於恐懼的自由的時候，他們才會自覺地抵制犯罪的誘惑。可惜的是，溫家寶和武和平們聞「自由」而色變。這些習慣上佔有權力的人，很難理解自由精神，也很難承認和順應歷史的主流。他們總是以為人可以馴服於自己的意志或理念，可以壓倒，可以臣服，可以由外來的強力（包括心理暴力如意識形態的複製）來改變。於是，中國的屠童案件愈演愈烈。

我們怎樣才能活得有尊嚴？

一個人如果感到自己活得沒有尊嚴，比起在他經濟上處於劣勢來，挫敗感會更為強烈，而採取極端手段改變現狀的可能性也就越大。在一個經濟學家茅于軾所說的「不講理」的社會，或者說「理」都被權利者所壟斷的社會，必然造成許多人憤懣、焦慮乃至絕望，並將情緒發洩到比他更弱小的人身上。這就是校園血案「群發」的「深層原因」。溫家寶此前提出「尊嚴」一詞，確實抓住了中國問題的一個關鍵所在。但是，如何才能讓老百姓活得有尊嚴呢？除了立即和全面啟動政治體制改革之外，別無他法。溫家寶明明知道專制制度無法給予民眾尊嚴，卻緊緊抱著專制制度不放，這就是知行的脫節乃至對立。

普通民眾有沒有尊嚴感，這是十七、十八世紀英國社會和法國社會的根本差異，也是英國為何相對平穩地實現了憲政改革，而法國者深陷於大革命的血雨腥風之中的根本原因所在。十五世紀的英國大法官、亨

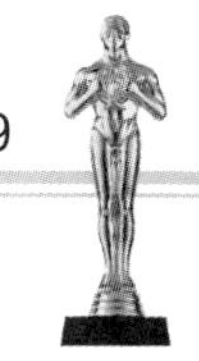

利王子的老師福蒂斯丘在《英格蘭政治法通博評傳》一書中指出，法國屬於絕對君主政體，國王是一切法律的濫觴，人民是國王的臣民；英格蘭卻屬於有限君主政體，建立在人民自願默許的基礎上，國王本人和他的本國同胞一樣，受制於同一批法律。英格蘭是自由人的聯盟，他們是自願決定組成王國的，且最終的目的乃是「獲得前所未有之安全保障，然後得以生息並享受其財產，得免受各種禍患及損失，從而解除內心之憂懼」。所以，英國雖然不可避免地存在著階級的分野，卻沒有法國那麼嚴重的階級對立。英國社會史家垂威利安在描述十八世紀英國社會生活時，列出某郡體育代表隊的名單，隊長是下層的皮匠，而隊員中有當地首富的大貴族，在訓練和比賽中融洽相處並一律服從隊長。他評論道，假使十八世紀的法國有類似的社會生活，便不會發生法國大革命。貧富是一回事，而富人對窮人的態度，是否以禮相待與之融洽，是另一回事。真正激怒底層使之暴躁動盪的，與其是前者，勿寧是後者。

今天的中國更像當年的法國而非英國。人民普遍活得沒有尊嚴，不僅沒有尊嚴，連中共長期標榜的生存權也成了問題。那些死於豆腐渣校舍的孩子，那些死於有毒奶粉的孩子，那些死於問題疫苗的孩子，那些被兇手殘殺的孩子，他們的生存權在哪裡呢？溫家寶不能繼續用無法落實的承諾來欺騙人民了，溫家寶餘下的任期已經屈指可數，如果他還不在實現民眾的人權和尊嚴上真正有所作為，他就是這個國家的千古罪人。

二零一零年五月十五日

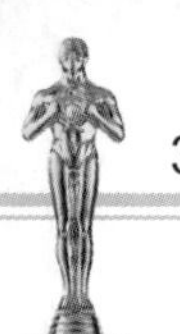

一切禍患的根源都在中央政府

——如何破解溫家寶所說的宏觀調控的「兩難」局面？

二零一零年七月三日上午，溫家寶在長沙主持召開湖北（我發現那個創造了當代成語「鴻忠搶筆」的湖北省省長李鴻忠亦赫然在座）、湖南、廣東三省經濟形勢座談會。溫家寶說，經濟復甦的曲折性超過了預期，宏觀調控面臨的「兩難」問題增多。「我們不僅要大力解決那些長期存在的結構性問題，又要有針對性地解決當前存在的突出的緊迫性問題，這些都必須在經濟平穩較快發展的前提下進行。」溫家寶在這裡不得不承認，中央的政策已經是顧此失彼：要保持經濟平穩較快地發展，就不能大刀闊斧地處理那些長期存在的結構性問題（如權力壟斷造成的腐敗、「低人權優勢」下農民工國民待遇的缺失等）；而長期存在的結構性問題不加以處理，當前存在的突出的緊迫性問題（如「天價維穩」、工潮洶湧等）也就無法徹底根治。此也不是，彼也不是，溫家寶簡直要抓狂了。

胡溫上台以來，在政治和經濟上繼續推行「強中央、弱地方」的政策。在經濟上，繼朱鎔基以「兩稅制」改革，將「肥水」全都收歸中央，造成中央財政的空前充裕之後，「國進民退」則成為胡溫時代經濟發展之大趨勢。國有經濟尤其是央企越強，中央政府的權力便越大。而中央政府的權力增強，政治上便越發剛性與僵化。有御用學者將一黨壟斷政治權力和經濟命脈視之為有望取代西方民主政治和自由經濟的「中國模式」。而中央對地方的指揮棒，一手是 GDP，一手是維穩。中央政府一邊躲在幕後悶聲數錢，一邊以「維穩」對地方官員實行「一票否決」。這兩個指揮棒比學生們頂禮膜拜的高考的指揮棒還靈。於是，地方政府為了提高 GDP 數字，大興土木，違背經濟自身的發展規律大肆興建基礎設施和樓堂館所，掠奪性和毀滅性地開發各種資源，強行從市民和農民手中低價徵收土地，造成地方政府與民眾之間矛盾激化；而面對愈演愈烈的官民衝突，地方政府從「截訪」到「暴力維穩」，使得政府管制變得愈加暴虐與不義。

國進民退，災禍不止

以山西的「省治」為例便可以清楚地看出：山西民眾的困苦、環境的惡化、生命的卑微、吏治的敗壞，堪稱整個中國的縮影，而這一切都是中央政府一手造成的。

二零一零年三月，作為國家和山西省「十一五」規劃重點建設項目的王家嶺煤礦，突如其來發生透水事故，一百五十三名工人被困井下。後來，經過緊張的搶救，一半多被困工人獲救，此一礦難的營救過程被官場大加宣揚，悲劇變成了喜劇。而死難礦工的名字，至今卻仍有相當一部分未被公佈。

此前，山西礦難頻發，中央政府製造的輿論均認為，這都是小煤窯惹的禍。因為私人業主急於賺錢，缺乏長遠眼光和安全責任，視人命如草芥。所以，當局決定進行產權改革，將全省大部分私人擁有的小煤窯收歸國有，經過「資源整合」之後，打造一批超級大煤礦。在此「化私為公」的過程當中，大量私人財產被以極低的價格強行併購。然而，大型國有煤礦真的就可以避免或降低礦難嗎？

王家嶺煤礦項目投資概算總額近五十二億元。據瞭解，該公司二零一零年「奮鬥目標」是產值六億元，利潤三千萬。事後，安監總局的通報稱，礦井存在「勞動組織管理混亂，為了趕工期、趕進度，當班安排十四個掘進隊同時作業，作業人員過度集中，且領導幹部帶班制度不落實」等突出問題。事故發生前，井下工作面有多次有關滲水情況的報告，但是未引起重視。工作面出現透水徵兆後，也沒有按照規定及時撤人和採取有效應對措施，最終造成重大透水事故發生。一名工人說，項目部整天催要進度，以前一個月他們最多能幹兩千米，現在提出干三千米。二十七隊一名工人說：「我們每天開班前會的時候都是要進度，要速度，經理說要上六部鑽，五個人上六部鑽。」在此目標下，公司對於各個施工單位實行「進尺考核制」，掘進多了受獎，少了則會受罰。

由此可見，國進民退，災禍不止。那麼，地方政府為何不顧民眾生命財產之安全，瘋狂地進行能源開發呢？這是因為中央政府對地方官員

的考核與提撥標準，是「惟GDP是舉」，也就是說，誰將GDP搞上去了，誰就可以獲得陞遷。地方官員為了打造政績、發展經濟、提升GDP，便挖煤礦、修電站、建高速、蓋大樓，甚至不惜用暴力手段圈走農民和市民的土地。地方政府的黑幫化愈演愈烈。所以，經濟問題的核心，還是政治體制問題。

而地方官員的壞和黑，是中央政府造成的。「上樑不正下樑歪」，地方政府的敗壞，的根源並不在地方政府自身，而在中央政府。中央政府之所以如此重視GDP，是因為GDP的增長，是中共政權合法性和穩定性的最後的支柱。如果GDP出現大幅滑坡，中共的統治也就危在旦夕了。為了繼續壟斷權力，就必須保持GDP的持續增長，所謂「保八就是命根子」。而要「保八」，就得默許地方政府的為所欲為、殘民以逞。於是，經濟問題又回到了政治問題上。

其實，民國時代的山西，閻錫山治理下的山西，曾經是一個井井有條、生機勃勃的模範省。經過中共六十年的胡作非為，山西卻不幸淪為中國最「黑」（不是煤之黑，乃是人心之黑）的省份之一。如果閻錫山復生，看到此種情形，不知該作何感想？近期，《南方人物週刊》作了一個《「山西王」閻錫山》的專題報道，還原了民國時期閻錫山治理山西的部分真相，有網友評論說：「老閻是山西人，他的祖宗都在山西，他會把環境污染了、把良田都變成工廠的廠房，讓幾十年後倒閉的工廠的地皮上無法種地？他會把煤礦都挖完讓地下成為一個個大洞？他會以發展經濟的名義把乾淨的水源變成排污口？他會讓山西人賺一塊錢、老外賺一千塊錢？他是地方軍閥，但是有些地方做得比現在的官員們都好……鐵打的營盤流水的官啊！這地兒給弄糟了，換個地方做官去。」不知溫家寶是否看到了這篇報道，是否願意向閻錫山取經呢？

不能將地方政府當作替罪羊

同樣是山西，還曾經曝光了黑窯的奴隸童工事件。這一事件同樣折射出溫家寶在宏觀調控上、在經濟與政治之間的「兩難」處境。當時，對於這一個二十一世紀的童奴事件，全球媒體聚焦，全國民眾聲討。我特別注意到，大多數評論者憤怒譴責黑磚窯的老闆和地方的基層官員，許多人對中央政府的干預和最高領導人的批示表態「堅決支持」。比如，《南

方週末》的一位著名時事評論員認為，奴隸童工事件「是對於國家統一法制的徹底顛覆」，他甚至用「一場叛亂」來定義之。他寫道：「因為中央政府的強力干預，國家機器終於開始履行自己的職責，解救開始了，調查開始了。既然是叛亂，就需要平叛，就需要動用國家暴力，對所有黑窯如秋風掃落葉予以徹底摧毀！對所有監工、對所有黑窯股東和老闆，予以堅決鎮壓！」

類似的論點在網絡上也層出不窮。有學者甚至認為此類醜聞的發生，是因為地方政府權力過大，地方政府為所欲為且欺騙中央。他們指出，中央是好的，地方是壞的，中央只是暫時被蒙蔽了，一旦清醒過來，必然扭轉乾坤，為老百姓報仇雪恥。這是中國自古以來形成的「只反貪官、不反皇帝」的思路。在這一思路之下，甚至有人建議加強中央的集權能力，中央越強大，政令便越暢通，正義便越彰顯。

我不同意此種緣木求魚的觀點，也不同意此種察言觀色的批評策略。我認為，黑磚窯事件並不是一場地方政府的叛亂，而是在中央政府的默許甚至鼓勵之下，中央與地方官僚聯手對民眾實施搶劫之後的分贓行為，在此事件中，中央並不是乾淨的。胡溫難道真不知道地方上的種種亂相嗎？我們不能低估中央極權體制的動員能力。比如，以搜集信息的能力而論，一方面，中共的宣傳系統日復一日、年復一年地製造謊言，使得老百姓對中國的實際情況茫然無知；另一方面，中共的各個情治系統，包括新華社的「內參」體系，每天都在將各地的社會、政治、經濟信息反饋到中樞。胡溫對各地的情況暸如指掌，他們不可能被地方官員蒙在鼓裡，除非他們故意睜一隻眼，閉一隻眼。

那麼，胡溫為什麼很少主動去懲罰那些貪贓枉法的地方官吏呢？為什麼往往是在民憤極大的壓力之下，才不得不拋出幾個替罪羊來？許多落馬高官很快便復職了，比如在三鹿毒奶粉事件中因「負有領導責任」而引咎辭職的國家質檢總局原局長李長江，二零零九年十二月底高調出任全國「掃黃打非」工作小組專職副組長。在二零一零年三月，團派出身的李長江更是被增補為全國政協委員，並成了十一屆政協港澳台僑委員會副主任。BBC 中文網記者樂安在評論中諷刺說：「李長江擔任質檢總局局長期間，中國食品安全問題頻出，『掃黃打非』至少不直接關乎人命，中央高層的任命決定也算英明。」

無疑，我們不能寄希望於中央政府來監督和懲罰地方政府，因為他們的根本利益是一致的，而他們的利益與老百姓的利益是對立的。中共的國家機器從來只會驅使坦克和全副武裝的軍隊鎮壓民眾的愛國民主運動，而不會開去搗毀成千上萬的黑磚窯及黑煤窯。那種希望國家機器以暴力來「鎮壓」黑窯監工、股東和老闆的呼籲，激情有餘、理性不足，反倒顯示出某些紙上談兵的知識分子法治觀念的薄弱與淡漠。公共知識分子在進行社會批評的時候，一定要避免使用被「黨文化」污染的「黨語言」——再壞的壞人也不能不經法庭的審判而遭到「鎮壓」。那些黑窯監工、股東和老闆們，理應接受法律的制裁，理應得到公正的審判，而非國家機器的暴力「鎮壓」。一旦國家暴力機器脫離法律的約束，今天可以「鎮壓」壞人，明天就有可能「鎮壓」好人。

所以，中央政府根本就不是山西奴隸童工的解放者，受害者及其家屬不必對胡錦濤和溫家寶感恩戴德。同樣的道理，四川汶川地震和青海玉樹地震中的災民，西南諸省旱災和南方各省水災的災民，也不必對前來體察民情的溫家寶「感恩戴德」。我們應當清楚地意識到：一黨獨裁的政治體制和中央集權的權力格局，才是中國各種人權災難和環境災難的根源所在。若要切實保障中國公民的基本人權、遏制奴隸童工現象的蔓延，不能靠加強中央集權的政體、不能靠最高統治者的良心發現、更不能相信溫家寶的眼淚。

在今天的中國，任何一個經濟問題的背後都是政治問題，任何一個地方政府的問題的背後都是中央政府的問題。這就是溫家寶所謂的宏觀調控「兩難」的處境。如何才能一勞永逸地擺脫此「兩難」困局，不是沒有辦法，而是溫家寶有沒有勇氣和魄力採納之、實踐之。答案就是：結束一黨專政、啟動政治民主化進程。更加具體地說，可行的步驟就是：在經濟上實行「國退民進」，打破行業壟斷，實現充分的自由競爭；在政治上切實保障以農民工為主體的勞動者的國民權利，加強地方自治和普及地方選舉，弱化中央政府的遙控之權，讓政府由「大政府」變成「小政府」。溫家寶和他的同僚們願不願意「自廢武功」呢？

謊言說了第二遍就能成為真理嗎？
——冷看溫家寶與網民在線交流

我們既不像嬰兒那樣毫無遮掩，也不是隨心所欲的百變神通；我們既能說謊，也能誠實；既會辨識謊言，也會懵然無知；既會被騙，也會探知真相。我們可以選擇，這才是我們的本性。

保羅・埃克曼《說謊》

二零一零年二月二十七日，溫家寶在中國政府網和新華網與網民在線交流。網頁最後顯示的提問近二十四萬條，有評論說，「這完全成了一次全國性的網民集體上訪」。但是，溫家寶所回答的問題，都是經過工作人員整理並提交的，溫家寶並不能看到全部的問題和真相。「誰為袖手旁觀客，我亦逢場作戲人」，溫家寶早已習慣了這種「被蒙騙」的處境，他與欺騙他的下屬之間達成了一種完美的默契。

溫家寶是毛主席的好學生

溫家寶回答的一個最尖銳的問題，是一位名叫「二三四」的網友提出來的：「溫總理您好！一、什麼時候給我們真正的民主權利？二、政府官員的財產何時公佈？三、政府什麼時候才真正接受人民的監督？四、社會的種種不公平政府打算怎麼解決？」

在推特中文圈上，溫家寶的暱稱是「影帝」。沒有出色的演技，哪能實現從大內總管到太平宰相的飛躍？溫家寶在「運籌帷幄，決策千里」方面的能力有所欠缺，但演戲的功夫還是一流的，退休之後，雖然不能像自以為懂經濟的朱鎔基那樣去清華大學當經濟管理學院院長，但到電影學院的表演系當個系主任倒還是綽綽有餘的。溫家寶胸有成竹地回答這個似乎很尖銳的問題，將這場民主秀推向了高潮：「我曾經引用建國前毛

澤東主席和黃炎培先生說過的一段話來解決『其興也勃，其亡也忽』的週期律問題，最重要的是民主，只有民主才不會出現人亡政息。」

有評論者讚揚說：「作為中國的總理，直接面對以網民的模糊身份出現的民眾而不是在黨內講話，做出這樣明確的關於民主政治表述，不能不引起世人的注意。」但在我看來，這是一場根本沒有關注價值的廉價的民主秀。與其上網跟網民作象徵性的交流，不如立即拆除中國的網絡長城，讓牆內的生活和牆外的生活融為一體。溫家寶自上台以來，已經做過了無數次「中看不中用」的秀，從仰望星空到肯定普世價值，從哀歎民生疾苦到支持大學學術自由，但從來沒有一句話落到實處。溫家寶，人如其姓，性格如溫吞水，正是現有體制下絕好的總理人選。

然而，謊言說了第二遍就能成為真理嗎？喜歡旁徵博引以顯示有學問的溫家寶，當然不會不知道，毛太祖當年說的這句話，根本就是一個彌天大謊。一九四五年抗戰勝利，黃炎培、傅斯年、章伯鈞等六名國民參議會成員應邀訪問延安，希望促成國共合作，避免內戰爆發。正是在這次訪問中，有了黃炎培與毛澤東的這場著名的對話。

黃炎培說：「余生六十餘年，耳聞的不說，所親眼見到的，真所謂『其興也勃焉，其亡也忽焉』。一人，一家，一團體，一地方，乃至一國，不少單位都沒有能跳出這週期率的支配力。……」

毛澤東的回答是：「我們已經找到了新路，我們能跳出這個週期率。這條新路，就是民主。只有讓人民起來監督政府，政府才不敢鬆懈；只有人人起來負責，才不會人亡政息。」

其實，就在與黃炎培進行這席所謂「週期率和民主」的談話之前不久，毛澤東在中共第七次代表大會上就已口頭傳達，在打倒了國民黨以後，中共的鬥爭對象就是民主黨派。民主只是暫時的遮羞布和鬥爭策略，一旦取得政權，中共實行的將是遠遠勝過國民黨和歷代帝王的「一黨獨裁」。當與黃炎培同為民主黨派領袖的儲安平發現「黨天下」的真相的時候，為時已晚，只落得個「生不見人、死不見屍」的悲慘結局。

黃炎培的卑躬屈膝與傅斯年的火眼金睛

在訪問延安的這一行人中，唯一的清醒者是傅斯年。毛澤東陪同傅斯年參觀延安，傅斯年看到禮堂裡密密麻麻地掛滿各地送來的錦旗，便

語帶譏諷地說：「堂哉，皇哉。」毛澤東聽出了其中的嘲諷意味，礙於情面沒有出聲。一天晚上，傅斯年與毛澤東兩人上天下地地談開了，談到中國的小說的時候，傅斯年發現毛澤東對坊間的各種小說都瞭如指掌。傅斯年認為毛澤東是從這些材料裡研究民眾心理，心底認為毛不過宋江一流，便口無遮攔地挖苦毛道：「我們不過是陳勝、吳廣，你們才是項羽、劉邦。」毛澤東在贈傅斯年的字幅中，遂題了首詩回敬道：「竹帛煙銷帝業虛，關河空鎖祖龍居。坑灰未燼山東亂，劉項原來不讀書。」這首是唐人章碣的《焚書坑》，詩中毛澤東以「劉項原來不讀書」自比，言下之意就是，雖然我讀書沒有你多，在北大的時候也被你們瞧不起，但現在我手上有槍桿子，天下便是我的了。毛澤東從來不知道什麼是民主，他只迷信實力。

在那趟行程中，傅斯年不僅對毛不留情面，還痛斥同行的諸人沒有出息：「章伯鈞是由第三黨歸宗，最無恥的是黃炎培等，把毛澤東送他們的土織毛毯，珍如拱璧，視同皇帝欽賜飾終大典的陀羅經被一樣。」傅斯年當面對他們說：「你們把它看作護身符，想藉此得保首領以歿嗎？」傅斯年的估計相當準確，討好毛澤東的章伯鈞、黃炎培等人，都沒有逃過中共建政之後的若干次政治運動，最後的結局都是不得好死。

黃炎培身為民主黨派的首領，對民主之精義並不瞭解。一九四九年三月，黃炎培在中共地下黨的幫助下，輾轉到達北平。當天晚上，剛進北平西郊的毛澤東設宴款待黃等二十多位知名民主人士。第二天，毛澤東又單獨設晚宴招待黃炎培，兩人暢談時局直到深夜。這是其他人士沒有得到的殊榮，使黃心潮澎湃。到第三天，北平市市長葉劍英在國民大戲院開歡迎會時，黃情不自禁地振臂高呼口號：「人民革命萬歲！中國共產黨萬歲！毛主席萬歲！」據說，在民主人士中，黃是首先喊出這個肉麻的口號的。一個真正熱愛民主自由的人，怎麼會諂媚地去喊另一個必死的人萬歲呢？

國民黨時代以不當官自詡的黃炎培，不久即以七十四歲高齡當上了國務院副總理兼輕工業部部長，一九五四年又當上了全國人民代表大會副委員長。原來，他不是不想當官，而是嫌國民黨給他的官不夠大。如果在共產黨的治下當上更大的官，哪還管他民主不民主，哪還心思去「先天下之憂而憂，後天下之樂而樂」呢？中國文人之卑賤，由此可見一斑。

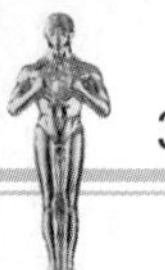

自此，黃炎培目睹了「土改」、「鎮反」、「三反五反」、「反右」、「彭德懷廬山反黨」、「三年大饑荒」、「社會主義教育」等運動。一九五七年，黃炎培的三兒子，水利專家黃萬里因反對在黃河三門峽修壩建水庫，被打成「右派」。黃炎培為了自保，竟與兒子斷絕來往，還寫詩表示要學習做「新人」，其無恥程度堪比郭沫若。黃炎培去世於一九六五年，即「文革」前夕，這也許是他的幸運，死得其時；否則，在這場運動中，他這個「前朝餘孽」命運難料。

誰是中國臉皮最厚的人？

縱觀中共毛澤東與黃炎培的後半生，堪稱他們的那場著名對話的絕大諷刺。毛太祖成為讓歷代帝王甘拜下風的大獨裁者，黃炎培不僅沒有當上南書房行走，反倒連家庭的完整的都不能維持。這場對話本該被中共深深地掩埋起來，因為稍微有點羞恥感的人，都會認為這場對話對於中共而言，乃是「猴子的屁股」，最好不要去提及。然而，溫家寶偏偏要去提及這場對話，並以之為自己施政的註腳。真是不以為恥，反以為榮；真是人若無恥，不可救藥。如果評選「誰是中國臉皮最厚的人」，我想溫影帝一定高票當選。

溫家寶先生喜歡談民主，談正義，談尊嚴。我想反問溫家寶先生的是：既然你那麼熱愛民主，你為什麼要將昔日的上司趙紫陽先生囚禁至死呢，他唯一的「不合作」就是不同意鄧小平集團在「六四」時候開槍殺人，他何錯之有呢；既然你那麼熱愛民主，你為什麼將劉曉波和譚作人抓進監獄呢，他們比你更加熱愛民主並踐行民主，你應該將他們請到中南海來當你的老師才對；既然你那麼熱愛民主，你為什麼那麼害怕劍橋的學生向你扔鞋子呢，你為什麼不乾脆將那雙扔上來的鞋子穿在腳上，顯示你「有容乃大」胸襟呢；既然你那麼熱愛民主，你為什麼要派遣國保以及國保僱傭的一群少年，來到我家樓下日夜監視呢，我對你們的「兩會」等活動毫無興趣，如果你們不來騷擾我，我甚至連批評的興趣都沒有。

溫家寶對這些問題的回答有可能是：民主，吾心嚮往之，但力不能及耳。但是，搬出毛太祖的名言還能繼續騙人嗎？納粹德國的宣傳部長戈培爾說過：「謊言重複一千遍就成了真理。」看來，溫家寶比戈培爾還要自以為是，他認為，謊言只需要重複兩遍就可以成為真理。當年，毛太

祖說過一遍；今天，我溫憨公再說一遍，就能像大魔咒一樣，讓全國百姓安安穩穩地充當案板上任人宰割的魚肉。但是，溫家寶忘記了美國總統林肯說過的另一段話：「你可以在某些時間裡欺騙所有的人，也可以在所有的時間裡欺騙某些人，但你決不能在所有的時間裡欺騙所有的人。」

溫家寶的座右銘是：「天下事無非是戲，世間人何必認真？」但是，一場民主秀，真可以將衰世裝扮成盛世嗎？溫家寶喜歡引經據典，不知是否讀過晚清詩人、思想家龔自珍的《乙丙之際箸議第九》一文？龔自珍是最早對辮子王朝發出盛世危言的先知，他說：「履霜之屩，寒於堅冰；未雨之鳥，戚於飄搖；痺痨之疾，殆於癰疽；將萎之華，慘於槁木。」我擔心溫家寶先生讀不懂這段話，還是將其翻譯成白話文吧，這段話的意思是說：「踩著秋霜的人比那正經受著嚴冬堅冰之寒的人更為恐懼，暴風雨來臨前的鳥兒比正在風雨中飄搖的鳥兒心中更加悲感，麻痺無知的肢體比身體上的癰瘡更為可怕，將要凋零的花朵比已經枯槁的枝條更引人傷感。」溫家寶先生有沒有此種如履薄冰的感受呢？願不願意用實際行動來避免即將降臨的災難呢？

二零一零年三月十二日

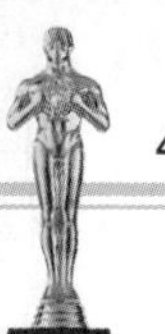

溫家寶為何學不到胡耀邦的真精神？

當年因胡耀邦逝世引發「六四」事件，導致胡耀邦在此後二十多年裡成為一個「敏感詞」，雖然胡耀邦的敏感程度不及趙紫陽，但他還是基本上從公共空間和歷史敘述中消失了。儘管如此，與江澤民和胡錦濤的意願相反，胡耀邦在民間的聲望卻越來越高。胡耀邦逝世二十一週年之際，身為國務院總理的溫家寶撰寫題為《再回興義憶耀邦》的紀念文章，全文三千多字，刊登在人民日報二版頭條的顯著位置。這是中國領導人首次在胡耀邦的忌日發表紀念文章，被外界解讀為具有特殊的政治意義。這篇四平八穩、空洞無物的文章，被某些海外學者「過度闡釋」為胡溫聯手戰勝以江澤民為代表的保守派、即將啟動政治改革的信號。在我看來，此看法謬之千里。在今日的中共黨內，究竟誰是保守派呢？我認為，保守派並不是已經衰落的江系，而是掌權的胡溫。比如意識形態上的嚴密控制，比如經濟上的國進民退，比起江澤民時代來都是巨大的倒退。此次溫家寶撰文紀念胡耀邦，無非是想利用胡耀邦的威望挽回日漸衰微的個人形象罷了。溫家寶企圖從胡耀邦身上撈取最後的一點政治資源和民意皈依，跟人們望眼欲穿的政治體制改革毫無關係。

胡耀邦晚年曾經對妻子說，他絕對不入八寶山，這句話表明他對中共體制完全絕望，這其中也包括對溫家寶的絕望。一九八七年一月，胡耀邦被免職後，其政治待遇、生活待遇和保衛待遇都要降低規格。香港《明報》後來報道說：「正是溫家寶代表中共中央向胡耀邦一家宣佈中共高層的有關決定。溫家寶的表情相當冷漠，令胡家人十分反感。」胡耀邦在去世之後，鑒於當時的政治形勢，鄧小平決定低調處理。時任中辦主任的溫家寶，既是胡耀邦治喪辦公室七人小組成員，亦受命起草訃告。溫家寶還到胡家宣佈中央的有關決定，其表情也一如八七年時的冷漠，全無任何同情的表示，胡家人因此覺得他不近人情。由此可見，溫家寶只是一個因循守舊、得過且過的政客。

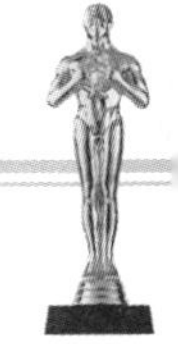

溫家寶缺乏胡耀邦的求真之心

這些年來，關於胡耀邦的出版物中，比較有價值的有兩本，一是在中國大陸出版的胡耀邦的女兒滿妹所著之《思念依然無盡——回憶父親胡耀邦》，另一本是在香港出版的李銳、胡績偉、謝韜等中共改革派元老所著之《胡耀邦與中國政治改革》。前者描述了日常生活和家庭生活中的胡耀邦，一改中國的宣傳機構將領導人塑造得「高大全」的傳統，將一個有血有肉、有情有義的胡耀邦呈現在讀者面前。溫家寶離胡耀邦的真精神有多遠呢？

身居高位的胡耀邦，最讓人敬佩之處就是其求真之心。在如同魯迅所說的中國源遠流長的「瞞和騙」的傳統之中，在中共「報喜不報憂」的情報反饋體制之下，「處宮禁之深」的高層領導人，一般無從瞭解「江湖之遠」。領導者要想獲得真實的、第一手的信息非常不容易，除非他肯用自己的雙腳去丈量那些「老（老區）、少（少數民主地區）、邊（邊境地區）、貧（貧困地區）」的土地。

胡耀邦是歷屆中共領導人中下基層最多的人。而且，他從來都是輕車簡從，他對身邊的人說：「像我們領導幹部，包括中央領導幹部到下邊去，不要那些前呼後擁、戒備森嚴的做法，也不要組織什麼群眾迎送。」他外出視察總是盡量避免驚動地方官員，常常一兩輛麵包車，幾個工作人員，就悄無聲息地跑上了千里地。

滿妹在書中寫到一個「首長失蹤」的小插曲：一九八五年秋天，胡耀邦在西北視察時，晚上住進一個兵站。大家休息後，秘書來到胡耀邦的房間，發現裡面沒人了。大家四處尋找，仍然不見蹤影。於是，跑到門口問哨兵：「看見總書記出去沒有？」哨兵搖搖頭說：「沒有。」大家繼續再找，還是沒有人，便又去問哨兵：「看見個小老頭出去沒有？」哨兵說：「看見了，一個人往那邊去了。」大家沿著外邊的小路追出去一里多地，在一個只有幾戶人家的小村子裡，看見總書記正盤腿坐在一戶人家的炕上，跟一群老漢們正聊得興高采烈呢。

這樣的小插曲是不會發生在溫家寶身上的。溫家寶也自詡為跑過兩千個縣，並多次引用鄭板橋的「衙齋臥聽蕭蕭竹，疑是民間疾苦聲」和白居易的「心中為念農桑苦，耳裡如聞凍餓聲」來展示自己愛民如子。然而，溫家寶到過的地方雖然有可能超過胡耀邦，但他看到的大都是類似於「橫店影視基地」那樣的佈景。有網友透露說，溫家寶二次去玉樹時，某災情嚴重的學校，其廢墟本來已經清理，夷為平地，但為了讓溫站在廢墟上講話，有賑災效果，救援隊又連夜將瓦礫石塊等運回原址。次日，溫家寶做艱難狀爬上廢墟發表講話。由此可見，溫家寶一邊賣力地作這樣的表演，一邊似乎很真誠地撰文紀念胡耀邦，用聖經的話來說，就是「你口任說惡言，你舌編造詭詐」。

將自由還給人民，人民才能活得有尊嚴

在一批黨內開明派老人眼中，張顯揚認為將胡耀邦下台的根本原因在於「人本思想與黨文化的分歧」，杜光則認為胡耀邦是「一位偉大的民主主義者」。滿妹在《思念依然無盡》一書中提供了這樣一個細節，可以支持上面的結論：八十年代初，「父親視察內蒙古錫林郭勒時，有人談到多年來有大量外地人口流入當地，認為是『盲流』，主張『清走』。而父親認為，人口流動是正常現象；隨著農業生產力的不斷提高，農業人口流入城市是其必然，政府要做出相應安排，而人為地堵是不對的，也是堵不住的；流動有利於農村剩餘勞動力的發展和城市經濟的發展，同時也有利於中小城鎮的建設和發展。」

那個時候，當局還在使用「盲流」這個帶有強烈的貶義色彩的詞語來形容「流動人口」，這是毛澤東時代將農民牢牢固定在土地上的統治思路的延續，即便在大饑荒的年代裡，毛澤東亦不惜派出軍隊和民兵把守各地村莊，不允許農民外出逃荒，其統治手段之暴虐超過了過去任何一個朝代。遺風所及，即便到了八十年代初期，因為中國的憲法中缺乏對公民的遷移自由的保障，官員們仍然將那些背井離鄉尋求活路的農民視為「不安定因素」。在此背景下，胡耀邦說的雖然是卑之無甚高論的常識，但這種「將自由還給人民」的想法卻相當可貴。不是將自由賜予人民，而是將自由還給人民，因為自由本身就是人民自己的。

與之相比，常常將「去民之患，如除腹心之疾」的名言掛在嘴邊的溫家寶，倡言「讓人民活得尊嚴」的溫家寶，卻始終不明白自由與尊嚴的關係。為什麼富士康公司連續出現「十三跳」，為什麼這些背井離鄉尋找更好的生活的農民工會「自願」放棄生存權？這究竟是一家血汗工廠，還是一家設置在血汗國家的工廠？深圳市政府秘書長、政府新聞發言人

李平居然舉重若輕地說：「這是轉型期出現的特殊問題。」那麼，為什麼同樣是在轉型期，太子黨可以一夜暴富，農民工只能跳樓慘死？據李平說，多位中央領導對富士康事件作出了批示。那麼，包括溫家寶在內的中央領導人的批示究竟是什麼內容呢？為什麼不敢將這些批示公諸於眾呢？這些批示又不關乎所謂的「國家安全」。環顧全球，富士康公司「集中營」式的管理模式以及保安所行使的警察權，只有在中國大陸才能暢通無阻。因為視 GDP 為統治合法性來源的溫家寶，在本質上與郭台銘是一樣的：郭台銘控制的不過是服務於富士康等各大工廠的近百萬員工，而胡錦濤和溫家寶控制的則是十三億中國人。中國人即便出得了富士康這個小監獄，卻出不了中國這個大監獄。

中國人有爭取生存權的權利和自由嗎？高耀潔、萬延海、胡佳三人，並非政治異議人士，只是艾滋病救助人士，卻因為揭露中國艾滋病氾濫的真相以及地方政府的玩忽職守，而遭到各種形式的打壓與迫害。高耀潔和萬延海先後被迫流亡海外，方能暢所欲言；胡佳被關押在獄中，身患重病而不得保外就醫。盲人維權者陳光誠，因揭露農村婦女被強迫墮胎的血淋淋的個案，亦被投進監獄並遭致虐待，其妻子和家人長期被監視、騷擾和限制自由。這些個案溫家寶不可能不知道，在一次記者會上，有外國記者還向他問及胡佳一案，他虛偽而冷酷地回答說，「此案是依法處理的」。這不是一個愚人國的玩笑嗎？中國人連爭取生存權的權利和自由都被剝奪了，又如何可以過上有尊嚴的生活？

改革之難是不改革的理由嗎？

溫家寶的雄文發表之後，新加坡《聯合早報》在一篇題為《改革路漫長，重溫胡耀邦》的社論中說：「無論世人如何評判，胡耀邦早已走入歷史。包括溫家寶在內的人們至今對他尊崇有加，應該與當前改革在一些領域、尤其是政治領域停滯不前有一定的關係。人們希望通過胡耀邦喚起中國曾經具有的改革勇氣，但在特殊利益集團無法撼動、改革缺乏共識、舉步維艱的當下，重溫胡耀邦或許能為改革造些聲勢，要翻起當年胡耀邦推動真理標準討論和平反冤假錯案那樣的改革大浪，恐怕就是一個字：難！」這篇社論的著眼點在於一個「難」字上，但是對於一個具

有歷史感的政治家來說，政治體制改革即便是「蜀道之難難於上前天」，也要知難而上。因為越早改革，難度越小；越遲改革，難度越大。

胡耀邦是一個名副其實的改革者。對於一九七八年開始的改革開放，他立下了兩大功勞：一是發起真理標準大討論，衝破對毛澤東的個人崇拜；二是平反大量冤假錯案，開始徹底否定毛澤東發動的「文革」等政治運動。那時，毛的神話尚未破滅，挑戰毛和「文革」需要極大的勇氣。此後，胡耀邦在一線工作的六年間，大力倡導改革，雖然受到八大元老的干擾而最終功敗垂成，但正如他自己所說：「生氣勃勃地在前進中犯了錯誤的人，比那些實際上躺著不動的人要高出一百倍。」更何況所謂的「錯誤」，乃是八大元老對他的「欲加之罪，何患無辭」呢？

毫無疑問，改革會遇到各種阻力和困難，但只有改革才能讓共產黨和中國社會獲得「雙贏」的結果，而不改革共產黨只有死路一條、中國社會亦將陷入長期的動盪之中。如今，中國的經濟實力有了較大的增長，國際環境也堪稱一個世紀以來最好的時期，改革的條件優於胡耀邦擔任總書記的、百廢待興的那些年月。然而，胡錦濤和溫家寶根本無意於重啟八十年代夭折的政治體制改革。所以，無論是幾年前胡錦濤允許中央召開紀念胡耀邦大會，還是如今溫家寶發表追憶胡耀邦的文章，都只是「一個蒼涼的手勢」罷了。記者、作家高瑜在一篇紀念朱厚澤的文章中說：「胡溫接班之後，胡耀邦幾次被高層紀念、被回憶，胡耀邦簡直成為了資源，多方搶奪，都要爭當胡耀邦的傳人。但是真李逵、假李逵一比武就分出真假來了。」一味作秀、拒絕政治體制改革的溫家寶，不就是所謂的「假李逵」之一嗎？

溫家寶真的「像對待自己的孩子一樣對待年輕農民工」嗎？

據新華社電，二零一零年六月十四日，在中華民族傳統佳節端午節來臨之際，溫家寶先後來到北京市兒童福利院、西城區富國裡社區、地鐵六號線平安裡站施工工地，看望孤殘兒童和城市低保戶，瞭解農貿市場蔬菜供應和價格情況，召開新一代農民工座談會。在工地的會議室，溫家寶與在北京建築、製造、安保、餐飲服務等行業工作的五十多名年輕農民工代表進行了「交流」。

農民工的「尊嚴」和「體面」

在這些有幸見到溫大青天的農民工「代表」當中，定然不會有上海「釣魚執法」的受害者、不得不斷指明志的孫中界，也不會有河南的「矽肺病」患者、不得不開胸驗肺的張海超。這些人的存在本身就「有礙觀瞻」，不能入總理大人的法眼。

在座談中，溫家寶說，農民工是當代中國產業工人的主力軍，我們的社會財富、高樓大廈都凝聚著你們的辛勤勞動和汗水，你們的勞動是光榮的，應該得到全社會的尊重。要關心農民工、愛護農民工、尊重農民工，尤其是年輕一代的農民工。溫家寶還充滿感情地說了一句：「政府以及社會各界都應該像對待自己的孩子一樣對待年輕農民工。」這是一齣多麼精彩的大戲啊，導演是溫家寶，主演是溫家寶，觀眾也是溫家寶。

溫家寶的這句話乍一聽溫暖人心，那些基本權利被剝奪和踐踏的農民工們，大概又要山呼萬歲了。但仔細一想，這句話卻暴露出溫家寶潛意識中的「父母官」心態。由於長期浸淫於中國的專制文化傳統之中，溫家寶並未意識到：政府只是一個公民選擇和供養的、為公民提供服務的機構。所有的政府工作人員，包括作為「首席公務員」的國務院總理在內，

都是「人民的公僕」。人民才是政府和政府官員的父母，政府和政府官員不能自作主張的充當人民的父母。將作為人民的一部分的「年輕農民工」當作「孩子」看待，這是一種本末倒置的狂妄與傲慢。

就在同一天，中國的人力資源和社會保障部副部長王曉初，在日內瓦國際勞工大會上呼籲，國際社會攜手促進體面就業，共同應對金融危機所帶來的各種社會問題。王副部長響應溫總理之號召，在溫總理的「尊嚴說」傳遍大江南北之後，又東施效顰地提出「體面說」，並且將此種「中國特色的社會主義」向外國與會代表作了廣泛介紹。他說，中國政府結合國情落實國際勞工組織《全球就業契約》方面有諸多經驗，比如為廣大勞動者提供基本保障、關注對弱勢群體的保護、推動建立和諧的勞動關係、維護勞動者合法權益等等。

既然總理都可以無恥，那麼部長的無恥就算不得什麼了。王部長侃侃而談，好像中國是當今勞工權益保障最佳的國度，中國有資格向全世界介紹先進經驗。我只是擔心王部長的話說得太滿，晚上睡覺的時候，富士康公司那些跳樓的農民工們的冤魂上門來找他論理，他還會如此理直氣壯嗎？這些農民工連命都沒有了，哪還有什麼「體面」？「體面」是溫總理和王部長們的特權。

查天賜與溫雲松：一個在地獄，一個在天堂

我又想給溫家寶先生提建議了，可惜我提的建議都是溫家寶先生不願聽的，所以我當不了南書房行走。我建議溫家寶先生見一見那個名叫查天賜的農民工，查天賜比你的兒子溫雲松更加年輕，你若知道了他那慘絕人寰的遭遇，你會將他當作兒子一樣來愛護嗎？

查天賜是陝西的一名礦工，在一次煤礦爆炸事故中被炸傷雙腿。開始兩天，他被安置在礦工宿舍裡。到了第三天凌晨，他被一輛人力三輪車拉到公路邊扔掉。他一連好幾天都在公路旁趴著，幸好有附近好心村民幫助，才不至於餓死。一月的渭南是最冷的時候，平均氣溫在零下三度左右，靠著一卷破棉被才沒有被凍死。幾天後，礦主派人來觀看，發現他居然還活著，又讓人將他弄到十公里外的蒲城縣高陽鎮的公路旁邊。

當查天賜獲救之後，記者來到蒲城縣醫院內三科病房，看到了他那「人不人、鬼不鬼」的樣子：由於幾個月沒有洗澡、刮鬍子，加之傷口

散發著惡臭，躺在病床上的查天賜已經失去了人形。他的雙腳外面裹著兩塊破爛的塑料布，裡面不斷地向外溢出血水和膿水。據醫生介紹，病人被人送來時病情非常嚴重，體內嚴重脫水，兩隻腳也因為腐爛完全脫落，傷口大面積感染。目前，查天賜雙腳從腳腕部向上十五公分的肢體均已壞死，需要作截肢手術。

如果溫家寶與查天賜會面，他會想起《金融時報》上那篇題為《中國私募業的「紅色貴族」》的報道來嗎？那篇報道指出，在中國新興的私募股權行業，「新天域資本」是最具影響力和最為成功的一家公司。該公司管理數十億美元的資金，擁有德意志銀行、摩根大通、瑞銀以及新加坡主權財富基金淡馬錫等諸多投資方。它位於北京金融街的金寶大廈的辦公室極為低調，在大堂甚至找不到公司的標識牌，只有到了十二層，才會看到門內有一塊小小的牌子。這家公司並不需要奢華的辦公室，因為它擁有中國最有價值的資產之一：溫雲松。

《金融時報》指出，溫雲松和新天域是新一代更為強勢的「太子黨」的領軍人物。這些太子黨在中國迅猛發展的私募股權行業佔據著主導地位，「通過重組國有資產和為私企提供融資賺取巨額利潤」，將削弱中國金融市場的專業化，「給公眾更為惡化的中國高層裙帶關係、權力無序的形象」。一位因話題敏感而要求匿名的業內人士表示：「以前，這些有『背景』的人的最佳選擇是去高薪的西方投行，但現在經濟實力已發生了轉變。他們跟那些外國人說：『嘿，現在我說了算，手頭什麼單子都有——所以你們把錢給我，我自己來投資，還要分到大頭。』」美國西北大學教授史宗翰指出：「這是一種輕而易舉的賺錢之道，人人都願意因為他們的關係網而支持他們。人人都心甘情願這樣做，以期博得高層領導人的好感。」

溫家寶似乎有心對查天賜和溫雲松一視同仁。按照他的說法，無論是否有血緣關係，每一個農民工都是他的兒子。然而，為什麼生活在同樣一個新中國，查天賜如同在地獄之中，而溫雲松如同在天堂之中呢？查天賜是中國公民，溫雲松也是中國公民，為什麼他們的感受會有如天壤之別呢？原因很簡單：溫雲松是丞相的兒子，查天賜是農民的兒子。

這是一個殺人如草不聞聲的時代

日理萬機的溫家寶當然不會知曉查天賜九死一生的遭遇。查天賜只不過是千千萬萬像奴隸一樣的農民工中微不足道的一個，他畢竟從死亡線上掙扎回來，比他遭遇的一切更可怕的農民工還有很多很多。比如，北京西單建築工地上的幾個農民工，就被攪拌機掃入混凝土之中。數天之後，當他們被發現時，屍體已經成為凝固的混凝土中的「木乃伊」了。溫家寶手下的各級官僚沒有一個因此「引咎辭職」。

諾貝爾和平獎得主、遠赴非洲為黑人服務的史懷哲博士說過：「我們必須像敬畏自己的生命意志一樣敬畏所有的生命意志。」在中國，卻始終未能建立起這種「敬畏生命的倫理學」來。那個黑心礦主下令將被炸斷雙腿的查天賜像垃圾一樣扔掉，他為何毫無憐憫之心地做這種傷天害理之事？僅僅譴責「這一個」黑心礦主是不夠的，他只是「血煤」利益鏈條中的一個環節。在黑心礦主的背後，還有更加黑心的政府。這個政府從來就不尊重人的生命，當然更不尊重人的自由、尊嚴和體面。除了官僚之外，誰能在中國「體面」地「活著」呢？中共在二十多年前在首都動用軍隊屠殺民眾和學生，黑心礦主殘害幾個卑賤的農民工豈不是小巫見大巫？認命吧，查天賜們是不能抱怨一句的，若用名聲卓著的中國科學院何祚庥院士的話來說，原因只有一個——「誰讓你生在中國呢？」

正如聖經所說：「隱瞞的事，沒有不出來被人知道的。」很多人仍然對溫家寶抱有一線之希望。其實，很容易找到一個驗證溫家寶是否誠實的方法：既然溫家寶如此深情款款地對農民工們說，我和我的政府要像對待自己的孩子一樣對待你們，那麼，是不是可以讓農民工們也像溫雲松那樣舒舒服服地「活著」？如果說溫家寶在懲罰瀆職的官員上無能為力，對打破從中央到地方牢牢糾纏的利益集團無從下手，但至少在家裡是說一不二的父親和家長吧？他管理國家力不從心，難道管不好一個家庭嗎？既然他如此親民、如此廉潔、如此真誠，是否可以給溫雲松下一道命令，讓溫雲松將巧取豪奪的國有資產和民脂民膏拿出來，救濟像查天賜、孫中界、張海超這樣的農民工？如果可以做到這一點，溫家寶就啟動了從他一個人開始的「自改革」，即便不能取得全面改革的成功，至少可以證明自己是名副其實的「溫青天」。那麼，溫家寶有沒有這樣做呢？

溫家寶沒有這樣做。他與其他的掌權者沒有根本性的區別。這是一個殺人如草不聞聲的時代，這是一個誰的心腸最黑誰就能爬得最高的時代。當媒體上熱衷於報道中國民眾的幸福指數的時候，我不禁要問：這是溫雲松的幸福，還是查天賜的幸福？查天賜的苦難與溫雲松的幸福之間，究竟是一種什麼樣的關係？當溫家寶和他的下屬們不停地將「尊嚴」和「體面」這些美妙的詞語掛在嘴邊的時候，我不禁要問：這是溫雲松的「尊嚴」和「體面」，還是查天賜的「尊嚴」和「體面」？查天賜的「沒有尊嚴」和「不體面」，甚至失去了「生命權」，與溫家寶、溫雲松們的「尊嚴」和「體面」之間，又是一種什麼樣的關係？

溫家寶先生，你願意回答我的疑問嗎？

二零一零年六月十四日

北京家中

陶興瑤與阿米爾，誰更有尊嚴？

洪水退去，我們探頭
這苟活的墓園竟成為方舟
從碎裂的鏡中，我重認自己的臉孔

鴻鴻《加薩走廊》

阿米爾，一個在暗無天日的夾層中躲藏二十一年僥倖活下來的四十九歲的伊拉克人；陶興堯，一個以自焚來抵抗強制拆遷而被燒至重傷的九十二歲的中國老人。這兩個人，誰活得更幸福、更有尊嚴？

阿米爾長達二十一年的穴居生活

據英國媒體報道，薩達姆政權垮台之後，四十九歲的伊拉克男子賈瓦德·阿米爾終於從躲藏二十一年的一道狹窄黑暗的牆壁夾層中走出來。他的第一句話是：「薩達姆真的下台了嗎？」薩達姆似乎永遠不會下台一樣。阿米爾是巴格達的一位居民，二十一年之前，有一次在言語中支持了一名得罪過薩達姆的什葉派牧師，此言行被秘密警察匯報上去後，阿米爾當即被薩達姆下達死刑令。得知風聲的阿米爾迅速逃往父母居住的偏遠的約巴村。

薩達姆要誰死，誰能活下來呢？一到父母家，阿米爾馬上沒日沒夜地準備避難所，他在父母家兩堵很窄的牆中間建造了一個完全封閉的夾層，僅在牆上留下小小的窺視孔，並在牆頂留僅能容一人出入的活板門。當這道活板門關閉之後，這個不到三四平方米的小空間就立即變得伸手不見五指，只有小窺視孔洩漏進一點微弱的光亮。阿米爾還在其中挖了一口小井，建了一條通往屋外的下水道，在這個小室中儲藏足夠吃上兩個月的乾糧。隨後，他帶上一隻小收音機從牆頂的活板門爬進去，

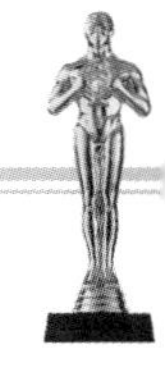

藏在這個狹小的牆壁夾層中。讓他沒想到的是，這一藏就是二十一年。當美英聯軍攻下巴格達時，阿米爾通過收音機得知薩達姆垮台的消息，但他不敢立即出去。又過了幾個星期，在確知已經安全之後，他決定告別黑暗歲月，回到陽光下。

骨瘦如柴、臉色蒼白的阿米爾告訴記者，在這個夾層中，他天天靠聽收音機度日。渴了，就喝從井中吊上來的水；餓了，就啃父母為他準備的乾糧。每隔一段時間，父母就從牆頂的活板門上給他吊下食品。據阿米爾回憶，剛開始躲進牆壁夾層中的那幾個月，是他最提心吊膽的日子。三天兩頭有秘密警察光顧父母的家，藏在夾層中的他連大氣兒都不敢出。有一次，當他從窺視孔中往外看時，突然看到近在咫尺的牆外，一個陌生人的眼睛也正在瞪著他看。他還以為牆壁的秘密被人發現了，雙腿一軟，差點跌坐在地上。然而那名顯然是秘密警察的陌生訪客，只是嚴厲地盤問了阿米爾的父母幾個問題，隨後就離開了。

阿米爾突然露面，讓約巴村的鄰居們大為驚訝。他們怎麼也不敢相信，阿米爾原來竟在父母家牆壁的夾層中度過二十一年，直到親臨現場看到那個窄小的黑暗洞天時，他們才相信這一切都是真的。一名鄰居說：「這簡直就是一個阿拉伯神話！我們一直以為他失蹤了，或已經死了，沒想到他居然還活著，而且就一直住在我們附近！這實在令人難以相信！」阿米爾的母親拉姆斯婭·哈迪已經年過七十，在面對記者的採訪時十分健談。她高興地對記者說：「我的兒子重見天日，對我來說這是最大的喜事，因為這給我的感覺，好像我又重新生了他一次似的。」他們一家感謝美英聯軍的正義行動，如果沒有美英聯軍摧毀薩達姆政權，就沒有阿米爾的重生。儘管大部分伊拉克人都很痛恨薩達姆，但赤手空拳的平民百姓不可能戰勝武裝到牙齒的軍隊、共和國衛隊以及秘密警察，薩達姆永遠都會以「全票」當選。

沒有伊拉克戰爭，就沒有阿米爾的新生

我真是難以想像一個人可以在黑暗的夾層中生活二十一年。在這個狹小的夾層裡，除了一張小床、一個連著下水道的便桶、一個手電筒、一台老得掉牙的收音機外，就只剩幾張阿米爾年輕時的自畫像了。從這

幾張自畫像中可以看出，他曾經是個相貌英俊的小伙子；而當他從牆壁夾層中走出來時，則是一副臉色蒼白、鬍子和頭髮花白的老頭的模樣。

阿米爾是不幸的，他在夾層中戰戰兢兢地虛度了二十一年生命中最寶貴的青春歲月，沒有愛情，沒有婚姻，沒有正常人理所當然享有的陽光和雨露。他比任何一名在監牢中的囚犯都要過得艱難。然而，阿米爾又是幸運的，他的很多同胞被薩達姆的長子烏代扔進獅子籠，或者被薩達姆的次子庫塞拿槍對準後腦勺擊斃。他畢竟歷盡艱辛活了下來，看到了烏代和庫賽被美軍擊斃的下場，也看到了薩達姆被押上絞刑架的那一幕。如今，一說起薩達姆來，阿米爾就恨得咬牙切齒：「這個獨裁者毀了我的一生！」

我在電視上看到了阿米爾的笑臉。那笑臉燦爛如陽光。是的，這個世界上沒有任何一個人喜歡生活在夾層之中、喜歡生活在秘密警察的監視之下、喜歡每天晚上都等待秘密警察來敲門。如果說這也是一種應當「寬容」的「生活方式」，那麼我只能請持這樣觀點的人士親自去體驗。並不是阿米爾自願的選擇，而是一種邪惡的力量，逼迫他不得不生活在如同膠囊一樣的夾層之中。所以，對這種邪惡力量的姑息，就是犯罪。一個阿米爾的受苦，就是所有人的受苦；而一個薩達姆式的暴君的滅亡，就是無數阿米爾式的民眾的解放。

在伊戰取得決定性勝利之後，當時的英國首相布萊爾在美國國會發表演講說：「有一種荒誕的說法：雖然我們愛自由，但別人不愛。認為我們對自由的依戀是我們文化的產物。自由、民主、人權、法治是美國價值或西方價值；而阿富汗婦女滿足於塔利班的鞭笞；薩達姆好歹為他的人民所愛戴；米洛舍維奇是塞爾維亞的救主。」布萊爾所嘲諷的那些看法，正是獨裁者製造出來的精神麻醉劑，千百年來獨裁者用它麻醉了億萬民眾的心靈和肉體。獨裁者們打著「捍衛傳統文化和民族特色」的幌子，用民族主義對抗自由價值。然而，布萊爾擲地有聲地駁斥說：「我們所擁有的不是西方價值，它都是人類精神的普遍價值。無論在哪裡、在什麼時候老百姓擁有機會選擇，選擇都是相同的：自由，而不是暴政；民主，而不是專政；法治，而不是秘密警察控制。」

誰逼一輩子擁護共產黨的陶興瑤老人自焚？

當我看到阿米爾飽經風霜的臉上又綻放出孩子般的笑容的時候，在中國的報紙上突然看到另一張可怕的臉龐：這是一張如同被風化的泥塑一樣的臉，這張臉上千溝萬壑的皺紋比羅中立的油畫《父親》更讓人心痛。這張臉龐的主人，是九十二歲的連雲港市東海縣黃川鎮村民陶興瑤。為抵制強拆，老人與兒子陶惠西共同自焚。拆遷人員見死不救，導致兒子死亡、父親重傷。這張老人昏迷中的照片是在雪白的病床上拍攝的，高齡加上重傷，老人醒過來的可能性不容樂觀。無疑，中國的現實總是比任何藝術作品都要震撼人心，中國的現實總是比我們想像得到的醜惡還要醜惡百倍。

《新京報》記者崔木楊在題為《九十二歲老人自焚背後護子情》的報道中寫道，自焚事件發生後，官方發佈的消息裡，陶氏父子都是脾氣暴躁的人。鄰居們卻說，老人性情溫和，是那種逢人就能聊上幾句，每天都笑嘻嘻地過日子的人。陶興瑤老人曾參加過淮海、渡江和金門戰役等。老人的小腹上有一巴掌寬的傷疤，是金門戰役時留下來。老人最常講的故事，是肚子上的傷疤由來。他給家人講，攻打金門的戰鬥中，他負傷，腸子被炮彈炸了出來，捂著肚子爬到紅薯地，撿了一條命。後來他成了戰俘，再後來他被交換了回來，可沒過幾年又被打成右派批鬥。

這個細節讓我不禁感歎歷史的弔詭。陶興瑤這位一輩子追隨共產黨的老兵，回顧自己被共產黨欺騙、利用然後又拋棄的一生，不知當作何感想？共軍攻打金門的戰役失敗了，如果那一場戰役共軍勝了又當如何呢？如果金門乃至台灣都被中共佔領了，今天的台灣人，還能享有私有產權、選舉權等基本人權嗎？在中共比國民黨還要暴的暴政之下，台灣會湧現出無數像陶興瑤、唐福珍那樣為捍衛私有住宅而不惜以死相拼的民眾嗎？而陶興瑤老人當年如果不接受戰俘交換而選擇留在台灣，又會如何呢？也許二十多年都不能回到故鄉，但至少不會在九十二歲高齡的時候再承受烈火焚身及痛失愛子的痛苦。而在今天的中國大陸，有誰能比陶興瑤更加安全呢？就連陶興瑤這樣一個青年時代受中共的宣傳蠱惑而為中共賣命的軍人，到了九十二歲高齡的時候，都還要怒髮衝冠、赤膊上陣，打這人生中最後的一場、也是最悲壯的一場戰爭，其他人又焉能倖免於難呢？

昨天是坦克，今天是鏟車，何處是尊嚴？

溫家寶的「尊嚴論」贏得了不少掌聲，但在實際生活中，多少中國人連性命都不保，遑論尊嚴？在成都居民唐福珍自焚之後，溫文爾雅的詩人蘇小和出離地憤怒了，他以《看哪，大火燒燬女人，鏟車碾碎了房子》為題寫了一篇評論。他寫道：「這一時刻，公民的合法財產變得毫無意義，鏟車才是最高裁判，這些巨大的機器像一些怪獸，兇猛碾過我們的家園，像一輛輛野蠻的坦克，如同殺進戰場一樣，摧毀了我們幸福的客廳和廚房，以及牆上的玻璃、衛生間裡潔白的抽水馬桶。」是的，鏟車和坦克是一路貨色。一九八九年的時候，他們就將坦克開上街道，他們就用坦克碾壓活人，今天動用鏟車又算得了什麼呢？這不是他們第一次作惡，也絕對不是最後一次。

那些鏟車，那些坦克，是奉誰的命令開出營地的？在前線開動鏟車，跟在中南海的辦公室裡簽字，後者的邪惡程度難道低於前者嗎？蘇小和說：「這個國家養了那麼多口口聲聲為人民服務的高官，事實上他們只要主動糾錯，是可以避免很多悲劇的，為什麼不去做，難道真的老了麼，難道真的是擔心自己官位稀薄，不得不明哲保身麼。都已經是年近古稀的人了，難道做官比人民的生命和財產受到傷害更重要麼？不是說要仰望星空麼？首先看看你的人民吧！一個仰望星空的人，也要記得低頭憐憫你身邊的每一個人，要像愛自己一樣愛你身邊的每一個人。」誰都知道，蘇小和說的「那個人」是誰，那個逼得溫順如羔羊的公民們一個接一個地自焚的人是誰。溫家寶先生，請不要繼續恬不知恥地使用「尊嚴」這個詞，漢語已經被你糟蹋得不成樣子了。

這是一個「王八」的天朝（推特上將天朝之「天」字改為「王八」兩個字上下拼在一起）。天津寧河縣教育局黨委書記劉廣寶在做拆遷戶的「工作」時揚言道：「在英國，你說不拆，任何人不敢拆你的。在中國，你說不拆，肯定把你拆了。我就這一句話，這就是我們為什麼在全世界牛逼！」是的，你們很牛逼，但你們的牛逼就是百姓的苦難。必須承認，今天中國人的處境比當年薩達姆政權之下的伊拉克人還要糟糕，如果說中國人「站起來了」，那麼就是站起來去自焚的那一刻。倘若伊拉克到處都是像中國這樣的野蠻拆遷的鏟車，假如阿米爾父母的農舍被官府和開發商看中了，那麼阿米爾再心靈手巧、再堅韌頑強，他還能繼續躲藏在牆

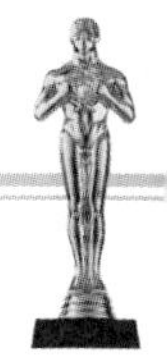

壁的夾層之中倖免於難嗎？可見，阿米爾已經夠不幸的了，但陶興瑤比他還要不幸。這位年輕時候身經百戰的老人，在病床上忍受著大面積燒傷的鑽心的疼痛，而且還不知道二兒子已經離開了這個世界，只剩下一具燒焦的屍體，這才是「情何以堪」！

我們的尊嚴，我們的幸福，絕對不是溫家寶先生賜予的。自由、權利、尊嚴和幸福，需要我們自己去爭取和捍衛，從來不會像餡餅一樣從天上掉下來，正如布萊爾所言：「我們是為人類不可剝奪的權利而戰，為黑人或白人、基督徒或非基督徒、左派或右派，乃至百萬不同的人的自由權利而戰。自由：在愛和希望中養育家庭的自由、生存並由自己努力獲得酬勞的自由、不在恐懼中向任何人下跪的自由、做你自己——在不侵犯別人自由的情況下做你自己的自由。」一個漠視阿米爾和陶興瑤的悲慘境遇的人，不可能是一個真正熱愛自由的人；一個任由薩達姆戕害伊拉克人民、任由中共戕害中國人民的世界，不可能是一個充滿公義和慈愛的世界。

二零一零年四月三日

拂天變而不畏，恤大亂而不知

——看溫家寶在西南旱災災區的言行

雲南、貴州、重慶、四川、廣西等西南省份大旱，四五千萬民眾無水可喝。就連雲南這樣水資源極為豐富的省份，就連四川這樣名字中帶有河（川）字的省份，都陷入了滴水貴如油的困境之中。這不是天災，這是人禍，是當局片面追求 GDP 的增長而造成的自然環境的急劇惡化，中國越來越像非洲了。

在中國歷史上，每當遇到水旱、地震等災害，皇帝們會到天壇舉行盛大的祭祀活動，祈求上帝賜予風調雨順、五穀豐登，甚至下罪己詔自責。而中共領袖們的分工是井然有序的：作為黨魁的毛澤東和胡錦濤，一般都躲在中南海裡大筆批示；而作為在第一線工作的國務院總理的周恩來和溫家寶，則趕赴災區視察，深入民間，瞭解民情。這並不能說明周恩來、溫家寶比毛澤東、胡錦濤好心或親民，而是各司其職：皇帝做皇帝的事情，首輔做首輔的事情。

一個村莊的命運被改變了，整個災區的命運呢？

此次西南地區旱災，溫家寶三赴災區，災區人民比盼望下雨還要盼這位「人民的好總理」的蒞臨。《中國新聞週刊》記者王婧從廣西東蘭發回了題為《廣西：溫總理治旱》的專稿。這篇報道特別描述了溫家寶視察前後東蘭縣巴造村所發生的翻天覆地的變化。在離溫家寶來東蘭還有十天的時候，當地官員便開始精心準備，所謂的「準備」，也就是營造旱情並不嚴重、官民一體鬥志高之類的假象。三石鎮副鎮長黃遙說：「各級幹部都特別緊張，幾天幾夜沒合眼……你知道領導重視到什麼程度嗎？我們準備了一個向總理匯報用的東蘭縣全縣抗旱示意圖，需要擺放在巴造村村委會門口。在一天之內，就有不同級別的四個領導先後對擺放方式

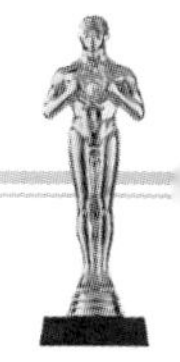

和位置提出了四種不同的意見。」經過如此周密的佈置，溫家寶還能看到什麼真相呢？他當然知道自己看到只是舞台布景，但他不會戳破這層窗戶紙，他與基層官員之間早已達成了最大的默契。一旦說破，整個謊言帝國也就崩潰了。

溫家寶走的是一條步步留金之路。溫家寶離開之後，巴造村的村民們確實有福了：共三千多米嶄新的輸水管網架在了巴造村，將一里外的水引到每家每戶。三石鎮辦公室主任陸鋒說：「現在各地都被要求上報項目。我們這個作為樣板工程，應該是最快批下來的。」根據《東蘭縣抗旱減災工作情況匯報》顯示，總理帶來的實惠還包括，上馬水利項目四批一百五十六個，做到開工竣工率百分之一百、配套資金到位率百分之一百，組織實施總投資達兩千多萬元的庫區基礎設施建設項目。讓其他地方望眼欲穿的一系列好處，可以說是瞬間降臨，難怪人們盼星星盼月亮地巴望總理大人親臨現場——當地村民黃媽秋感激涕零地說：「溫總理是巴造村的貴人，給我們送來了及時雨。」

看來，總理畢竟不是常人，即便天公仍不下雨，只要總理來了，一切都會改變的。看來，溫家寶並非人們嘲諷的「溫秀秀」，他還是可以做點實事的。當年，毛澤東謙虛地對來訪的美國總統尼克松說，我並沒有改變世界，我所能改變的也就是北京的幾條街道而已；今天，溫家寶也可以謙虛地對全世界說，我雖然不能讓中國人民全都站起來，但我至少可以讓一個村子裡的居民有水喝。總理屈尊來做村長的工作，這也是一種事必躬親、無微不至的「愛心」，對於一個「鞠躬盡瘁、死而後已」的青大大老爺，誰還能忍心批評呢？

然而，就連《中國新聞週刊》的記者也忍不住在標題下面寫了一句綿裡藏針的評論：「在廣西，一個被溫總理改變了旱情的鄉村頗為幸運。而它背後是整個自治區的旱情仍在不斷持續、加重。」不僅是廣西，整個西南五省的災民已經接近一億人，其中飲水困難的差不多有三分之一。溫家寶改變了一個巴造村的狀況，如何改變整個西南五省的災情呢？皺幾下眉頭，撿幾塊泥土，訓幾個官僚，少喝一杯茶，多說幾句貼心話，就能拯救日益瀰漫的旱情嗎？

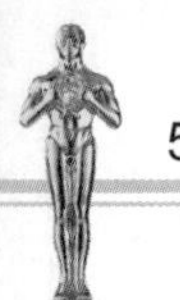

中國百姓的青天情結與奴隸人格

溫家寶在東蘭縣旱區走訪了一天之後，擬了一副對聯：「山清水秀生態美，人傑地靈氣象新」，橫批是「日新月異」。下級官員們領悟，原來總理是讓我們打造「環保縣」啊，真是高瞻遠矚。在災區百姓嗓子乾燥如火的時刻，總理大人居然有心思吟詩作賦，可見其才高八斗。這副對聯讓我想起溫家寶在四川地震災區的小學課堂上親筆寫下的「多難興邦」四個字。讓我百思不得其解的是：百姓的災難怎麼就成了大人物們勃然興起的代價？我還想起一個深情歌頌「中國站起來」的無恥文人說過，四十萬在奴隸工廠中因工傷而殘疾的農民工，將他們的身體「奉獻」給了中國的崛起。人家又不是自願，憑什麼不由分說地「代表」人家「奉獻」呢？這個自稱「站在底層」的傢伙，為什麼不將自己的雙腿和雙腳統統奉獻出來呢？溫家寶的這副對聯不知又要感動多少余秋雨式的幫閒了。但我要反問的是：既然此地山清水秀、人傑地靈，總理大人為何不將自己的家從中南海般到這裡來呢？面對如此秀美之風景，必定能夠日吟唐詩三百首。

溫家寶的對聯充其量也就是鄉間秀才的水平，文從字順而已。沒有毛太祖「數風流人物，還看今朝」的霸氣，也沒有周忠肅公「為中華之崛起而讀書」的純真。在老百姓生死存亡的關鍵時刻，作為總理，溫家寶最需要做的，並不是寫對聯、留墨寶，而是思考這不是天災而是人禍的大旱究竟是怎樣產生的，又如何才能預防之。正是這些年來地方政府為了顯示政績，為了提升 GDP，不顧生態平衡與環境保護，大肆修建電站和水庫，才造成了集中中國水資源百分之七十的西南五省居然發生亙古未有之旱災。連湄公河流域的幾個下游國家也紛紛抗議中國以鄰為壑的做法。所以，此時此刻，溫家寶最需要做的，不是詩興大發，不是滴幾串眼淚（除非他的眼淚流成長江黃河，徹底解決西南五省的旱情），而是深刻檢討當局大建大壩政策的失誤，向民眾道歉，向自然低頭。

話又說回來，並不是民眾選舉出來的溫家寶，哪裡有向民眾道歉的素質呢？任何一場災難，都會成為他搔首弄姿、展示演技的好機會。《中國新聞週刊》記錄了當地一名七十六歲的居民黃媽秋的一句感歎——「我有福氣啊，這麼大的年齡還能夠見到總理。」黃媽秋一臉幸福，「總理來了以後，好多困難都解決了。」彷彿為了見到總理一面，不惜自己受災一

般，這就是中國人的優良素質嗎？難怪山東作協副主席王兆山要代那些死於地震的孩子立言說「縱做鬼，也幸福」了。

在我看來，黃氏的這句話是當下中國人精神狀態最真實的寫照。那些有可能當面質問和批評總理大人的危險人物，早被地方官員「和諧」掉了。當地的官員們在十天前就反覆梳理和甄別，凡是忤逆不孝者都趕到戒嚴線之外去，剩下來的那些可能與總理打照面的居民，無不是真心愛戴總理的順民。順民們最大的福氣，不是過上有尊嚴的生活，乃是見到從北京來的大人物，就好像見到觀音菩薩和財神爺一樣。在此意義上，溫家寶之所以成為溫家寶，就是有這麼多癡迷於青天大老爺的民眾；共產黨之所以作威作福至今，就是有這麼多「奴在心者」的國人安於被奴役的命運。

總理不喝茶，我們被喝茶

以表演藝術而論，在中共的歷屆總理中，直追周恩來的，大概就算溫家寶了。自己也沒有想到突然黃袍加身的江澤民，也很喜歡演戲，不過他像是話劇演員，舉手投足都過於矯情，不如溫家寶那種自然樸實的演出風格更受歡迎。新華社在一篇報道中說，溫家寶來到重災區雲南省陸良縣芳華鎮獅子口村的時候，拔起一棵大麥，看到麥穗乾癟，頓時「眉頭緊鎖，神情凝重」。在乾涸見地的水庫，他「彎腰撿起一個蚌殼，沉默良久」。

更加「催人淚下」的一幕，發生在師宗縣葵山鎮大麥地村：七十四歲的村民王順生在水窖打水，溫家寶親自拎起繩子打上一桶。溫家寶比王順生年輕好幾歲，長期養尊處優，自然比披星戴月的老農民更可老當益壯。在院子裡，王順生的老伴起身給總理倒茶，溫家寶微笑著婉拒：「我們不能喝你們的水，運來一點水不容易。」

連茶水都不喝一口，自律之嚴，宛如聖人。如此貼心的話兒，億萬「屁民」豈不淚如雨下、永生銘記？我想，這篇報道今後一定會被選入小學語文課本，與周恩來的襯衣、朱德的扁擔和毛澤東在大饑荒年代裡不吃紅燒肉等故事相映生輝，且代代相傳，甚至比鑽石還要恆久遠。但是，溫家寶不喝茶，災區的數千萬民眾難道就有茶喝了嗎？正如毛澤東

假惺惺地宣佈不吃紅燒肉，那些被他的暴政餓死的數千萬民眾就能起死回生嗎？

溫家寶另一番更有意思的話，並沒有引起人們的注意，他說：「面對旱災，政府的支持固然重要，但群眾的努力更重要。」換言之，當你們交稅的時候，不能忘了對政府的義務；當你們遇到災難的時候，不要寄希望於政府，而要自力更生。那麼，老百姓憑什麼要繳稅給一個不願承擔任何責任、不願提供最基本的公共服務政府呢？那麼，你這個自稱日理萬機的總理，除了演戲之外，還在做些什麼呢？清末大廈將傾，康有為在給光緒皇帝的上書中發出「拂天變而不畏，恤大亂而不知」的警告，這樣的警告同樣適用於今天的溫家寶。

溫家寶在「不喝茶」這一齣戲中的演技，讓奧斯卡獎和金馬獎的影帝們都甘拜下風，他才是實至名歸的世界第一影帝啊。關於喝茶，另一些中國人有迥然不同的體驗：據獨立作家冉雲飛的不完全統計，「兩會」期間「被喝茶」的異議人士、維權人士、宗教人士等超過兩百人。美聯社專門作了一篇關於中國的「被喝茶黨」的報道，美國有反對奧巴馬的社會主義政策、捍衛立國之初的基本價值的「茶黨」，中國卻有為了捍衛公民的基本人權而遭到國寶警察騷擾的「被喝茶黨」。是的，溫家寶可以拒絕老百姓獻給他的那杯粗茶，民間維權人士卻不能拒絕「中國的蓋世太保」邀請共飲的那杯苦茶。

如果說影帝的尊嚴在於不喝百姓的茶，如同共軍的「三大紀律、八項注意」中的「不拿老百姓一針一線」；那麼，中國的人權捍衛者的尊嚴在哪裡呢？在於被迫喝國保警察的茶，如同聖經中所說「為義受逼迫的人有福了」。

當總理，還是當地質專家？

——評溫家寶在江西、湖南水災災區的言行

哪裡有了災情，哪裡就會出現總理溫家寶奔波的腳蹤。比起李鵬和朱鎔基兩屆前任來，溫家寶跑基層最勤，在發生自然災害時反應最迅速，看到底層民眾的苦難時表現得最有情感。中國老百姓的性情是最馴良的，他們最能體諒政府的「難處」，官員們尤其是總理大人只要稍稍表現得有幾許人性，他們便不吝給予最高的讚美，視為青天轉世、救星降臨。於是，溫家寶便成為自周恩來以後名望最高的總理，甚至有人將周溫並列。二零一零年入夏以來，中國各地自然災害頻發，溫家寶風雨兼程的身影又出現在各大媒體的顯要位置。記者們撰寫的新聞特寫一篇比一篇煽情，不僅凸顯政府首腦親自出現在抗災第一線，而且反覆渲染溫家寶的「科學家」身份，似乎總理一到，便可雨過天晴、藥到病除，災民頓時獲得新生、從此過上幸福生活。

在今天的中國，各種各樣的「自然災害」，都不單單是「自然」原因。中共建政以來的許多「天災」，多半有「人禍」的因素。靠「工程師治國」的「頭痛醫頭，腳痛醫腳」的方式，靠地質學家的「單向度」思維，最終是抱薪救火、弄巧成拙。此時此刻，溫家寶需要做的，不是「變臉」當地質學家，而是以大國總理的胸襟與智慧，開啟政治體制改革之「窄門」，推進人權、民主與法治的進程。

如今的「自然災害」非地質學家所能解決

溫家寶在湖南寧鄉縣峨山大壩考察防汛抗洪工作的途中，隨機在一個村子旁邊停下車來，巧遇了當地官員沒有安排會見的一名村民。這個名叫陳凱旋的中年漢子對溫家寶說，前幾天下大雨，他們福泉村附近塌陷出一個大坑。大家都提心吊膽。

溫家寶說：「你反映的是一個大事情，涉及到群眾的生命安全。」

其他受災群眾都圍上來反映說：「我們那的學校都塌掉了。」

溫家寶讓陳凱旋帶他去現場看看。當地官員試圖勸說溫家寶不要去現場，匯報說「已經制定了安置方案，群眾也安全轉移，請總理放心」。然而，當陳凱旋帶溫家寶來到一個直徑近五十米、深三十多米的大陷坑面前的時候，現場卻觸目驚心：大坑邊緣的民房由於塌陷只剩下一半，大坑周圍只是草草地用竹竿圍著。可見當地官員對民眾的生命財產安全漠然處之。溫家寶不顧工作人員的勸阻，跨過竹竿走到坑邊低頭察看。腳下鬆軟的土地隨時都有再次塌陷的可能，大家都十分擔心，但溫家寶並不在意。

溫家寶不畏危險、身臨其境，本是首席公務員應盡之職責。但與玩忽職守、素餐屍位的下屬官僚一比，「應該做的本分」卻成了一種「可望不可及的崇高」。記者還寫到了一個耐人尋味的細節：

就要離開時，突然一位婦女在不遠處哭了起來。

溫家寶：別叫她哭，叫她找我來，沒關係。

她是一個塌陷重災戶，希望政府能重視理賠問題。她遞給總理一張紙條。溫總理認真地看了起來。

溫家寶：你這上寫著了：「我們每天日思夜想的，要是中央領導同志親自來看看，那該多好啊！」我不是來了嗎？意思我懂了，你的心情我很理解。我又給他們加上一項任務，我們一定不讓受災的群眾在經濟上再遭受更大的損失。

看來，溫家寶在民眾心目中就像是一個懸壺濟世的活神仙，當人民對黨和政府絕望的時候，卻對溫家寶抱有一線之希望。但是這種對人的希望，是典型的人治社會的特徵。且不說溫家寶是否真的當得起這番希望，即便他真有青天的品質與能力，法治社會和民主社會的遠景就能由此呼之欲出嗎？對此，就連《新京報》亦發表題為《不做總理「嚮導」的陳凱旋能否「凱旋」？》的文章，質疑說：「假如總理不是隨機停車，陳凱旋能有幸面向總理反映情況嗎？假如總理不是平易近人，陳凱旋能有幸當嚮導直達問題現場嗎？」

而這個名叫陳凱旋的農民在給溫家寶帶路之後，深夜十二點鎮上的幹部前來敲門，將他的門都砸爛了，他一溜煙從後門跑掉了。在各方面

的壓力之下，他「以前說話大嗓門，現在說話低三下四，還四下張望」。陳凱旋回憶說，就在他將溫家寶帶往大坑的路上，曾先後兩次有人在背後拽他的衣服。在總理視察坍塌現場時，有一個穿襯衣的中年人低聲對他說，你把總理帶到這裡，今後你沒好日子過。還有一名穿警服的人也湊過來，說了同樣的話。他們是什麼人呢，居然當場威脅恐嚇這個純樸的農民？

那麼，溫家寶拿出了什麼解決方案來呢？聽了村民們的介紹後，他沉思片刻說：「因為我多少也是一個內行。幾級領導都在這裡，我們定下幾件事，好嗎？要組成專家組，圈定塌陷區範圍。要迅速轉移塌陷區內群眾，決不能發生人員傷亡，要妥善安排群眾生產生活。這幾件事情必須馬上做。」對於溫家寶的決策，《新京報》上的這篇評論稱讚說：「溫總理的現場辦公決策，既體現了對民眾生命財產的關愛，又體現出科學專業的水準，理所當然贏得了村民的熱烈歡迎。」

我卻無論如何都看不出這幾句話體現出何種「科學專業的水準」。當地地表坍陷的情況，連沒有受過專業的地質教育的普通百姓都知道，與當地官商勾結、瘋狂采煤的行徑有必然的關聯。溫家寶是學地質出身的，常常以「內行」自詡，卻對村民反映的「附近煤礦采煤導致沉陷」的控訴不作回應，反倒是默認當地官員強調的「當地處於地質沉淪區」的解釋，這是科學的態度嗎？以高能耗維持經濟增長，煤礦遂成為「血煤」；「血煤」吞噬人的生命，卻又為中國的經濟發展提供動力。如此一個惡性循環的怪圈，乃糾結成一個制度性的死結，若無大的政治智慧，根本無法解決之。

溫家寶的「願意被騙」與「不願被騙」

另外一個例子是在江西。二零一零年六月二十一日，江西第二大河撫河的唱凱大堤決口三百多米，咆哮的洪水奔騰而下，撫州市唱凱等四個鄉鎮頓成澤國，十多萬人被水圍困。三天之後，江西省當局宣稱撫河成功實現堵潰，江西省委書記蘇榮召開新聞發佈會高調宣佈：「唱凱堤決口十萬人被困、無一人死亡。」此後，江西當局一直堅稱「無人員傷亡」。就連前往視察的溫家寶亦不禁讚揚地方政府的救災工作「創造了奇跡」。其實，當地民眾都知道這是一個天大的謊言。

據《星洲日報》報道，《中國經濟時報》記者劉建鋒揭發江西官員集體撒謊，指決堤至少死了三人。劉建鋒在博客中透露，唱凱鎮低洲村村民塗俊峰等逃到一條高速公路，發現身後的低處還有三個人，塗等人奮力救出最近的一位婦女，但眼睜睜看著跑在後面的兩人被沖走了。經查證，被沖走的老漢是低洲張村七十五歲的張根孫，另一婦女則不知其名。張根孫的兒子張新林也證實找到了三具屍體。

當劉建鋒發表《目擊者講述決堤瞬間》一文、暗示有人被沖走後，撫州市官員將他接到當地一家賓館，與宣傳部長、財政局長等共進午餐。餐前，劉得到一個印有「撫州市財政局」、裝有數千元現金的信封。劉當場以手機短訊向上司王克勤匯報，王指示他暫且收下，回報社後上交報社紀委。後來，當劉建鋒繼續揭露真相的事後，王克勤對媒體透露，劉建鋒接到了來自江西的恐嚇電話，聲稱要動用黑社會幹掉他。

《中國經濟時報》是一份國務院下屬的報紙，也是一份比較敢言的報紙。溫家寶難道對該報記者的發現一無所知嗎？他明知是被騙，為何還對被騙的處境心安理得呢？他不是喜歡聽真話嗎，在訪問北大的時候不還嘲諷校方的偽飾嗎？可見，溫家寶在某些時候不願被騙，在某些時候卻甘心被騙。他故意戳破一些無關緊要的小謊言，卻默許甚至縱容大的謊言。戳穿一些小謊言，能夠給溫家寶帶來良好的名聲；而容忍大謊言，則表明溫家寶也是體制中人，對於制度性的難題，只能「蕭規曹隨」罷了。

此次潰堤事件，當局在新聞發佈會上宣稱，純屬「客觀原因」。撫州市副市長黃賽榮理直氣壯地說：「目前還沒有認定垮堤屬於人為事故。」並大肆宣揚「沒有一人死亡」的「偉大成就」，簡直要將災害當作慶典來辦了。他們說，唱凱堤設計標準僅僅為抵禦二十年一遇洪水，撫州財政有限，上級調撥的資金也不多，誰能為無米之炊？至於多處堤岸二十年標準也未達標，那是因為「資金短缺」嘛。洪水超歷史紀錄，誰能擋得住呢？堤身堤基土質差，這又有什麼辦法呢？堤壩決口處為迎流頂沖位置，這又誰能改變呢？

這些很「專業」的解釋，「素質太低」的老百姓無從反駁。在此天災人禍頻繁，天災與人禍糾結的時刻，中國的地質專家、水利專家、環保專家、氣候專家們卻默不作聲，集體缺席。那麼，學地質出身的溫家

寶，是否可以給出一個權威的答案來呢？照理說，胡錦濤是學水利的，溫家寶是學地質的，他們從事的這兩個專業正是自然災害的剋星，在他們的治理之下，中國的自然災害應當大幅減少才對；而事實上，這些年來自然災害越來越頻繁，因為中國實行的「不可持續發展」的模式，已經將中國的生態危害到了崩潰的邊緣。

在此情形之下，既然溫家寶時常標榜自己專家的身份，且又有「苟利國家生死以，豈因禍福避趨之」的、林則徐式的愛國之心，如果改行當中國政府的「天災人禍」發言人，他是否可以做到「實話實說」呢？

欲練神功，揮刀自宮

——溫家寶及歷屆中辦主任的榮辱升黜

中共中央辦公廳，簡稱中辦，是直屬於中國共產黨中央委員會的辦事機構。中央辦公廳的職能範圍，往往根據中共中央和中央政治局的情況而變化，主要負責中央主要領導人的秘書、後勤等工作，理論上沒有直接參與黨和政府高層事務的職權。但由於辦公廳歷來直接負責包括領導人醫療、保安、通信、檔案等日常事務的組織，其實際影響力往往遠遠超過其名義上的範圍。

中央辦公廳的負責人稱中央辦公廳主任，雖然名義上只掌管秘書後勤等非政治性工作，實際上政治人物在出任此要職之後，由於近距離接觸最高領導人並掌握一系列政黨國家機要，不但是最高領導人的親信，而且往往之後被提升到政治局常委或政治局委員，步入「黨和國家領導人」的行列。但是，「伴君如伴虎」，這一職位堪稱「高處不勝寒」，非有超凡的政治權謀及平衡能力，不足以應付此職位面臨的種種挑戰。一般而言，擔任過此職務，鋒芒會被磨平，人性會受戕害，此職位上很難誕生有魄力和遠見的改革家。

表面上看，由中辦主任陞遷到最高職務——國家主席的，是楊尚昆。文革前長期擔任中辦主任的楊尚昆，是中共政壇的「常青樹」，文革結束後復出，繼續掌握實權。一九八八年，升任國家主席，成為名義上的國家元首。但楊尚昆並非政治局常委，在元老中的影響力亦次於鄧小平、陳雲。所以，真正由中辦主任躍升最高職位的，是現任國務院總理、中國第二號人物溫家寶。溫家寶在一九八六年年四月至一九九三年三月間任中辦主任七年之久，雖然不是任期最長的（從中共建政之後算起，楊尚昆任此職長達十六年，汪東興任此職長達十三年，王剛任此職長達八年，都比溫家寶的任期長），但溫家寶是唯一一位經歷了三位中共中央總書記（胡耀邦、趙紫陽、江澤民）的辦公廳主任。所以，要瞭解溫家寶為何能夠成為當代政壇上的「不倒翁」，進而判斷溫家寶是否真的有政治體制改革的意願，就必須追溯中辦這一機構的淵源、性質以及歷屆中辦主任的榮辱成敗。

中辦的歷史與首任中辦主任楊尚昆的起起落落

一九四一年前，中共黨內沒有辦公廳這一機構建制。一九二三年，中共三大決定在中央設立秘書一職，毛澤東為秘書，羅章龍為會計，負責中央日常工作。一九二六年，在中共四屆三中全會上，決定成立中央秘書處，第一任秘書長為王若飛。長征時，中央秘書處事實上已經不存在了。直到一九三五年，中央政治局在瓦窯堡會議才決定恢復中央秘書處，直接受中央秘書長張文彬的領導，王首道成為秘書處的第一任處長。

一九四一年，中共中央決定由任弼時任中共中央秘書長，任弼時提議由楊尚昆接手中央書記處辦公廳主任的職務。楊尚昆為留蘇派背景，此前從事共青團和工運方面的工作，此一背景本來難以進入毛共之核心層。但在長征時期，楊出任紅三軍團政委，在遵義會議上力挺毛澤東執掌軍政大權，從此便深受毛之信任。延安時期，楊尚昆除了擔任中辦主任之外，還兼任中共中央軍委秘書長，中央外事組副組長、中央警衛司令員、中央副秘書長等要職，輔助周恩來處理日常政務，儼然是毛澤東的一員心腹大將。

一九四九年之後，楊尚昆歷任中共中央辦公廳主任、中央副秘書長，兼任中央軍委秘書長、中直機關黨委書記等顯赫職位。雖然他不是政治局委員，但因為長期在毛澤東身邊工作，其權力卻較一般的政治局委員要大。文革前夕，楊尚昆因傾向於以劉少奇為代表的保守的官僚集團，逐漸失去了毛的信任。毛澤東行事詭秘，對講話記錄一向敏感。而作為中辦主任的楊尚昆，又不得不負責記錄和傳達毛的講話，因此從五十年代初便開始在毛的住處和專列上安裝錄音設備。有一次，錄音員跟毛的女友開玩笑，說從錄音中聽到了毛與女友的打情罵俏。毛的女友向毛匯報此事，毛勃然大怒，認為楊尚昆及其背後的劉鄧一線官員對自己圖謀不軌，遂決定將楊打倒。於是，楊尚昆不由自主地身陷「彭

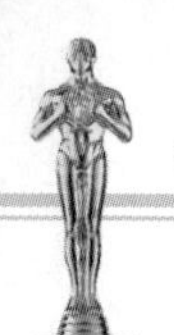

（真）、羅（瑞卿）、陸（定一）、楊（尚昆）反黨集團」，成為文革前夕第一批被打倒的高級官員，之後被撤銷一切職務，監禁十二年之久。

文革結束之後，楊尚昆獲得平反，先是出任廣東省委書記，然後重返中樞。八十年代，先後任中央軍委秘書長、中央軍委第一副主席、中央政治局委員等職。一九八八年，出任中華人民共和國主席，以國家元首的身份出現在外交和禮儀的場合。更為重要的是，當時楊尚昆是元老幫與在一線工作的政治局之間的一道橋樑，雖然他不具有重大政策的最終決定權，卻對各派系都有重大之影響力。楊尚昆精於權術，胡耀邦和趙紫陽兩任總書記下台，他都未被波及。相反，因為見風使舵地支持鄧小平「六四」開槍和罷黜趙紫陽的決定，其權力在「六四」之後達致頂峰。楊尚昆利用擔任軍委秘書長的堂弟楊白冰控制軍方，外界傳為「楊家將」。楊氏兄弟根本不把新任總書記和軍委主席江澤民放在眼裡，擅自擬定軍方高官的名單，與江的矛盾激化。結果，老謀深算的楊尚昆被江告了御狀，鄧小平亦忌憚楊家勢力的膨脹，要確保中央「只有一個當家的」的權力結構，終於動手清洗「楊家將」在軍界的勢力。楊尚昆和楊白冰兄弟被迫退休，失去了所有的權力。

揭露薩斯真相的軍醫蔣彥永，在一封呼籲平反「六四」的信件中寫道：「一九九八年我曾到楊尚昆同志家去，向他匯報我去台灣訪問的情況，我談了堂兄蔣彥士對兩岸統一的一些看法。隨後我告訴他，我是在六四時負責處理送到301醫院來的傷員的外科主任，問他是否願意聽聽我的意見。他表示願意聽，我就把我的所見如實告訴了他，還把我一九九八年寫給中央領導的信給了他。楊表示，六四事件是我黨歷史上犯下的最嚴重的錯誤，現在他已無力去糾正，但將來是一定會得到糾正的。」可見，失勢的楊尚昆晚年對「六四」屠殺還是有一定的反思的，但他是否對自己的一生、以及中共整個制度的吃人本質有所反省和懺悔，則不得而知。楊尚昆與汪東興一樣，在各自擔任中辦主任期間，分別見證了毛時代前半期與後半期最隱秘的政治運作，楊尚昆是否留下文字記錄，亦有待日後檔案的解密。

關於蔣彥永信件中談及的與楊尚昆的談話，楊尚昆的兒子楊紹明公開予以否認，說「六四」期間蔣彥永醫生並未為楊尚昆看病，楊尚昆也沒有向蔣表達過對「六四」的看法。然而，楊紹明的這一否認根本是不成立

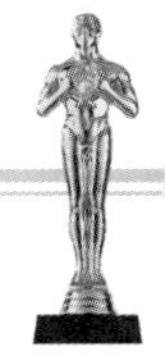

的。蔣彥永說他與楊尚昆的會見是在一九九八年，並非「六四」期間，蔣彥永與楊尚昆的見面，相信未來可以找出更多的證人來。楊紹明拚命否認此事實，恰恰表明了高幹子弟需要父輩蔭蔽、屈從體制的可悲處境。楊尚昆一生不得自由，連他的兒子亦不得自由。可見，做過中辦主任的人，「一日為奴，終身為奴」。

歷屆中辦主任的飛昇與隕落

中辦主任掌握中央決策流程，政治局常委及黨內元老日常生活交往及工作動態，以至他們對內政外交重大政策的意見，所以這裡既是信息匯總中心，也是信息傳遞中心，可以說「牽一髮而動全身」。歷屆中辦主任，在中辦工作一段時間之後，均能獲得陞遷，但是否仕途順利、甚至入主中樞，則由天時、地利、人和等諸多因素所決定。

一九六五年，楊尚昆在毛澤東那裡失寵，被逐出中南海。不久，汪東興繼任中辦主任一職。延安時期，汪東興在康生領導下的社會部工作，後來任中央直屬隊司令部副參謀長，中共中央書記處辦公處副處長兼警衛處處長等職，是毛澤東的貼身侍從。五十年代，汪東興曾任政務院秘書廳副主任兼警衛處處長、公安部副部長，並短暫外放為江西省副省長。一九六八年起，他擔任中共中央辦公廳主任兼中央警衛局局長、總參謀部警衛局局長等職，一時間權傾朝野。

汪東興對毛澤東忠心耿耿，宛如私人奴僕，而非高級公務員。即便如此，心思縝密的毛，仍然讓汪琢磨不透。比如，林彪派繫在廬山提出恢復國家主席的職位，並批判張春橋。汪以為這是毛的意思，一開始積極響應。後來發現毛的真實意圖，汪這才如喪考妣，跪在毛的面前痛哭流涕，請求寬恕。文革後期，劉鄧及林彪等多個派系均被毛打倒，汪東興成為最大的受益者之一，一九七七年升任中央政治局常委、中共中央副主席，儼然是僅次於華國鋒的第二號人物。汪東興等文革受益者，將自己的命運與華國鋒緊緊捆綁在一起，但其資歷與資源卻不足以與鄧小平、陳雲等復出的元老相抗衡。等到鄧小平扳倒華國鋒之後，汪東興亦不能倖免，成為受到批判的「凡是派」，一九八零年被免除或提請免除所擔負的黨和國家領導職務。據海外媒體報道，中央曾強迫汪東興交出其私自保存的毛澤東的遺囑，毛在遺囑中明確規定由江青擔任黨主席。汪

東興掌握了毛時代後期的若干核心機密，但在其近期出版的回憶錄中，基本上沒有披露出什麼有價值的史料。

文革結束後，出任中辦主任的是姚依林，其任期從一九七八年至一九八二年。姚依林是「一二・九」學生運動的策劃者之一，是中共在北方學運的領袖。一九四九年之後，他長期在國務院的財貿部門擔任領導工作，是中共少有的財經專家之一。在任中辦主任期間，姚依林亦兼任新組建的財政經濟委員會秘書長，在經濟政策方面享有較大的發言權。後來，他升任至政治局常委、國務院常務副總理。由於深受陳雲的影響，姚依林在意識形態上屬於保守派，是反對胡、趙改革政策的幹將。

姚依林之後的中辦主任是胡啟立。胡啟立畢業於北京大學，曾任北京大學黨委常委、團委書記、全國學生聯合會主席、共青團中央書記處候補書記等職。文革期間，被下放「五七」干校勞動。一九七二年，重新從基層幹起，先後任中共寧夏自治區西吉縣委副書記、固原地委副書記、自治區黨委辦公廳主任。文革後，短暫回共青團系統工作之後，迅速升任天津市委書記、市長。一九八二年至一九八七年，剛滿四十歲的胡啟立即升任中辦主任，中央書記處書記、政治局委員。

當時，胡啟立是海內外輿論普遍看好的政治新星。一九八七年至一九八九年，任政治局常委、中央書記處書記。他是那一屆政治局中最年輕的成員，亦是趙紫陽名正言順的接班人。六四之後，他因同情學生、反對開槍鎮壓，而被免職，不過其境況好於趙紫陽。九十年代中期，胡啟立屈辱地接受了機械電子工業部副部長的職位，而得以復出。後任電子工業部部長及政協副主席，二零零三年退休。迄今為止，胡啟立不曾對「六四」事件及政治體制改革發表過任何看法。

胡啟立之後，於一九八三年至一九八四年間短暫擔任中辦主任的是喬石。喬石早年也是學生運動領袖，後來在上海和浙江的高校及宣傳部門工作。六十年代起在外聯部工作，一直升任部長。任中辦主任後不久，即升任組織部部長、政法委書記、國務院副總理，然後繼續高昇為政治局常委、中紀委書記。喬石順利經過了「六四」的「考驗」，之後轉任人大委員長，為僅次於江澤民、李鵬的第三號人物。

喬石之後任中辦主任的是王兆國，於一九八四年至一九八六年間任此職。王兆國被認為是胡耀邦親自挑選和培養的接班人，他的年齡與

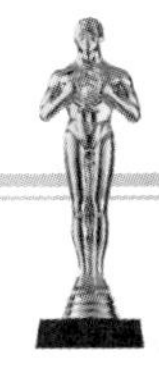

胡溫接近，但在當時的地位遠遠高於胡溫。胡耀邦下台之後，王兆國的仕途亦受到重大挫折，被外調為福建省省長。二零零二年，他進入政治局，但已經失去了掌握實權的可能，被安排擔任人大第一副委員長和全國總工會主席等閒職，是政治局中的邊緣人物。

王兆國之後、曾慶紅之前的中辦主任就是溫家寶，溫家寶的情形稍後再談。接著說曾慶紅，出身高幹家庭的曾慶紅，先後在部隊和石油部門工作，一九八四年開始任上海市委組織部副部長、部長、市委常委、市委秘書長、市委副書記，並成為江澤民言對其聽計從的左右手。「六四」之後，江澤民突然黃袍加身，曾慶紅亦北上出任中央辦公廳副主任，一九九三年至一九九九年升任中辦主任。在此期間，曾慶紅為江澤民鞏固和拓展權力，完成「上海幫」在中央的佈局立下了汗馬功勞。之後，曾慶紅迅速升任至政治局常委、國家副主席，並於二零零七年退休。

曾慶紅的繼任者為名不見經傳的王剛。王剛任中辦主任的時間為一九九九年至二零零七年。王剛畢業於吉林大學哲學系，是宣傳幹事出身，多年來在地方及部委擔任秘書，基本上算是一個「職業秘書」。他是一名派系色彩不十分強烈的中辦主任，得以在江、胡權力轉移的幾年間發揮某種過渡作用。待胡錦濤權力鞏固，需要由親信令計劃擔任此職的時候，王剛則被安慰性地給予政協第一副主席的職位。雖然這個職位也算是「黨和國家領導人」，卻遠離了權力核心。

現任中辦主任為多年跟隨胡錦濤的令計劃。五十出頭的令計劃，為山西平陸人，普通幹部家庭出身，年輕時曾經下鄉種田，當過印刷工人，大學和碩士學歷都靠在職進修。早年公職生涯幾乎都在共青團度過，因辦事勤快穩重而被提拔到北京。在一次人事異動中，成為當時共青團第一副書記胡錦濤的秘書。此後，除了胡錦濤在貴州、西藏時期，令計劃都在其身邊工作。胡錦濤擔任總書記之後，令計劃更是跟隨在鞍前馬後。有海外媒體評論說：「令計劃對時局有一定看法，能寫一手文章，一些相處過的人，也稱他待人和善。他的黨內威望沒有超過前輩，甚至沒有傳出和他有關的任何政治野心。令計劃的影響力，和他的前幾任比較，也更回歸於制度。」確實，以令計劃現在的地位和發展趨勢，很難如同其前任溫家寶、曾慶紅一樣，晉陞為政治局常委，對政局發生舉足輕重的影響。

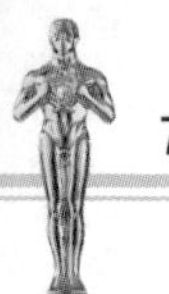

溫家寶只是一個平庸的技術官僚

中共的中辦主任一職，類似於古代專門為皇帝服務的「尚書省」，因而也被稱為是「大內總管」。中辦主任的職權相當廣泛，除了為最高領導人安排日程、保管檔案等秘書工作，還負責全體政治局常委的安全、警衛、保健、保密，承擔部份文件起草，為決策搜集重要信息，催辦落實中央指示和領導人批示等。負責中共領導人安全警衛的 8341 部隊，也由中央辦公廳直接指揮。毛澤東去世之後，當時任中辦主任的汪東興，便利用這一職權，在華國鋒和葉劍英的支持下，親自率領中央警備團的士兵逮捕江青等四人幫，以宮廷政變的方式，快刀斬亂麻地完成了權力轉移，甚至扭轉了整個國家的發展方向。

中共獨特的政治體制，很難在西方國家找到類似中辦主任這樣的職位。比如，在美國行政分支中，有白宮幕僚長一職，但其權力遠遠不如中辦主任。而且，白宮幕僚長不是總統的私人奴僕，如果與總統政見發生嚴重分歧，一般都會選擇辭職，獲得自由身之後往往著書批評總統的政策，甚至揭露白宮之內幕。總統雖然權力巨大，卻也對此無可奈何。此種情形在美國歷史上層出不窮。由此可見，白宮幕僚長拿的是納稅人給予的薪水，他宣誓忠誠於國家，卻並非總統個人或總統所在政黨的僱員。

武俠小說中常常有此細節:「欲練神功，揮刀自宮。」而要當上中辦主任，差不多也要「揮刀自宮」。中辦主任一職，最大的要求便是忠誠。作為最高統治者，一般都樂於安排自己的心腹出任此職，方能如臂使指，比如毛澤東與汪東興、江澤民與曾慶紅、胡錦濤與令計劃之間關係，均是如此。汪東興雖然一舉逮捕四人幫集團，違背了毛生前的意願，但若毛在世，他絕對不敢對毛有二心。其他一些中辦主任，也大都有濃厚的派系色彩，如王兆國是胡耀邦提撥的人、胡啟立是趙紫陽提撥的人，所以當胡趙下台之後，兩人的仕途均受到沉重打擊，未能按照原來的計劃成為最高職務的接班人。

另外一些中辦主任，如喬石、溫家寶、王剛，則沒有太強的派系色彩，屬於謹小慎微的技術官僚。這類人物的權力根基較淺，尤其需要如履薄冰的心態和審時度勢的智慧，在政局發生丕變的時候，才能保證不會站錯隊。比如，喬石在「六四」期間，一開始態度曖昧，待形勢明朗之

後，立即向鄧小平集團效忠，並加入到譴責有長期共事關係的趙紫陽的行列，終於保全了自己在政治局中的地位，並得以轉任人大委員長。比如，王剛擔任中辦主任八年，前期是江澤民當權，王剛的上面是剛剛卸下此職、升任政治局常委和國家副主席的曾慶紅，曾慶紅雖然不再擔任此職，卻對許多事務具有最終之決定權，王剛必須看曾慶紅的眼色行事；而後半期則是胡錦濤當權，胡錦濤最信任的是胡辦主任、中辦副主任令計劃，令計劃在職務上雖然是王剛的副手，但與胡錦濤的關係遠比王剛親密，所以王剛不得不對令計劃「不恥下問」。在此種情形下，王剛能夠完成長達八年的任期，殊為不易。

溫家寶更是如此，他從一個平民子弟、地質部門的基層技術員，一路升到中辦主任的顯要位置上，絕非偶然。王剛面對的是江、胡交班的局勢，此一過程雖然充滿了討價還價的內鬥，但畢竟沒有「破局」。而溫家寶服務的兩屆總書記胡耀邦和趙紫陽均非正常卸職，趙紫陽更是由總書記而成為被幽禁至死的「國家的敵人」。其間真是驚濤駭浪，稍有不慎，便被淘汰出局。溫家寶對兩名曾經朝夕相處的「東家」的遭遇，有何感喟？至今仍然「不足為外人道也」。不過，溫家寶能夠做到既不受胡耀邦之牽連，又不受趙紫陽之拖累，且得到此前並無直接來往的江澤民之信任，如果不是具有超凡的官場生存術，根本不可能做到以「三朝元老」的身份「更進一步」。

對比王兆國和胡啟立的遭遇，便越發可以看出溫家寶深味「太極拳」的奧妙，是一個綿裡藏針、大智若愚的權術高手。溫家寶深知究竟是誰掌握著最高權力，比如八十年代的總書記胡耀邦和趙紫陽都只是「兒皇帝」，所以他表面上是為胡、趙服務，實際上更是為幕後的鄧小平服務。當鄧小平決定罷黜趙紫陽之後，趙紫陽命令溫家寶通知召集政治局常委會，溫家寶卻敢於拒絕趙紫陽的命令，說這個會議不必開了。這一舉動，明顯有違一個民主國家的高級公務員的職業倫理，卻契合了中共權力至上的傳統，從而使得溫家寶深受以鄧小平為代表的元老派的信賴，「六四」之後官運亨通。

另一方面，溫家寶長期擔任中辦主任，在此職位上比較稱職，反過來卻表明他缺乏獨特的個性和政見，守成有餘，創新不足，勤懇不假，眼界卻有限。他在進入中樞工作之前，一直在地質部門做一名技術官僚

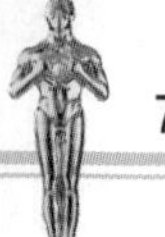

和政工幹部，並無任何值得稱道的政績（比如，八十年代初趙紫陽和萬里都是在地方上聲譽鵲起才被選拔到中央任職的），也沒有像胡錦濤那樣外放為封疆大吏、獨當一面的履歷。所以，溫家寶雖然表面上看是崛起於草根階級，卻對基層和中層的政治運作沒有切身之體驗和掌控。在履歷的完整性上，溫家寶甚至還比不上頗具爭議性的曾慶紅。故而，他無力梳理中央與地方之權力分割，更無法在行政改革乃至政治改革方面有所作為。本來，溫家寶只是中辦主任或國務院秘書長的較好人選，卻陰差陽錯地攀上了總理的位置，其才華及胸襟均不足以帶動中國的新一輪的變革，這既是他個人的悲劇，更是中共的人才選拔制度的悲劇。

第二卷

英雄巨像千尊少　皇帝新衣半件多

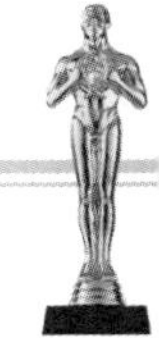

「活讀書」與「死讀書」

——從趙紫陽與溫家寶讀書之差異說起

溫家寶經常在公開場合炫耀自己喜歡讀書。二零零三年，溫家寶接受《華盛頓郵報》總編輯唐尼專訪時說：「我最大的愛好就是讀書，讀書伴隨我的整個生活。」他曾坦言每天至少抽一些時間讀書，他與網民交流時說，讀書決定一個人的修養和境界，關係一個民族的素質和力量，影響一個國家的前途和命運。一個不讀書的人，不讀書的民族，是沒有希望的。

然而，溫家寶不是不知道，在今天的中國，誰是讀書人的敵人呢？是萬惡的中宣部，他們的黑名單越來越長，既有不准公開出版著作和發表文章的作家和學者的名字，也有諸多不得觸及的「敏感」領域，諸如民族問題、宗教問題、「文革」與「六四」等等。溫家寶也不是不知道，是誰將讀書人劉曉波關進了監獄，並剝奪了劉曉波在獄中讀書的權利。

「讀書人溫家寶」與「總理溫家寶」是不可割裂開來的。讀書當然會影響一個人的世界觀和價值觀，但我們首先要看他讀的是哪些書，他從這些書中汲取的是哪些內容，以及這些書籍與他的文化和教育背景之間究竟是什麼樣的關係。

趙紫陽晚年讀什麼書？

喜歡讀書比不喜歡讀書好，但更為重要的是讀的是什麼書。如果將趙紫陽與溫家寶讀的書和讀書的方法及目標作一個簡單的對比，便可以看出兩人精神境界與思想水準之天壤之別。一言以蔽之，趙紫陽是「活讀書」和「讀活書」，而溫家寶是「死讀書」和「讀死書」。

比溫家寶年長一代的趙紫陽，出生於一九一九年，很早便投身共產革命，青少年時代在抗戰的硝煙中度過，失去了接受高等教育的機會。

但是，趙紫陽一生都充滿求知和求真之心，無論是在八十年代領導經濟和政治改革的驚濤駭浪中，還是在晚年幽禁的歲月裡，他都手不釋卷，尤其喜歡像金聖歎那樣「雪天讀禁書」。趙紫陽沒有像溫家寶那樣接受過完整和系統的教育，這反倒讓他擁有了自由之思想、開闊之視野和靈活的意識形態立場。所以，比較趙紫陽與胡溫之差異，不能停留在簡單地以學歷論英雄的層面上。

從趙紫陽的回憶錄《改革歷程》和宗鳳鳴記敘的《趙紫陽軟禁中的談話》中可以看到，趙紫陽讀過的許多書，溫家寶從未讀過，或者即便讀過也不敢在公開場合表露和推薦。趙紫陽在精讀完《顧准文集》之後，大加讚賞說：「顧準是個大思想家，在當今理論界還沒有超過顧准的思想水準的。」他還稱讚何清漣的《現代化的陷阱》說：「這本書很值得一讀，它反映了改革開放以來中國社會階層變化的真實。」在讀了高文謙的《晚年周恩來》之後，他評論說：「這個作者寫得比較成功，把周總理的內心動態、處世哲學寫出來了，是從儒家思想臣對君不能不忠來敘述的。當年毛主席對周總理是不信任的，但又離不開他，又反不了他，即所謂『反周必亂』。」趙紫陽還一直追蹤吳國光、楊小凱、王力雄、周其仁等學者的著作。另一方面，他對新左派和民族主義思潮持批評態度，對九十年代中期暢銷一時的《中國可以說不》非常不以為然，他指出：「這完全是煽動民族主義情緒。這些人不看看現在是什麼時代。」他也許沒有想到，在他去世之後只有幾年時間，「說不」類的書籍在胡溫的鼓勵和縱容之下再次大行其道。

趙紫陽還閱讀大量的雜誌和文獻，其中既有國內公開出版的比較有銳氣的刊物，也有港台和海外的「反動刊物」。比如，趙紫陽注意到康曉光在《戰略與管理》（後來該雜誌被中宣部關閉）上發表的鼓吹新權威主義的文章，由此他引申開去說，自己並非新權威主義者，鄧小平才是新權威主義者。再比如，趙紫陽很欣賞李慎之的文章《中國文化傳統與現代化》，認為這篇文章「指出了中國歷史文化的真諦，即中國的文化傳統乃是專制主義，而儒法互補又是專制主義的核心理論，就是所謂的道統」。他還注意到蔣彥永醫生為六四正名的公開信、焦國標的文章《討伐中宣部》以及發表在香港《開放》等雜誌上的劉曉波和我的文章等等。由此可見，他讀書不是像溫家寶那樣是為了賣弄和作秀，而是希望從中看到中

國的真相，找到解決中國當下的危機、帶領中國融入世界民主大潮的方法。

溫家寶是為作秀而讀書

與趙紫陽的「活讀書」和「讀活書」相比，溫家寶大部分時候都是在「死讀書」和「讀死書」。溫家寶最喜歡在講話中引經據典，香港中華書局二零零八年七月一日出版了《溫家寶總理經典引句解說》一書，收集溫家寶各種訪談、演講、會議中引用的詩文、名句一百二十條。有一名教授經過專門的研究發現，溫家寶引用的詩句百分之九十五教科書上沒有。中國有那麼多與國計民生有關的課題沒有人去研究，這個教授偏偏去研究溫家寶引用的詩句和典故的出處，這種「文心雕龍」式的學問，實在是「中國特色」。作為納稅人，我們都不知道該教授通過這個課題，拿到了多少國家的科研經費。

溫家寶尤其喜歡在文化教育界的活動中展示其讀書之多，以激發他與文人們聲氣相通的情感。在二零零六年全國文聯的代表大會上，溫家寶引用《尚書》、《詩經》、《論語》、《孟子》、《史記》中的名句，以及屈原、蘇東坡、鄭板橋、林則徐、黃遵憲、艾青的詩句，還有左宗棠的對聯、張載的座右銘、趙丹的遺言、康德的墓誌銘和亞當·斯密的一段話。古今中外，天文地理，無所不包。溫家寶深知台下的這批御用文人有多「酸」，在他們面前賣弄一下學識，是贏得掌聲的最好方式。但是，文質彬彬又如何？學富五車又如何？作為詩人的隋煬帝加速了帝國的滅亡，作為劇作家的唐明皇觸發了安史之亂的發生。若不能「因真理得自由」，知識越多人越昏庸。

然而，我們稍稍梳理一下溫家寶閱讀的書籍，便可發現大都是中國古典的著作，與現實中國無甚關係。他似乎有意迴避那些如同魯迅所說的「帶著血的蒸氣」的著作。哪些著作對溫家寶認識「活的中國」和「真的中國」有幫助呢？我可以推薦幾本。溫家寶曾經在甘肅工作過很長一段時間，不妨讀一讀作家楊顯惠的《夾邊溝記事》和《定西孤兒院記事》這兩本著作，它們寫的是大饑荒時代發生在甘肅的慘絕人寰的群體性死亡事件，這兩本書能夠幫助其「溫故而知新」；溫家寶多次探視艾滋病人，顯示他對這一特殊人群的關愛，那麼不妨讀一讀閻連科的《丁莊夢》；溫

家寶很喜歡展示「大國總理」的風度，但什麼是「大國」，仁者見仁，智者見智，他若有大國總理的胸襟，最應該讀的是劉曉波所著的《大國沉淪》，那裡面有他即便走遍中國的兩千多個縣也看不到的真相；溫家寶日前在天津考察時坦言宏觀調控面臨兩難的困境，此時此刻他最應該讀的是趙紫陽與朋友們經常討論的那本經濟學的經典名著——哈耶克的《通往奴役之路》。讀這些書比讀那些溫家寶常常掛在嘴邊的詩詞歌賦強多了，在這些書中才蘊含著治國的智慧和贏得民心的秘訣。

溫家寶從書中找到了成為偉大的政治家的秘訣嗎？

在溫家寶經常引用的西方書籍當中，頗有價值的有兩本，一本是古羅馬皇帝奧勒留所著之《沉思錄》，另一本是古典經濟學的開山鼻祖亞當·斯密所著之《道德情操論》。但是，溫家寶真的讀懂了這兩本書嗎？我看未必。

二零零七年十一月中旬，溫家寶在新加坡參加第八次中日韓領導人峰會時曾說：「這本書（《沉思錄》）天天放在我的床頭，我可能讀了有一百遍，天天都在讀。」二零零八年九月，溫家寶出席聯合國會議，在回答關於中國政府如何應對三鹿問題奶粉的提問時，又引用《沉思錄》裡的一句話：「請看看那些所謂的偉大的人物，他們現在都到哪裡去？都煙消雲散了。有的成為故事，有的甚至連半個故事都算不上。」於是，《沉思錄》一下子冒出幾十個不同的版本來，以「總理的案頭書」而突然暢銷起來。

在《沉思錄》中，貴為帝王的奧勒留再三告誡說，要善待那些冒犯了自己的人，因為「每一靈魂都不願意自己被剝奪真理」。溫家寶接受了奧勒留的這一忠告嗎？如果按照奧勒留勸誡的那樣去做，你的政府為什麼將說真話的獨立知識分子劉曉波判以重刑呢？更何況劉曉波的文章以及《零八憲章》，並非有意冒犯於你，而是深懷著對中國和平轉型為一個民主憲政國家的期望，這一期望不正與你再三宣揚的「實現社會的公平正義」的目標不謀而合嗎？

奧勒留固然打造了羅馬帝國黃金時代的尾聲，但終其一生，都在各個行省之間奔波，作為帝國的救火隊長疲於奔命——和北部及東部的蠻族戰鬥以保護意大利，忙於解決國內的瘟疫、饑荒和叛亂。溫家寶的命運

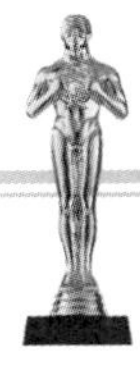

豈非與奧勒留一樣？水災、雪災、地震、旱災、經濟危機……他的所作所為只是延緩中共的崩潰，而不能將中國帶向民主自由的未來。晚清重臣李鴻章晚年沉痛地承認：「我辦了一輩子的事，練兵也，海軍也，都是紙糊的老虎，何嘗能實在放手辦理？不過勉強塗飾，虛有其表，不揭破猶可敷衍一時。如一間破屋，由裱糊匠東補西貼，居然成是淨室，雖明知為紙片糊裱，然究竟決不定裡面是何等材料。即有小小風雨，打成幾個窟窿，隨時補葺，亦可支吾應付。乃必欲爽手扯破，又未預備何種修葺材料，何種改造方式，自然真相破露，不可收拾，但裱糊匠有何術能負其責？」溫家寶卻連「裱糊匠」都不如。

溫家寶重視的另一本書是《道德情操論》。在此書中，一向溫和的亞當·斯密忍不住痛斥那些「凌駕於法律之上的最高職位的候選人們」，這些人的權位是「通過欺詐和撒謊、通過拙劣卑鄙的陰謀和結黨營私的伎倆，通過窮凶極惡的罪行」而獲得的。溫家寶有沒有畢恭畢敬地將這幾句話作為自己及其政治局同僚們的「資治通鑒」呢？二十一年之前，難道你沒有親眼目睹天安門廣場上的屠殺嗎？如果說那時你職位卑微，不足以反抗鄧小平等元老凶殘的殺戮之心，但在二十一年後的今天，你已身居黨內第二號人物，你已任滿一屆又一大半屆的總理任期，為什麼不能響應蔣彥永醫生的呼籲，切實推動為「六四」正名的工作呢？

要成為一個偉大的政治家，僅僅靠作秀是不夠的，還必須有為了改革「雖然千萬人，吾往矣」的勇氣，要像奧勒留所說的那樣「為了真理和正義可以付出一切的代價」，要像亞當·斯密所說的那樣「用法律的力量去保護地位最低下的國民」。那麼，還有兩年結束其任期的溫家寶，究竟還在等待什麼呢？

二零一零年七月五日

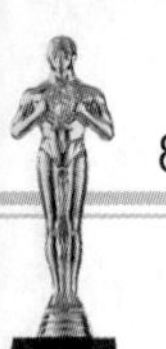

孩子們眼中的溫爺爺有多麼偉光正

溫家寶出身教育世家，所以在歷屆總理當中，他最關心教育問題。雖然說關心總是比不關心好，但究竟如何去關心，在我看來更加重要。每年一到教師節，溫家寶的身影都會出現在上至北京大學、下至鄉村小學的課堂上。我對溫家寶與學生們一起上課並不感到驚訝，讓我詫異的是，溫家寶到北京市三十五中學聽課調研之後，新華社發表的一組學生作文。

從學生作文看奴性人格的形成

新華社特別為這組作文加了編者按語：「這是一組來自三十五中初二·五班學生的作文，小作者們帶著驚喜和幸福心情，從不同側面講述了與溫爺爺在一起上課時感人的細節。」待我仔細閱讀這些文字，不禁瞠目結舌：這些年僅十四五歲的青少年，居然已經如此嫻熟地掌握了「黨八股」的寫法。他們如此寫作的時候，並沒有意識到自己的奴隸人格已經形成了，而這種奴隸人格的形成，老師、家長和社會分別做出了怎樣的貢獻？

簡單摘錄一些精彩的段落：

——當廣播裡說親愛的溫總理要來時，我還半信半疑——以前常常在新聞聯播和網上看到溫總理親切的笑容，在學校真的可以看到嗎？究竟會是什麼樣呢？而當班主任說溫總理就坐在我的後面時，說實在的，我都被嚇傻了，能夠跟國家領導人一起上課呀！我的心裡是又緊張，又激動。

——我的內心卻激動不已，無法平靜。這節音樂課是新學期的起始課，老師先就此學期要學習的音樂課提出了幾個簡單的問題。要是擱在平時上課，我會大膽地舉起手來，但是，今天……不知怎麼

了，手是怎麼也舉不起來，面對這樣的僵局，溫總理小聲對我說：「你怎麼不舉手啊？」

——下課的時候溫爺爺和我們講了話，溫爺爺說：「看到你們，彷彿回到了我的童年。」溫爺爺說話語速很慢，但說的話很有道理，從溫爺爺的眼神裡看得出他很愛我們和老師。一位慈祥的老人，一位可愛的老人。最後溫爺爺還與我們合了影，所有的媒體都在那裡拿著專業相機卡卡地照，彷彿要把今天上午所有的美好都定格在那一刻。

——總理離我只有兩個座位的距離，因此我能清楚地看見他那慈祥的臉龐。我對自己的動作非常拘束，生怕自己在溫總理面前出錯，那不是給三十五中丟臉嗎？所以沒有把握的問題我不敢舉手發言，有時就連有把握的問題我也不敢舉手，況且在那些攝影師面前我就更不敢發言了。

——我大著膽子回頭看了一眼，震驚！就他一個人坐在最後一排，臉上掛著無比溫和的笑意，一件樸素的白襯衫，絲毫沒有架子。這就是讓我們敬仰的溫總理啊！緊張啊，從小到大，這陣勢還從沒見到過。

——前四節課我們和總理一起上課，一起聊天，猶如神仙一般，好似夢的感覺。

——第一節課是數學，老師站在講台前，用激動的聲音介紹道，溫家寶爺爺來我們班聽課，教室裡頓時響起了熱烈的掌聲，溫爺爺帶著慈祥和藹的微笑走進了教室，為了不影響我們上課，溫爺爺坐在了我們教室的最後面一排。我興奮得難以形容，多麼幸運的事情，多麼不同尋常的經歷，我居然和總理溫爺爺坐在一個教室裡，我的心情久久不能平靜。

——開始講課了，平時喜歡的數學課，好像今天不知道老師在講什麼。這怎麼行，我不停地在提醒自己，要好好地聽，認真地聽，萬一回答問題時出了錯，溫爺爺會怎麼看我。

——第五節音樂課後，溫總理語重心長地為我們講了一段話。總理聲音輕柔、語速緩慢地講道：「在我小的時候，我爺爺創辦的學堂被戰火摧毀了，那時的我們是不幸的，而現在的你們是多麼的幸福。前些年我到甘肅靖遠縣，一位雙目失明的母親拉著我的手哭個不

停，我問她有什麼困難，她只說了一句話——讓我的孩子上學。孩子們，你們可以接受良好的教育，希望你們能夠珍惜。我愛你們，也祝福你們！」溫總理深情的講述，感染了在場的每一個人，他的一字一句，如春風化雨，灑進了我們這些莘莘學子的心田。

美國的中學生是如何對待「大人物」的

我不想對這些學生作文一一作點評。我只想舉幾個例子來作簡單的對比。我去美國訪問時，曾經跟一個朋友的正在念初中的兒子聊天。這個少年談到不久前奧巴馬總統到學校訪問的經過，他說那天老師和同學仍然按部就班地上課，大家並沒有感到多麼興奮乃至幸福。後來，他們就此事寫了作文，一個女生說：「我想跟總統的女兒交朋友，我想知道她有沒有覺得數學課很難。」另一個同學寫道：「我發現，奧巴馬總統一點也沒有電視上的那麼帥。」還有一個同學直言不諱地說：「我爸爸說，我們反對總統的醫療改革計劃。我們全家都不喜歡他。」沒有一個學生在作文說，總統來學校的這天是他一生中最榮耀的時候，能夠見到總統一面就是三生有幸等等。我接著問他：「老師沒有教育你們要熱愛總統嗎？」他說：「為什麼要熱愛總統呢？總統是大家選舉出來為我們服務的人，他做了好事情，大家會讚揚他；他犯了錯誤，大家就批評他。總統沒有什麼了不起的啊。」

這就是普通的美國孩子對總統的看法，我們這裡還需要向成年人普及的「總統是靠不住的」的觀念，每一個美國孩子都不覺得深奧。我還想引述發生在加州惠尼中學的一些很有意思的故事，這些故事清楚地表明：美國的中學生是如何對待那些「大人物」的。惠尼中學是一所公認的「傑出學校」，世界各地的包括美國其他地方的家長們，千里迢迢搬到附近的學區，只是為了讓自己的孩子能夠在這裡入學。惠尼中學最大的特點就是具有模範性和啟發性，並在加州學科表現指數上獨領風騷。

喬安妮老師教授公民高級選修課，這一堂課的主題是「政治權力」。她先讓孩子們將兜裡的美元掏出來，從美元上開國之父們的肖像講起。她問學生們說：「權力是什麼？」有學生回答說，權力是操縱信仰的能力；有學生回答說，權力就是金錢。老師接著問：「權力和權威有什麼區別，布什總統有其中一項，還是兩者皆有？」一個學生回答說：「布什總統有

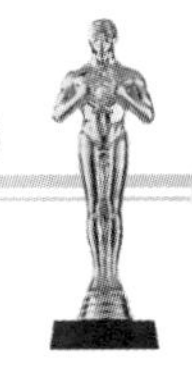

權力，沒有權威，因為二零零零年的選舉他是偷來的。」一個更不喜歡布什的學生接著大聲說：「他不該有權威，也不該有權力！」而另外一個支持布什的學生說：「難道你寧可要戈爾當總統？」被反駁的學生則回答說：「不，我寧可要布拉德·皮特當總統。」喬安妮老師沒有制止這場越來越熱烈的討論，她更不會害怕「隔牆有耳」，甚至擔心班上有學生向校長告密，說她在課堂上散佈反對總統、危害國家安全的言論。喬安妮老師給孩子們佈置的課後作業是，給當地議員的辦公室打電話，詢問選舉的經過並寫成一篇報告。

另一個故事與小布什的弟弟尼爾·布什有關。尼爾·布什是軟件公司的老闆，計劃向學校提供學習軟件，校長邀請他到學校訪問。按照惠尼中學的傳統，貴賓參觀校園的路線、介紹的導遊等，既不由來賓決定，也不由校長辦公室決定，而是由學生社團負責策劃。尼爾·布什參觀學校的一個項目，就是旁聽戴夫老師的歷史課。那天上課的學生準備了不尋常的歡迎方式。科莎和幾個同學事先調查了尼爾·布什的履歷，發現他所屬的銀都儲貸銀行管理混亂，導致納稅人損失十三億美金，尼爾·布什本人被罰款五萬美金並被終身禁止從事銀行業。這一堂課討論的主題是前幾個世紀的金融投機、銀行倒閉和經濟蕭條。學生們決定將尼爾·布什的案例也納入進來。結果，尼爾·布什飛快地逃離了教室，後來學生們說，他幾乎是跑著出去的。戴夫老師是個保守派，投票給共和黨，但他支持學生的做法。「那個主題和課堂討論相關，」他說。「如果你接不了招，」他又說，「就別進來。」我們能夠想像此種場景嗎——北京三十五中會有某個學生當面質疑溫家寶說：「你的家人是否在做大生意？」

一個喪失純真的童心的社會何其可悲

被別人當作爺爺來尊重，對老人來說是一件幸福的事情，但這種幸福最好在自己的私人生活中享受，而不該拿到公共領域中炫耀。作為總理，出現在任何一個公共場合，包括中小學的課堂上的時候，都要認識到自己的身份不是孩子們的爺爺，而是為公眾服務的「首席公務員」。可惜，溫家寶再次將中國公私不分的惡劣傳統發展到了極端狀態。他以為，作爺爺狀便是對老師和學生們最大的關愛，他錯得實在太離譜了。

當溫家寶閱讀到這些孩子的作文的時候，他不會認為這些文字充分顯示了中國教育的失敗，或者換一個角度來說，顯示了黨化教育和奴化教育的成功。溫家寶應當到袁滕飛的課堂上去，應當到盧雪松的課堂上去，應當到蕭瀚的課堂上去，可惜，這些敢於說真話的老師都被「封咪」了。在今天的課堂上，老師一旦說真話，便如履薄冰，因為一種鼓勵學生告密的文化正在蔓延和氾濫，這是一個沒有青少年的社會，當年學者孫隆基對台灣社會的批評，用在今天的中國大陸恰如其分：「不少年輕人壓根兒連青少年純真的階段都沒有經過，就過渡到老年化的『老於世故』、『老謀深算』的那一套，見人講人話，見鬼講鬼話，與社會大染缸混同，更有甚者甚至變成『老奸巨滑』，用傳統文化陰謀術的那一套去暗算別人。」那些在作文中肉麻地吹捧溫家寶的孩子，同時也很可能就是將老師的「反動」言論秘密匯報上去的孩子，他們知道這兩種做法都能給自己帶來相當的好處。

當我讀到這些學生作文的時候，對這些孩子童真的消逝倍感哀傷。這些孩子才那麼小，就已經堅信這樣一種原則：應該向權力低頭和獻媚，而不是向權力質疑和抗爭。這些孩子才那麼小，就已經學會了如何與「影帝」合作演戲，「影帝」扮演爺爺，大家扮演孫子或孫女，好一個其樂融融的大家庭啊！此時此刻，「爺爺」純真如兒童，孩子老練如成人，正如孫隆基分析的那樣：「一般說來，『兒童化』與『老年化』的雙管齊下，就是在一個人身上消滅了青春階段，換而言之，就是一方面長期地保持一個人『小輩』的形態，另一方面盡快地使他過渡到『長輩』的形態……這其實只是中國文化反對『個體』的整個罪行的一個環節。」這是一個人性扭曲和變態的社會，什麼樣的人才能遊戲其間、且游刃有餘呢？那些與影帝一起演習的孩子，才以他們的「早熟」而贏得了來之不易的「生存權」。

我們需要的不是這樣的教育模式。靠那些根本不具備「自由之思想，獨立之人格」的下一代，就能夠實現「中國之崛起」嗎？在每一個教師節，我們更需要思索教師的職責是什麼。諾貝爾經濟學獎得主、美國經濟學家喬治·斯蒂格勒在《知識分子與市場》一書中指出：「好教師不是以他的知識面寬、講課條理清晰或者學生們的課堂反映好而著稱……他的任務是激發學生們對知識的真誠的好奇心，逐漸灌輸一個學生的良

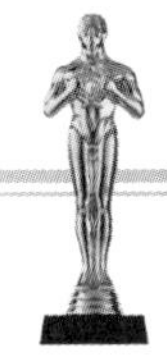

知——傳授在追求知識的過程中的大量冒險行為和高尚品行。」中國有幾個這樣的老師呢？中國有誕生這樣的老師的教育體制和社會土壤嗎？這才是溫家寶應當深思的問題。

溫家寶恢復了爺爺的私立學校，卻恢復不了民國教育的自由精神

在中共建政以來的歷屆總理當中，溫家寶是唯一出身教育世家的一個。所以，他對教育有相當之關注，至少表面文章做得比其他總理好。比如，他常常去小學、中學和大學視察，與學生和老師交談，也常常就教育問題發表講話。但是，溫家寶的這點好心並不能拯救江河日下的教育狀況。在專制政治與商品經濟的壓力之下，中國教育的水準不斷下降，教育領域的腐敗亦觸目驚心。溫家寶雖然撤換了不得人心的教育部部長周濟，但是教育體制不變，換一個部長無濟於事。而教育制度的變化，又是中國政治體制改革的一部分。換言之，遲遲不啟動政治體制改革，教育界的起死回生根本就是畫餅充飢。

「苦難的舊社會」有創辦私立學校的自由

中共顛覆中華民國政府建立新政權的時候，溫家寶只有七歲，但他卻在諸多場合表示，他對「苦難的舊社會」有著深切而沉痛的記憶。同時，他在暢談自己教育世家的出身的時候，卻又透露出另外的信息來：在那個「苦難的舊社會」，有志於教育救國理想的公民，是有創辦私立學校的自由的，溫家寶的爺爺溫瀛士就是其中之一。

一九一九至一九二九年，溫瀛士被薦擔任天津民立第五小學校長。在辦學中，為幫助更多的農家孩子特別是貧困女童就學，他努力減免學雜費，想方設法救助。一九二九年，他為了讓學生受到良好教育，籌劃將村中娘娘廟改為校舍，因遭反對憤而辭職。次年，溫瀛士成立溫氏私立普育女子小學。名字是其親自取的：「普」，即普適和普及；「育」，即教育和培育。一九三三年，溫氏私立普育女子小學改稱私立普育小學。溫瀛士親自題寫校訓「勤勞真實」，設計校旗、製作校徽、統一校服、教唱

校歌。一九三六年，普育小學改名私立士范小學。士范學校，即培養才智之士的典範學校。當時，士范小學有超過百分之二十的學生為免交學費的貧困家庭的孩子。

溫瀛士一生致力於教育事業，至今受到宜興埠父老鄉親的讚譽。鄉親們回憶，在很長一段時間內，溫瀛士都是靠自己微薄的薪金供養全家，生活極為儉樸。平時穿的是洗得發白的中式服裝，吃的多是餑餑鹹菜就白開水。他對學生要求相當嚴格，當時各個學校通用的及格線是六十分，但普育的及格線卻定為七十分，為的是激勵教師和學生特別是女生，付出比別人更多的努力、學得比別人更多的知識。一九五五年，溫瀛士在自傳中寫道：「我對弟弟、子女的入學希望是為了使他們進入教育工作，不求做官發財，因為教育是救國的根本大計。以後他們開始服務，大多數都是教育工作，今天還是那樣。」

溫瀛士的事業為什麼能夠獲得成功？既是因為他個人堅忍不拔、嚴於律己的性格，更是因為民國政府對社會的管制相對寬鬆，公民社會茁壯成長。以教育領域而言，這不是一個由政府全面壟斷的行業，而向各種社會資源開放。當時的政府用法律確保了這種開放性，一九二六年十月，國民政府公佈的「私立學校規程」中規定：「凡私人或私法團設立之學校，為私立學校，外國人設立及教會設立之學校均屬之。」可以說，從幼稚園到小學、中學、大學以及各種職業培訓、成人教育，都有公立、私立和教會三大類別，它們互相競爭又互相補充。學生有選擇某一類教育機構的自由，以尋求最適合自己成才的環境。而從事教育工作的人士，雖然大都像溫瀛士那樣在經濟上比較清貧，但在社會上受到普遍的尊重，即便是那些粗魯無文的軍閥，也都謹守儒家尊師重教的傳統。

當時，溫瀛士只是投身教育事業的一個普通知識分子，比他獲得更大成就的教育家還有很多，比如天津南開中學和南開大學的創辦者張伯苓。後來，溫家寶考入了南開中學，不過那個時候的南開已經被中共當局掌控，失去了它的傳統與精神。溫家寶青少年時代所受的教育基本上是黨化教育。

「幸福的新社會」卻將教師當作敵人

一九四九年之後，這個與世無爭的教育世家的處境發生丕變。迄今為止，溫家寶對這段經歷均避而不提。在那些介紹溫瀛士生平的文章中，也只是輕描淡寫地說：「新中國成立後，溫瀛士將學校交給了人民政府，併入宜興埠第十八小學，改為公辦。溫瀛士先後任教天津市私立建華和慈鐸中學，一九五二年八月後任教崇化中學，即今天津市第三十一中學，直至病逝。」

中共奪取政權之後，在經濟領域強力推行「公私合營」，迅速將私人資本收歸國有；在教育領域更是以迅雷不及掩耳之勢關閉和接管了原來的各級私立學校和教會學校。前者是為了掌握國家之經濟命脈，以實現其計劃經濟的經濟政策；後者則是將教育當作宣揚和灌輸黨的意識形態的工具，自然不允許私立學校和教會學校繼續存在。於是，溫氏家族創辦的私立學校的生命也就走到了盡頭。「人在屋簷下，不得不低頭」，即便是教育界和文化界的權威人物都不得不接受「再教育」，而作為一個微不足道的小人物的溫瀛士，面對新政權的巧取豪奪、壓制逼迫，除了屈從之外，還有什麼別的選擇呢？

貫穿整個五十年代的，是一次比一次程度激烈和規模宏大的政治運動，在文化教育界是思想改造運動、批判胡適運動、反胡風運動、反右運動等等。毛澤東一意推動這些反文化、反文明的政治運動，不僅摧毀了中國歷史傳統中對文化的尊重，也打斷了民國以來中國人追求政治、經濟和文化教育的現代化的進程，讓中國跌入了蒙昧、野蠻和殘忍的原始社會的深淵。學者資中筠指出：

> 一九四九年以後，導師和領袖「合二為一」了，所有的理論都要出自權力中樞，這樣一來，就把判斷是非的能力給收繳上去了，知識分子也就喪失了自信。自信完全喪失了，因為判斷是非的權利沒有了，這是歷史上從來沒有過的局面。這不是中國特有的，是從蘇聯學來的，列寧就是導師，斯大林也是導師。就是說，政治領袖必然是導師，所以知識分子就沒有思想自由了。沒有思想自由，何談獨立精神？這就是哈耶克所說的『思想國有化』，其實那時連審美標準也國有化了。

經過歷次政治運動，教師群體一步步地淪為備受歧視的「臭老九」和「牛鬼蛇神」。溫瀛士是一九六零年去世的，這十年間他的日子可能好過嗎？這個曾經在國民政府中擔任過基層教育官員的人，有可能置身於政治運動之外嗎？那麼，他有沒有留下記載其心態的文字呢？而我們更需要追問的是：溫家寶有沒有還原自己的爺爺一生起落的真相的勇氣呢？

溫家寶的父母都曾經在爺爺創辦的私立學校中任教，後來也不得不在公立學校中繼續其教師生涯。溫家寶的父親溫剛，四十年代初畢業於國立北京師範大學，先後在宜興埠公立第二小學、私立士范小學、市立二中、私立育青中學、私立普育女中、含光女中任教。一九五二年二月後在天津市女四中、三十二中、九十六中任教。溫家寶的母親楊秀安生，先後在宜興埠民立第五小學、私立普育女子小學、私立士范小學、天津市城廂區補習學校、廣播自學分校、南開區東門裡小學等處任教。按照溫家寶的說法，他們一家老小很長時間都只能「蝸居」，可見在中共的統治下，教育工作者不僅失去了自由辦學的條件，在經濟上更是雪上加霜、窘迫之極。而溫家寶「文革」期間在地質隊工作的時候，還一度被說成是家庭出身不好，在政治上受到冷落。由此可見，作為教育世家的溫家命運的逆轉，亦是中共迫害教師、戕害教育、消滅公民社會的文教政策的縮影。

與其恢復一所校舍，不如找回自由精神

無疑，溫瀛士是幸運的，他有溫家寶這樣一個終於「官拜丞相」的孫子。所以，溫瀛士創辦的私立學校在消失半個多世紀以後，終於在名義上獲得了恢復：媒體報道說，天津歷史名校——北辰區宜興埠鎮的普育學校恢復建成，二零零八年十二月二十九日，天津市政協主席邢元敏、該校創辦人溫瀛士的次子溫強（也就是溫家寶的叔叔）為新校剪綵。而其他千千萬萬的私立學校和教會學校，卻連這種名義上的恢復亦可望而不可及；那些湮沒在歷史深處的教育家們，去世後多年亦難有溫瀛士這樣的「出土」之日。

據報道，新普育學校重建於宜興埠第二小學原址，總建築面積三點九萬平方米，為九年一貫制學校，規模為六十個班，其中小學部三十六個班，初中部二十四個班，在校生人數可達兩萬八千二百人。從規模上

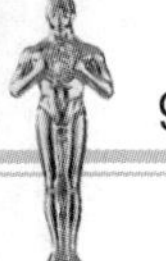

看，這所新學校堪稱「巨無霸」，當年以一己之力和社會各界的支持艱難辦學的溫瀛士，無論如何也想像不到，普育學校有朝一日居然得以擴展百倍。

然而，大則大亦，普育的精神和傳統依然無法恢復。當年，作為一所不受任何黨派控制的私立學校，普育學校最大的特點就是自由。此種自由精神是在民國社會整體上寬鬆和多元的大環境下孕育生長出來的，正如研究民國教育的學者謝泳所指出的那樣：「從廢科舉到辛亥革命、經北洋到國民政府這一時期，有許多政治變革，但教育的基本格局是不變的。這一時期，處在教育核心地位的始終是那些具有廣泛社會聲望的人。對辦教育來說，關鍵要看處在核心地位的是什麼人。」從張伯苓、陶行知、葉聖陶到溫瀛士，他們的共同點就是有淵博的學識、有高遠的理想、有高尚的人格。放眼今天，教育界有沒有這樣的人呢？

即便有溫家寶以總理的權力恢復其校舍，卻也無法在一個專制社會的大背景下營造一個擁有自由精神的「教育飛地」。我相信，溫家寶對教育界的關心不是裝出來的，他的諸多講話確實也有出自肺腑之言，比如他強調說：「教育是一項神聖而光榮的事業。國運興衰繫於教育，只有一流的教育，才有一流的人才，才能建設一流的國家。」但是，如果不打破黨化教育、官僚化教育的格局，不觸動教育領域這個計劃經濟最後的堡壘，溫家寶所說的這一切都是紙上談兵而已。

不久前，教育部宣佈，將派遣數千名中小學校長赴英美國家學習考察，以學習其先進的教育理念。在我看來，與其耗費巨資遠赴重洋，不如返求諸己，找回民國教育的自由精神。學者薛林榮在《民國教育給我們的借鑒》一文中寫道：「當年的民國教育是一種很大的格局，既仰仗了典雅、古樸的民初之風和波瀾壯闊的『五四』之風，又有賴於一大批民國學人的風度、氣質、胸襟、學識和情趣，非靠一日之功、非畢一日之力可以抵達，當代教育任重而道遠。」在此意義上，溫家寶完全可以從自己的爺爺的身上找到中國教育改革的出路。

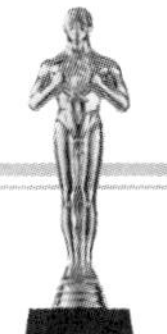

溫家寶轉行當教師就能拯救中國教育的沉淪嗎?

溫家寶出身教育世家，對教育別有一番感情。跟李鵬、朱鎔基等前任總理相比，溫家寶經常出入於從小學到大學的校園和課堂，以此顯示對教育界無微不至的關心，也順便賣弄一下自己有當老師的天賦。確實，溫家寶本人的氣質像是一個歷經政治運動之後循規蹈矩、謹小慎微的中小學老師，而與「治大國如烹小鮮」的總理相差甚遠。如果說溫家寶權力有限，對中國全局性的問題沒有決策權，但至少在教育領域做一些有限的改進和修補，是他力所能及的事情吧？但是，儘管溫家寶口口聲聲說要振興教育，在其任內，中國教育的狀況不僅沒有改善，反倒大幅倒退。這些年來，我們看到的是高等教育一瀉千里，基礎教育奄奄一息。告密風、剽竊風、奧數風、下跪風、假學歷風，不知道風從哪個方向吹。

溫家寶倒是時常出沒於大中小學的課堂和圖書館之中，與師生零距離親密接觸。但接觸之後，大中小學的問題依舊。總理已乘黃鶴去，此地空餘假大空。即便是溫家寶留下來，轉行當教師，就能拯救中國教育的沉淪嗎？「乾坤大戲場，請君更看戲中戲；俯仰皆身鑒，對影休推身外身」，一個大國總理，只知道像梅蘭芳那樣在舞台上搔首弄姿，可謂不務正業；一個大國總理，在各種公開場合習慣性地、脫口而出地說謊話，可謂無恥之尤。愚弄成人倒罷了，愚弄孩子則讓人忍無可忍。

「從容淡靜」就可以讓中國教育「化險為夷」嗎?

有一次，溫家寶在山東視察醫療衛生和教育部門的時候，來到費縣的一所中學，移步走進高二的一個班級的課堂，並受邀為學生們講授《後漢書》之《張衡傳》。新華社如此記述溫家寶的課堂上越俎代庖的言行：溫家寶站起來，拿起課本給大家講道：「講一篇傳記文應該抓住幾個重點。一是張衡的貢獻。他發明了地動儀，早於歐洲一千七百多年。

二是他的家世。張衡出身官宦之家，卻無驕奢淫逸的惡習，這十分難能可貴。三是他的學識。課文裡短短幾句話反映了他的好學不倦和學識廣博。四是他的為人。『從容淡靜』，意味深長。五是他的處世。不好結交俗人，但又不自傲。總之，這篇文章很好，文字很美、很簡潔，給人以深刻啟迪。」

溫家寶顯然是有備而來，否則不會如此侃侃而談。看到他在課堂上的精彩表現，正在上課的語文老師恐怕也要自歎不如吧？我不禁想起了舊時戲台上的一副對聯來：「你看這般人，以假作真，才上台就變臉色；他因那件事，非名即利，未出腳煞費心機。」這兩句話足以概括溫家寶的政績。溫家寶多次到大中小學的課堂去旁聽，並親自為學生講課，看來他真該轉行去當教師，華叔（司徒華）領導的香港教師協會，說不定會授予他一個名譽會員的稱號呢。

溫家寶的文化素養遠非李鵬之類的草包可比，但是一個適合當中小學老師的人佔據總理的高位，對國家而言，顯然是禍非福；正如曾蔭權以打工仔的心態當特首，對香港而言禍非福。溫家寶讚賞張衡「從容淡靜」的性格，這倒與他本人有些相似。然而，面對今日中國「士不成士，官不成官，兵不成兵，將不成將」（顧炎武）的現狀，需要的不是一個「從容淡靜」乃至如老僧入定般的守成型的總理，而是一個大刀闊斧地割除潰瘍、根治腐敗、推動政改、贏得新生的開拓型的總理。轉型時代的中國，總理應當要有大胸襟和大氣魄，順應歷史潮流，吸納主流民意，而不是像一個中學教師一樣照本宣科、謹小慎微。素餐屍位者本身就是犯罪，總理像教師本身就是悲劇。

溫家寶若對政治體制改革心有餘而力不足，為什麼在本可有所作為的教育領域，仍然坐視教育界的直線沉淪呢？他需要做的，不是裝模作樣地到小學課堂上去給孩子們講授語文課，而是直面如下這些事關中國未來的教育議題：義務教育形同虛設，鄉村基礎教育日漸凋敝，「留守兒童」問題越發嚴重，城市中小學教育「減負」變成「增負」，畸形的「奧數競賽」戕害青少年的心志，大學極度腐敗和缺乏學術自由……在他的任期內，他作出過哪些拯救中國教育的努力呢？

以大學而論，教育部宣稱，為在未來十年之內打造出世界一流大學，推出百位校長赴歐美日等國培訓計劃，每期二十四天，培訓費、往

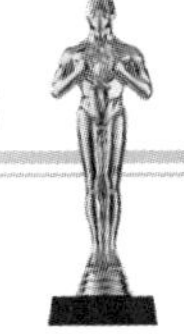

返旅費和培訓期間的食宿交通等費用由國家專項經費全額支付。對於這個計劃，溫家寶不會又被蒙在鼓裡吧？有網民質疑說，在短短二十四天之內，這些校長出國培訓到底有何效果？該計劃與其說是出國培訓，還不如說是出國旅遊。香港《東方日報》也評論說：「世界一流大學不是靠吹出來的，更不是用錢堆出來的。與其花費巨資讓校長出國瀟灑游，還不如將這些資源撥給西部農村的學校，加固校舍，避免『豆腐渣工程』對下一代的殘害。」溫家寶有沒有聽到這些批評的聲音並接受善意的建議呢？

「從容淡靜」並不能讓中國教育「化險為夷」。溫家寶不必轉行當教師，不必到大中小學的課堂和圖書館裡作秀，作為總理，他應當做的迫在眉睫的事情是：努力增加教育經費，提高教師待遇，遏制教育腐敗，保障學術自由。

北大淪為亞洲二流，溫家寶該負何責？

二零一零年的兩會期間，溫家寶與來自科教文衛體各界的十位代表座談的時候，說了一番讓人們大跌眼鏡的話：「一所好的大學，在於有自己獨特的靈魂，這就是獨立的思考、自由的表達。千人一面、千篇一律，不可能出世界一流大學。大學必須有辦學自主權。」乍一看，我還以為是從劉曉波的文章中摘錄出來的「反動語錄」呢。溫家寶真的是政治局中孤獨的異議者嗎？溫家寶難道要以推動大學的自主辦學和學術自由為突破口，在其任期最後兩年開始政治體制改革的嘗試嗎？

如果溫家寶說的是實話，那麼，首先要做的便是撤銷所有大學中的黨組織，讓共產黨的歸共產黨，讓大學的歸大學。然而，溫家寶話音剛落，北大社會科學部便發出公告，撤銷北大財經新聞研究中心、北大公法研究中心、北大法學院婦女法律研究與服務中心和北大憲政研究中心。

此次被撤銷的四個中心當中，公法研究中心和憲政研究中心最先引起外界關注。這兩個中心的研究人員中，有沈巋、王錫鋅、陳端洪、姜明安四人參與了二零零九年的「北大五教授上書全國人大建言廢改《拆遷條例》」事件。此上書迫使國務院作出回應，有關官員邀請幾位教授座談，似乎頗有納諫的度量。然而，他們服務的研究中心隨即被關張，在

網上一篇名為《北大五教授上書全國人大建言的結局：他們的研究中心被北大撤銷》的帖子迅速流傳。

而婦女法律研究與服務中心則是專門從事婦女法律援助及研究的公益性民間組織。十五年來，該中心被稱為婦女維權的典範，媒體對此頗多筆墨。該中心曾被《財經》雜誌、《南風窗》雜誌等評為中國最有影響力的民間組織和公益組織之一，該中心的主任郭建梅亦曾獲得美國「二零零七全球女性領導者獎」、法國「二零零九年度波伏娃獎」等。郭建梅說，對於北大的決定，她感到「透心兒涼」，「別了，北大，但我們將繼續推動中國的公益法律事業。」

難道北大校方有膽量跟「人民的好總理」對著幹？或者說，北大根本就不受溫家寶政府的教育部的管轄？這一聲「蒼涼」的「別了，北大」，不是郭建梅的遺憾而是北大的遺憾。北大自蔡元培時代以來，便有積極參與社會公益事業、推動社會進步的傳統，比如開辦工人夜校、開展平民教育等等。北大也一直是社會政治的監督者和批判者，用蔡元培的話來說就是「救國不忘讀書，讀書不忘救國」。然而，此次北大悍然關閉四個 NGO 機構，顯示出北大校方獻媚權貴、不容異議的醜陋面孔。這一做法終究會在中國的教育史上留下一大敗筆。

如今，北大已經淪為亞洲二流。根據英國高等教育調查公司 QS 公佈的二零一零年亞洲大學前兩百名最佳大學排行榜，香港大學排名第一，北大排在十名之外。北大的沉淪，根本原因就是缺乏學術自由和思想自由，以及學校的日益行政化和官僚化。哈佛大學前校長博克說過：「當大學履行發展知識的義務時，學術自由是一種基本的價值前提，由於這種意識是大學的基本目標，因而在任何情況下都不能犧牲這種探究和表達的自由。」今天熱衷於向官員和富商賣文憑的北大，打壓在課堂上說真話的教師的北大，還有什麼顏面以中國的「最高學府」自居呢？

中國教育的沉淪，從幼稚園、小學、中學向大學各個層面蔓延，教育的敗壞是政治的敗壞的首要犧牲品。而北大的敗壞則是整個教育敗壞的先鋒。溫家寶不會不知道北大的沉淪，他也像李敖造訪北大的時候那樣，對北大校領導說了幾句嘲諷的話。但是，他卻沒有制止北大校方關閉若干研究中心的惡劣決定。這就表明他對大學「獨立思考、自由表達」

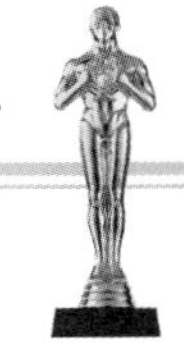

的承諾只是一紙空文。溫家寶的不作為，是因為他將自己的職位看得比中國的未來重要。

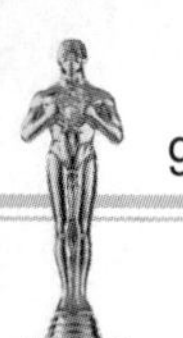

溫家寶「三顧」北大應當見什麼人？

每年的五四青年節，國家領導人北大去慰問形成了一個傳統。我在北大讀書的時候，每逢這天總是警察雲集，如果領導人到圖書館，則圖書館封閉；如果領導人到某教學樓，則此教學樓封閉。領導人的禮賢下士之舉，卻對我們的日常生活和學習造成了相當的干擾。當新文化運動的發源地淪為領導人作秀的配角的時候，不知是北大的榮耀，還是北大的悲哀？

二零一零年的五四青年節，國務院總理溫家寶再度蒞臨北大，先後視察學生義務工作的情況、到圖書館與學生互動對話，以及在食堂與學生共進午餐。溫家寶說，這是他總理任上第三次到北大視察。在新華社的報道中，溫家寶跟學生說的話，無非是「公平正義比陽光還要光輝」之類的老調重彈。殊不知，中共就是不公平、不正義的社會現狀的始作俑者。中國要實現比陽光還要光輝的公平正義，就非得去中共化不可。

然而，溫家寶的「三顧秀」，真還有不少捧臭腳者。比如，北大的毛派教授孔慶東便在其博客中寫道：「五月四日，溫家寶總理親臨北大，我的學生陳灝廬有幸跟溫總理握手並交談，隨後許多同學都搶著來握陳的手，沾點福氣……」關於奴才，沒有比這段文字更好的定義了。讀到這樣的垃圾文字，宛如身處文革時期個人崇拜的高潮，真不知今夕是何夕。

這次北大之行，還有一些不足為外人道也的小插曲。有學生在網上發帖透露，溫家寶在一個半小時的對話會上突然說：「我這次來就交代過學校，不要刻意安排，我一來就把學生關在樓裡不讓出來。」他轉向正欲解釋的北大校長周其鳳說：「不是說你。」溫家寶繼續說：「以前我經常遇見這種情況，坐在我身邊的學生，我一問，不是學生會主席就是其他的學生領導。不用說，肯定是安排的。」這番話博得全場的笑聲和鼓掌，也贏得了互聯網輿論的關注和議論。有人甚至繼續將這個插曲解讀為溫家寶公開表示自己是政治局中的孤獨俠，並挑戰政壇弄虛作假的潛規則，

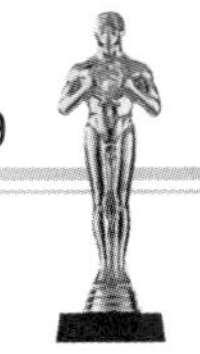

甚至將傚法胡耀邦和趙紫陽推動民主改革……在我看來，這些望穿秋水的期盼，最終將又是竹籃打水一場空。

溫家寶應當見「三博士」

溫家寶這次當面揭穿北大校方的「精心安排」，並非表明他要「腳踏實地」地走向民間，而只是演出一場「戲中戲」罷了。倘若溫家寶真有心打破層層的封鎖與偽飾，以他的地位和權力，他大可不必停留在一句空話上，完全可以身體力行，一抬腿就走進一間學生宿舍，聽一聽普通學生的心聲。他還可以讓自己身邊的工作人員安排見一些值得見的人。比如，當年上書全國人大要求廢止收容遣送條例的「北大三博士」。

二零零三年五月十四日，滕彪、許志永、俞江三位北大法學博士，將一份合力寫成的名為「關於審查《城市流浪乞討人員收容遣送辦法》的建議書」，傳真至全國人大常委會法制工作委員會，開啟了中國違憲審查第一案。當時，《法制日報》評論說：「三位博士的行動體現了難能可貴的公民憲法意識，表現了民眾要求法治的責任感，反映了國家政治生活民主化的進程正在穩步推進，從中我們可以聽到我國民主法制前進的匆匆足音。」

三博士的上書引來了媒體的廣泛報道和民眾的高度關注。半個多月後的六月九日，廣州市中級人民法院對孫志剛被故意傷害致死案作出一審判決，相關責任人受到法律的制裁。六月二十日，國務院以《城市生活無著的流浪乞討人員救助管理辦法》取代《城市流浪乞討人員收容遣送辦法》。從「收容遣送」到「救助管理」，救助的自願原則是此次變革的關鍵。

七年之後，在當年的「三博士」當中，滕彪和許志永仍然奮戰在維權活動第一線。在維權律師群體中，滕彪和許志永是溫和、理性而堅韌的佼佼者。滕彪挺身而出，為盲人維權者陳光誠等人辯護，開罪了權勢階層，最終被吊銷律師執照、沒收護照，不僅受到任教的中國政法大學下令停課的壓力，而且常常遭到國保特務的監控甚至綁架、毆打。而許志永則參與成立了 NGO 組織「公盟」，幫助訪民等弱勢群體維權，後來也被當局取締和查抄，許志永本人被抓捕入獄數月，之後才被釋放。在北大「六四後一代」的畢業生中，滕彪和許志永堪稱少有的理想主義者，

本來以北大博士的學歷，他們可以成為富有的律師和教授階層，但他們選擇獻身民主自由事業，並付出了巨大代價。

所以，溫家寶倘若真對中國的公平正義掛心，真對北大「兼容並包，思想自由」的傳統懷有敬意，就應當在「五四」這個特殊的日子裡會見這「三博士」，鼓勵與支持他們的事業，並號召其他北大學生也投身推動中國走向法治社會的事業。同時，這也是向黨內外、向全國民眾傳遞的一個強有力的信號。然而，溫家寶並沒有這樣做，他既沒有這樣的氣魄與膽量，也沒有這樣的見識與胸襟。

溫家寶應當見「五教授」

儘管北大這些年來在官與商的夾縫中苟延殘喘，但並沒有被一網打盡，民主自由的火種仍然「野火燒不盡，春風吹又生」。北大既有三名好學生，還有五位好教授。這些年來，北大固然出了孔慶東、孫東東之流的學界敗類，也出了「不以物喜，不以己悲」、「身居陋室，心懷天下」的「三博士」和「五教授」。溫家寶造訪北大，除了會見「三博士」之外，還可以會見「五教授」。

「五教授」為何許人也？二零零九年十二月，北大的沈巋、王錫鋅、陳端洪、錢明星、姜明安等五位學者向全國人大常委會提出審查國務院《城市房屋拆遷管理條例》的建議。近年來，血腥拆遷成為「中國發展模式」的代名詞，從北京奧運會一直拆到上海世博會，偌大的中國，怎一個「拆」字了得！在西方，「風能進，雨能進，國王不能進」的私人住宅，在中國任何一個拆遷工作人員都可以闖入，甚至被推土機摧毀。從一九八九年「六四」屠殺中的坦克，到如今遍及全國的推土機，中共對民眾的生命權和財產權的漠視，一以繼之。在此意義上，中共從一誕生起，就如同一台開動之後停不下來的殺人機器。

中國有憲法而無憲政，憲法中有保護公民的私有財產的條文，但各級政府從來都視若無物，即便民眾憤而自焚，他們仍然將拆遷進行到底。於是，這五位教授從「《城市房屋拆遷管理條例》違反《憲法》和有關法律的明文規定」入手，螳臂當車，力阻狂輪。他們建議從修改「拆遷條例」開始，將糾正違憲制度實際運作起來，他們在建議書中寫道：「現行憲法已經實施二十七年，《立法法》已經實施九年，但我們的全國人大

常委會還從來未審查和撤銷過一個行政法規或地方性法規、自治條例、單行條例。我們的《憲法》和《立法法》設計和確定的法規違憲、違法審查制度一直在『睡覺』，一直處於『休眠』狀態，這與我們要建設法治國家、法治政府的治國方略是違背的。因為沒有違憲、違法審查，就沒有對政府權力和地方權力的制約，就沒有人權保障。」

他們的建議書發表之後，反響巨大。國務院法制辦和人大法工委先後邀請五位學者座談，確定將修改近年來屢遭詬病的《城市房屋拆遷管理條例》。然而，三個多月之後，北大卻宣佈關閉這幾位學者任職的北大公法研究中心和憲政研究中心。雖然北大方面再三解釋，卻無法消除人們此地無銀三百兩的聯想。那麼，溫家寶為什麼不利用造訪北大的良機，會晤這五位「位卑未敢忘憂國」的北大教授呢？如此，即可表達對關心國事、為民請命的知識分子的尊重與讚賞。溫家寶為何不這樣做呢？

政府盜賊化，大學亦盜賊化

朱熹曾經說過：「今日上之人分明以盜賊遇士，士亦分明以盜賊自處。」中共是一個盜賊性格的統治集團，因此大學也被中共改造成一個奸盜社團。如今中國的大學，越來越像烏煙瘴氣的官場。那些拱衛在溫家寶四周的年輕學生，每個都是人格分裂、口蜜腹劍的學生官僚和中共未來的「接班人」。此次溫家寶的北大之行，與這些過於聰明的學生「假交流」，而不見「三博士」與「五教授」，只能說明他連李鴻章當年所說的「裱糊匠」都算不上。他除了說幾句漂亮話，除了像京劇演員那樣甩甩袖子，一點實際的努力都不曾做過。他用「腳踏實地」四個字來鼓勵北大學子，他自己何時「腳踏實地」過呢？

溫家寶當政以來，中國大學擴招的大躍進運動變本加厲，所留下的後遺症不知要花多少年才能痊癒。在五月初的一場中外大學校長論壇上，美國斯坦福大學校長約翰·漢尼斯指出，當前中國大學和世界一流大學的差距，主要斯在質量建設上。美國《彭博商業週刊》也指出，中國的教育系統無法為學生在全球化的挑戰中打好根基。日前，北大前校長許智宏在一次論壇上說，中國沒有一所「世界一流大學」。他認為，世界一流大學主要有三個標準：一是有從事一流研究工作的國際知名教授；二是有一大批影響人類文明和社會經濟發展的成果；三是培養出一大批為人

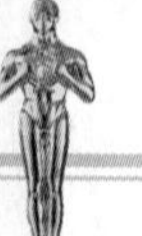

類文明作出很大貢獻的優秀學生。這三個方面北大都沒有做到。可惜的是，許智宏在卸任之後才敢說幾句這樣的真話。而上海交通大學教育學者熊丙奇亦認為，中國大學的當務之急並非從數字指標上向一流大學靠近，而應當將注意力放在建立現代大學制度上，他認為：「中國的確沒有世界一流大學，甚至嚴格一點說，中國連真正意義上的大學都沒有。」

近年來，中國大學教育的水準以可怕的加速度淪落。大學之間的競爭不是學術水平和學術成果，而是教育經費和行政級別。在畸形的體制下，行政指揮學術，學術獻媚權力，大學走向官場，教授變成「叫獸」。對此負有直接責任的教育部長周濟，雖然灰溜溜地下台了，卻又立即「梅開二度」，轉任中國工程院院長。而對此負有更大責任的國務院總理溫家寶，卻毫無反省之心和亡羊補牢的行動。

假話說了一萬遍也不能變成真理。溫家寶的騙術已經黔驢技窮了。我在推特上看到，人們將一句意有所指的話送給總理大人：「溫家寶與北大學生共度『五四』，廣大學子紛紛表示，歡迎總理下個月再來！」

二零一零年五月

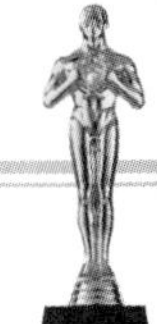

做官與做事

——笑看溫家寶與浙江大學學生的對話

中國歷史上，從來就不缺少「混世」的官僚。對於此類官僚，台灣作家柏楊在《白話資治通鑒》中有這樣一種定義——「巨混」。東晉時代的宰相王導便是一名「巨混」，柏楊評論說：「王導是歷史上最成功的官場巨混之一，在攫取自己利益的私慾中，堅持使用亡國的方式治國。他追求的只是表面上的安定，對內臟的潰爛，視若無睹，因為他就是使內臟潰爛的主凶。他反對改革，並且用儒家恐懼改革的心理，對所有的事，都大和稀泥。」上行下效，長此以往，整個官僚體制和民間輿論也都對迫在眉睫的種種麻木不仁了，「當人們習慣於和稀泥的政治運轉方式時，就找不到國家衰弱的第一因，所以對王導一直保持敬意」。

面對今天中國的現實，如果將「王導」換成「溫家寶」，是何等貼切。儘管有那麼多「八寶飯」為溫家寶鼓吹，但我一點都感覺不到溫家寶有哪些「可愛」之處。明明是一個「巨混」，卻成為不少人寄予厚望的「好人」。中國的歷史，真是一部循環的歷史，正是「人情到底好排場，耀武揚威，任你放開眉眼做；世事原來多假局，裝模做樣，憑吾腳踏實地看」。真正從歷史中吸取教訓、「資治通鑒」的領導者，少之又少；而擁有一雙「火眼金睛」、看透官僚素餐屍位的本性的老百姓，亦同樣少之又少。

「要做事不要做官」可以翻譯成「做官就是不做事」

二零一零年六月二十五日晚上八點，浙江大學的圖書館裡，同學們正在看書學習。國務院總理溫家寶剛剛結束在杭州一天的視察走訪，從天而降，走進圖書館。新華社如此報道當時的場面——

溫家寶說：「我今天晚上是突然襲擊。」

一名學生說：「太突然了！」

溫家寶說：「我六點多才回來，書記省長問我有安排沒有？我說沒有。然後吃完晚飯我告訴他們，我說我要到浙大去！我主要是惦記你們，來看望你們。」

溫家寶說，浙江大學的老校訓是「務求實學，存是去非」，求實是基礎，這種校風一直延續到現在。同學們要有無窮的求知的慾望，要做踏實的功夫。不騖虛聲、不求虛名，惟以科學的態度做踏實的工作，這些都可以作為理解你們校訓的格言，終生受益。

大三學生汪寅龍對溫家寶說，他想從政，想做像總理一樣為老百姓服務的人，想請總理給他一些建議。

溫家寶說：要做事不要做官。

這段精彩的對話，讓我忍俊不禁。一個多月前，溫家寶在五四青年節的時候造訪北大，在北大圖書館中對學生們說，他知道到場的學生不是學生幹部就是學生黨員，是校方周密安排的結果；那麼，此時此刻，他在浙大見到的這些學生，也不例外──就在他去浙大的路上，上至書記省長，下至校長院長，就已經如同熱鍋上的螞蟻一樣，精心安排好了一切。所以，溫家寶的「突然襲擊」，一點也不「突然」。

這名夢想從政而向溫家寶尋求建議的大三學生，倒是說出了心裡話。這年頭，當官是青年學子趨之若鶩的終南捷徑，中央部委的一個公務員職位，居然出現千人報考的奇觀，真是鯉魚躍龍門。

而溫家寶的回答則一點也不夠坦誠。清末的「太平宰相」，也堪稱「巨混」之一的曹振鏞就比溫家寶真誠得多。清人朱克敬《瞑庵雜識》載，曹振鏞「晚年，恩遇益隆，身名俱泰。門生某請其故，曹曰：『無他，但多磕頭，少說話耳。』」曾國藩也說過類似的話，清人汪康年《汪穰卿筆記》載，曾國藩每見到地方上來人到京，也總是教以「多叩頭，少說話」。

溫家寶從中辦主任爬到總理的位置，是中共歷屆中辦主任中少數「修成正果」者。宦海沉浮數十載，服侍胡耀邦、趙紫陽、江澤民、胡錦濤四屆總書記而「不倒」，溫家寶必有一套心得體會。但這套在王躍文的官場小說中看不到的權謀術，溫家寶沒有像曹振鏞和曾國藩那樣輕易示人。面對這名求知若渴的學生，溫家寶不說人話，專說官話和套話，以「要做事不要做官」七個字來搪塞之。

這七個字其實可以翻譯成「做官就是不做事」。文史掌故大家鄭逸梅在《藝林散葉》中記載了李鴻章談的一句話：「天下最容易的事，便是做官，倘使這人連官都不會做，那就太不中用了。」作為首席公務員和「一人之下，萬人之上」的大官的溫家寶，心裡也清楚地知道：包括自己在內的大小官員，大都是些不做事、白吃飯的「殘次品」而已。此時此刻，溫家寶勸大學生「要做事不要做官」，是不是讓大學生不要重蹈他的覆轍，其中也暗含了懺悔之意呢？

老百姓會記得溫家寶嗎？

剛說完這七字箴言，溫家寶立即又有一番闡釋。他最喜歡將「老百姓」掛在嘴邊，就好像殘害了數千萬人民的毛澤東偏偏要題寫「為人民服務」這幾個大字一樣。溫家寶以苦口婆心狀對浙大的學生們說：「我們人生的目的就是要為老百姓辦事，無論幹哪一行、從事什麼專業，都要用你所學的專長為人民服務，你這樣做了，而且做了貢獻了，人民會記住你的；相反，如果你即使當了官，但是你不是為人民服務，而是為做官而做官、甚至背離老百姓的利益，那對人民是有害的。為天地立心，為生民立命，為往聖繼絕學，為萬世開太平。這應該是我們的理想，我們也應該腳踏實地去實踐。如果是這樣的政治家、這樣的官，老百姓是歡迎的。」

從這段話裡可以看出，溫家寶的理想是當一名能夠「被老百姓記住」的良相，所以他隨時隨地都要表現得有「愛民如子」之心。溫家寶習慣於使用「老百姓」這個詞語，而很少用「公民」這個詞語，這背後是一套帝制時代的「君父」和「青天」的價值觀念。因為「老百姓」是任由當權者擺佈的對象，而公民不僅有選舉執政者的權利，還有罷免執政者的權利。溫家寶當然願意中國人都是「老百姓」，而不是「公民」了。由此可見，溫家寶的價值觀念實在是遠離現代民主社會的政治文明。

溫家寶雖然是工科出身，但他苦讀了不少名人名言和詩詞集萃之類的書籍。每當舉辦大型記者會或深入民間視察的時候，也是其大肆曬書的時候。在二零一零年「兩會」閉幕的記者會上，他便以一種誠惶誠恐的口吻說：「我深深愛著我的國家，沒有一片土地讓我這樣深情和激動，沒有一條河流讓我這樣沉思和起伏。」然而，我要反駁他的是：是的，你們

很愛這個國家，所以，沒有一片土地未曾遭到你們的污染，沒有一條河流未曾遭到你們的荼毒。更可怕的是，沒有一顆人心未曾遭到你們的戕害。這就是你們特有的對國家和人民示愛的方式嗎？你們就是這樣讓老百姓記住你們嗎？

溫家寶這位自稱信任人民同時也被人民信任的總理，唯有到西方國家訪問的時候，才可能遇到流亡在外的「人民」的抗議。有一次，溫家寶訪問英國，在出入中國駐倫敦的大使館的時候，他行走在上百名守護人員用黑傘組成的「儀仗隊」之中，那些在街道上抗議的「人民」，既然看不見，就當他們不存在吧。溫家寶看得見的人民，是那些國內的、對他感激涕零和三呼萬歲的人民。於是，他便想當然地認為人民願意讓他維持權力。

溫家寶是人民選舉出來的嗎？

溫家寶在接受《金融時報》專訪的時候，曾經反駁過一些對於中國政治改革進度的質疑，他說：「許多西方人認為中國害怕民主和選舉，但中國領導人都很明白『只有信任你的人民，人民才會願意讓你維持權力』的道理。」中共高官不談民主則已，一談民主必定一鳴驚人。胡錦濤在訪問日本的時候，回答一名日本小學生的疑問的時候也說過，是人民選他當國家主席的。胡錦濤和溫家寶真是人民選舉出來的嗎？我也是「人民」之一員，怎麼從來沒有投過票呢？我總算明白了，中國不是一個冉雲飛所說的「比傻帝國」，而是一個比賽誰更無恥的國家。明末清初的大思想家王夫之說過，士之無恥，可謂國恥。那麼，總理的無恥，就更是國恥了。

有人說，我們不能對溫家寶「這一個人」作過高要求，所有的問題都應當歸咎於體制；但是，既然溫家寶自己搬出了張載的名言「為天地立心，為生民立命，為往聖繼絕學，為萬世開太平」來自詡，我們當然也可以拿這個高標準來要求他。體制固然僵硬，但溫家寶連最低要求都沒有達到，比如盡可能地少說謊，比如盡可能少地用莫須有的罪名審判良心犯，比如向死於豆腐渣校舍、毒奶粉和毒疫苗的孩子的家長鞠躬道歉。溫家寶做過這些並不會立即危及到他的地位的事情嗎？迄今為止，他一

件都沒有做過。那麼，批評這個如此不盡責的總理，乃是每一個公民的權利所在。

又有人說，溫家寶是一個老好人，只是有心無力，大家不必太苛求他。這種貌似寬容的說法實際上是極其有害的：如果一個鄰家的老大爺缺乏基本的是非善惡觀，每天渾渾噩噩地過日子，是他的個人的選擇與權利，無須指責之；但是，作為正在「出三峽」的驚濤駭浪中艱難轉型的大國的總理，如此庸碌而偽善，任意揮霍歷史留給中國的和平轉型的最後機遇，則必須接受民眾之質疑與批評。

「於己不欲，勿施於人」，溫家寶所做的，與他所說的截然相反；溫家寶期望年輕學生們去做的，也與他當下正在做的南轅北轍。胡溫當權以來，民眾的權益受到強權變本加厲的侵犯。當局鉗制輿論，縱容暴力拆遷，以巨資維穩，均是反民主、反人民的表現。溫家寶是這個龐大的專制大機器中的一個大齒輪，他的「要做事不要做官」的七字箴言，讓我想起了舊時戲台上的一副對聯：「你也擠，我也擠，此地幾何立腳地；好且看，歹且看，大家都有下台時。」可惜，那個向溫家寶索取「當官錦囊」的、不諳人事的大三學子，無從領悟箇中之深意。

二零一零年七月二日

偽善是溫家寶與季羨林最大的共通之處

中國的知識分子必須喪盡廉恥，自甘羞辱，才有可能蒙受當權派的青睞。……我們盼望中國人永遠不再這麼卑屈，永遠不再自甘於狗的身份。而永遠的挺直脊樑，站在那裡，侃侃而談。大聲警告頭目：「你如果坐船，可能淹死！」他如果不聽，就讓他淹死。假如這種舉動傷害到國家，而不接受警告，就在一場選舉中，把他逐下寶座。

柏楊《讀通鑒・論歷史》

溫家寶擔任國務院總理以來，七年間先後五次去醫院看望北大資深教授季羡林。季羡林晚年享有的如此尊榮，大概正是那些做夢也想當帝王師的文化人的最高理想吧。溫家寶固然要通過探望老知識分子的方式體現黨和政府對知識分子的關懷，但去探訪什麼人，卻經過精心的斟酌和挑選。他絕對不會去探訪蔣彥永、丁子霖、劉曉波和廖亦武等真正的知識分子。那麼，中共器重的是哪些人呢？首先，是在科技方面為中共政權立下過汗馬功勞的人士，比如被譽為「兩彈元勳」的錢學森；其次，是在文化上為中共的統治塗脂抹粉的人士，季羡林的輩分最高、名氣最大、也最積極主動地與當局合作，於是就成為官方「禮賢下士」的不二之選。冉雲飛在《季羡林為什麼這樣紅》一文中如此分析說：「官方表面倡導的『中華民族的偉大復興』，其實專制獨裁才是他們的新國學造神運動的內核。而這樣的運動正需要季羡林這樣『愛國沒商量』的『國寶』作為旗幟，起著他人不可替代的號召作用。看看最高當局所有人都送花圈的高規格，我們也就不難明白季先生在當今中國為什麼這樣紅。」可謂一語中的。

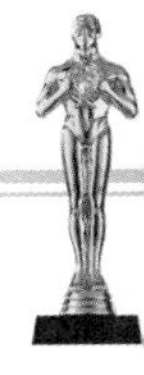

溫家寶前後「五顧季廬」，除了完成其「職務性使命」之外，當然還有他本人對季羨林的「個人感情」。每次去探望季羨林，溫家寶都不是例行公事、敷衍了事，溫季之間談笑風生，十分投機，事先預留的時間都大大「超支」。季羨林去世之後，有記者整理出了一篇題為《總理與一代大師：溫家寶與季羨林之間的情緣》的報道，詳細記載了溫季兩人的幾次談話。也正是在這些談話中，我發現溫季兩人確實是「氣味相投」，他們對許多話題都有共同的興趣和一致的看法。他們之間最大的共通之處就是「偽善」，所以他們會成為一對惺惺相惜的「忘年交」。

溫季如何「惺惺相惜」

溫家寶第三次探望季羨林的時候，對他說：「您最大的特點就是一生筆耕不輟，桃李不言，下自成蹊。您寫的作品，如行雲流水，敘事真實，傳承精神，非常耐讀。我剛剛看過您寫的《我的人生感悟》和《季羨林論人生》，有幾篇文章我讀了幾遍。」文章的好壞，固然是仁者見仁、智者見智。溫家寶喜歡季羨林的文字，亦無可厚非。但硬要說季羨林的文字「耐讀」，顯然是過譽了。季羨林的文字像一杯白開水、像小學生作文，可以說淺顯和樸素，但確實不耐讀，我約略掃一遍便讀不下去了，也真佩服總理閣下居然可以一連讀好幾遍，可謂耐心非凡也。

當季羨林撒嬌式地感歎「我這一生幾起幾落」的時候，溫家寶接著話題說：「您寫的幾本書，不僅是個人一生的寫照，也是近百年來中國知識分子歷程的反映。中國知識分子歷經滄桑、艱難困苦，但愛國家、愛人民始終不渝，他們不懈奮鬥，把自己的知識奉獻社會、服務人民。您在最困難的時候，包括在牛棚挨整的時候，也沒有丟掉自己的信仰。」溫家寶難道不知道：季羨林的「困難」究竟是誰造成的呢？是誰將季羨林投入「牛棚」的呢？還不是你們這個偉大光榮正確的黨嗎？當人民和國家被黨以武力綁架之後，知識分子只能乖乖地為黨服務、甚至遭到黨的「誤解」也要甘之如飴。誰要是敢於發出「我愛黨，可是黨愛我嗎？」的追問，誰就必定受到殘酷的整肅。如果將溫家寶的這段話翻譯過來，其實就是說：知識分子是黨的奴隸，即便黨虐待你，你也要將黨當作愚忠一生的信仰。

在另一次會見中，季羨林與溫家寶探討了「和諧」的話題。季羨林說：「我們講和諧，不僅要人與人和諧，人與自然和諧，還要人內心和諧。」溫家寶說：「《管子兵法》上說：『和合故能諧』，就是說，有了和睦、團結，行動就能協調，進而就能達到步調一致。協調和一致都實現了，便無往而不勝。人內心和諧，就是主觀與客觀、個人與集體、個人與社會、個人與國家都要和諧。」季羨林說：「我們現在這個時代很好，經濟發展，政通人和。要注意的是，在發展經濟的同時，加強政治、文化和社會建設，提高人的素質。」這番對話，互相掉書袋，卻空洞無物，無視中國社會不和諧的現實，故作深沉地談「和諧」，酸腐之氣，撲面而來。

下一次見面時，溫家寶又給季羨林戴上一頂高帽子，他說：「我每次來都深得教益，去年咱們談的『和諧』，您提出人要自身和諧，我向中央作了反映，中央全會決定裡就吸收了您的意見。」季羨林的建議經過溫家寶的中轉，居然成了中央全會決議的一部分，作為帝王師，這是何等的榮耀！然而，我卻質疑：中共連外部的社會的和諧都無法實現，哪有能力來管人自身的內在的和諧呢？中共自己才是這個社會的病根和最不和諧的因素，中國社會和諧的希望，就在於中共放棄一黨獨裁。溫家寶和季羨林幻想在專制制度下呼籲人的道德倫理的回歸，這不是當年蔣介石發起的新生活運動的翻版嗎？

下面的這番對話更是互相吹捧——季羨林對溫家寶說：「現在國家領導人不好當。治亂世易，治平世難，治理我們這樣一個大國，更難。」溫家寶則深有感觸地說：「我常記著一句話，名為治平無事，實有不測之憂。我們有許多值得憂慮的事，腦子一點不能放鬆。」常常作「先天下之憂而憂」狀的溫家寶，總算是找到了一個貼心人。但是，難道是國人強迫或選舉溫家寶們當國家領導人的嗎？用一句俗話說，你們是「佔著茅坑不拉屎」。中國的領導人確實不好當，但為什麼我們不能選擇更有能力的人來當呢？

國家主義的魔咒幾時可破？

馬列主義、毛澤東思想破產之後，中共祭出愛國主義的翻天印。季羨林遂充當了一名愛國主義的典範。溫家寶對他說：「您的《留德十年》和《牛棚雜憶》我都學習過。去年我訪問德國時還專門引用您的一段話：

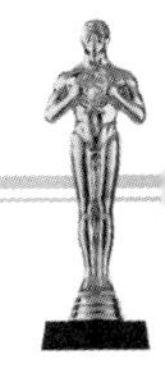

我一生有兩個母親，一個是生我的那個母親，一個是我的祖國母親。」季羨林說：「兩者缺一不可。」溫家寶說：「我給華僑講時，很多人都熱淚盈眶。」季羨林趁機提出一個建議：「應該列入小學教科書。」溫家寶說：「好，我回去以後給教育部『反映反映』。」如此「毛遂自薦」，不惜直接要求當權者干涉小學教材的編輯工作，這也太不符合儒家「謙謙君子」的風範了。而溫家寶的「反映」當然是不會沒有效果的，果然，季羨林的一篇題為《自己的花是讓別人看的》的文章被新增入小學語文教材。

人的母親只有一個，將國家和政府當作母親，是對自己的母親的羞辱。季羨林留學德國十年，難道沒有聽過德國文豪托馬斯·曼的名言嗎——「自由在哪裡，祖國就在哪裡；我走到哪裡，就把德國文化帶到哪裡。」當所謂的「祖國」羞辱和逼迫母親的時候，你站在哪邊呢？法國作家加繆便斬釘截鐵地回答說：「在祖國與母親之間，我選擇母親。」而季羨林的選擇是相反的：他聲稱愛母親，其實他愛的是權力，他何曾愛和關切過天安門母親呢？殺死這些母親的孩子的，不正是共產黨政權嗎？季羨林也曾在八九民運中的一份知識分子的聲明上領銜簽名，那麼多被殺害的孩子，那麼多失去孩子的母親二十多年如一日的抗爭，難道他全都忘記了嗎？

溫家寶還談到了季羨林送給他的一篇文章《泰山頌》。溫家寶說：「寫得很好。文章感人，而且有氣勢。您大概從小就對泰山很喜歡？」季羨林說：「我的家鄉在山東。泰山的精神實際上就是中華民族的精神。」溫家寶說：「對，這篇文章實際上就是民族頌。」季羨林說：「最後兩句話是——『國之魂魄，民之肝膽，屹立東方，億萬斯年。』人民的靈魂，百姓的脊樑，中華民族大有前途。」稍稍瞭解一點中國歷史的人都知道，泰山哪裡是民族精神的象徵，泰山根本就是帝王精神的寄托。泰山自古就是帝王的禁臠，歷代帝王都喜歡通過泰山封禪的活動來鞏固皇權和增強「天子」的神秘感。所以，季羨林要麼是對中國的歷史常識極度無知，要麼就是故意以此來諂媚當權者，將當權者當作帝王頂禮膜拜，這種「士之無恥」比無知更可怕。

這一次探望正好是在四川地震之後不久。溫家寶對季羨林說：「我們的歷史總是和洪水、乾旱、地震等災難聯繫在一起，但我們這個民族從沒有潰散過，反而愈挫愈奮。」季羨林立即表示同意：「一個民族和一個人

一樣，災難能鍛煉一個人的意志，也能鍛煉一個民族的意志。」這不是受虐狂嗎？既然季羨林認為災難對自己是有益的，就應當感謝「文革」，感謝「牛棚」，大聲疾呼再來一次！又何必在《牛棚雜憶》中發出種種抱怨呢？既然溫家寶認為災難可以讓我們這個民族「愈挫愈奮」，那麼視察災區的時候，又何必擠出幾滴眼淚來呢？你們在這裡輕鬆地談論災難的「正面效應」，我卻相信，那些在地震中死於豆腐渣校舍的孩子的家長們，絕對不會同意的這樣的觀點。多難從來不會興邦，但極權主義政權會利用各種災難來鞏固自身之統治，就如同斯大林當年利用納粹的入侵，提升自己統治的合法性與獨裁的程度一樣。

溫季合作的愛國「二人轉」可休矣。季羨林在德國留學的時候，正值納粹興起、希特勒上台，我懷疑他是不是中了法西斯的毒素。否則，他怎麼會在《憶往述懷》中說出這樣的話來：「對廣大的中國老、中、青知識分子來說，我想借用一句曾一度流行的、我似非懂又似懂得的話：愛國沒商量。我平生優點不多，但自謂愛國不敢人後。即使把我燒成了灰，每一粒灰也還是愛國的。」這種愛國不正是納粹所鼓吹的那一套嗎？那麼多德國的年輕人，正是在這種愛國魔咒的驅使下，走向戰場，瘋狂殺戮，最後自己也成了炮灰。對此，冉雲飛尖銳地批評說：「『愛國沒商量』——這樣的『愛國論』與『偉光正』在無視邏輯、撒謊的知識譜系、群氓心理上形成了強大的同構。官方不樹立季先生為『國寶』，他還樹立誰呢？」

季羨林算是老北大人了，當年他曾經與胡適共事，難道胡適的自由民主思想一點也沒有影響到他嗎？胡適早在半個多世紀之前就說過：「現在有人對你們說『犧牲個人的自由，去求國家的自由！』我對你們說：『爭你們個人的自由，便是為國家爭自由！爭自己的人格，便是為國家爭人格！自由平等的國家不是一群奴才建造得起來的！』」這句話與季羨林的「愛國沒商量」相比，簡直是天壤之別。在民國時代生活過的老輩學者中，季羨林本是平庸之輩，唯一的優勢就是活得比較久罷了。於是，「蜀中無大將，廖化作先鋒」，「世無英雄，遂使豎子成名」，他以長壽的優勢終於等來了一頂辭也辭不掉的「國學大師」的帽子，簡稱為「國師」。

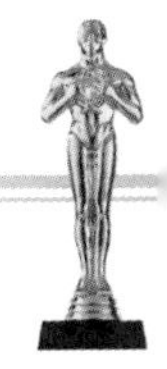

人格分裂的偽君子

在一個道德淪喪的時代，官方最熱衷於打造道德完人。季羨林樂於被溫家寶當作聖人、樂於被共產黨塑造成聖人。溫家寶與季羨林的合作，是「周瑜打黃蓋，一個願打，一個願挨」。有一次，溫家寶特意帶了一件小禮物送給季羨林：那是一幅水晶玻璃畫，上面有激光「刻印」的溫家寶和季羨林在一起的畫像。這是一個自戀者向另一個自戀者的致敬方式。溫家寶說：「這上面還刻了一句您最喜歡的話：真情。您常講做人要真情、真實、真切。」季羨林說：「對，『三真』是我做人做事的原則。」

可是，誠如聖經所說，這個世界上一個義人也沒有，遑論聖人了。季羨林剛剛去世，他的兒子季承便在《我的父親季羨林》一書中寫出了「一個人生失敗者的父親」以及「一個人生失敗者的丈夫」的真相。季羨林表明上很清高，其實「他好名，給他一百頂帽子他都戴上」。另一方面，季羨林對家人極端冷漠甚至冷酷，從未沒有愛過妻子，也沒有愛過兒子、女兒。他始終以自我為中心，將自己當作「悲劇人物」，並且堅信「這都是別人造成的，只有他一個人為家庭而犧牲，他的命運最悲慘，他的生活最值得同情」。季羨林喜歡養貓，似乎對貓頗有愛心，但他除了帶貓出去散步，給貓喂點牛肉、豬肝之外，根本不管其他。那時，他的母親和妻子年齡都很大了，還不得不在照料他之外，為他照料那些貓，為此累得筋疲力盡，甚至引發「家庭戰爭」。在這種畸形的愛的背後，是何等的自私和無情啊！

這位國學大師至死也沒有參透死亡，季羨林「希望活到『茶』壽，更希望永遠活下去」，然而大師的夫人卻早有「死了乾淨」的想法。所以，有人說，季羨林是「有國無家」，可是，沒有家，哪來的國？一個愛家的人，在公共領域中，不一定就是個好人，比如黨衛軍頭子希姆萊就很顧家、很愛妻兒；但是，一個連家都不愛的人，他所聲稱的「愛國」根本就是肥皂泡一樣的謊言——連自己的家人都不愛，又如何愛那些組成國家的、跟自己沒有血緣關係的同胞呢？

儒家文化再加上共產黨的專制統治，必然盛產人格分裂的偽君子。錢鍾書是如此，季羨林是如此，余秋雨亦是如此。季羨林在私人生活中真面目，已經呈現出冰山之一角。而溫家寶在私人生活中呈現為什麼形象，尋常人等雖然無法親眼目睹，但基本上可以想像出來。季承給家庭

中的父親打六十分，我則給作為公共知識分子的季羨林打三十分。溫家寶的得分大致也差不多吧。溫家寶對季羨林說：「真理和科學要求真實。您一生坎坷，敢說真話，直抒己見，這是值得人們學習的。……最近，我看您講良知、良能。我認為，這是知和行的統一觀，也是人的品德和能力的統一，這個思想很深刻。」季羨林立即順著桿子往上爬：「要說真話，不講假話。假話全不講，真話不全講。就是不一定把所有的話都說出來，但說出來的話一定是真話。我快一百歲了，活這麼久值得。因為儘管國家有這樣那樣不可避免的問題，但現在總的是人和政通、海晏河清。」溫家寶立刻謙虛地說：「我們做的不夠，還要多努力，把工作做好。您也要把身體保重得更好，多看些年。」溫家寶將季羨林當作說真話的人，季羨林也真的認為自己是說真話的人，這本身就是和諧中國最大的謊言。在今天的中國，說真話的知識分子，是劉曉波，是譚作人，是陳光誠，是師濤……可是，他們都在哪裡呢？他們都在共產黨的監獄裡。可見，共產黨如此地仇恨和害怕真話，因為共產黨的統治是靠謊言和暴力來維持的。

如此對話，真是將肉麻當有趣到了極點。而將其整理出來發表的記者，當然不會這樣認為，也許還有許多讀者真得讀得津津有味，甚至「臨表涕零」。這才是中國社會最大的悲哀。這個柏楊所說的「大醬缸」，何時才能被打破呢？

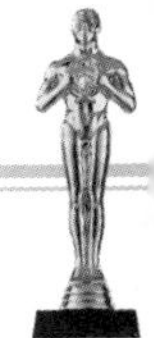

宦官已絕，文妖不絕

所謂輿論，乃系對政治的批評，不是對政治的歌頌，此乃無間於古今中外之常理。假定一個時代到了由釘死自己的良心理性，進而想去釘死社會的良心理性的阿諛家們，起來取真正的時代論者而代之的時候，這正說明此一時代的終結。因此，我堅信希特勒之流必永遠受到人類的唾罵，這是他得到的阿諛所必須付出的代價。

徐復觀《學術與政治之間・自序》

東漢時的昏君漢靈帝準備興建規模宏大的御花園，宰相楊賜上書勸阻。靈帝打算停工，詢問身邊的宮廷侍從任芝、樂松的意見，兩人回答說：「從前周文王的御花園有一百華里，人們認為太小；齊宣王的御花園只有五華里，人們認為太大。所以，御花園實際的大小並不重要，重要的是君王是不是英明神武。如果一個君王足夠英明神武，他的御花園再大，老百姓也不覺得大；如果一個君王不夠英明神武，他的御花園再小，老百姓也覺得大。今天，陛下是如此英明神武，修建御花園只會得到老百姓的擁護和稱讚，當然那些別有用心的人除外。」靈帝聽了這樣的馬屁，龍心大悅，乃下令繼續動工。而阻止修建御花園的楊賜的下場如何，可想而知。作家柏楊在評論這段歷史的時候感歎說：「任芝、樂松的言論，使我們再見文妖。截至二十世紀為止，宦官已絕，而文妖不絕，倍增痛心。」我則跟著評論說，在二十一世紀的中國，還有更多的文妖和重用文妖的權貴呢。

那條送給溫家寶的圍巾

二零零九年一月十日，在江蘇考察的溫家寶，來到常州高等職業教育園區。在常州信息職業技術學院的校園內，溫家寶面對幾千名學生發表演講。當時，氣溫已經接近零度。也許是天寒地凍的緣故，看到總理不遠萬里來「送溫暖」，一名同學上台將一副長圍巾送給總理，說：「這是我送給您的圍巾，請您戴上，您一定要注意身體啊。」隨後，媒體大肆報道此感人一幕，以凸顯「人民的總理人民愛」。

新華社報道說，這名學生送給溫家寶的圍巾乃是其親手編織的。我總是懷疑這個細節。因為如今的年輕人大都眼高手低，很少有人能夠掌握複雜的編織技術。也許，這家職業學校專門設置有編織方面的專業，這名學生正是編織專業的學生吧。還有自詡為「八寶飯」的人在網上評論說，這是「一片真情，萬金難買」。記得少年時候，中小學語文課本中經常出現關於周總理的類似的故事，道具是襯衣、手套等等，或是總理送給百姓的，或是百姓送給總理的，以此凸顯總理愛民如子，百姓愛總理若父。如今，溫總理與百姓之間的親密關係，幾乎可以同周總理相媲美。美國總統布什被人砸了堅硬的皮鞋，我們的溫總理卻獲贈溫暖的圍巾，誰是好領導，誰得到人民的愛戴，不言而喻。民國總統，可要羨慕死中國總理了。

然而，這個感人的故事，讓我感到實在是太過離奇了。以溫家寶所享受的「一級保衛」，若非尋常人等，焉能擠到他的面前去送上圍巾？溫家寶的每一項視察計劃，都是中央和地方當局精心設計的，可以說絲絲入扣到了以每一秒計算。前來聆聽溫家寶教誨的數千名學生，無不經過挖祖墳式的履歷審查。這樣才能確保現場不會有人放肆地向總理大人扔鞋子，更不會有楊佳式的青年突然之間「脫穎而出」，而個個都是被總理的講話感動得熱淚盈眶的「好孩子」。

所以，送圍巾的這個細節，必然在事先的安排和設計之中。「溫辦」的主任，肯定是這個儀式的總導演，地方官員，學校校長，都是參與策劃者。這是一群無恥的「文妖」。誰去送，如何送，送的時候該說什麼話，早已排練過了不知多少次，爛熟於心了。記得我在北大唸書的時候，美國總統克林頓到北大發表演講，那幾名提問的學生，事先都經過反反覆覆的演練。演練的過程，居然還拍攝出來，還在校園電視台播出。這就是有中國特色的「人生如戲」和「戲如人生」。

這一次，最入戲的不是那個獻圍巾的學生，而是接受圍巾的溫家寶。那個學生只是客串的演員，而溫家寶卻是專業演員和終身演員。溫

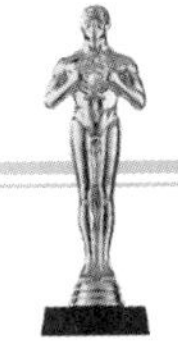

家寶真的需要圍巾嗎？儘管金融風暴已經波及到中國大陸，「人民的好總理」感受到了刺骨的涼意，但總理夫人壟斷珠寶行業，渾身珠光寶氣，總理大人自然不缺圍巾戴。那麼，總理為什麼又不戴圍巾呢？他就是要踏破鞋、穿舊衣，以此顯示「艱苦樸素」的作風。當年，李鵬當總理時，經常裹著法國頂級品牌的時尚圍巾，以工資而論，他一年的工資也買不起一副這樣的圍巾。而李鵬的女兒、中國電力之「一姐」李小琳，驕傲地對記者說，這是她送給老爸的禮物。結果越抹越黑，李鵬更受民眾之厭惡。想來，溫家寶吸取了李鵬的前車之鑒，即便再冷也不會如此「披掛上陣」。這樣，還可以給身邊的「文妖」們一個編排「送圍巾」的好戲的機會。一個重用一群「文妖」的領導人，能有幾分的真誠呢？

真正需要圍巾的不是溫家寶，而是劉曉波。因為《零八憲章》而被捕入獄的中國獨立知識分子的領軍人物劉曉波，是為所有的中國人坐牢。他失去自由，是為中國人早日獲得自由。這位隻身挑戰中共專制制度的勇士，才配的上熱愛自由的同胞們用愛心編織的圍巾。然而，那些生活在「美麗新世界」中的莘莘學子們，既不知道什麼是《零八憲章》，也不知道誰是劉曉波。即便知道了，他們也不會將圍巾送給劉曉波。他們年紀雖小，心智卻早熟，他們知道將圍巾送給誰可以換來千百倍的好處。

溫家寶的打油詩是如何成為大學校歌的？

二零一零年五月十四日，中國各大媒體報道，北京航空航天大學新聞網登出消息：經學校黨委常委會研究決定，北航校歌正式確定為《仰望星空》。校歌選擇溫家寶的詩歌《仰望星空》為歌詞，邀請瀋陽音樂學院的藝術家進行音樂創作，「校歌的確定標誌著北航的精神文化體系進一步完善，逐步形成了以北航精神、辦學理念、校訓、校風、校歌等為核心的文化傳統及創新特質」。

北航新聞中心主任蔡勁松表示，北航之前沒有校歌，學校在二零零六年就開始校歌徵求工作，但一直沒有找到合適的作品。一年多前，有很多師生和校友提議將溫家寶總理二零零七年九月四日發表在《人民日報》的詩歌《仰望星空》作為北航校歌的歌詞。雖然這首詩歌並不是為北

航所寫，但北航師生認為這篇文學作品的意境和北航的精神和發展目標非常契合。

北航官方網站上稱，《仰望星空》這首詩，意境闊大而深邃，格調寧靜而致遠，讀起來令人動容、回味無窮，特別是對北航的建設和發展具有特殊而深刻的意義，將激勵北航人樹立崇高理想和遠大志向，激發北航人服務國家戰略需求的科學創新精神和人文情懷。四月二十六日，北航的書記和校長代表全校師生給溫總理寫信並附演唱光盤，讓總理閱知北航師生確立校歌的夙願。

北航校方的諂媚之舉，比起當年哈佛大學拒絕頒發榮譽博士學位給里根總統來，宛如天壤之別。大學的精神不獨立，學術自然停滯不前。前不久，國際數學大師丘成桐尖銳批評中國大學的腐敗狀況，一下便點中了「死穴」，他指出：「中國的學生，唸書的目的只有兩個，要麼能夠賺錢，要麼當官，他們普遍有一種學而優則仕的想法，認為只要當官，就可以過舒適的生活。所以，中國的學生，做學問達到一個地步，足夠令他們找到一份安定的工作便會停下來，他們追求的東西只此而已，對學問根本沒有熱誠。」學生的人生觀源於校方的倡導和父母的灌輸，正如丘成桐分析的那樣，共產黨執政以來，「中國人的價值觀完全改變，是非觀念和道德操守遭到扭曲，以致現在的學生和學校變得唯利是圖，這種文化氣候，是中國難以孕育一流學問的最主要原因。」權力是暫時的，真理卻是永恆的，今天中國的大學，熱衷於暫時的權力，卻忽視永恆的真理，又如何「仰望星空」呢？

那麼，溫家寶本人在這幕「莊嚴的鬧劇」之中扮演什麼樣的角色呢？他是被動地被眾人抬上了轎子，還是本來就樂於享受坐在轎子中的滋味？有人說，《仰望星空》成為北航校歌，只是下面的馬屁精們單方面的作為，並非溫家寶的本意。因為溫家寶從來都謙虛謹慎、樸素真誠。但是，新聞報道顯示，溫家寶對自己的作品被定為北航校歌不是一無所知，北航方面早已將此事呈送到總理府的案頭，溫家寶在百忙之中也一定「閱知」了。

媒體沒有報道溫家寶收到北航請示信件的具體反應，但半個多月之後，北航校方公佈了這一決定，就足以說明溫家寶即便不是「笑納」之，至少不是「反對」。否則，如果溫家寶奮起捍衛自己的知識產權，如果溫

家寶對這種個人崇拜的歪風邪氣感到不滿，稍稍透露一丁點意見，下面的人哪裡還敢繼續大張旗鼓地宣揚此事呢？他們只能偃旗息鼓、默不作聲。

所以，上行下效，上樑不正下樑歪，是最簡單不過的道理。單單有下面的人喜歡拍馬屁，而沒有上面的人樂於接受馬屁，馬屁精必定不會滿坑滿谷；單單有一群文妖挖空心思媚上，而沒有好大喜功、躊躇滿志的當權者，文妖當然不會成為這個時代的主旋律。

影帝的配角們

翻譯家、詩人楊憲益先生有詩云：「江山今日歸屠狗，冠帶當朝笑沐猴。」一語道破天機，今天的朝廷，從堂堂宰輔到九品芝麻官，都在忙著演戲。影帝固然演技爐火純青，但偌大的舞台上，如果僅有影帝一個人出場，亦不足以打動觀眾。所以，影帝身邊，必須有大大小小的配角，起烘雲托日之效果。溫家寶喜歡的是哪些配角呢？

誤將李鬼當李逵的吳儀

「鐵娘子」吳儀先後在朱內閣和溫內閣中擔任副總理，先是溫家寶的工作夥伴，後是溫家寶的得力副手。有一次，吳儀到上海考察的時候，在會議上批評台灣著名的連鎖食品企業「永和豆漿」，指她在上海松江的一次突擊檢查中，發現一家「永和豆漿」的質量和衛生條件都很差。

吳儀對「永和豆漿」聲色俱厲的批評，被各大媒體大幅報道。事後，「永和豆漿」的老闆林炳生大聲「喊冤」，上海當地的官員也「一頭霧水」，因為松江根本就沒有永和豆漿的分店。很明顯，吳儀到的是一家「李鬼店」。林老闆強烈要求「一定要找出元兇，還永和豆漿一個公道」，但上海官員卻對他說：「我們總不能說吳儀副總理弄錯了吧？」

即便貴為副總理，吳儀也是一個會犯錯誤的、有限的人，而不是全知全能的神。既然犯了錯誤，就應當道歉，這是天經地義的因果關係。然而，被譽為「開明派」的吳儀，在這一點上也和中共的其他高級官員一樣：鬧出了一個烏龍事件之後，為了面子的緣故，不向被冤屈者道歉。

官大一級嚇死人。在中共等級森嚴的官僚制度內，誰的官大，誰就佔有真理。中共一向喜歡標榜「實踐是檢驗真理的惟一標準」，實際上，真理永遠只是當權者的獨佔品。有了權力，便可以指鹿為馬，便可以顛倒黑白。此種情況，於今為烈。

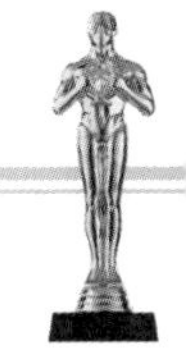

在古代，即便是五之尊的皇帝，在遇到天災時，亦不得不發表「罪己詔」，承認這是上天對自己施政不佳的懲罰，希望以此獲取老百姓的諒解。但是，中共掌權之後，先後製造了「土改」、「三反五反」、「反右」、「大躍進」、「文革」、「六四」等政治運動和血腥屠殺，致使中華大地血流成河、屍橫遍野。中共卻從來沒有公開承認錯誤，更是拒絕向民眾鞠躬道歉。

吳儀不僅應當向「永和豆漿」道歉，還應當向所有的消費者道歉。當時，吳儀剛剛接替死去的第一副總理黃菊，並兼任「全國食品質量和食品安全領導小組」組長，當然有責任確保老百姓都吃上健康、安全的食品，當然有責任打擊乃至杜絕假冒偽劣產品和冒牌店。但是，近年來公共衛生危機不斷發生，讓吳儀焦頭爛額、防不勝防。在此次衛生檢查中，吳儀居然分不清哪一個是真店、哪一個是假店，連副總理閣下都「反認李鬼為李逵」，一般老百姓又焉能分清呢？而且，她在沒有經過調查和甄別的前提下，便輕率發表論斷，傷害的是一個名牌企業的聲譽，羞辱的是自己擔任的副總理的職務。

我一直迷惑不解的是，為什麼海外有那麼多人對溫家寶內閣中的「女一號」吳儀讚不絕口？連香港評論家董橋也盛讚吳儀魅力無窮，讚譽之語讓人渾身起雞皮疙瘩：「吳儀讓人想起物理女皇吳健雄婉約中的剛毅，想起城南之花林海音古典的現代：她們都是梨樹下紫砂壺溫的碧螺春。」我左看右看、前思後想，怎麼都沒有在吳儀身上發現有絲毫的個人魅力。在其任上，吳儀可曾有過一句支持民主的言論？可曾向數十萬計的因政府不作為而染上艾滋病的的患者表達歉意？她接見過為艾滋病人的人權奔走呼號的高耀潔醫生，但當高醫生被河南地方官僚監禁和侮辱的時候，她本可出面干涉，卻不聞不問，使得高醫生不得不以八十高齡出走美國。

此次「烏龍」事件，生動地說明今天的中國已經變成了謊言籠罩每一個角落的謊言帝國，變成了「假商品」無處不在的制假帝國——從假煙、假酒、假藥、假文憑、假論文、假處女膜乃至被艾滋病病毒污染的假針頭，沒有製造不出來的假貨，沒有不敢流通的假貨。這不是政府的失職又是什麼呢？溫家寶政府有能力實現禁書、封網、打壓異議人士，

卻對如洪水般氾濫的冒牌貨物和商品束手無策，這不是故意的「一手硬一手軟」嗎？

作為法盲的司法部長吳愛英

二零零九年八月六日，司法部部長吳愛英在全國司法廳（局）長座談會上表示，「要進一步加強律師隊伍的教育管理，切實做好律師代理敏感案件和群體性事件的指導工作，教育引導廣大律師講政治、顧大局、守紀律，忠誠履行律師職責使命。」

講這段話的人無疑是一個法盲。讓法盲來擔任司法部部長，這就是今天中國無比荒誕而又真實的現狀，這也表明了作為總理的溫家寶的失職與無能。在一個真正的法治國家，不會有所謂「敏感案件」的說法，因為任何一個公民、任何一個案件，在憲法和法律面前都是平等的，沒有「敏感」與「不敏感」之差別。單單將某一些案件孤立出來，納入到律師參與辯護的禁區之中，這本身就是對法治精神的粗暴踐踏，何談「依法治國」？

在今天的中國，「敏感案件」實在太多了，為劉曉波、陳光誠這樣的異議知識分子和維權人士辯護，是敏感案件；為藏族和維族等少數民族人士辯護，是敏感案件；為基督教家庭教會成員和法輪功修練者辯護，是敏感案件；為死於毒奶粉的嬰孩的家長和死於四川地震中豆腐渣校舍的學生的家長提供法律援助，也是敏感案件……於是，涉足「敏感案件」的律師便成了「敏感律師」。

那麼，這些「敏感律師」的下場如何呢？吳部長的這篇講話處處暗含殺機，「要健全律師執業准入、執業狀況評價和執業獎懲機制」，也就是說，不聽話的律師，便會被敲掉飯碗，便會遭到秘密警察的監視、騷擾乃至毆打，便會被官辦的律師協會以及司法局刁難甚至取消律師執照。最近一段時間以來，僅北京一地便有五十多名律師因「年檢」沒有過關，而被終止執業。

我在訪問台灣時，與若干當年承辦過人權案件的律師、後來成為黨外運動中堅力量的前輩有過接觸。他們告訴我，即便在國民黨白色恐怖最嚴峻的時期，國民黨當局也沒有像今天的共產黨政權那樣，對律師群體展開如此卑劣的迫害。對於法律的尊嚴和榮譽，國民黨當局還有三分

的敬畏之心；而在彼岸的中國大陸，共產黨人一向如毛澤東所說，是「和尚打傘，無法（髮）無天」。反正法律是他們一手制定的，他們想遵守就遵守，不想遵守就不遵守，誰敢有怨言呢？

吳愛英部長便是這樣一個「無法無天」之典範。在講話中，該部長根本不提及憲法至高無上的地位，而是反覆強調黨的絕對領導，「律師隊伍要堅持黨的領導，堅持以科學發展觀為統領，堅持中國特色社會主義法律工作者的本質屬性，確保律師工作正確的政治方向」。換言之，就是黨大於法，當黨的利益與法的權威發生矛盾時，要以黨為大、枉法媚黨。既然黨無所不在，律師界又怎能讓黨缺席，所以要「堅持不懈的抓好律師行業黨組織建設，努力實現黨的工作對律師行業的覆蓋」。這不僅是法官和檢察官必須遵循的「潛規則」，也是律師不得不爛熟於心的緊箍咒。

胡溫執政以來，中國的法治化進程不進反退，從嚴管律師到掀起「嚴打」運動，法律成為「維穩」的工具。美國法學家伯爾曼說過，法律必須被信仰，但從溫家寶到吳愛英，均不信仰法律。在今天的中國，憲法沒有至高無上的地位，不過是被束之高閣的一紙空文而已。溫家寶和吳愛英根本無視這樣一個常識：律師不獨立，司法就不獨立，一個公平與正義的法治社會也只能是空中樓閣。

「玉嬌揮刀」與「鴻忠搶筆」

看到這個題目，看官莫誤會我在模仿金庸寫武俠小說，我是在寫本來索然無味的「兩會」上出乎意料地上演一出精彩話劇。日光之下無新事，中共自編、自導、自演、自娛自樂的「兩會」，從來都平淡如水。那些習慣於說「假大空」的廢話的人大代表與政協委員，有百分之九十是現任的或退休的官員。所以，「兩會」歷來既與人民無關，也與新聞無關。

在二零一零年的「兩會」上，惟一引起草民關注的事件，不是溫家寶建設「服務型政府」的宣告和讓人民過上「有尊嚴」的生活的承諾，而是「玉嬌揮刀」與「鴻忠搶筆」兩個新式成語。

玉嬌者，鄧玉嬌也，為湖北巴東縣野三關鎮一洗腳城的服務員。刀者，修腳刀也。野三關鎮，鎮如其名，似乎本來就是一處化外之地，不在溫家寶的統治之下。這裡的十二品小官，卻個個是為所欲為的土皇帝，酒足飯飽之餘，居然想強暴無辜的鄧玉嬌。為反抗淫官的施暴，弱

女子鄧玉嬌懷著同歸於盡之心，以修腳刀格殺之。在內外輿論的強大壓力之下，她最終獲得從輕發落，這也算是近年來民意的一次罕有的勝利。

鴻忠者，李鴻忠也，為湖北省省長。筆者，錄音筆也。三月七日，湖北代表團向媒體開放，李鴻忠步入貴賓廳接受採訪。李巡撫洋洋灑灑，大談湖北發展勢頭良好。《京華時報》（屬人民日報系統）女記者劉傑最後發問：「省長，您怎麼看待鄧玉嬌？」李鴻忠勃然大怒，臉色陰沉，怒視女記者。然後，猛伸出魔爪，奪其錄音筆，「你是黨報的！黨報怎麼輿論導向的？我找你社長去。」女記者遭此辱罵，唯有以淚洗面。

一夜之間，此消息傳遍大江南北。統治湖北數千萬民眾的李鴻忠，平時作威作福慣了，沒有想到這一次卻成為眾矢之的。「鴻忠搶筆」成了一個網民創造的漢語新成語，與「正龍拍虎」、「秋雨含淚」、「兆山羨鬼」等並列，未來一定可以收入漢語詞典當中。

緊接著，數千網友發起罷免李鴻忠的聯署信，民眾在網上呼籲罷免省長，自中共建政以來還是第一次。有人說，李鴻忠搶筆之舉乃是一時失態；而在我看來，這才是他的「常態」，而非「失態」。獨立評論家冉雲飛指出：「李鴻忠這種官員面對媒體時的拙劣表演，不是他個人的獨得之秘，而是不受制約的權力所帶來的傲慢，對他們長年累月浸潤到骨血裡的結果。」

中國的官僚們要明白權力受限、新聞自由的普世價值，還有漫長的路要走。從江澤民用英文怒斥香港記者張寶華「年輕、愚蠢、無知」；再到前廣州市長林樹森呵斥香港記者唯恐天下不亂，並警告說不要把香港那一套拿到內地來；接著鄭州規劃副局長逯軍質問記者：「你到底是為黨說話，還是為人民說話？」；再到廣州路政官員用粗話應對記者：「那麼我是不是拉屎也要告訴你啊？臭不臭也要告訴你？」中國特權階級之蠻橫粗暴，堪稱世界第一。

溫家寶在政府工作報告中說：「創造條件讓人民批評政府、監督政府，同時充分發揮新聞輿論的監督作用，讓權力在陽光下運行。」總理大人的話音未落，身為封疆大吏的李鴻忠便給了上司一記響亮的耳光。如果不罷免公開與之作對的李鴻忠，溫家寶這個總理如何繼續幹下去呢？

然而，李鴻忠仍然安居其位。在二零一零年夏天中南部抗洪搶險的會議上，溫家寶在台上侃侃而談，李鴻忠就坐在第一排側耳傾聽。溫家

寶看到戲班子中的這個不稱職的配角，不知是「怒其不爭」，還是「哀其不幸」？

是「造城市長」，還是「破城市長」？

日前，《瞭望東方週刊》報道了山西大同市的「造城市長」耿彥波的顯赫政績。在這篇報道裡，耿市長儼然是一個新時代的焦裕祿：他以超常規手段推進大同的大拆大建，雲岡石窟景區改造、道路建設等等；他每天睡眠五個小時，別的時間都在工作；他不是坐在舒服的辦公室裡，而是奔波在一個又一個的工地上；他魄力超群，改天換地，剋日期成。

然而，對於這樣一個「強人」，我心中充滿了疑慮。在中共一黨壟斷權力的體制下，每個地方的「父母官」都是說一不二、為所欲為的土皇帝，整個城市便是這個土皇帝棋盤上的棋子，用評論家劉洪波的話來說，「大同，似乎是一塊白布，變成了市長個人創作的對象。耿彥波一個人的意志，可以決定這個城市要變成什麼樣子。」但是，城市的改造是一個複雜的系統工程，市長大人有沒有徵求過普通市民和專家學者的意見？萬一市長的決策錯了呢？誰來對一個被輕率地毀滅的城市負責呢？

近年來，若干「有個性」的地方官員受到媒體的追捧，如在重慶實施「打黑」行動的市委書記薄熙來，如在昆明要求官員在媒體上公佈手機號碼的市委書記仇和，如今又來了一個耿彥波。這些的相對來說比較能幹的官僚，在普遍平庸化的官僚體系中，似乎讓人耳目一新。但是，對廣大民眾來說，他們的強勢作風究竟是禍還是福呢？

在專制制度下，權力是自上而下授予的，而不是通過民眾的選舉賦予的，所以這些能幹的官僚大可不必考慮民意，而將個人如何打造政績放在第一位。為了拿出漂亮的政績來，他們大肆推進城市改造，瘋狂出賣城市土地，這是一個彰顯政績的簡單易行、立竿見影的方法。於是，一場新的「圈地運動」在中國的大中小城市裡同時上演。房地產的虛假繁榮支撐起了地方 GDP 的高增長率，而一旦此泡沫破滅，受害的還是普通百姓。

另一方面，這種所謂「得到大多數人支持」的、大刀闊斧的城市改造工程，卻犧牲了「少數人」的合法利益，比如那些被強迫拆遷乃至暴力拆遷的市民，他們不得不使出極端的方法來抵抗，比如扔燃燒瓶和煤氣罐等，甚至不惜以死相拼。強迫拆遷成為今天中國公權力與私權利最大的對立和衝突。

專制制度下的大小官僚，還是平庸點好。在民主社會，公民可以投票給那個自己心儀的候選人；而在專制社會，大家只能祈禱這個不是我們選舉的「父母官」笨一點、懶一點、少傷害老百姓一點。胡錦濤時代當然優於毛澤東時代，胡錦濤時代畢竟沒有出現毛澤東時代那樣餓死三千萬人的大饑荒——看看學者楊繼繩撰寫的《墓碑》，不禁讓人毛骨悚然——不是因為胡錦濤比毛澤東更加精明能幹，乃是因為胡錦濤比毛澤東愚笨，胡錦濤缺乏毛澤東那種幹壞事的激情和魄力。

胡錦濤上台以來，說的惟一的一句人話，就是「不折騰」。是的，只要當官的「不折騰」，這就是中國老百姓最大的福氣了。可是，胡錦濤、溫家寶以及他們的手下們，卻非得將中國的老百姓「折騰至死」不可。

該補習數學課的監察廳副廳長

在腐敗愈演愈烈、民間呼籲官員公佈財產的背景下，全國政協委員、四川省監察廳副廳長趙振銑卻對媒體說，中紀委全會對何時推出官員財產申報制度的態度為「目前時機還不成熟」。趙振銑認為，在反腐倡廉、社會監督等制度還沒有建成的情況下，盲目推出官員財產申報制度，不僅難以達到初衷，而且將會對其結果難以處理，造成混亂。今天，中國的官員乃至每一個人的收入構成情況都非常複雜，「各種收入錯綜複雜的糾纏，這幾十年財產性收入怎麼甄別？我看把紀律監察的力量再增加十倍都沒有辦法理清。」

與此同時，寧波教師陳勇，再度在網上曝家底：家庭存款為八萬餘元，且「無二奶、無情人、無姘頭」。這名自稱一輩子都買不起房的年輕教師聲稱：「任何人如對文中資料及數據表示懷疑，您僅需出示中國公民身份證，即有權查閱本人及家庭成員全年銀行賬戶往來情況明細以及其他一切與財產相關的信息，本人提供任何必需的配合。」若有不實，則「願在黃帝陵前自裁以謝國人」。

一個中學老師為何要在網上公佈自己的財產呢？陳勇說：「我想為那些以保護隱私為由，拒絕公示財產的官員作出表率。去年曾有官員質問老百姓為何不公佈財產，現在，百姓公佈了，官員呢？」

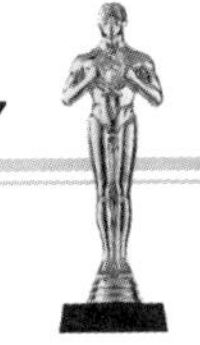

看來，老百姓的財產狀況並沒有廳長大人想像的那麼「錯綜複雜」。僅僅靠公民的良知和基本的數學知識，就可以將自家的財產清單整理並發佈出來，根本不需要將紀律監察力量擴大十倍，也不會危害「壓倒一切的穩定」。

然而，官員的財產狀況就沒有那麼簡單了。趙大廳長口口聲聲說，官員作財產申報會造成「混亂」，言下之意就是威脅中央說：你們不要將我們逼到絕路上去，穩定還得靠我們來維持，如果我們全都完蛋了，你們還能獨存嗎？不管是主動的還是被動的，溫家寶早已被綁上了權貴集團的戰車，首先他自己就不敢公佈個人和家族的財產。

趙大廳長來自四川，四川官員的數學能力向來不佳。四川大地震之後，已經過去了兩年時間，死難學生的人數仍然沒有統計出來。譚作人致力於調查死難學生真相，反被判以重刑；艾未未來到成都作證，亦遭到警察之毒打。這就是劣幣驅逐良幣。自己的數學不好，不好好去補習，反倒要將數學好的人污蔑為「國家的敵人」。

面對越來越大的網絡輿論的壓力，趙大廳長吐出來的一句官話是「目前時機還不成熟」。中共官僚的數學不及格，太極拳卻打得蠻好。那麼，什麼時候才是「成熟的時機」呢？也許，直到中共垮台的那一天，時機都「成熟」不了。比如，北京方面說，香港人爭取的「雙普選」也是「目前時機還不成熟」。溫家寶在接受外國記者訪問時說，中國不能搞民主，不是民主不好，而是民眾的素質尚有待提高。那麼，香港民眾的素質已經是亞洲之翹楚，為什麼香港人不能「雙普選」呢？

在我看來，率先公佈個人財產的陳勇，比搗住真相的趙振銑更適合當監察廳廳長，乃至中紀委書記，正所謂「當官如不報財產，不如回家種紅薯」。然而，事實卻與之相反：市民願意公佈個人財產，官員卻避之惟恐不及。還是趙廳長說出了溫家寶的心聲：讓官員公佈個人財產，不是一個數學問題，而是一個政治問題。

溫家寶給香港學生題詞背後的愚民毒素

回歸以來，香港正在變得越來越像北京。北京的官僚文化和宣傳模式日漸侵入香港社會，逐漸由潛流變成主流，共產黨也由地下黨變成了地上黨。中共在香港的喉舌、每年投入上億巨資支撐、送的比賣的多的《文匯報》，在顯要位置以超大篇幅發表了一篇極端煽情的報道：二零零七年七月底，國務院總理溫家寶第三度親筆回信港人，更首次親筆抄錄詩句「杜鵑再拜憂天淚，精衛無窮填海心」贈香港中學生，勉勵同學們要以杜鵑啼血之情、精衛無窮之心，熱愛並建設香港和祖國。中聯辦副主任李剛欣然充當「信差」，到訪中華基督教會桂華山中學，轉贈了溫總的親函及墨寶，轉達國家領導人對師生們的關懷及祝福。

溫家寶的一幅題字讓香港師生「受寵若驚」

對於溫家寶賜下的御筆，中華基督教會桂華山中學校長葉天祐表示，學校發動學生「一人一信」源於教導學生常存感恩的心，反思祖國對香港的關注，懂得支持領導人的工作，「畢竟領導也有孤單的時候，也有未完的夢想，也有艱苦難行的路途，我希望學生們可以鼓勵他們，為國家打氣。」

我很懷疑這是一所具有真正的基督教背景的學校，或者說這所學校的辦學方針早已脫離了基督教的精神。對於基督徒而言，當然要「凡事感恩」，但感恩的對象不是統治者，而是天父上帝。組織尚未成年的學生寫信給統治者宣誓效忠，不像是香港的基督徒的所作所為，倒像是內地的那些愚蠢而自私的官僚的所作所為；不像發生在二十一世紀初的今天的事實，倒像發生在毛澤東時代的傳說。

葉校長在接受採訪的時候，表示他很「同情」溫家寶的「孤單」。在我看來，他的「同情心」似乎有些過剩了，他大概沒有想過將同情心傳遞給那些飢餓的人、病痛的人、下監的人，偏偏要去無比貼心地考慮領導

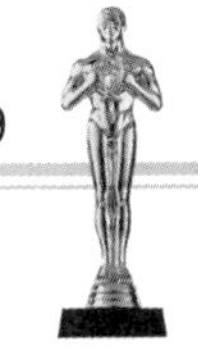

人的「孤單」——古往今來，哪個獨裁者不「孤單」呢？獨裁者的「孤單」，豈是奴才們可以安慰的了的？

從這個小小的細節便可以看出，某些香港人向權力諂媚的功夫一點也不亞於大陸人。教會及其所支持的教育、學術、慈善等機構，本來是社會道義的最後防線，如今卻爭先恐後地奉承掌權者，甚至將「愛專制者」看得高於「愛上帝」和「愛鄰舍」。中華基督教會桂華山中學的管理者只是其中之一。我想，這位聰明的葉校長，如果到了大陸的話，一定也會有官當的。難怪他教育的學生，雖然小小年紀，卻嫌香港的圈子太小，在信中向總理提出到內地為官的要求，可謂有其師必有其徒也。

《文匯報》上的這篇報道肉麻地評論說：「身在中南海的領導人，原本對一眾香港莘莘學子來說遙不可及，溫總理卻從遠方帶來這份濃情厚意，令師生暖在心間，讚歎受寵若驚，無限光榮。」細節之一是：學生陳泳婷更代表全體同學大膽向溫總理承諾：「你給我們的關懷收到了，我們定當努力不懈，勤奮學習，立志成才，回饋國家，回報社會。不負總理及中央政府的厚愛！」該校計劃將溫總理的題詩展示於禮堂，讓師生們時刻銘記中央領導人的關愛與叮囑。

好一個「受寵若驚」！在該報道作者的心目中，香港市民理所當然地是中國的「二等公民」，是一群「忠心」不夠「耿耿」的「化外之民」。因此，香港人想要得到總理大人的墨寶，本來純屬癡心妄想、猴子撈月。此次總理大人格外恩待，大筆一揮，你們自然應當「受寵若驚」。也許，改日北大人再度施恩，你們就有實現普選的希望了。自稱「東方明珠」的香港，在北大人龐大的棋局中，不過只是一個不值得心疼的「私生子」罷了。如果「私生子」還不孝敬父母的話，那更是罪上加罪、罪不可赦了。

溫總理的這副「墨寶」，看來要成為這所學校的「鎮校之寶」了。基督徒最反對的便是偶像崇拜，這所基督教學校為了向北京方面獻媚，居然不惜違背聖經的教導，將溫家寶的題詞當作偶像供在禮堂之中。由此可見，某些香港人雖然沐浴歐風美雨一百多年，但骨子裡仍然是臣民意識和奴才心態。古代的帝王賜給臣民的御筆題字，或者被懸掛於門廳之上，或者被製作成巨大的牌坊，人人頂禮膜拜，文官下轎，武官下馬。葉校長與學校的管理者們，面對溫家寶所寫的幾個拙劣的毛筆字，誠惶誠恐的模樣，與專制時代的臣民何其相似。而該校學生的慷慨激昂的「表

態」，與內地中央電視台上「少先隊員」們壯志豪情的宣誓比起來，已經沒有什麼差別了。

誘騙孩子為之而犧牲的政權是不義的政權

《文匯報》的報道繼續繪聲繪色地描述說：中聯辦的李剛副主任到該校親自宣讀溫總理的回函，又分享溫總理題詩中所引用的兩句、亦是溫總理最喜歡的、出自清末外交官黃遵憲的七絕《贈梁任父同年》的詩句。早在二零零三年六月訪港發表講話時，溫總理也曾以此詩句明志，鼓勵港人以杜鵑啼血之情熱愛香港、熱愛祖國，以精衛填海之心建設香港、建設祖國。

倘若黃遵憲老先生知道溫總理如此張冠李戴地引用他的詩句，豈不「義憤填膺」？這兩句詩的作者黃遵憲及題贈的對象梁啟超，當時都是受滿清當局迫害的政治流亡者。他們互相唱和與鼓勵，乃是決心持守推翻專制制度、締造憲政中國的偉大理想。而今日溫總理卻以之號召香港居民不得亂說亂動、做好順民、「扶清滅洋」。「古為今用」，指鹿為馬，無知者無畏，實在是聰明過了頭。

中共的歷屆領導人，向來都喜歡作「愛國秀」。他們語重心長、引經據典地教導人民，尤其是孩子們，你們要「愛國」，要為國犧牲。但是，最不愛國的，恰恰是他們自己：鄧小平的後人中，若干人擁有美國綠卡甚至美國國籍；前任國家副主席曾慶紅的兒子，剛剛秘密定居澳大利亞；胡錦濤和溫家寶的子女們，大都留學歐美，然後靠著太子、太女的身份，一夜暴富。太子黨們可沒有一個人願意當「杜鵑」和「精衛」的。「於己不欲，勿施於人」，這些言行脫節的領導人，究竟有什麼資格來教導百姓和百姓的子女們「愛國」、甚至以「杜鵑」和「精衛」的決絕的方式來「愛國」呢？

愛一個專制的政權是需要付出代價的，這代價不亞於「杜鵑」和「精衛」。那些真心實意地「愛國」的老百姓和他們的孩子們，其結局之一便是淪為山西黑窯中的奴隸童工，以及東莞的工廠中被虐待和凌辱的奴隸童工。我不知道「溫爺爺」如何面對山西黑窯中那些骨瘦如柴、衣衫襤褸、宛如木乃伊一般的奴隸童工，以及東莞工廠中來自四川阿壩的吃不飽、穿不暖的甚至遭到姦污的孩子？他們的處境比「杜鵑」和「精衛」更

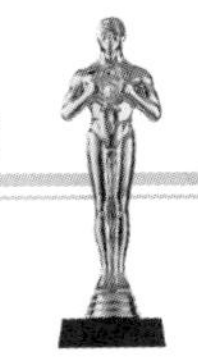

加淒慘，他們不正實踐了總理大人的諄諄教導嗎？眼淚太多的溫總理，會為這些可憐的孩子而淚流滿面嗎？

山西洪洞縣的黑窯童奴事件，絕對不是當代中國空前絕後的、戕害孩子的「頂峰」。我相信，還有更可怕的慘劇正在中國大地上發生著，它緣於一種制度性的罪惡，緣於人性深處那探不到底部的黑暗。果然，網絡上傳來越來越多的消息，在中國還有很多類似的黑窯，還有無數的孩子在黑暗中掙扎、病痛、死亡。這樣的國度，有什麼資格宣稱「和諧社會」與「大國崛起」呢？這樣的國度的領導人，還有什麼心思到處去炫耀其書法和學識呢？

古人說，天地不仁，殺人如草不聞聲。其實，孩子們的悲劇與天地何干？戕害他們的邪惡力量，不僅是父母的怯懦，不僅是官僚的無恥，不僅是老闆的貪婪，更是一種延續至今的現代奴隸制度，更是一個徹底黑幫化的政府和統治階層的集體犯罪。孩子們還來不及哭泣就死去了。為人父母者，誰能無動於衷呢？既然「做中國的人孩子」，就意味著接受「杜鵑」和「精衛」的悲慘結局；那麼，「不要做中國人的孩子」，便不是一句「政治不正確」的、「不愛國」的偏激之語——它是一句讓我們的內心刺痛的真相。

我們不是奴隸，我們的孩子更不是奴隸

有一則被讀者忽略的新聞，我想介紹給日理萬機卻又聲稱「愛這片土地愛得深沉」的溫總理看看。在二零零六年二月二十八日的《新京報》上，有一則題為《男子為懲凶攜存放六年女兒屍體爬上北京廣告牌》的新聞報道。據目擊者葛先生說，早上八點半，他上班路過北京市朝陽區京廣橋時，看見一名男子站在一個高約三十米的廣告牌上，還有一件紅色的孩童衣服掛在上面，衣服裡有一些黑色的東西，看起來很像是個孩子，但沒有看見頭和胳膊。「那男的雙手捂著頭，趴在廣告牌上，時而用手輕撫這孩子形狀的東西，表情很是痛苦，還不時往下撒些白紙。」現場的紅廟消防隊隊員和呼家樓派出所的民警均向記者證實，掛在廣告牌上「孩子形狀的東西」其實是一具小孩屍體，該男子是背著這具屍體爬上這塊廣告牌的。

該男子撒下的白紙是一份遺囑。該男子聲稱，他名叫李恭建，是河南省商丘市梁園區孫付集鄉後橋樓村村民。掛在廣告牌上的屍體是女兒李美妮。二零零零年十月三日，家人發現年僅四歲半的美妮不見了。兩天後，在村北的一機井中打撈出孩子的屍體，經法醫鑒定為他殺。後經商丘市公安局梁園分局偵查認定，同村村民李某為嫌疑犯。然而，在地方官員的干涉下，兇手被脫罪，僅僅被判有期徒刑十年，罪名是故意毀壞財物罪。

李恭建認為真兇沒得到懲處，拒絕火化女兒的屍體。這位貧窮的農民從牙縫裡擠出幾百塊錢，購買冰櫃冷凍女兒的屍體，並長期支付昂貴的電費。這位倔強的父親，五年來什麼事都不幹，就要尋找答案：到底是誰殺死了他的女兒？當所有手段都用完時，他下定決心到北京去，並選擇了這種極端方式，為自己、也為女兒「討一個說法」。

事發後，消防員、民警等人員趕往現場。早上九點二十分，消防員在李恭建所在位置的垂直地面放置氣墊，還加緊啟動雲梯以備救援，民警將現場封鎖，一百多名行人在警戒線外駐足觀望。十點，一名警察坐上雲梯與李恭建談判，半小時後，他被說服，從上面下來，隨即被民警帶走。十點三十五分，消防員將孩子的屍體取下來。

第二天，我看到一則簡短的後續消息：女孩的屍體被火化、父親攜帶骨灰返回家鄉。

這則新聞經過弱化處理之後，出現在專門發表社會奇聞的版面上。我在網上看到有一位網友發出追問：「究竟是什麼鳴冤申訴機制，使底層人民要用這樣極端的方式，來控訴他們生命中遭受的毀滅與不幸？究竟是什麼樣的言論和輿論空間，使底層人民要上廣告牌，要一死表白？！」我無法面對這位從河南到北京千里背屍的父親，溫總理閣下呢？李恭建雖然具備了總理所要求的「杜鵑」和「精衛」的精神，但他最終還是未能找到公義和真相。我更無法面對小女孩李美妮少得可憐的一點骨灰，溫總理閣下呢？從屍體變成骨灰，這是父親惟一的收穫。假如換了溫總理，是否能夠比李恭建做得更好呢？

我更想將這個可怕的故事講給香港的孩子聽。下一次，如果你們有機會再給總理大人寫信的話，不妨向他複述一下這個故事。如果你們不假思索地接受來自大陸的愚民教育，你們自己也將成為下一批山西黑窯

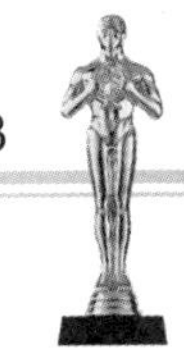

中的奴隸童工。你們要堅持說真話，做人格獨立、精神自由的公民，這才是愛香港，也是愛中國。你們不是「杜鵑」，也不是「精衛」——惟一的例外是，在你們爭取香港的民主、自由、普選，參加維多利亞公園「六四」燭光晚會的時候，你們不妨像「杜鵑」和「精衛」那樣堅忍不拔、百折不回。

我也想把這些可怕的故事講述給全天下所有的孩子和父母們聽。一個真正的愛國者，應當致力於改變孩子們的骨頭在地底下哀哭的慘狀。我們不是奴隸，我們的孩子更不是奴隸。從今天開始，我們理應置疑那些居高臨下的、讓我們成為「杜鵑」和「精衛」的命令。在響應和遵從這些命令之前，我們一定要好好定睛看一看：他們本人在做些什麼？他們的孩子在做些什麼？他們是在用我們的人血蘸饅頭吃，還是在一邊等候著獵取我們的屍體？

中國的孩子不是「杜鵑」，也不是「精衛」。「杜鵑」的時代必須成為過去，「精衛」的時代也必須成為過去。今天，讓我們為在冰箱裡冰凍了兩千多天之後才化為骨灰的小女孩李美妮哀悼，願上帝的愛眷顧她和她的父親。李美妮，願她和那千千萬萬在貧窮絕望、冷酷無情中死去的孩子，克拉瑪依的孩子，沙蘭鎮的孩子，成都人的孩子，山西人的孩子，河南人的孩子，香港人的孩子，尚未出世便被殘酷的計劃生育政策殺害的孩子，以及所有中國人的孩子一樣，在此岸能有歡笑，在彼岸能有永生；在人間能有喜樂，在天堂能有平安。

二零零七年八月二十九日

劍橋大學無須向溫家寶道歉

溫家寶在英國劍橋大學遭遇「扔鞋」事件發生之後，中共方面感到大失面子，溫家寶除了委屈地表示，自己的老媽媽看到這個新聞腦溢血發作之外，還通過外交途徑施加壓力，要求劍橋大學校方道歉。於是，劍橋大學校長理查德致函溫家寶表達歉意。中國媒體報道說，理查德校長對溫家寶訪問劍橋大學表示誠摯敬意，認為溫家寶的演講非常有助於加深對中國發展的理解，並認為「暴力行為與大學秉持的價值觀背道而馳，劍橋大學對此堅決反對」。

對此，我的看法恰恰相反。此前那些曾經被扔鞋的西方政治家，從來不曾強迫活動的主辦方道歉，比如布什總統被扔鞋之後就幽默地說，鞋子的尺碼大概跟自己不符。與之相比，溫家寶索取「道歉」的行為，無以顯示其大國總理的氣度。既然訪問的是一個民主國家而不是專制國家，既然到達的地方是大學而非幼稚園（不過，今天中國的大學都是幼稚園），就得有遭遇「扔鞋」的心理準備。布什總統被扔鞋，以色列外長被扔鞋，中共的喉舌不都興高采烈、大聲叫好嗎？如今，同樣的遭遇落到「人民的好總理」頭上的時候，你們才想起了「於己不欲，勿施於人」的古訓？

另一方面，劍橋大學也無須向溫家寶道歉。那個扔鞋的學生已經二十七歲了，是一個成年人，他足以為自己的行為負責。即便受到司法機關的檢控，也是「求仁得仁」。他的行為並不代表劍橋校方的立場，劍橋大學又何必替人作嫁衣裳呢？

在此事件中，我最感興趣的不是那只鞋，而是扔鞋的那個德國學生憤怒的吶喊：「他是個獨裁者！」這個世界太世故了，溫家寶明明就是獨裁者，大家卻假裝認為他不是。因為他率領著一個龐大的採購團，大家便對他畢恭畢敬、行禮如儀。其實，這些訂單大都是「虛空的虛空」。末代港督彭定康在回憶錄中說，有一次美國商務部長布朗到中國獲得了

六十億美元的生意，但美國駐華使館的官員卻悄悄透露說，實際的交易總額只有一千萬美元，此種例子比比皆是。

金錢的力量不僅侵蝕西方各國的政府，還腐蝕了西方名校。本來該遺世獨立的西方名校，面對錢包鼓起來的中國，開始變得世故甚至諂媚起來。近年來，江澤民、朱鎔基、胡錦濤、溫家寶等人頻頻光臨歐美的一流名校，以貴賓身份發表演講，「指點江山，激揚文字，糞土當年萬戶侯」。為了迎接這些獨裁者，並避免貴賓遭遇噓聲的尷尬，許多大學當局刻意挑選出席者，事先將某些特定群體的師生（如藏族人士）排除在外。哈佛、耶魯、劍橋都做過這類有種族歧視之嫌的事情。

此次溫家寶赴劍橋大學演講，校方費盡心機確保「平安」。這名搗亂的德國學生，算是一條「漏網之魚」。在從政客到學界普遍的趨炎附勢的潮流中，唯有這位「冷門專業」（大陸媒體故意強調此一細節，企圖以此貶低之）的博士生，像安徒生童話《皇帝的新裝》裡的孩子一樣，說出了「他是個獨裁者」這一再簡單不過的真相。

劍橋大學確實應當道歉，不過不是向溫家寶道歉，而是向被獨裁政權殺戮和欺壓的中國民眾道歉。大學當然秉持反對暴力的價值觀，但究竟什麼是暴力呢？如果說向溫家寶扔一隻鞋而溫毫髮無損是暴力的話，那麼中共的軍隊在一九八九年對手無寸鐵的學生和市民開槍是不是暴力呢？那麼中共的軍隊在二零零八年對爭取真正的自治和宗教信仰的自由的西藏民眾和僧侶開槍是不是暴力呢？那麼中共的警察抓捕四川地震中遇難學生的家長、抓捕三鹿毒奶粉受害嬰兒的家長是不是暴力呢？

在此意義上，隆重歡迎溫家寶的劍橋大學，應當向天安門母親道歉，向達賴喇嘛和西藏人民道歉，向四川地震死難學生的家長道歉，向三鹿毒奶粉受害嬰孩的家長道歉——這一切，溫家寶難逃其咎。為了赤裸裸的利益而將獨夫民賊請上神聖的講台，對於死者，對於死者的家屬，對於仍然在監獄中遭受酷刑和虐待的人士，這所標榜追求真理的學府能夠問心無愧嗎？

什麼是大學？美國思想家、芝加哥大學教授布魯姆指出，大學應當是「人類真正的共同體，是追求真理者的共同體，是我們這個時代能夠存在共同體和友誼的地方……我們的思想，我們的政治，與大學形成了難以分解的關係」。作為「真理的共同體」，大學應當是一切壓制人的自由的

獨裁勢力的批判者。可惜的是，這一次劍橋大學選錯了道歉的對象，失落了大學薪火相傳的自由精神。

第三卷

山外青山樓外樓　人生經得幾拳頭

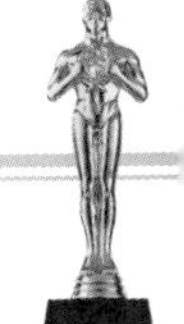

取消國保是中國長治久安的第一步

——致溫家寶總理的公開信

溫家寶總理：

我以一名普通公民的身份給你寫這封公開信。如果你會使用翻牆技術閱讀海外中文網站的信息，你一定可以在網上看到這封信；如果你不上那些牆外的網站，我不知道你屬下的國保以及為你搜集情報的智囊會不會將它打印出來放在你的案頭。我希望你有機會讀到，有機會思考，有機會回應。

我在媒體上看到了這樣的一則報道：二零一零年六月二十三日，溫家寶總理主持召開國務院常務會議，研究部署進一步推行依法行政工作。溫家寶強調，必須清醒地認識到，當前中國依法行政體制機制尚不健全。今後一個時期，必須加大《全面推進依法行政實施綱要》實施力度，全面推進依法行政，不斷提高政府執行力和公信力。這次會議還指出，依法行政包括「要嚴格、公正、文明執法。依法查處各種違法行為，維護良好的經濟社會秩序。加強行政執法程序建設，落實和完善行政執法責任制，堅決糾正不執法、亂執法現象」。

溫家寶先生，你知道嗎，就在你主持「依法行政」的國務院會議的同一天，我家門口又有一群國保前來「服務」了。這一天並非「敏感日子」，又沒有什麼外國元首來訪，為什麼你的「服務型政府」又來為我提供特殊服務呢？北京市朝陽區的國保王某打來電話，約我到小區的會所裡聊聊。我斷然拒絕之，我的時間很寶貴，我通常只跟我所欣賞的朋友聊天，而沒有義務與那些無事生非的國保聊天。我轉而一想，也許是前一天一直致力於為右派維權的鐵流先生打電話邀我參加一個飯局，並發電郵告知，有茅于軾、張博樹、滕彪等師友參加。我因早有計劃要完成一篇文章，便回信說不能赴約。一定是國保偷看了我的電郵，看到我雖

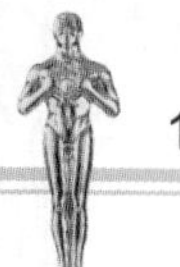

然表示不出席次日的活動，他們仍然擔心我前去赴約，所以趕緊前來阻攔我出門，監視我的動向。溫家寶先生，我想邀請你到我家中做客，你可以親身感受一下貴政府是如何為一個只是努力說了一點真話的公民「服務」的。溫家寶先生，你願不願意「現場辦公」，「堅決糾正」這種「亂執法現象」呢？

也是在同一天，推特上的一位朋友告知：「六月二十一日，派出所查到了我和余老師你的通信記錄，連我的網易郵箱都報出來的，兩個公安直接跑到我公司，質問我買你的書沒。還要我談談對劉曉波觀點的認識。不過到目前還算安全，沒被請去喝茶。」最近幾年來，我的作品不能在中國大陸公開出版，只能在香港和台灣出版。推特上有許多朋友想看我的新書，我便請這些朋友給我發電郵聯繫購買，然後將手中的少許書籍郵寄給他們。沒有想到，先後有五位買書的推友，遭到國保各種不同形式的騷擾，其中有兩人在國保的威逼之下將買到的我的書上繳給國保。這種肆無忌憚地侵犯公民隱私和私有財產的、如同強盜剪徑般的行為，不是「非法行政」和「亂執法」又是什麼呢？溫家寶先生，你願意親自製止國保的此類惡劣作為嗎？或者你是否可以拿出一個好辦法來，將「行政執法責任制」落到實處？我不知那些被國保非法侵佔的書籍去向如何，如果你渴望閱讀我的著述，可以像普通推友那樣直接跟我聯繫，我願意賣給你甚至送給你。請你這位自稱愛讀書的人，不要剝奪其他公民讀書的權利，好嗎？

溫家寶先生，你自己一定心知肚明，在你和胡錦濤先生執政以來，「維穩」成為這個時代的「關鍵詞」。你們將「維穩」這個詞語像緊箍咒一樣掛在嘴邊，正表明中國社會的不穩定因素已經如同洪水滔天。二零一零年五月二十七日的《社會科學報》披露，二零零九年維穩財政預算執行情況令人震驚：全國內保費用達到五千一百四十億元，中央公共安全支出增幅達百分之四十七點五。溫家寶先生，你剛剛當上總理的時候，曾經承諾將教育經費從百分之二提升到百分之四，但如今你的兩屆任期將滿，這個數字幾乎原地不動。這是什麼原因呢？中國政府不是沒有錢，中國政府是今天全世界最有錢的政府，但中國政府的錢都被用到哪裡去了呢？有人說，公佈的和秘密的各種維穩經費已經占國家財政收入的兩成以上。「天價維穩」成為「胡溫新政」的最大特徵，「國保治國」成為一

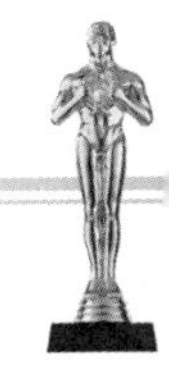

項至高無上的國策。從奧運會到世博會，國保的非法行政活動越來越猖獗，他們在奧運會和世博會期間查禁商店裡的菜刀和老鼠藥，他們不分晝夜地蹲守在每一個異議人士的家門口。互聯網上的「敏感」詞彙越來越多，日曆上的「敏感」日子越來越多。所以，國保的經費越來越多、編製越來越大。

有了國保的保駕護航，你們和你們的御用文人說，平安了，但這樣的平安真的可以持續下去嗎？熟讀中國歷史和世界歷史的溫家寶先生，你不會不知道，靠暴力和謊言是無法讓一個國家和民族獲得長治久安的。秘密警察不是維穩的柱石，而是和諧社會的最大的破壞者。執法犯法、肆意玩弄法律的國保們，敗壞了這個社會的法治、信任與道德，他們污染的不僅是國土，而且是人心。他們不是致力於緩解矛盾，而是故意激化矛盾。他們表面上忠心耿耿，其實將你們推到火堆上燒烤。比如，長期搜集我的材料的北京市公安局國保大隊的一名姓朱的國保，長年累月恐嚇我身邊的朋友、製造關於我的各種謠言、發匿名信和恐嚇信，究竟是誰授權他這樣做的呢？他每天的工作就是在犯罪，就是在敗壞政府的公信力。溫家寶先生，最近幾年來編製和經費大幅增長的國保部門，與那些力量微弱的政治反對派相比，才是你們真正的掘墓人。溫家寶先生，如果你擁有政治家的智慧與勇氣，擁有敏銳的時代感與深厚的歷史感，擁有對自己的國家和民族以及人類的未來負責的精神，那麼，取消國保、停止對人民的恐嚇，是你需要立即邁出的第一步。

溫家寶先生，如果你不從今天起便取消國保，國保未來的命運以及你的黨未來的命運將不堪設想。東德的斯塔西和共產黨的下場，便是中國的國保和共產黨的前車之鑒。昂納克等東德領導人曾經堅信，在無法挽回民心的情況下，讓一個失去公信力的政權維繫下去的殺手鐧，就是秘密警察，即斯塔西。如果說在美學和道德上均醜陋不堪的柏林牆是公然向自由世界示威，並阻止本國居民「逃出瘋人院」的努力；那麼，斯塔西的作用就是讓所有民眾都不敢亂說亂動，至少「假裝」對目前的生活表示滿意，正如其負責人所宣稱的那樣，「國家安全部被賦予使用任何必要手段或方式阻止或扼殺所有阻礙或延滯社會主義成功的企圖」。在此意義上，斯塔西堪稱一堵用人肉來砌成的「柏林牆」。英國歷史學家弗雷德裡克·泰勒在《柏林牆》一書中指出，在德意志民主共和國存在的四十年內，

至少有六十萬人為斯塔西工作過。一些專家更是宣稱這個數字高達一兩百萬。即便只算編制內的人員，即拿薪水的人的數量，那麼每三百二十個東德人中就有一個斯塔西。相比之下，在希特勒德國，蓋世太保的人數只有兩萬，即三千五百名德國人中有一個蓋世太保。

但是，斯塔西有沒有挽救東德政權的崩潰和它自己的覆滅呢？歷史的這一頁已經翻過去了，就不必我來多說了吧。但我還是想向溫家寶先生講述一個有趣的細節：在東德政權存在的最後的時日裡，斯塔西的末代局長、八十一歲高齡的米爾克，出現在新組建的最後一屆東德議會。這個昔日讓人仰視的人物，第一次遭到議員們的質疑和鄙視。這個白髮蒼蒼的老人看上去很沮喪。「但是我很愛你們！」米爾克宣稱，他幾乎要哭出來了，「我熱愛整個人類」。弗雷德裡克·泰勒用諷刺的筆調寫道，如果說米爾克怪異的情感宣洩中存在某種真實的成分的話，那就是對人類危險的愛，正如一支名為「警察」的搖滾樂隊在他們的歌曲中唱到的如著魔般的愛戀：「你每一次呼吸，每一次行動，我一直都在關注你。」溫家寶先生，米爾克的眼淚跟你的眼淚相比，哪一種更加真實呢？我相信，米爾克備受羞辱的這一幕，將來有一天必定會在中國重演。人類最愚蠢的品行便在於，經常重複演出同一齣戲劇，而劇中人茫然不知。當年昂納克跌倒的原因，難道會成為你們今天「雄起」的秘訣嗎？

溫家寶先生，你不會不知道這段歷史吧：東德政權瓦解之後，從昂納克、克倫茨等前東德最高領導人到若干在柏林牆前槍殺逃亡者的普通士兵，都被送上法庭審判。一九九二年，統一之後的聯邦德國成立了真相委員會，包括人權活動家、牧師雷納·埃佩爾曼在內的二十七名委員，對東德政權下屬的所有機構舉行聽證會，查閱所有能夠找到的檔案，共同撰寫權威性的歷史文件，形成了一份長達七百五十頁的「總報告」，執筆者之一指出：「真正的任務不是審判，而是弄清發生了什麼。這樣，每一個人就能夠在這部機器中找到屬於自己的那個齒口。」溫家寶先生，你希望自己在未來的一份類似的報告中充當何種角色呢？你多次強調說自己很看重歷史，那麼你的內心深處是否真的害怕來自歷史的懲罰呢？

談到東德的社會轉型以及暴力之後的真相與和解，就不得不提及高克牧師（Joachim Gauck）。最近，高克得到了德國社民黨和綠黨的總統提名，儘管最終未能出任總統，但這足以說明他在德國受到的廣泛的尊

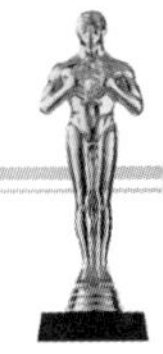

重。高克不僅是一位牧師，還是聯邦政府首位調查前東德國家安全部檔案的專員。德國之聲報道說，這位一九四零年出生於羅斯托克的新教牧師，自一九九零年十月起擔任這一被稱為「高克局」的局長長達十年。所謂的「高克局」，實際上就是一個保存六百萬份斯塔西秘密檔案的圖書館，所有的德國公民都有權查閱本人的檔案。高克說，他還是九歲的孩童時，就已瞭解到，社會主義是一個非法治制度。他的父親被前蘇聯秘密警察逮捕，並在不給出任何理由的情況下被判處遣送西伯利亞強制勞動。年輕的高克希望進入大學就讀德語文學專業，但當局不允許他入學。後來他學習了神學，並成為一名牧師，一九七零年在羅斯托克建立了一個教會。很快，高克就成為秘密警察的關注對象。對他們來說，高克過於積極地參與人權和和平事務，傳道內容具有批評性。他們搜集了大量與高克有關的黑材料，卻做夢也想不到，高克本人日後居然成為這些材料的管理者。在合併後的聯邦德國，高克以沉著而堅定的方式管理前東德秘密警察留下的檔案。他告誡人們不要忘記東德的歷史，不要以懷舊的情緒回顧過去的「陽光燦爛的日子」。卸任檔案館的工作之後，高克擔任了名為「反對遺忘，支持民主」的民間組織的主席。

溫家寶先生，你知道嗎，我的夢想之一就是，未來的中國也能建立一所「高克檔案館」，我願意成為其中的一名館員。我相信，在我的有生之年會有這麼一天。在那裡，關於我的資料會有一麻袋，如果我要撰寫自傳的話，那裡將是我最豐富的資料庫。而與你有關的資料更是汗牛充棟，因為這些搜集資料的人都聲稱是為你的政府服務的。我想，那不是你的榮耀，而是你的恥辱。所以，為了讓你的子孫和未來的公眾在這些檔案中盡可能少地發現與你有關的黑暗的內容，你是否願意從此時此刻起就制止國保的為非作歹呢？

溫家寶先生，你理應認識到，那些肆意炮製冤案、打壓弱勢群體、製造人權醜聞的國保才是今日中國最不穩定的因素。你縱容甚至重用的這些國保，其實是一群屠戮人心的劊子手，是一群以國家的名義犯罪和作惡的兇手。當年，晚清詩人、思想家龔自珍在盛世的喧囂中，喊出了末世的哀歎。龔自珍在《乙丙之際箸議第九》一文中寫道：「當彼其世也，而才士與才民出，則百不才督之、縛之，以至於戮之。戮之非刀、非鋸、非水火，文亦戮之，名亦戮之，聲音笑貌亦戮之。……其法亦不及

於要領，徒戮其心，戮其能憂心、能憤心、能思慮心、能作為心、能有廉恥心、能無渣滓心。」這不也正是今天中國的寫照嗎？「避席但畏文字獄，著述都為稻粱謀」，一個剝奪民眾的言論自由和思想自由的國家是沒有前途的，諱疾忌醫就是自尋死路，連一個多世紀以前的龔自珍都明白這一點，一個多世紀以後的溫家寶難道不明白這一點嗎？

孫志剛事件之後，上書人大呼籲廢除收容遣送制度的北大三博士之一的滕彪，兩年前曾經遭到北京國保綁架，此後他寫了一篇題為《我無法放棄——記一次「綁架」》的文章。溫家寶先生，不知你是否讀過這篇文章？我誠心推薦給你好好看一看。在那次以國家的名義實行的綁架中，一個國保的小頭目對滕彪說：「除了你的妻子和直系親屬，最瞭解你的，就是我。」為了達成這種「瞭解」，這些國保耗費了多少民脂民膏呢？最有意思的是這個頭目另外的一段話：「你現在多好，有車有房，你開的是福克斯，我開的是奇瑞，你房子一百四十多平米，我九十平米。你的工作多好，家庭和睦，多想想自己對家庭的責任。孩子那麼小，將來孩子問爸爸去哪了，讓媽媽怎麼回答？」是的，我們這些「被服務」的異類，居然可以生活得比國保們更好！難怪國保要憤憤不平了。但是，如果不想被扔進監獄，維持目前的小康生活，就乖乖聽話吧。這樣的循循善誘能夠說服我們嗎？我對這些即便出賣了人性，卻也沒有能賣出個好價錢的國保們充滿了鄙夷與悲憫。溫家寶先生，當你看到這段文字的時候，是激起了你取消國保的良知，還是反倒提醒你去增加國保的經費、提高國保的待遇？

溫家寶先生，請你切記，蓋世太保、克格勃、斯塔西……哪個秘密警察組織最終不是臭名昭著？中國的脊樑不是那些蔑視法律的國保，而是像滕彪那樣依法維權的鬥士。一個好心的朋友對滕彪說：「你被綁架的時候，在樓下掙扎狂喊了三分鐘，都沒有一個人敢出來看看。派出所來調查，也沒有人願意作證。這樣的國民——值得你為他們去爭取自由和人權嗎？」我也遇到過好心人類似的勸說。滕彪的回答是：「值得。造成他們恐懼和冷漠的制度，正是我和千千萬萬個像我一樣的普通維權人士所試圖改變的。就算僅僅為了我的女兒不再生活在恐懼之中，我也無法放棄我的夢想，我的寫作，我的行動，我的愛。我不會放棄。哪怕有一天我失蹤以後，再也無法回來。」我也願意將這段話作為我的回答。溫家

寶先生，這段話比你所有關於愛國、公正與良心的言論加起來都更有力量。我相信，克服恐懼之後作出此回答的中國公民將越來越多，終究會超過你麾下的十萬名國保。中國的長治久安，必須邁出取消國保、解除報禁和黨禁等步驟。瞞和騙、拖和等，只能病入膏肓、自取滅亡。溫家寶先生，榮辱正反、生死存亡，你和你的同僚們還有最後的選擇機會。

中國公民 余杰
二零一零年六月二十三日至二十五日
北京家中

附記：這篇文章完成之後尚未發表，正在修訂的時候，七月五日下午四點，北京市國保大隊的朱姓警官，率隊上門來宣佈對我進行傳喚。此後持續四個半小時的審問，主要目的是確認我在海外中文網站上發表的一些文章，並阻止我在香港出版新作《中國影帝溫家寶》。此一事件的詳細過程我將另外撰文描述。此事件是溫家寶先生執迷不悟、縱容國保的又一鐵證。

我來體驗溫家寶打造的「服務型政府」

共產主義童話故事所承諾的未來對於那些處於審訊下和監獄中的人來說成了地獄。位於審訊與監獄之間的是被迫向黨的變化無常屈服的煉獄的滑稽表演。

——諾曼·馬內阿《流氓的歸來》

我與中共秘密警察的接觸，始於二零零三年應美國國務院之邀訪美前夕。當時，北京市國安部門的兩名便衣約我喝茶，希望我將在美國會見的人士的名單提供給他們，被我斷然拒絕。我回國之後，他們再次約我喝茶，其中一人還自稱我的讀者。再以後，就是粗魯不堪的國保上場了。二零零四年十二月，我因與劉曉波等計劃起草一份中國人權狀況報告，而被北京警方傳訊，國保的各種騷擾從此便沒有中斷過。不過，「管家式」的貼身服務，則始於二零零八年春美國國務卿賴斯以及幾位國會議員訪華期間。李鵬政府和朱鎔基政府從未向我提供如此服務，唯有溫家寶政府考慮得如此周到。

免費出租車等候你多時了

賴斯訪華跟我毫無關係，我既非黨國領袖，亦非外交官員，自然沒有計劃會見這些從遠方來的「美國朋友」。然而，賴斯一行的來訪卻讓讓我失去了自由。從賴斯抵達北京的前一天開始，我家中的電話突然中斷。我打電話給電話局查詢此事，電話局的技術人員表示毫不知情。拖了好幾天，電話才姍姍開通，那時賴斯等人已經結束了在中國的訪問。我們都生活在長城內，生活在籠子中，雖然中國人擁有的電話和手機的數量躍居世界第一，中國人卻沒有基本的通訊自由——黨想什麼時候切斷你的電話，你的電話便沉默了。

賴斯訪華期間，剛好有一個週日，她是一位虔誠的基督徒，當然會找一個教會做禮拜。我知道，她肯定去不了任何一個家庭教會，只能被官方安排去一個「三自會」控制下的教堂。我當然不會去這樣的地方，不管有誰在那裡聚會，我都不會去湊熱鬧。然而，當我和妻子剛剛下樓的時候，三名便衣立即走上前來。

他們搬著椅子坐在我家樓下，看來是等候多時了。一名便衣詢問我要到什麼地方去，表示他們奉命驅車送我。我查驗了他們的證件之後，發現他們果然是北京市朝陽區國保大隊的警察。我回答所，實在沒有這個必要，我不願浪費國家的資源。他們則說，這是上級給的任務，希望我不要為難他們，甚至暗含威脅地說：「如果不坐我們的車，在路上出了事情怎麼辦？」

交涉了半天，我發現跟這些法盲執法者根本無法討論公民有哪些基本自由和權利之類的問題。無奈之下，為了禮拜不遲到，我只好坐上他們的車去教會聚會，而由妻子獨自驅車去接朋友。一名便衣開車，另外兩名便衣坐在我旁邊。負責開車的那個便衣說，這是奧運前夕，警車不夠用，所以他開自己的車執行公家的任務。為了確保奧運安全，他已半年多沒有休息了。我說，我與奧運毫無關係，我既不支持也不反對奧運，我從小體育課就不及格，對任何體育賽事都不感興趣，當然也包括奧運在內。

談起教會，便衣們還頗有興趣的。一名便衣歎息說，人是應當有信仰，否則太空虛了。我反問他說，你們不都是共產黨員嗎，不都對著黨旗宣過誓嗎，不都信仰共產主義嗎？一個戴眼鏡的便衣回答說：「這不是騙人的大話嗎，這年頭誰還信仰共產主義啊，當年宣誓的時候說過什麼我都經忘記了。我們當警察，只是捧一個飯碗罷了。你千萬不要將我們看作某個黨派的走狗。」

這個便衣說的確實是實話。他說，此類任務他們並不願意接，上級命令他們在這三天裡一直如此護送我。我告訴他們，我將撰文將此事原原本本地寫出來，我本來在家中安安靜靜地寫作，你們偏偏要製造出新聞事件來給黨和政府抹黑，來破壞社會的和諧氛圍。不過，你們對我還算禮貌，我不會添油加醋地將你們「妖魔化」，也不會將某個具體的個人

當作「敵人」來看待。我按照我的價值和信仰來生活，而你們跟著飯碗走，我們本是兩類人。

禮拜完畢之後，我陪同朋友去後海遊覽老北京的胡同，三名便衣繼續護送我。到了後海，我與朋友在老胡同裡散步，便衣一直跟蹤我們。我們剛一回頭，他們又假裝到一個攤位上去討價還價去了。直至晚上我們吃完飯，他們送我回到家中，一天辛苦的工作才告結束。為了阻止我與美國客人見面，黨國如此煞費苦心，哪有半點大國的自信呢？三天之後，賴斯一行離開中國，管家們亦煙消雲散了。

奧運開幕前幾天，同一群便衣又上門來「站崗」。這一次，「免費出租車」的待遇持續了一個多月，直到殘疾人奧運會結束之後幾天才取消。仔細算下來，這段時間我節省了上千元的交通費，而奧運期間北京實施的單雙號限行措施也沒有對我造成任何「不便」——他們總能安排一輛可以出行的牌照的車輛送我。

我為中國政府提供了多少個就業機會？

奧運期間，當局啟動前所未有的「安保」措施，一介書生的我享受到差不多是「部級待遇」：每天樓下有四到六名保鏢，出門到任何地方都有專車送行，且必定有兩名便衣如影隨形。反正溫家寶政府有的是錢，反正中國政府有的是人，為了共產黨的面子，這點經費和人力他們還是消耗得起的。

奧運終於「圓滿成功」。論功行賞，奧運的「安保」成就遂成為值得推廣的好經驗。奧運會之後，「部級待遇」成了胡溫當局時不時送上門來的一份「外賣」。這一「保護」級別，從賴斯訪華到奧運，再到「兩會」、「六四」二十週年、「十一」慶典等「敏感時刻」，已經成為我生活的一部分。以每班最少四人計算，每天分三班輪作，共有十二人。在金融海嘯的陰影下，我這個兩袖清風的書生，居然幫助政府創造了十二個人的工作機會，也算是為中國 GDP 的「保八」作出了特殊的貢獻，胡錦濤先生和溫家寶先生應當好好感謝我才是。

「十一」過去之後，我總算可以清靜一段時間了。二零零九年十一月十七日晚，當我在市內吃完晚飯回到小區的時候，發現至少出現了四名便衣：我家旁邊的警務工作站內有兩人，這兩人級別較高，在室內舒舒服

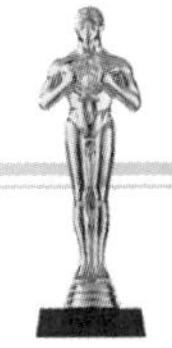

服地看電視；我家單元門的巷道口還有兩人，這兩人級別較低，在零下六度的低溫與寒風中，裹著厚厚的軍大衣，仍然瑟瑟發抖，令作為被監視者的我反倒對監視者有了些同情之心。

又讓這麼多人上門來「保護」我，實在有點不敢當。劉曉波先生的妻子劉霞女士告訴我，雖然丈夫已經系獄，但她家樓下的警力比平時增加了幾倍;「六四」傷殘者、方舟教會的教友齊志勇早已被帶到北京郊外，跟外界失去了聯繫。

今天又有什麼大事發生呢？原來，這一次當局的統一行動，是因為美國總統奧巴馬來訪，某些人只好暫時「人間蒸發」，某些人則只能「閉門不出」。就好像一個大財主請貴客上門，不允許那些長相不那麼端莊整齊的子弟出來見客一樣。如此，奧巴馬看到的，是如同聖誕前夕色彩斑斕的玻璃櫥窗那樣的中國。北京和上海的樓宇之高聳、道路之寬闊，實在讓他歎為觀止。但是，上訪村的惡臭、天安門母親的眼淚、「結石寶寶」家長的哀號，統統都被屏蔽在他的感觀之外。

當年，俄國的波坦金將軍為了博取葉卡特琳娜女皇之歡心，在伏爾加河畔修建很多只有一面牆的、粉刷一新的「房舍」。他欺騙主子說，俄國的老百姓都住在這些富麗堂皇的房屋之中。葉卡特琳娜不禁心花怒放，卻不知民怨已如開水般沸騰。如今，胡錦濤和溫家寶的伎倆，比起波坦金來，可謂「青出於藍而勝於藍」，年年輕輕的奧巴馬哪裡逃得出如來佛的掌心呢？

其實，胡錦濤和溫家寶根本不必派遣一群國保來監視我，不必讓他們在寒冬裡為我守夜。我從來就沒有想過與奧巴馬會面，即便奧巴馬主動邀請我見面，我也會婉拒之。我有自己的信仰和價值持守，我喜歡前任總統小布什，儘管他的許多政策不無爭議，但幾年前在白宮我與他牽手禱告的時候，我感到他與我的信仰是一致的，他對中國的宗教信仰自由的關切是真心的。而奧巴馬在同性戀、墮胎、干細胞研究以及人權等問題上的立場，均是我所不認同的。我是一名獨立知識分子，我批評所有我不認同的人物，既包括胡錦濤和溫家寶，也包括奧巴馬。所以，我既不願與胡錦濤和溫家寶見面，也不願與奧巴馬見面，對於「胡奧會」和「溫奧會」更是不感興趣。

胡錦濤先生，溫家寶先生，你們不必杞人憂天，亦不必庸人自擾。你們早點將我門口的特務撤走吧。

把人民當作敵人的「兩會」

二零一零年三月，一年一度的「兩會」又開幕了，官方媒體上大幅登出少數民族與會者身穿鮮艷的民族服裝的照片。這些民族服裝早已在日常生活中絕跡，唯有此時此刻才被從箱底拿出來穿到身上。在我看來，所謂「兩會」根本不是嚴肅的「國會」，而是一場少數民族服裝的大雜燴。

「兩會」跟我毫無關係。我從來不曾投票選舉過任何一個人大代表或政協委員，他們連接受我的批評都配不上。但是，從二零零八年奧運會之後，「兩會」突然變得跟我有關。雖然我既非人大代表亦非政協委員，但「兩會」期間我享受的待遇卻優於普通的人大代表和政協委員：樓下有保鏢，出入有專車。

溫家寶在這一次的政府工作報告中信誓旦旦地說，要努力建設「人民滿意的服務型政府」。溫家寶的誓言立即在我的身上應驗了：這幾天，我帶著不到兩歲的孩子去醫院看病，亦有專人陪同，我去掛號和拿藥的時候，他們在醫院大廳裡默默等候；我去超市購物，他們熱情地幫我搬運食品和日用品，自己還順便買一些；晚上我與妻子去看電影《福爾摩斯》，警察也與民同樂，只是我看電影是自費，他們看電影是單位報銷。陪看病、陪購物、陪觀影，警察叔叔無微不至的「三陪」服務，是不是在落實貫徹溫家寶的講話呢？

在推特上一交流，這才發現享受跟我相似的待遇的，僅在北京便至少有一百多人。而且，當局根據每一個不同的「危險程度」而採取不同的對策，其方式精細化到具體的人頭上。比如，有人被邀請到外地遊山玩水，有人被帶到郊區療養，有人被幽禁在家中不能出門，也有人像我這樣享有「半截子的自由」。

然而，這些服務不是我們主動要求的，用時髦的話來說，乃是「被服務」。我也是「人民」的一部分，既然是「人民」的「兩會」，為什麼如此害怕「人民」，甚至將「人民」當作敵人來對待呢？溫家寶在政府工作報告中信誓旦旦地說：「讓人民生活得更加幸福、更有尊嚴，讓社會更

加公正、更加和諧。」每天被監視，被「保護」，坐「免費出租車」，難道就是一種「更有尊嚴的生活」嗎？也許，溫家寶本人每天過的就是這種生活，他想讓我們這些「屁民」也與他一起分享呢。

可是，這樣的「好意」，我並不願意領受。一邊是國保警察說，這是上面的命令，雖然不合法律，但請你多配合；一邊是基層民警說，這些國保就是多事，你是一個文弱書生，又不是江洋大盜，上面為什麼要讓我們來做這種警察不該做的事情呢？那麼，「上面」是誰？問題究竟出在哪裡？看來，我只能向貴為總理的溫家寶「問責」，溫家寶願意回答我的問題嗎？

政府應當為公民提供服務，但不能強迫公民接受其不願獲得的服務。與人民為敵的「兩會」，必定如兔子的尾巴——長不了；與人民為敵的政府也是如此。在推特中文圈上，我看到推友蘭立成的一段打油詩，乃是對「兩會」最為精妙的描述：

天朝開兩會，實在有點貴。五千台電腦，七十萬部隊。奧迪去接機，國宴來開胃。鼓掌又舉手，傻逼全都會。戴表狂揮霍，人民猛交稅。溫飽不得求，消你媽個費。

溫家寶先生應當大聲背誦這首打油詩，以後再有機會視察中小學課堂的時候，可以用這首詩在孩子們面前展示學識與才情。

眼看他起朱樓，眼看他宴賓客，眼看他樓塌了

——國保警察是如何陪我過「盛世」的

俺曾見，金陵玉樹鶯聲曉，秦淮水榭花開早，誰知道容易冰消！眼看他起朱樓，眼看他宴賓客，眼看他樓塌了。

——孔尚任《桃花扇》

「仰望星空」和「腳踏實地」是溫家寶的「盛世名言」，他將「仰望星空」當作自己的特權，而將「腳踏實地」當作對年輕人的勸誡。然而，對於這個「千年未有之盛世」，許多普通老百姓卻有不同的解讀，比如有一名推友就寫了一條名為《仰望星空，腳踏實地》的推文：「富士康的員工爬上了頂樓，先是仰望了一下星空，然後一身長歎，然後自由落體，最後腳踏實地。」不知溫家寶讀到這段文字，該作何感想？

胡溫將奧運會、中共建政六十年慶典和世博會當作「大國崛起」的「三個代表」，而許多老百姓卻將它們看作是「三大傻」。被迫與這「三大傻」同時代的我，只能抱著明朝末年戲劇家孔尚任「眼看他起朱樓，眼看他宴賓客，眼看他樓塌了」的心態，在國保警察們無微不至的陪同下，過著「不平凡」的生活。有時候，我覺得自己簡直就如同生活在卡夫卡的小說之中，溫家寶既然熱愛表演藝術，有沒有興趣加入到我的日常生活中來，扮演一個獨特的角色呢？

黑幫老大過生日

在香港的警匪片中，最驚心動魄的場景往往是黑幫老大過生日的時刻：表面上是風風光光、八方來朝，如同一場流光溢彩的嘉年華；幕後卻是仇家尋仇、敵人雲集的陰謀詭計，明槍與暗箭，讓主人防不勝防。那個顧盼自雄、談笑風生的黑幫老大，其實早已風聲鶴唳、杯弓蛇影，滿

桌子的魚翅燕窩，一口也嚥不下去。儘管佈置了不計其數的保鏢來保護自己和家人的身家性命，威風凜凜的老大最後仍然不免死於非命，正如《無間道》中的那句名言：「出來混，欠的債，總是要還的。」

如今，過六十歲生日的中共，也如同黑幫老大一樣。不，他們比黑幫老大還緊張。所有進京的火車和客車，乘客在購買車票的時候，必須採取登記身份證件的「實名制」。所有入京的人，都需經過幾道關口的嚴密檢查，檢查者都是荷槍實彈的士兵和警察。住在天安門附近、皇城根下的民眾更倒霉：出入必須隨身攜帶身份證件，如果忘了攜帶證件，便會遭到路口盤查的軍警扣留，然後打電話給所在街道的派出所的民警，讓民警來「認領」。頻繁的演練必定封鎖道路，使許多居民有家不能歸，在此時段之內，地鐵、公交、出租全都不能駛入「核心區域」。許多居民笑稱，當年北平淪陷的時候，日本憲兵盤查「良民證」也沒有如此仔細。

在我家門口，在「十一」之前的三個星期，便有一大群人上崗執勤了。其中，有我已經熟悉的國保便衣的面孔，從去年奧運到今年「六四」二十週年這些所謂的「敏感日子」，他們都與我如影隨形；還有因為警力不足而僱傭的幾名少年，一看就是附近村子裡乳臭未乾的無業少年，他們搬了椅子坐在我家樓下，百無聊賴的模樣，他們當然不知道我是什麼人，以及為什麼要到這裡來監視我。直到我在「十一」之前一個星期離開北京，他們才撤走崗哨。我在外地給妻子打電話問：「他們走了嗎？」妻子說：「你前腳剛走，他們就作鳥獸散。」

表面上是和諧社會，骨子裡是警察國家。讓我百思不得其解的是：連美帝國主義也逐漸不放在眼裡的胡錦濤和溫家寶，為什麼會害怕我這個布衣書生呢？我手無寸鐵，唯有一台小小的筆記本電腦；我百無一用，唯有寫作幾篇不同於「主旋律」的文字。你們過生日，跟我這個不願與你們同樂的普通公民有什麼關係呢？你們為何要派遣這些警察來騷擾我、來無事生非呢？你們為什麼要將每一個公共知識分子和每一個捍衛權利、自由與尊嚴的公民都當作「國家的敵人」呢？

是因為恐懼，唯一的原因就是恐懼。胡錦濤和溫家寶一直生活在恐懼的陰影中。溫家寶曾經引用蘇軾《晁錯論》的名言表達他的心態：「名為治平無事，而其實有不測之憂。」看看胡錦濤那游離的眼神，看看溫家寶那緊抿的嘴角，看看九常委在中央全會上坐立不安的神態，哪個人

的臉上有發自內心的笑容呢？他們竭力假裝出輕鬆的模樣來，卻如同惶惶不可終日的喪家之犬。他們個個都高度緊張，彷彿喪鐘隨時將為之而鳴。他們不像是在過生日，倒像是在辦喪事。這樣的氣氛詭異的慶典，還能有幾次呢？

錦衣衛陪看《錦衣衛》

晚上，寫作累了，便跟妻子一起去看電影。今天上映的是香港的動作片《錦衣衛》。出門前，我打電話給守候在樓下的國保說，我們要去看電影了。國保說，好啊，我們開車送你們去，我們也想去看電影呢。妻子笑稱，新社會，真和諧，警察變三陪。我說，負責我們的國保有福了，我們每週都去看一部電影，他們也跟著沾光。不過，被陪同者是自費，陪同者是公費。我發現，那個年輕的國保買完票之後，另一個年長的國保特意叮囑說，把票根留下，是要報銷的。這可是電影中也看不到的荒誕情節啊。

《錦衣衛》裡面的武打場面頗為精彩，其價值觀卻極為糟糕。為了淫蕩的皇帝一個人的江山，無論是錦衣衛、鏢師還是江湖大盜，全都奮不顧身地為之拋頭顱、灑熱血，這是什麼混蛋邏輯？看來，港片一旦與大陸合拍，就不僅僅是資金和演員方面的合作，更是精神上的臣服與自我閹割。

不對北大人的專制主義意識形態俯首貼耳，哪能換得大陸那讓人垂涎三尺的龐大的市場？換言之，只要所謂的港片蓋上了中影大老闆韓三平出品的那個戳，便脫不了鷹犬主義和國家主義的陰溝裡的氣味。昔日香港武俠片《新龍門客棧》、《笑傲江湖》中的那種浪漫、自由與詩意，在《錦衣衛》中已經蕩然無存了。這是港片的新生，還是港片的沉淪呢？

不過，我在《錦衣衛》中發現了一個小小的秘密：女主角趙薇跟男主角甄子丹的那段對白，怎麼聽上去如此耳熟呢？原來，他們說的這段話跟溫家寶最近的那篇講話一模一樣。趙薇說，世上壞人太多，老百姓都過不上有尊嚴的生活。這可怎麼辦呢？看來，需要錦衣衛出來主持正義。甄子丹回答說，我奪的不是玉璽，而是尊嚴。我猜想，溫家寶一定是看了《錦衣衛》之後，才學會了「尊嚴」這個沉甸甸的詞語。這算不算是《錦衣衛》這部電影推動大陸民主化的一點點貢獻呢？

兩個國保正好坐在我們前面一排。我發現，他們看得津津有味，還互相交流意見。不知道他們有沒有將自己與影片中的那些錦衣衛對號入座呢？電影裡的錦衣衛可以為皇帝的江山捨命，現實中的錦衣衛有幾個願意為共產黨獻身呢？

「錦衣衛陪看《錦衣衛》」，是一副對聯的上聯。我想了半天也想不出下聯來，遂在中文推特圈上徵求下聯。推特上面果然是臥虎藏龍，很快便就有幾個版本應答了：一個是關於吳思的《潛規則》一書被中宣部悄悄查禁的，為「《潛規則》遭遇潛規則」；一個是關於美國大片《阿凡達》的，為「阿凡達圍觀《阿凡達》」；一個是關於中國的拆遷政治與今年的奧斯卡最佳影片《拆彈部隊》的，為「拆遷部隊笑看《拆彈部隊》」。還有一位推友說，不求平仄，但求解氣，故云「共產黨埋葬共產黨」。

而我最喜歡的一聯，是關於另一部香港影片《黑社會》遭到中宣部大肆刪減的，為「黑社會刪減《黑社會》」，橫批「賤國大孽」。

SB會在北京開嗎？

「世博」二字的漢語拼音的縮寫是SB。所以，在中文推特圈上，世博會被推友們戲稱為SB會。在北京話中，SB是最惡毒的罵人的話，即「傻逼」。我不喜歡在文章中使用粗話，但我覺得勞民傷財、殘民以逞的世博會，確實只配得上如此命名。

世博會開幕前一天，有日本媒體和美國媒體採訪我，問到世博會快要召開了，你有沒有受到警方的騷擾。我說，迄今為止還沒有享受到敏感時期常有的「部級待遇」。兩年前北京開奧運會的時候，北京警方為我提供了長達一個多月的專車接送和兩個以上的貼身保鏢的服務。其實，我對奧運會毫無興趣，對所有人多的地方都有一種本能上的排斥，我從來沒有接近過奧運會場館一公里以內，甚至從未在電視中看過任何一場比賽。這一次，大概是因為上海與北京相隔一千多公里，我也從未計劃去上海湊熱鬧，他們還不曾來騷擾我。

沒有想到，話音剛落，世博會開幕的第二天，警察又開始騷擾我了，他們真是經不起一點表揚。五月二日下午，我與妻子驅車去教會參加禮拜，忽然發現一堆便衣站在小區門口的路邊，派出所的片警示意我停車。我沒有理會他們，仍然驅車出門。他們大呼小叫讓保安阻攔我。

因為此前我跟物業公司的負責人交涉過，他們不敢繼續助紂為虐，所以保安沒有聽從這些人的指令而非法限制我的人身自由。我遂得以擺脫糾纏，絕塵而去。

大概我的不合作令警察們惱羞成怒。五月三日，他們對我的監視措施又升級了。首先，他們在我家旁邊的警務工作站停放了一輛特殊的警車，裡面還裝了鐵柵欄，是專門用來押送囚犯的警車。這是一種赤裸裸的恐嚇。我帶兩歲的孩子在小區裡散步，兩個便衣就在二十米外亦步亦趨地跟蹤。我拿出相機對著他們拍照，他們一溜煙地跑掉了。等我收起相機，他們又像蒼蠅一樣跟近來。如此反覆多次，宛如一場滑稽遊戲。這兩個負責貼身跟蹤我的人，一看是從旁邊的村莊裡僱傭的、看上去只有十五六歲的無良少年，而國保和民警則在警務工作站內用手機指揮他們。

我大部分時間都在家中閉門寫作，可謂「不知有漢，無論魏晉」。如果不是有警察在門外梭巡，我連 SB 會究竟什麼時候開幕都不知道。如果 SB 會在北京召開，他們如此緊張還在「情理之中」，那麼這個在千里之外的這場「人肉盛宴」與我何干呢？難道我在小區裡散一下步，也會危害乃至顛覆你們的 SB 會嗎？中共的虛弱與下流，大大超過了我「不憚以最大的惡意」的預測。

此時此刻，我真以為 SB 會是在北京召開。凶殘的歹徒衝進幼稚園揮刀砍翻三十多名孩子的駭人聽聞的消息，再次從遠方傳來。這是最近以來的第四起類似的事件。反社會的暴行層出不窮，民間的絕望情緒在四處蔓延。天價的維穩經費，龐大的維穩大軍，居然不能保護孩子們的安全。公安部門不是抱怨警力不足嗎，為什麼還有如此充裕的人手來監視我呢？我回望身後的跟蹤者，不禁想：什麼時候，每個孩子上學時，都能像我這樣有兩名便衣貼身保護呢？

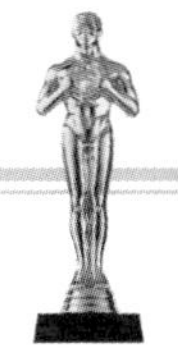

那個殺人的日子與我有關

「六四」像一根刺一樣，嵌入我的身體和靈魂之中。我沒有能力將這根刺拔出來，但我願意用我的血肉滋養它。這些年來，我認識了當年天安門廣場「四君子」之一的劉曉波，認識了白髮蒼蒼的「天安門母親」們，認識了上書呼籲為「六四」正名的老軍醫蔣彥永，認識了帶著遺憾離開人世的「包公」包遵信老師……我意識到，那一天我從不曾缺席，那一天於我是有份的。丁子霖老師死難的兒子蔣捷連僅僅比我年長一歲，如果那時我生活在北京的話，死去的那些孩子當中會不會也有我呢？

所以，我也是一名「天安門之子」。

誰在幫我捍衛「六四」的記憶？

二零一零年五月三十日，陽光燦爛的週日，我正準備出門去教會做禮拜，忽然接到派出所民警老李的電話。老李吞吞吐吐地說，我們接到命令，從現在起，你出門由我們負責接送，原因嘛，你自己也知道。

這當然不是我第一次享受專車接送、保鏢陪同的待遇。在二零零八年奧運會之前，我經常遭遇到跟蹤、監視、電話被竊聽、電郵被偷看的事情，但專車上門服務的待遇始於奧運會。此後，一遇到所謂的「敏感日子」，此種服務便不由分說地送上門來。這筆開支當然是天文數字般的「維穩」經費的一部分。

這一次，國保們再一次興師動眾，又是因為什麼事情呢？我一拍腦袋才想起來：原來，那個日子又臨近了。去年，也在在那個日子之前的一周，他們用同樣的方式提醒我：不要忘記了！

那個日子，那個殺人的日子，那個兇手恨不得從日曆上抹掉的日子：「六四」。我真要感謝黨和政府，每一年他們總是用這種特殊的方式提醒我，不要忘記那個日子，那個日子與你有關。再沒有比國保跟盡忠職守的記憶的守護神了。

其實，那一年我只有十六歲，在成都遠郊的一個縣城裡，剛剛完成初中畢業考試。我沒有親歷屠殺的整個過程，只是與父母一起在收音機前傾聽千里之外的子彈的呼嘯、傷者的呻吟以及逃亡者的哭喊。儘管從那一個夜晚開始，我過早地成熟了；但是，嚴格地說，我只是「六四」的旁觀者和遲到者而已。

作為一名精神意義上的倖存者，我必須為「六四」寫作，必須為捍衛記憶和歷史而寫作。當兇手依然趾高氣揚地君臨天下的時候，這種選擇必然要付出巨大的代價。當我的寫作邁過那條「紅線」之後，我開始不能在中國大陸發表任何一篇作品，我的名字成了被網絡審查軟件自動刪除的「敏感詞」，我的電話有另一雙耳朵在監聽，我的家門口出現了便衣遊蕩的身影……即便如此，我不會向一個殺死人的身體還試圖殺死人的靈魂的政權屈服。作為一名基督徒，我當然知道，他們是殺不死人的靈魂的。

人不能被隨意殺戮。在許多地方，這卻是一個被放逐的常識。在回顧二十世紀的歐洲的時候，歷史學家索爾·弗裡德蘭德指出：「對這一階段歷史事件的一切研究都必須追蹤或聯繫到奧斯威辛事件……在這裡，所有的歷史記錄都達到了它的極限。」基於同樣的道理，對於當代中國人來說，「六四」就是我們的奧斯威辛，就是拷問我們的良知的尊嚴的標尺。劉曉波二十多年來的堅持與抗爭，以及此後將承受的十一年監禁的苦難，其源頭都可以追溯到那一天。

在這個離「六四」還有六天的日子裡，派出所的民警老李開車送我去教會，我坐在轎車的後排位置。副駕駛上坐的是一個外表斯文、戴著眼鏡的年輕人，大概是剛從警校畢業的學生，手上還拿著一本新東方的托福單詞手冊。他知道自己在做什麼嗎？他知道二十一年前的「六四」那天發生過什麼嗎？他知道劉曉波和丁子霖的名字嗎？那一刻，我想向他朗誦劉曉波入獄前夕寫的紀念「六四」十九週年的詩句：

年輕的亡靈
相信母親吧
母愛是火
即使熄滅了
也會用灰燼兌現諾言

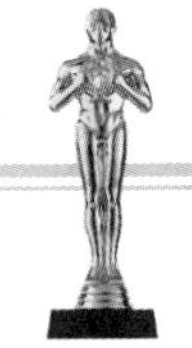

「六四」這天，國保陪我去圖書館

離「六四」越近，護送我的保鏢便越多。從六月三日開始，只要我一出門，便有三個跟班如影隨形。除了派出所的老李負責開車之外，同車的國保從前幾天的一名增加到了兩名。

「六四」到了，早上起來為天安門母親和劉曉波禱告，願上帝的公義和慈愛早日降臨這片背棄神的土地。然後，我又要出門去首都圖書館查資料了。與昨天一樣，早上九點我來到樓下，與三名護衛一起出發。一介書生去一趟圖書館，也能享受如此優待，只差前面沒有安排一輛警車開道。

享受三個保鏢一路護送的待遇，我還真有點「受寵若驚」。在中共等級森嚴的權力體系中，這大約達到了「部級待遇」的標準。即便是溫家寶親自探視過多次的國學大師季羨林，去圖書館查資料的待遇也不過就是如此吧。感謝黨和政府落實知識分子政策，解決了我上圖書館的交通問題。

九點半抵達首都圖書館，我進入社科圖書閱覽室，兩名國保寸步不離。一名國保就坐在我的對面，居然選了一本名叫《法治不是童話》的書認真閱讀起來。此時此刻讀這本書，真是莫大的諷刺——他出現在這裡，就是中國不是法治社會的活生生的證據。他大概是中國最幸福的國保了，到圖書館看書還可以領工資。

我找到一本名為《國家安全與表達自由比較研究》的著作，書中有這樣一段話：「言論必須不斷自由，政府必須不斷地培育寬容的心態，這對國家安全和個人安全都是十分必要的。……在任何一個宣稱『主權在民』的國家，領導人接受批評是其不可迴避的政治道德責任。」這本書的作者是在湖南大學法學院任教的高中教授，這個研究課題居然還是一個國家科研項目。溫家寶如此喜歡讀書，為什麼不讀一讀這本書呢？我真想向對面的國保推薦這本書，並讓他通過特殊渠道將這本書送到溫家寶手中。不過，我又想，他只是一個基層的小嘍囉，哪有資格給溫家寶送書呢？

到了中午十二點，突然有個年輕人走過問我說：「你是余杰老師嗎？」原來，昨天我在推特上將國保陪同上圖書館的經歷講述了一番，並告知

次日我還將到圖書館，歡迎大家前來「圍觀」。沒有想到，果然有一個推友懷著強烈的好奇心過來與我會面。

國保也過來跟我說，中午我們一起吃飯吧，還可以聊聊天。我回答說，我沒有興趣跟警察一起吃飯，更沒有興趣跟警察一起聊天。我只跟朋友吃飯、喝茶和聊天，你們不是我的朋友，恕不奉陪。不過，我去哪裡吃飯，你們要跟著，我也管不了，何況飯店不是我開的，你們要進去吃飯，飯店也不會拒絕的。

於是，我跟這位「推友」一起走出圖書館找地方吃飯，恰好旁邊就有一家只有三五張小桌子的專賣「驢肉火燒」的小店。這家店雖小，看上去還蠻正宗。我們挑了張靠裡邊的桌子坐下來，國保們則挑了另一張桌子。

我跟「推友」邊吃邊談。他大學畢業一年多，整整比我小一輪，二十五歲，也屬牛，「六四」那年才四歲。這位「推友」說，他從網絡上看到了許多關於「六四」的資料，當局不可能斬斷關於「六四」的記憶。他還說，今天見面的場面真有趣，以前一看到「國保」這個名詞，就聯想到納粹的「蓋世太保」，心裡真還有點害怕。當見到這些人之後，立即就不怕了，原來他們看上去也是普通人。我說，他們不是青面獠牙的怪獸，他們不敢讓自己的惡行展示在光天化日之下。如果大家都克服了對他們的懼怕，這些躲在黑暗裡的傢伙就會反過來害怕我們的。

吃罷飯，跟「推友」告別，我繼續到圖書館裡看書，國保們也繼續著他們浪費納稅人錢財的工作。在互聯網上，這樣的「推友」有千千萬萬，他們大部分都是八零後、九零後的年輕人，許多人是在「六四」後出生的，但他們都是名副其實的「天安門之子」。

二零一零年六月五日
便衣依然是一把椅子、一杯水，守候在我家樓下

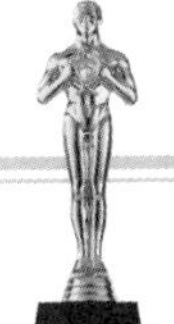

文字難傾國，書生不造反

——我被第二次傳喚的經過

中國真正開放的標誌是：當在總理記者招待會上有人問溫總理最喜歡看什麼書時，溫總理拿起一本余杰的《中國影帝溫家寶》說：這本，毫無疑問是這本，它是我的案頭書。

——推友「花花公子」

二零一零年七月五日上午十點，派出所老李上午來電話，說下午三點市局的人要約我在小區的警務工作站談話，向我瞭解一些情況。我回答他說，沒有時間。我確實沒有時間，我正在緊張地修訂《中國影帝溫家寶》一書，大約半個月之後這本書稿就可以殺青了。國保找人喝茶是他們的工作（這個工作本身是違背憲法的），喝茶的時間他們是有薪水的；而我的時間不能白白被他們浪費，作為公民，當然有拒絕喝茶的權利。

老李聽到我的「沒有時間」的回答，便不再說什麼了。這種態度與以前他們反覆勸說我出去跟他們聊聊天有所不同。當時，我就有一種來者不善之直覺，這些人大概不會善罷甘休。果然，下午四點，我正在修改《取消國保是中國長治久安的第一步》一文，突然聽到門口響起急促的敲門聲。在一般情況下，若有訪客上門，會先通過對講機，請主人打開樓下的單元門禁，但這一次對講機根本沒有響起，直接就是敲門聲。我從貓眼中一看，果然是一群警察守候在門口。

我打開門，發現門口站著六個人，其中有四個便衣，還有兩個穿警服的。便衣中有一名平時負責跟蹤和監視我的，曾經陪我上書店和圖書館的朝陽區國保王某。其餘幾名，我都沒有見過，一人手持微型攝像機攝像，正對著我攝像。為首一人拿出一張傳喚證來，上面寫著根據《刑事訴訟法》九十二條第一款，對我進行傳喚。（事後，我查刑事訴訟法第

九十二條第一款，該條款規定「對於不需要逮捕、拘留的犯罪嫌疑人，可以傳喚到犯罪嫌疑人所在市、縣內的指定地點或者到他的住處進行訊問，但是應當出示人民檢察院或者公安機關的證明文件。」這一侵犯公民人身自由的惡法，成為國保部門騷擾人權活動人士的法寶之一。出具傳喚證和執行者都可以是公安機關一家，其權力不受其他部門的制約和監督。這樣，所有的公民都深陷隨時隨地剝奪人身自由的危險之中，我們應當呼籲修改此條款，限定傳喚決定只能由檢察院或法院作出，而由公安機關執行。二零零四年十二月我遭受的第一次的傳喚，傳喚證上寫明「涉嫌危害國家安全」的罪名，而這一次則沒有寫任何的理由。）

我告訴他們說，我需要換一件衣服再出門。他們說，他們必須進門來，否則我不能獨自入內換衣服。就這樣，他們一擁而入，在沒有出示搜查證的情形下，非法闖入民宅。於是，我在廁所內換好衣服，並給妻子打了一個電話。在傳喚證上簽名之後，跟隨他們下樓，樓下停著兩輛普通牌照的車輛。他們讓我上了其中的一輛越野車，國保王某驅車，車上還有兩名穿制服的民警。驅車兩分鐘左右，便到了我的戶籍所在地豆各莊派出所。

他們將我帶入一間審訊室。我坐下來以後，便開始低頭默禱：主啊，請賜予我勇氣和智慧，講當講的話，不講不當講的話，勝過黑暗和邪惡的勢力。主啊，我的一切都在你的掌管之下，若不是你的許可，我的一根頭髮都不會落下。主啊，你讓我在這逼迫患難中更加與你接近，單單地來仰望和依靠你。主啊，你說過，那殺死人的身體不能殺死人的靈魂的，不要怕他。簡短的禱告之後，我的心情逐漸平靜下來。

這時候，坐在主審位置上的中年男子開始說話了。此人年紀大致與我相當，體型偏胖、身穿黑衣，像北方人的模樣。他首先自我介紹說，我姓朱，你應當知道我是誰了吧。你的很多朋友我都熟悉。我多年前就關注你的情況，在這個世界上，關於你的資料，我這裡可能是最多的。之前我們都知道有對方的存在，今天總算是見面了，很遺憾以這種方式我們才有機會聊聊。聽說你對我有很多不好的看法。

我說，這些年來你做的若幹事情，包括你們這個部門做的若幹事情，是好事嗎？能夠讓人產生好的看法嗎？你們偷看我的電郵、竊聽我的電話、恐嚇我的朋友、甚至寫匿名信和打匿名電話給我和我的家人，

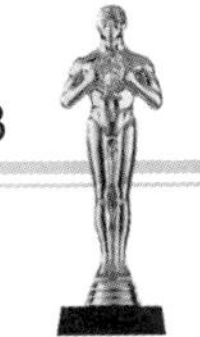

你們敢承認嗎？作為警察，做這些事情不感到羞恥嗎？我此前多次讓你的手下轉告你，讓市局的那個姓朱的人直接來找我，不要再去騷擾我的朋友了。我當然知道你將我作為研究對象，到我年老的時候，如果要寫自傳了，我就去查這些資料。不過，我相信，那個時候這些資料已經不由你控制了，就像東德等國家一樣，當事人可以去檔案館自由查閱。

國保朱說，既然你說願意跟我見面，那麼上午我們約你見面聊聊，你為什麼說沒有時間，讓我們只能用這種辦法才能請你出來？

我說，給我打電話的派出所的老李又沒有說是你要見我，他如果說是一個姓朱的找我，說不定我會願意談談。另外，你們應當提前預約，不能上午打來電話說，下午要跟你見面。我要在時間上作安排。今天你們的這種做法，無非是想給我一個下馬威，這恐嚇不倒我。這種方式只能表明你們的愚蠢，你們故意製造對中國政府的形象不利的新聞事件，你們以破壞中國的國際形象為榮。我是個好安靜的人，通常在家裡一個人寫作，一般不會主動去聯繫媒體，也不喜歡成為新聞事件的主人公。你們就是天下本無事，庸人自擾之，你們這個部門的所作所為表明，你們才是這個社會最不穩定的因素。

國保朱說，看來你對我和我們部門有太多成見。在以後的交往中，希望消除這些成見。

我說，請給我一杯水。

結果，他們派了一個人跑到外邊去買來幾瓶冰凍的農夫山泉回來，正是我平時喜歡喝的牌子的礦泉水。

我說，其實倒一杯派出所的飲水機裡的水就可以了。

旁邊一名國保搭話說，今天天氣太熱，要喝冰一些的水。派出所的辦公條件有限，他們的水不太冰。

按照一般的傳喚的程序，坐在國保朱旁邊的那名筆錄者首先詢問我的一些情況。整個過程，一台微型攝影機一直對著我攝影。國保朱和負責筆錄者均點燃香煙吸起來。

我看到牆上有一個醒目的指示牌，上面寫著：室內禁止吸煙。我便對他們說，我說你們這個部門素質低，你們不服氣，這裡明明寫著禁止吸煙，你們仍然不顧禁令隨意吸煙，你們這不是在執法犯法嗎。

國保朱說，沒有看見這個牌子，對不起。雖然他道歉了，但兩人並沒有停止吸煙。我已經盡了告知的義務，卻無法制止他們繼續吸煙。此後的幾個小時裡，此二人一直在吸煙。在場的其他兩名國保沒有吸煙。

國保朱說，最近你在推特上很活躍啊。不過，你在排行榜上的排名也不太高啊。

我說，你也在上面潛水吧，我的言論不僅是給推友們看的，也是給你們看的，我沒有任何秘密可言。我不喜歡發表驚世駭俗的話來提高排名，有一些知己就夠了，不在於數量。

國保朱說，那我們進入正題吧，先談談這篇文章，你看看是不是你寫的。他拿出一大疊打印的稿件來，將其中一篇遞給我。

我一看，是我寫的《中共是個隱蔽的塔利班》一文，是今年四月二十三日在《觀察》網站上發表的。打印稿上註明了發表的網站和時間。

國保朱說，這篇文章是你寫的吧？

我說，當然是我寫的，我的文章都是真名發表的，我從來不發表匿名的文章，我對我的每一篇文章負責。

國保朱說，你看這一句「中共的黨魁們不僅荼毒國內億萬民眾，更試圖將共產暴政推廣至全球。」這裡的「黨魁」指的是誰？「暴政」又是什麼意思？

我說，黨魁就是黨的主席或總書記，從毛澤東到胡錦濤都是黨魁；暴政還不簡單，毛時代大饑荒餓死數千萬人，從反右到文革等政治運動，無數家庭家破人亡，鄧時代「六四」開槍殺人，一直到今天那麼多孩子在地震中死於豆腐渣校舍、毒奶粉、毒疫苗，不是暴政又是什麼？還有中共在西藏、新疆開槍殺人。

另一名一直沉默的國保似乎被激怒了，他反駁我說，你就沒有看到維族人屠殺漢族平民嗎？作為政府，有必要派遣軍隊和警察維持秩序，保護人民的生命財產的安全。

我回答說，我沒有否定維族暴徒殺害漢族平民的事實，但當局以暴易暴解決不了問題，最大的暴力掌握在政府手中，政府要謹慎使用。殺戮只能播種更大的仇恨。再次，為什麼新疆會發生嚴重的種族衝突事件，首先是因為當局的民族政策有嚴重失誤。（當時我並未想到今天就是「七·五」事件一週年的紀念日。）

國保朱說，下一句「毛太祖曾云，革命的第一要務，便是認清誰是朋友，誰是敵人。」毛太祖是誰？

我說，毛澤東。

國保朱問，為什麼要用「毛太祖」這種說法？

我說，毛就是一個專制帝王，毛自己還說他比秦始皇厲害幾百倍。毛是開國之君，古代開國之君就叫「太祖」。

國保朱又問，你再看這一句——「我在電視上看到王光亞舉手投反對票的醜陋一幕。這是大獨裁者對小獨裁者的支持，歷史將牢牢記載這一刻」，這裡的「大獨裁者」和「小獨裁者」分別指誰？你為什麼認為只要中國擔任聯合國常任理事國，就阻礙了聯合國發揮和平與正義的功能？

我說，大獨裁者就是中共當局，小獨裁者就是緬甸軍政權、北韓金正日政權等等。中國在聯合國的投票記錄很清楚，通常都是支持國際社會為之不齒的流氓國家。

國保朱又問，你說「中共在非洲推行『新殖民主義』的說法並非空穴來風——中共在非洲越活躍，其獨裁政體和獨裁思維就會越深重地毒害非洲諸國，使其離民主自由價值越來越遠。」你有什麼依據這樣說？

我說，中共在非洲掠奪資源，支持獨裁政權，是眾所周知的。即便是國內的媒體，也曾經報道過。非洲國家的勞工對中資企業有諸多不滿，多次罷工抗議等等。中國人在當地並不受歡迎。還有，如果不是中共的支持，非洲的很多獨裁政權早就垮台了，如蘇丹。

國保朱問，那你寫這篇文章是什麼目的？

我說，我認為中國的外交政策存在嚴重的錯誤。首先是支持那些流氓國家、那些涉嫌恐怖主義活動的國家，使得中國在國際上聲名狼藉，嚴重損害了中國的國際形象。其次，巨額的外援經費根本沒有經過全國人大的批准，也沒有經過納稅人的討論和同意，如今不是說財政公開嗎，我希望當局也公開這一部分，讓外援告別「秘密」的狀態。

談完這篇文章，國保朱又拿出另外一篇文章交到我的手中，我一看，是《「大國崛起」的迷夢幾時方休？》一文，四月十三日發表在《觀察》網站上。我很奇怪他們為什麼選擇這兩篇文章來重點討論，其實這兩篇文章並不是我的力作。

國保朱說，你在文章中寫道：「近年來，在中共的煽動下，中國的民族主義思潮此起彼伏，這是當局企圖將國內矛盾往外引導的毒計。」為什麼用「毒計」這個詞語？

我說，如果你看不懂，請自己去查現代漢語詞典。我不是語文老師，要這樣逐字逐句地解釋給你聽。此前我不是說過了嗎，我接觸過的國安系統的人，很多都是名牌大學畢業的，從來沒有向我提過此類比較低級的問題，你們該好好向他們學習，提高一下文化修養。

國保朱說，「毒計」是一個貶義詞吧？

我說，當然是一個貶義詞。

國保朱說，那你憑什麼說民族主義是政府煽動的呢？難道中國人沒有權利反對日本侵佔我領土釣魚島、中國人沒有權利反對日本首相和官員參拜靖國神社嗎？

我說，在中日問題上我比你更有發言權，因為我作過長期的研究，出版過兩本書。你不是說最瞭解我嗎，你難道沒有看過我寫的兩本書嗎？中國人當然有權批評日本的某些做法，但我們首先要反對的是感謝日本人、說日本人侵略中國幫助他奪取政權的毛澤東，毛澤東的原話，你在毛的文集中可以找到。

其次，愛國主義需要理性，砸日餐廳和日本品牌的汽車不是愛國，在全球化的今天，很難說那些產品是日本產的，還是中國產的，抵制日貨的時代已經過去了。這些行動根本對日本造不成傷害，反倒傷害了中國人自己。據我的觀察，二零零四年中國的反日活動，背後就是政府操縱，是企圖轉移國內矛盾，是將日本當作一個「公共污水溝」。

國保朱說，那是學生的愛國熱情，怎麼能說是政府策劃的呢？

我說，中國不是有一部《遊行示威法》嗎，任何遊行示威都需要提前申請，到公安部門拿到批文之後才能實施。如果我去申請，能夠批准嗎？

國保朱：批不批准那是公安部門的決定，你可以去申請啊。

我說，那天學生一下子就起來了，有去申請過嗎？據我掌握的信息，他們沒有去申請過。那麼，這難道不是非法活動嗎？為什麼政府縱容此非法活動呢？為什麼明知該活動非法，政府也要出動大巴車運送學生去日本使館抗議？

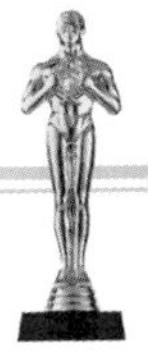

國保朱說，你有什麼證據證明這些車輛是政府提供而不是學生自己找的呢？

我說，我有一個在北大唸書的師弟告訴我說，當時是校方安排的車輛。

國保朱說，校方難道就是政府嗎？你這個看法太主觀臆斷了。

我說，校方當然是政府的一部分了，北大校長是副部級，北大黨委書記是中央候補委員，哪個學校不在黨和政府的管轄下？不懂中國國情的是你。還有，當時學生向日本使館扔磚頭等等，在場的警察全都袖手旁觀，根本不去制止。

國保朱說，不是警察不制止，是當時到日本使館抗議的學生太多，北京警察的人數有限，管不過來。

我說，你們如果想管，哪有管不過來的，當年「六四」時候，人更多，幾百萬人在北京的街頭，一開槍，不就解決了嗎？

國保朱又問，好，接著看下面的內容，你的這句說，「所謂『建國大業』，不過是更加殘忍的斧頭幫（共產黨）戰勝了殘忍程度稍遜一籌的斧頭幫（國民黨）。正如法學家蕭瀚概括的那樣：最基本的中國特色即斧頭幫精神——『試看中國四千年，從商湯到最近的斧頭幫，哪個政權不是用斧頭砍出來的？』」這裡的「斧頭幫」是什麼意思？

我實在忍無可忍了，對他說，這樣談下去，三天三夜都談不完，斧頭幫就是斧頭幫，這是蕭瀚提出來的一個概念，我非常贊同，斧頭幫是靠暴力奪取政權的黑社會組織。你去看看周星馳的電影《功夫》吧，裡面就有一個斧頭幫。我的文章擺在這裡，你自己看，自己領會，看不懂我也沒有辦法，你自己去請家教，我沒法這樣一點一點地跟你解釋。

國保朱說，我們就是水平低，你是北大碩士，文化程度高嘛。你的文章常常寫得很長，有時候看完一篇要花好長時間，還看不出你的中心思想是什麼。以後多寫短文吧，這樣我們容易看懂。

我說，我的定位是，讓受過高中以上教育的讀者都能看懂我的文章。你看不懂，說明你的文化程度在高中以下。你自己去補課吧。我還就是喜歡寫長文。寫文章總比讀文章累吧，我寫文章都不嫌累，你讀文章還嫌累。那你申請換一份工作吧，做這樣的工作沒有成就感和尊嚴感，這是一份髒活，到其他部門去待遇還能好些。

國保朱做出一副為難狀說，換工作可不是你想的那麼容易。

談完這兩篇文章，國保朱讓我在兩篇文章的每一頁都簽上名字，並按上手印。這個程序與我五年多之前第一次被傳訊的時候一模一樣。那次他們拿出來的文章有十餘篇之多，這次卻只有兩篇。不過，我看到在國保主手中還有其他多篇文章。

其間，我問國保朱說，大概還要談多長時間，晚上我要給孩子做飯，如果時間還需要比較長，我是否可以發個短信告訴妻子，讓她早點回家。

國保朱說，還需要一段時間，大概你是不能按時回家做飯和吃晚飯了。你可以給妻子發個短信通知她。

於是，我拿出手機來（此前，他們要求我在談話期間關閉手機），給妻子發了一個短信，說我稍晚一些才能回家。

國保朱說，文章的事情就先談到這裡，其他的下次再談。下面談談你最近的寫作情況和計劃要出版的書。

我說，我和王怡合作的基督徒的訪談有兩卷，題目分別是《一生一世的仰望》和《我有翅膀如鴿子》，以及我的一本關於中國信仰復興與社會轉型的文集《誰為神州理舊疆》，都即將在台灣雅歌出版社出版，整個過程我在電郵中都談到了，你們進入我的電郵信箱什麼都看到了。另外，還有一本討論蘇聯解體的《泥足巨人》，將在台灣允晨出版社出版。我書都現在只能在香港或者台灣出版。

國保朱說，你的文章都不能在國內公開發表，你自己想過這是為什麼嗎？

我說，你是做這個工作的，你應當知道是什麼原因。你問這個問題，顯示你好像是第一天到中國旅遊的外國遊客一樣。說到底，就是中國政府沒有接受批評意見的胸襟，中國沒有基本的言論自由和新聞出版自由。

國保朱說，還有一本《中國影帝溫家寶》吧，你在推特上說最近要在香港出版，大約什麼時候寫完，什麼時候出版，在什麼出版社出版？

我說，最近一個月內完成，兩三個月後出版。出版社還沒有確定。

國保朱說，是誰寫序言？

我說，是王怡的文章作為序言，是那篇《寫給溫家寶的福音單張》。

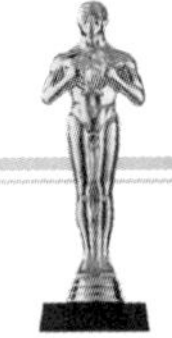

國保朱說，王怡同意了嗎？

我說，王怡當然同意了。

國保朱問，這本書的主要內容是否可以介紹一下？

我說，主要是對溫家寶當總理以來的政策做一些批評，焦點是他在政治體制改革方面沒有什麼作為，浪費了歷史給他的機遇。

國保朱問，這本書主要有幾個章節呢？

我說，比如，有對溫家寶的經濟政策的批評，外交政策的批評，文化和教育政策的批評，對他在救災中的表現的批評，對他縱容你們這個部門破壞中國法治環境的批評等等。大致分為這麼幾個部分。比如，國保部門的作為，我將聯繫自己這幾年的親身遭遇專門寫一章。這幾年，一到所謂的敏感時刻，你們就派人到我門口，出門坐你們的車，你們覺得有意義嗎？不是浪費國家資源嗎？我去書店和圖書館也要跟著，有必要嗎？

這時，坐在旁邊的國保王某插話說，陪你去圖書館很好啊，我還可以讀讀書，學到不少知識。

我說，你們這樣做就是違法的，此前的一名姓趙的國保自己就說，這樣做是沒有法律依據的，但這是上級的命令，不得不執行。

國保朱說，他真的那樣說過嗎，那他的業務素質太差了。

我說，難道不是非法嗎，你們拿得出什麼法律依據來？

國保朱無法回答我的追問，轉移話題說，政法口不是歸周永康管嗎，你為什麼要批評溫家寶呢？

我說，這個問題推特上早就有人提出來過了，我的看法是，公安部是國務院下面的部委，溫家寶管理公安部責無旁貸。當然，我也批評過周永康。我的批評是對事不對人，誰做了錯事就批評，我對任何領導人都沒有成見。

國保朱問，黨和國家的領導人那麼多，政治局常委有九個人，你為什麼單單要批評溫家寶呢？

我說，去年我已經出版了《劉曉波與胡錦濤的對峙》一書，是批評第一號人物的；批評完第一號人物，當然接著就是批評第二號人物了。這是水到渠成的事情。我多次說，我批評溫，既是針對他這個人的，更是針對他的總理的職務的。

國保朱問，那麼你接下來還會批評第三號人物，第四號人物嗎？比如習近平？

我說，習近平的某些言行我也批評過，至於是否繼續批評政治局的其他人，甚至結集成書，那要看我的時間安排了。

國保朱說，你認為溫家寶不推動政治體制改革是他的失誤，那麼你認為中國應當如何進行政治體制改革呢？

我說，太簡單了，比如，開放報禁，實現新聞出版自由；實現宗教信仰自由；啟動選舉；實行兩黨制（我認為兩黨制比多黨制好）；司法獨立等等。政治體制改革沒有那麼複雜。再比如，黨內民主總可以推進吧，像越南那樣由兩個人出來選總書記，政治局成員是不是也可以實行兩選一？

國保朱說，這些還是太虛，不具備可操作性。

我說，那就按照《零八憲章》的思路來做，這個文本你一定很熟悉吧。《零八憲章》中的十九條建議就是政治體制改革的綱領。早改革比晚改革好。

國保朱說，《零八憲章》的內容不符合中國的現實。

我說，那麼，你認為中國的現實是什麼？我覺得，你這是一種「逆向種族歧視」的思維方式，難道你認為中國人就低人一等，不配享有民主自由嗎？就是溫家寶也承認有「普世價值」，你比溫家寶還不如，真要好好學習一下他的講話，提高一下政治素質。

國保朱說，不能將西方的那一套照搬到中國來。溫家寶的普世價值絕對跟你們的《零八憲章》的內涵不同，你要是連這點都弄不清，你的智商就有問題。

我說，你們信奉的馬克思主義不就是從西方搬過來的嗎，你們只許州官放火，不許百姓點燈。我不跟你辯論，有什麼問題你可以問，我談我的觀點，你盡量不要反駁我。

國保朱說，好，我多聽你談，我提問就是了。

我說，我只談我的文章，關於其他人和其他的事情，我不會回答的。

國保朱說，你把劉曉波當作大哥吧？你為他寫了很多文章。

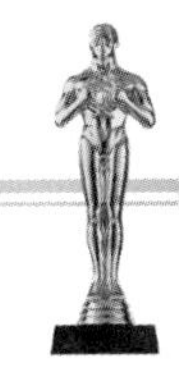

我說，我的文章中不是寫了嗎，共產黨才是黑社會、斧頭幫，我和劉曉波是道義相交，不存在你說的大哥和小弟的關係，劉曉波是我的良師益友。

國保朱說，劉曉波的下場在眼前，你看，那些西方國家誰也幫不了他。

我說，我認為，在當代中國的歷史上，劉曉波將是這個民族無可比擬的偉人。

國保說，你有妻子和孩子，不要站在黨在政府的對立面，當走到劉曉波那一步的時候，想回頭都來不及了。

我說，你也有妻子和孩子，終有一天，你的妻子和孩子將為你的這些惡行而感到恥辱。在我的有生之年……

國保朱說，是的，在你的有生之年，你在好幾篇文章中都這樣說過。

我說，在我的有生之年，必定能夠看到對你們的審判，不過我會以受害人之一的身份請求法庭赦免你。當然，法庭是否採納我就不知道了。

國保朱說，你這樣說，以後你當權了，我還得求你放我一馬？

我說，不是求我放你一馬，我也沒有權力放你一馬。我不會當權的，我永遠是一個批判型的知識分子，我對任何權力都敬而遠之。我剛才只是說，我願意原諒你對我做的那些惡事，即便你不認罪悔改。

國保朱說，我要提醒你，你不要被某些反華勢力利用了。你看，美國奧巴馬上台之後，美國使館也不跟你們接觸了，美國是靠不住的。你批評奧巴馬，不就是因為他沒有像布什那樣接見你嗎？

我說，我是一名獨立知識分子，不受任何勢力的利用。我認為，我最大的特徵就是獨立。我批評共產黨，不是因為有美國保護我，我才敢批評，美國的政策如何，並不會改變我對共產黨的批評態度。你研究我的文章就可以看到，奧巴馬上台之後，他不關心中國的人權問題，但我對中共當局的批評並沒有減弱。

其次，我批評奧巴馬，不是因為他沒有見我，我從未主動要求與這些政治人物見面。那次與布什的會面，我們事先並不知情。如今，我批評奧巴馬，是因為我的政治立場是鐵桿的共和黨人。不說奧巴馬的對華政策，就是他的國內政策，我也相當不同意，如果我是一名美國的知識分子，我將比批評溫家寶還要尖銳地批評奧巴馬。

國保朱說，你想像中的民主自由就是美國那樣的吧。你那麼熱愛美國，認為那裡有民主和自由，乾脆到美國去生活得了。

我說，我就是要生活在中國，這說明我比你更愛國，無論這裡的環境如何惡劣，我就是要在這裡生活、觀察和寫作，努力推動中國的進步。

國保朱說，你說我們被洗腦了，我認為你們被西方敵對勢力洗腦了。

我說，你當然可以這樣認為，我也不想說服你，正如你也不要試圖說服我。

國保朱問，這本書大概會發行多少冊？

我說，兩千冊左右吧，我在香港和台灣的出版的書，大都是這個發行量，那邊看書的人本來就不多，關心大陸問題的人更少。

國保朱說，原來這麼少啊。

我說，現在經過你們幫助宣傳，很多海外媒體報道，可能就會多一點了。

國保朱說，那麼你寫書也掙不了太多錢啊，一本書也沒有多少稿費吧？

我說，我不是為了錢，如果為了錢，成為余秋雨那樣的御用文人，還不腰纏萬貫。我現在寫一本書也就幾千元的稿費，但對我來說，錢夠用就可以了。

國保朱說，你認為你當暢銷書作家會超過余秋雨？

我說，文章的價值不是根據暢銷的程度來衡量的。

國保朱說，關於溫家寶的這本書，我勸你還是不要出版，否則後果自負。

我說，批評作為總理的溫家寶，是每一個公民的言論自由的一部分，我認為，我對他的批評在憲法和法律保障的範圍之內。如果我批評溫家寶，涉嫌對他的誹謗，損害了他的名譽，他個人可以撰文反駁，或者用法律手段處理，將我告上法庭。

國保朱說，溫家寶不是一個普通公民，而是國家領導人，批評溫家寶，發表不負責任的言論，引用道聽途說的信息，可能涉嫌危害國家安全，損害國家利益，要付嚴重的刑事責任。這就不是溫家寶來自己起訴你的問題了，而是你要承擔刑事責任的問題了。關於這一點，最高法院有一條司法解釋說得很清楚。

我說，我願意為我的每一篇文章負責，我仍然會在香港出版這本書，任何機構和任何人都不能阻止這本書的出版。你們要言論治罪的話，是你們的事情。你們對劉曉波因言治罪，判決書中引用的六篇文章的觀點，在我的許多文章中都可以找到，即便我不出這本書，你們隨時可以像對待劉曉波那樣對待我。（我回家後查考相關法律：刑事訴訟法第二百四十六條規定：「以暴力或者其他方法公然侮辱他人或者捏造事實誹謗他人，情節嚴重的，處三年以下有期徒刑、拘役、管制或者剝奪政治權利。」又有補充規定：「前款罪，告訴的才處理，但是嚴重危害社會秩序和國家利益的除外。」而最高人民法院一九九八年通過並實施了《關於審理非法出版物刑事案件具體應用法律若干問題的解釋》，其中第一條規定：「明知出版物中載有煽動分裂國家、破壞國家統一或者煽動顛覆國家政權、推翻社會主義制度的內容，而予以出版、印刷、複製、發行、傳播的，依照刑法第一百零三條第二款或者第一百零五條第二款的規定，以煽動分裂國家罪或者煽動顛覆國家政權罪定罪處罰。」我認為，我的文章中並不存在以上涉嫌犯罪的地方。）

國保朱說，你知道就好，繼續往前走很危險。

我說，像劉曉波那樣生活和寫作是我的榮耀。

國保朱說，好，你的這一表態讓我很佩服，你至少不像某些人那樣，一遇到壓力就變成軟蛋。但我感覺你是一個相當固執和主觀的文人。

我說，每一個人都是主觀的，我發表的當然是我自己的看法，從來沒有「代表」過任何群體。

國保說，你想過沒有，你有很大的影響力，很多人看了你的文章之後，可能往壞的方向發展。你必須承擔相應的責任。我給你一個建議，你應當在掌握充分的證據之後再發表意見，有很多人認為你是一個純粹的「罵客」，不作建設性的工作，你也可以考慮改善一下自己的形象。

我說，首先，壟斷證據和信息的當局，我倒是希望當局公開更多的資訊，供所有公民來使用和分析並形成自己的判斷。其次，除了批評之外，我也在做若干具有建設性的工作，我寫了那麼多文章，批評只是其中的一部分，而不是全部。我不是所謂的「持不同政見者」，而是「持自己政見者」。前者是以中共的立場為標準，後者是以自己的立場為標準。

對我來說，跟中共同或不同不是最重要的，最重要的是，表達的是不是「我」的觀點。並不是我的所有觀點都跟中國當局「不同」。

我的觀點從來不隨大流，都是我經過獨立思考之後形成的，我也不是誰是跟共產黨作對就支持誰。比如，我對楊佳案的看法就與那些激進人士不同，有人說，只要是警察就該殺，我認為那些被楊佳殺死的警察是無辜者，楊佳殺人的行動不可取，更不值得讚揚。所以，有一天民眾拿石頭來砸你們的時候，我願意站出來保護你們。

國保朱說，再談談教會的問題，我給你第二個建議，不要利用宗教搞政治。這種做法會帶來嚴重的後果。

我說，我建議你不要評判別人的信仰，這是每個人跟上帝之間的關係，只有上帝才能評判。我知道此前你對方舟教會的牧師和同工有過多次很過分的騷擾，我今天正式跟你說，以後關於我個人的事情，你直接來找我談，不要去騷擾教會的會友。你常常對我們教會的會友以及其他教會的人士說，余杰不是基督徒。你的這種離間的做法不會有任何的效果。我們在主裡是合一的。如果你繼續騷擾我們的會友，我只能公佈你的名字和電話，並呼籲網友對你進行人肉搜索。

國保朱說，我是做這份工作的，我不怕你這樣做。當然，你這樣做的話也要付出相應的代價。我跟你們的牧師沈權和教友老徐談過多次，他們都還挺維護你的嘛。我說你不是基督徒，他們還都說你是基督徒。你對宗教與政治之間的關係是什麼看法？

我說，你當然可以認為我不是基督徒，我也不會在乎你怎麼看，我在乎的是天上的上帝怎麼看。我堅持政教分離的原則，我從不在教會中宣講自己的政治觀點，我們的很多會友都是單純的信仰者，對政治不感興趣。我在外面的發言，也從來沒有說過是代表方舟教會的。

國保朱說，你所宣揚的基督徒的文化使命和社會使命不就包括了從事政治活動嗎？

我說，基督徒個人當然有權參與政治活動，基督徒也是公民。政治是一種公共生活，一種權力分配，政治不是共產黨壟斷的專利。

國保朱說，不管怎麼說，根據宗教事務條例，你們目前的存在方式就是非法的，你們沒有去登記。

我說，該條例只是部門法規，不是法律，沒有經過人大的審批。所以，你可以說我們違規，不能說我們違法。對我們來說，我們首先尊崇聖經的教導，然後尊重憲法，憲法中有保障公民的宗教信仰自由的條款，我們遵守憲法，而不承認與憲法相違背的下位法和政府部門的法規。

另外，為登記製造障礙的，正是政府部門。家庭教會並不反對符合聖經原則和憲法原則的登記。

國保朱說，聖經中不是說要順從掌權者嗎？作為一名基督徒，你難道不願遵守這句話嗎？

我說，看來，你還讀過聖經，或者你就只知道這一句經文。我專門寫過一篇文章討論這個問題。我認為，聖經是整全性的真理，不能斷章取義。這句話要放在整本聖經中來領會，與「順從神，不順從人，是應當的」和「上帝的歸上帝，愷撒的歸愷撒」等聖經經文聯繫在一起。當一個政權侵犯我們的信仰自由的時候，我們就有權批評和反對它。

國保朱說，我希望你們不要讓外國人來參加聚會，包括香港、台灣和海外的牧師，否則我肯定要關注你們的，並可能採取行動，後果是由你們自己承擔。

我說，教會只能按照聖經的原則存在和治理，你無權對教會提出什麼要求。羅馬帝國以來，兩千年來多少強權迫害教會，教會依然存在至今，而那些強權全都灰飛煙滅了。

國保朱，最後談一點，你對獨立中文筆會的看法。

我說，我已經任滿了副會長和理事，兩年前就是一名普通會員了，不在其位，不謀其政，現在的情況如何，我不知道。我當然認同筆會捍衛作家的言論自由的宗旨。

國保朱，那你也交會費吧。

我說，我當然交了會費，這是會員的義務。

國保朱說，你寫的那些書，你家裡還有一些多餘的吧，能不能送我幾本，我也好好學習學習？

我說，我不送書給警察，你去香港去買吧。以後你不作這個職業了，也許我會送給你讀的。

國保朱說，我們工資不多，香港的書也太貴，買不起，何況我們去香港也不容易。

我說，我送書給你，你來從中尋章摘句，為我網羅罪名，我難道瘋了？你們這個部門經費很充裕，你們買書的錢可以報銷的啊，這本來是辦案經費的一部分嘛。其實，你們浪費的都是我們納稅人的錢。還有，這幾年來，北京海關扣留了那麼多我的書，他們的扣押行動都是你們指使的，你們去海關把證件一亮，就可以取來讀啊。

國保朱說，我們這個部門並不是如你想像那樣，有那麼大的權力，海關也不是聽我們指揮的。

我說，今天的這個局面，不正說明你們可以為所欲為嗎？你們可以隨意剝奪公民的人身自由，你們的權力還不夠大？

國保朱說，今天就談到這裡吧。來日方長，雖然你不願與我們見面，但今後見面是不可避免的。我也希望以後不要用這種方式了。我們也在改進工作方法，我們一直在探索如何與異議分子溝通，從西單民主牆到八九，再到現在，這些年來我們的變化也很大。所以，你這方面也要有所變化。

我說，這是我今天聽到的唯一可以部分接受的話。我自己當然有存在可以改進的地方，我並不認為我的每一篇文章都完美無缺，每一個觀點都正確無誤，我的很多文章都經過了多次的修訂。

另外，我從來不將你們當作敵人，你們只是專制機器上的螺絲釘，我的原則是，盡量不與你們發生激烈衝突。不過，你們也不要有將小事化大、邀功請賞的想法，如果想靠整我來陞官，那我們只能發生激烈衝突。

國保朱說，我是不會靠你來陞官發財的。但是，北京這塊地面上是我們說了算，如果你好好配合我的工作，你的日子就會比較好過，甚至有機會公開發表文章。

我說，我不會配合你的工作，我認為你的工作是非正義的，我只服從聖經的真理和憲法的條文。

晚上八點半，我在筆錄上簽字畫押完畢之後，與國保朱握手告別。另一名王姓國保驅車送我回到家中。

晚上，若干媒體來電訪問。路透社、美聯社、法新社、共同社、華盛頓郵報、紐約時報、英國廣播公司、自由亞洲電台、德國之聲、美國之音、德國世界報、南德意志報、法國國際廣播電台、產經新聞、澳大

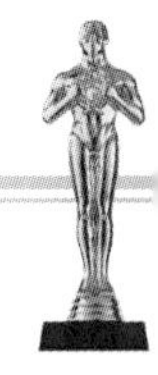

利亞電台、瑞士電視台、芬蘭赫爾辛基時報、日內瓦基督教新聞社、南華早報、明報、蘋果日報、中國時報、台灣中央廣播電台……等數十家媒體，在最近幾天之內均對此事作了詳細的報道。

看來，國保朱先生的如意算盤打錯了。每當受到國保的一次嚴重騷擾，我就會寫更多的文章批判專制制度。這群國保對刺激我的寫作能力可謂功不可沒。而此次傳喚事件，也讓更多的媒體和讀者關注到《中國影帝溫家寶》一書。國保的做法，不是幫我做免費的廣告又是什麼呢？

法學家高中在《國家安全與表達自由比較研究》一書的題記中寫道：「不管存在著怎樣的『言論限制術』，也不管主流意識形態多麼強大，在人類歷史長河的任何一個時期，總會有那麼一批人為了自己堅信的『真理』，赴湯蹈火也在所不辭。他們或者被視為『異類』，或者被尊為『殉道者』。細觀中西方政治法律思想史，其中的許多傑出思想家，恰恰是言論『他律』和『自律』的挑戰者。在一定程度上，這種不以權力意志和群體意識為轉移的思想傾向，正是推動人類自由事業發展的精神動力之一。」是的，我也相信，沒有任何黑暗的勢力，可以真正實現所謂的「防民之口，如同防川」。如今中共大大追捧國學，溫家寶也喜歡引用中國古代的經典。好友徐晉如多年前曾經贈我詩句：「上朝文網無窮密，魯國春秋一字刪。」我願意將這兩句詩轉贈給溫家寶先生。當我剛剛從派出所返回家中，來到推特上之後，發現有一位推友貼出了一段中國古代典籍中的遙遠的故事，我就以這段故事來結束這篇文章吧：

魯襄公二十五年，齊國的太史伯直書「崔杼弒其君」，崔杼命令太史伯改過來，不要太直露，伯堅持不改，結果被殺死。又換其弟為太史仲，還是不肯改用曲筆，又被殺死。後來又換了一個弟弟為太史叔，還是不願意改，仍被殺死。

最後又換了最小的弟弟為太史季。季又書，杼執其簡謂季曰：「汝三兄皆死，汝獨不愛性命乎，若更其語，當免汝。」季對曰：「據事直書，史氏之職也。失職而生，不如死。昔趙穿弒晉靈公，太史董狐以趙盾位為正卿，不能討賊，書曰：『趙盾弒其君夷皋。』盾不為怪，知史職不可廢也。某即不書，天下必有書之者，不書不足以蓋相國之丑，而徒貽識者之笑，某是以不愛其死，惟相國裁之！」崔杼歎曰：「吾懼社稷之隕，不得已而為此，雖直書，人必諒我。」乃擲簡還季。

季捧簡而出，將至史館，遇南史氏方來，季問其故，南史氏曰：「聞汝兄弟俱死，恐遂沒夏五月乙亥之事，吾是以執簡而來也！」季以所書簡示之，南史氏乃辭去。

二零一零年七月七日，「七七事變」中國國恥日
北京家中

中國警察的新死法：維穩死

極權以它的暴力和恐怖塑造社會中所有的人群，無論是充當加害者還是受害者，他們都同樣適宜。

莫森《艾克曼在耶路撒冷・序》

二零一零年二月二十六日的《新京報》上有一篇引人注目的報道《維穩特警援疆期間過度勞累猝死於生日當天》。

報道的主人公是特警沈戰東。二零零五年，公安部在全國三十六個重點城市組建了公安特警隊，目前警力已達一萬五千餘人。沈戰東是他們中的一分子。二零零八年以來中國大事頻發，沈戰東常和隊友說，「今天天南，明天海北，全國都是我們的轄區」。

二零零八年三月十七日，他們接到任務，三十六小時內赴藏區執行維穩任務。當時沈戰東是一個抓捕小組的組長。海拔四千米的村莊，白雪皚皚，無月光，只聽到腳踩雪地的嘎吱聲。沈戰東第一個衝進屋裡。嫌疑人從被窩裡拔刀時，被他一把扯出來。

之後是汶川地震、奧運安保、新疆維穩，沈戰東的婚期一拖再拖。蜜月還沒過完，他就再次赴新疆維穩。一月二十九日當晚，沈戰東與妻子通了兩次電話。他在電話裡說要生個小特警，名字都起好了。當晚沈戰東睡著時，衣服沒脫，拖鞋還掛在腳上。他累了。零時許，戰友申曉飛上前推了推他，他沒動。很快醫生趕到，做了四次電擊，卻沒有效果。幾個小時後，醫生診斷，勞累過度猝死。當天是沈戰東二十八歲生日。沈戰東生前為鄭州市公安局特巡警支隊特警四大隊民警。從警四年，一直工作於維穩、處突、打擊暴力犯罪的一線。

為什麼不大力宣傳「維穩英雄」?

沈戰東之死，並非孤立的個案。從特警、武警和普通民警，死於維穩者的消息接二連三。維穩成了中國警察的一種新死法，這一事實本身就表明中國的不穩定因素到底有多大。雖然不少御用文人和憤青叫囂「中國不高興」、「中國站起來」、「中國主導世界」，但胡溫心裡比誰都明白，自己正坐在一個火山口上。所謂「不改革是等死，改革是找死」，在此情形之下，才華、視野和心胸都極為有限的胡溫，最大的願望不是實現中國之崛起，而是「穩定壓倒一切」。換言之，只要自己不當亡國之君就知足常樂了，哪管死後洪水滔天呢？

有意思的是，沈戰東這樣一個忠心耿耿的、為維穩獻身的特警，其事跡卻不受官方主流媒體之青睞。除了《新京報》之外，幾乎沒有任何重要的媒體報道其事跡，新華社、人民日報、央視等更是對其視若無睹。這是什麼原因呢？難道是鳥盡弓藏的傳統嗎？難道中宣部不知道，大肆宣揚沈戰東，有利於提升一線維穩部隊的士氣嗎？中共不是最善於塑造部隊出身的英雄人物嗎？黃繼光、董存瑞、邱少雲、雷鋒……這些名字在共和國的歷史上不是已經「永垂不朽」了嗎？如今，在這個維穩是最高政治任務的時代，增加一個沈戰東這樣的英雄，難道不是錦上添花嗎？

就在沈戰東活活累死，死後默默無聞、後事淒涼之際，胡錦濤卻號召全軍、全民學習另外一個軍隊系統的「英雄」：劉義權。據新華社北京三月二日電，胡錦濤當天晚上在解放軍歌劇院觀看了反映解放軍檔案館原館員、全國檔案戰線時代楷模劉義權先進事跡的大型話劇《生命檔案》。劉義權是何許人也，得享如此殊榮？報道中介紹說：「劉義權同志是解放軍檔案館原館員。他從事檔案工作三十八年，始終忠於黨、忠於職守，愛崗敬業、無私奉獻，在默默無聞的軍事檔案工作中實現人生價值。他身患絕症仍牢記使命、心繫大局，以頑強的意志堅守在檔案工作第一線，為黨和軍隊檔案事業作出了突出貢獻。」報道說，胡錦濤得知劉義權患病的消息後十分牽掛，要求為他精心治療。一月二十八日，劉義權在北京病逝，享年六十歲。胡錦濤號召全軍官兵、全國檔案工作者和廣大共產黨員都要向劉義權學習。

在中國面臨越來越不穩定的社會情勢、中共的統治能力受到越來越大的挑戰的今天，像劉義權這樣從事檔案工作的文職軍人固然重要，但

像沈戰東那樣真槍實彈地在第一線戰鬥的特警更是不可或缺。但是，胡錦濤在樹立典型人物的時候，為什麼偏偏選擇劉義權，而捨棄了沈戰東呢？

選擇與捨棄顯然都不是偶然為之，而是經過中樞的審時度勢、再三斟酌。雖然沈戰東的事跡更有衝擊力，更可以鋪陳出一出「驚天地，泣鬼神」的大戲來，但胡錦濤深知，如果宣揚沈戰東，就必然提及其生前「戰鬥過的地方」，比如西藏和新疆。這就等於此地無銀三百兩地向世界宣告：西藏和新疆非常不穩定，西藏和新疆需要更多的軍警。

維穩成為胡溫時代的「關鍵詞」

二零零九年底升任武警司令的王建平，曾任武警西藏總隊總隊長多年；而武警政委喻林祥則曾經擔任新疆軍區政委。兩人的搭配，被媒體稱為「維穩處突的黃金搭檔」。經過江澤民時代和胡錦濤時代的擴展編製，目前中國的武警部隊已經擁有六十六萬的兵力，在數量和裝備上都超過了不少軍事強國的正規軍。

武警名為警察，實為軍隊，動用武警鎮壓國內民眾的抗爭，可以混淆國際視線和統一國內輿論，這是中共在「六四」屠殺之後總結出來的一條經驗。但是，維穩工作最好多做而少說。因此，為了營造歌舞昇平的虛假表象，胡錦濤精心選擇了作為文職人員的劉義權作為新時代的「雷鋒」，而為之「拋頭顱、灑熱血」最終過勞死的沈戰東只好被雪藏起來。政治家的考量就是這麼冷酷無情。

然而，維穩死是中國警察的一種新死法，已然是一個無法掩飾的事實。「維穩」是帶有胡錦濤時代烙印的一個新詞語，從上個八十年代到江澤民時代，中共當局一般使用「綜合治理」（簡稱「綜治」）來形容社會控制工作，到了胡錦濤時代，則以「維護社會穩定工作」（簡稱「維穩」）取而代之。中共維穩工作的領導機構為「中央維護穩定工作領導小組」，下有常設辦事機構——中央維護穩定辦公室。該辦公室成立於二零零零年，在中央政法委機關辦公，到了二零零五年之後，此機構的重要性逐步凸顯。目前，政治局常委周永康親自擔任組長，公安部長孟建柱任副組長。從中央到各省、市、縣直到鄉和街道一級，乃至重要的事業、企

業單位，都設置了「維穩辦」，或「維穩聯繫會議」、「維穩及綜治辦」等機構。由此，「維穩」系統成為一個彙集強力部門特權機構。

人們不禁要問：中國經濟的高速發展，為何沒有讓中國更加穩定，反而是越來越不穩定呢？中國社科院研究員于建嶸認為，當前中國的社會問題主要直接來源於官民矛盾，實質上還是政府公權力與公民私權利之間的衝突。不論主要內容或表現形式，官民矛盾都與制度性的利益衝突相關。但是，胡溫當局不敢啟動政改，乃至「壯士斷腕」，而寧願以鴕鳥政策面對中國不穩定的現狀。他們以為，穩定是可以通過暴力來維持的，因此不斷增加軍費和警察部門的開支，不斷提高維穩成本。

沒有自由，就沒有穩定

於是，「天價維穩」成為中共當局的唯一選擇。二零一零年的兩會上，財政部向全國人大提交的開支預算草案顯示，二零一零年用於內部保安的預算達五千一百四十億元，增幅為百分之八點九，比國防支出百分之七點五的增幅仍要高。就《鳳凰週刊》提供的一些數據來看，比如廣州市的財政預算報告就顯示，該市二零零七年維穩費用為四十四億元，高於當年用於社會保障就業的三十五億元。而重慶市二零零九年維穩的財政預算，則高達五十三億元。由於維穩開支的膨脹，使得近年來中央財政中教育、醫療、社會保障方面的投入比例不斷下降或始終處於較低水平，甚至低於非洲窮國。另一方面，維穩費用更是對地方財政造成巨大的壓力，如湖南省津市為此要求稍有行政事業單位壓縮百分之二十開支，甚至從每名統發人員的工資中逐月扣除。

穩定固然重要，但長久的穩定不能靠暴力和謊言來維持，即便累死千百個像沈戰東這樣訓練有素的特警，也不能實現建立在不公正和不自由之上的穩定。一個國家的民眾，如果都沒有尊嚴和幸福感，如果基本人權、私有財產都甚至人身安全都得不到起碼的保障，如果他們只能在自己的祖國「暫住」，如果他們隨時可能遭遇「躲貓貓死」、「喝開水死」的厄運，這樣的國家何來穩定呢？

二戰勝利之際，美國民眾在紐約中央公園集會舉行「我是一名美國人」日的盛大慶典，美國最受尊重的法官漢德被邀請去發表演講。漢德在演講中指出，美國之所以公民熱愛美國，美國之所以擁有長久的穩定與

富強，美國之所以能夠領導世界戰勝法西斯德國和日本，秘訣便在於美國人以自由為共同之價值，他指出：「自由的精神即是對其是否正確不很有把握的精神，自由的精神即是盡力去理解別人的見解的精神；自由的精神即是將別人的利益與自己的利益不帶偏見一併考慮的精神；自由的精神銘記，即使一隻麻雀落地也該引起注意；自由的精神也就是基督的精神。」我相信，哪一天中國人民有了自由，哪一天中國便有了水到渠成的穩定，中國警察就不再需要執行維穩任務，更不用為維穩付出生命代價。

二零一零年三月九日

北京家中

神州處處皆酷刑

每年的六月二十六日為「國際禁毒日」，中國媒體對當局的禁毒成就作了若干宣傳報道。其實，六月二十六日又是「聯合國支援酷刑受害者國際日」，即「世界反酷刑日」。但是，關於後者，中國沒有任何一家媒體有介紹和報道，難道中國不存在酷刑，所以這個日子根本不值得紀念嗎？恰恰相反，中國雖然在一九八八年就批准了《聯合國反酷刑公約》，但酷刑在中國仍然相當普遍。著名人權律師滕彪指出：「我個人觀察，百分之八十以上的刑事被告人受到酷刑。此外各種黑監獄、勞教所、洗腦班等酷刑更為慘烈。」中國的政治制度和司法體系一直縱容酷刑，中國卻刻意迴避「世界反酷刑日」，就如同一個已經病入膏肓的病人，神經質地諱疾忌醫。

掩耳盜鈴是中共慣用的伎倆。但面對國內外對中國廣泛存在的酷刑的質疑和批評，有關部門也不得不做出一些姿態來。二零一零年五月三十日，最高人民法院、最高人民檢察院、公安部、國家安全部和司法部聯合發佈《關於辦理死刑案件審查判斷證據若干問題的規定》和《關於辦理刑事案件排除非法證據若干問題的規定》，要求各級政法機關嚴格執行刑法和刑事訴訟法，依法懲治犯罪、保障人權，確保辦理的每一起案件經得起歷史的檢驗。有媒體就此樂觀地發表評論說，從此刑訊逼供所獲得的證詞將不能成為法庭上的證據，刑訊逼供在中國將成為歷史。那麼，靠這兩個規定真的就可以遏制刑訊逼供氾濫、神州處處皆酷刑的情形嗎？

酷刑隨時隨地可能降臨在你和我的身上

以「大國崛起」之姿顧盼自雄的中國，據說走到了三千年以來最風光的時刻。某些御用文人不僅揚言當今世界要實行「中美共治」，甚至還企圖「取美代之」。中國既然成了超級強國，炎黃之孫本該歡欣鼓舞、揚眉吐氣，可是近日網絡和媒體上卻連連爆出一樁樁的慘案，讓人倒吸一口涼氣，原來在中國生命與尊嚴輕如鴻毛！我在網上看到一份《中國看守所離奇死法不完全記錄》，從二零零九年以來不足一年間，被媒體披露出來的離奇的死亡方式有如下多種：

——「睡姿不對死」：福州學生陳某在拘留所猝死。警方稱他睡姿不對，叫其不應，昏迷不醒，搶救無效，死亡。

——「做惡夢死」：武漢男子李文彥在江西看守所猝死，額頭上有幾處青紫傷痕。看守所稱其是在半夜做噩夢後突然死亡。

——「發狂死」：大學畢業生林立峰，在看守所待了不到二十四小時死亡。警方稱他是「發狂而死」。

——「摔跤死」：江西一嫌犯在看守所死亡。警方先是稱其繫上廁所時摔倒猝死。醫生後來稱被逼造假。

——「妊娠死」：一名內蒙古十九歲少女戒毒所死亡，勞教局稱她因「異位妊娠」死亡，網帖所稱「遭強姦毆打致死」不實。

——「上廁所死」：內蒙古呼和浩特一名身上有多處傷痕的重刑犯莫名死亡，警方解釋是他夜裡上廁所時跌倒所致。

——「喝開水死」：一名河南青年看守所內死亡，屍體上有多處傷痕。警方稱他是是在提審時喝開水突然發病死亡的。

——「激動死」：陝西女子王會俠被警方帶走，「問話」二十小時後非正常死亡。警方稱情緒激動緊張為死亡的誘發因素。

——「洗澡死」，海南五十七歲的男子被其他囚犯群毆而死，警方宣稱，是因為他不肯脫衣服洗澡才被打死。

——「粉刺死」：在被刑拘約三個月後，山東文登市高村鎮高村人于維平死在看守所。家人在查看屍體時發現胸部有小洞，當時被告知是摳掉的粉刺。而屍檢結果顯示，死者遭遇了「針類銳器反覆刺戳胸部致心臟破裂，心包腔積血致心臟壓塞死亡」。

這只是一個「躲貓貓死」之後很不完全的名單。我相信，這些案例只是冰山之一角，未被披露出來的還多如牛毛。看到這些稀奇古怪的死亡方式，誰敢說中國人缺乏想像力呢？中國人能發明如此多的死法，表

明中國人想像力之豐富堪稱世界第一。這個成就足以讓「愛國賊」們為之欣喜若狂吧？

然而，「亡，百姓苦；興，百姓苦」，在大國崛起的凱歌高奏之下，無數的中國公民或死於酷刑，或在酷刑的折磨之下生不如死。這些受害者並非遠在天邊，而是近在眼前。昨天是他，今天是你，明天就有可能是我，我們每一個人都可能遭遇酷刑。這兩年類似的案件層出不窮，讓法學界的泰斗、中國政法大學前校長江平說出了這樣的話：「我是覺得中國的法治處在一個大倒退的時期，或者說我們的法治建設、司法改革、政治改革都處在一個大倒退的時期。」江平教授這兩年連續出版了兩本著作，從《我所能做的是吶喊》到《私權的吶喊》，書名都用到的一個詞就是「吶喊」。在參加《律師文摘》年會的時候，他說：「形勢越來越嚴迫，也就是說外面的環境越來越難了。在這種情況下，就有必要『吶喊』，不管你用了什麼字，『吶喊』是在情況比較緊急的情況下，人們去呼籲的一種聲音。」

日前，一份調查報道顯示，中國人感到最缺乏的東西，不是金錢，不是住房，不是權力，乃是安全感。缺乏起碼的安全感，正在成為一種瀰漫於社會各階層之中的情緒；而個人沒有安全感，正是因為公權力過大，政府隨時隨地以暴力和苛法對待公民。即便是那些「先富起來」的人群，亦有可能一夜之間遭遇滅頂之災。有數據顯示，二零零九年到美國投資移民簽證的中國申報人數翻了一番。富人為什麼選擇移民呢？他們為什麼不願意留在已經崛起的祖國呢？一名移民加拿大的富人自述說：「現在貧富差距這麼大，說不定哪天又要均貧富，太沒有安全感了。」

從嘎瑪案看「維穩」和「嚴打」態勢下的酷刑氾濫

魯迅對中國悠久的酷刑傳統有過如此之評論：「殘忍智慧酷刑的方法，卻決不是突然就會發明，一定都有它的師承或祖傳，……『酷刑』的發明和改良者，倒是虎吏和暴君，這是他們惟一的事業，而且也有工夫來考究。」這一傳統在今天更是被發揮到淋漓盡致的境界：胡溫復興國學，當然也忘不了復興酷刑的傳統。胡溫執政以來，官僚腐敗、官商掠地、分配不公、貧富懸殊……比之江澤民時代，諸多社會矛盾更如同脫韁的野馬一樣不可收拾。胡溫拒絕啟動政治體制改革，為了維持特權階

層壟斷權力、瓜分財富的格局，只能以「維穩」和「嚴打」等最不和諧的方法來營造「和諧社會」。此種選擇如同飲鴆止渴，導致「維穩」經費越來越高，清華大學的一份研究報告稱之為「天價維穩」；而運動式的「嚴打」，其規模越來越大、強度越來越烈、頻率越來越密，其結果卻是天怒人怨。

中央對地方官員的要求，是否做好「維穩」工作，乃是「一票否決」的關鍵。於是，上行下效，上既有「暴君」，下必有「虎吏」。在不惜一切代價「維穩」和「嚴打」的態勢下，酷刑成為強力部門和地方政府的慣常做法，監察部門和上級政府通常對此睜一隻眼閉一隻眼，遂使得酷刑在中國如同野火燎原、愈演愈烈。

酷刑戕害的人群，過去以弱勢群體為主，如今則是三教九流、無所不包。原來酷刑的實施對像主要是異議人士、維權人士、上訪者、宗教信仰人群（如基督教家庭教會、天主教地下教會以及作為準宗教組織的法輪功群體等）等，近年則擴展至落馬官員、法官、企業家、商人等。除了被拘押在看守所和監獄的「犯罪嫌疑人」和「罪犯」之外，那些被「雙規」的官員和富豪也成為施暴的對象，他們「被自殺」的消息不絕於耳。而在西藏、新疆等少數民族地區，因為有中央下達的「反分裂」的政治任務，對酷刑的運用更是到了無所不用其極、駭人聽聞的地步。

近期發生的藏族環保人士嘎瑪一案，便是其中的一個典型案例。嘎瑪因從事環保活動開罪了地方官員而遭到逮捕。半年多來，他一直被關押在新疆巴州。從若羌、庫爾勒輾轉到現在的焉耆。他被每天提審十幾個小時，總共提審約九十多次，除了只有三次被允許坐在凳子上，都被警察用各種扭曲的姿勢虐待，如懸吊起來、反背扣押等等，難以言狀。其間還不間歇地被毒打，以至他每次都昏厥過去。甚至往他的鼻子裡強塞一種藥物，直接刺激大腦，訇然作響，眼睛和耳朵流出血來。而那些警察還說，「這是公安部批准使用的，是合法的，你死不了。」

嘎瑪在法庭上申訴說，他被提審之後，帶回牢房也不得休息，會被有關部門派來的所謂「犯人」百般折磨。整夜不讓他睡覺，每幾分鐘弄醒打他一次。那些人自稱是「黑社會」，除了要求獄中所有的犯人挨個毆打嘎瑪，還動輒就讓他凡事都得寫欠條，連上廁所也得寫欠條，以至於所有欠條上已經累計了六十六萬元的欠款。給嘎瑪吃的東西就跟垃圾一

樣，即便是這樣，那些人還會把饅頭扔到地上，用腳踩，再把踩扁了的骯髒饅頭塞到他的嘴裡。那些人還說，知道嗎，我們可以往你身上倒硫酸水，讓你一下子化為烏有，徹底消失。

此案的當事人嘎瑪，既是一名商人，也是一位環保人士。作為商人，自然是黑幫化的政府官員和警察眼中的「肥羊」，要拚命從他身上壓搾油水；作為環保人士，在中國環保就是政治，就是「別有用心」，所以官方的打擊毫不手軟。再加之嘎瑪的藏族身份，堪稱弱勢群體中的弱勢群體。所以，這幾個因素加在一起，嘎瑪便陷入到萬劫不復的人間地獄。而那些施加酷刑的官僚和警察更是有恃無恐、為所欲為。

高院院長給受害者鞠躬是反酷刑的第一步

嘎瑪被判處重刑，他的法庭上申訴的若干遭受酷刑的細節，被法官以「與本案無關」的理由不予採納。嘎瑪沉冤待雪，公義的到來遙遙無期；與之相比，被屈打成招、羅織死罪的趙作海，最終獲得自由及國家賠償，就是不幸中的萬幸了。《新京報》發表的一篇關於趙作海案件的報道中，記錄了記者與當事人的一段對話：

記者：你當時在派出所兩天，在縣公安局一個多月，在哪裡挨打了？

趙作海：都挨打了。在刑警隊挨打最厲害。

記者：你還記得當時怎麼打你嗎？

趙作海：拳打腳踢，從抓走那天就開始打。你看我頭上的傷，這是用槍頭打的，留下了疤。他們用擀麵杖一樣的小棍敲我的腦袋，一直敲一直敲，敲的頭發暈。他們還在我頭上放鞭炮。我被銬在板凳腿上，頭暈乎乎的時候，他們就把一個一個的鞭炮放在我頭上，點著了，炸我的頭。

記者：疼嗎？

趙作海：直接放頭上咋不疼呢。炸一下炸一下的，讓你沒法睡覺。他們還用開水兌上啥藥給我喝，一喝就不知道了。用腳跺我，我動不了，連站都站不起來。

記者：能睡覺嗎？

趙作海：銬在板凳上，那三十多天都不讓你睡覺。

記者：受得了嗎？

趙作海 ：受不了咋辦啊？他叫你死，你就該死。當時刑警隊一個人跟我說，你不招，開個小車拉你出去，站在車門我一腳把你跺下去，然後給你一槍，我就說你逃跑了。當時打的我真是，活著不如死，叫我咋說我咋說。

真是擱不住（受不了）打得狠。我就跟你們說，這麼打你們，你們也要承認。你說秦香蓮可是個好人，那她為啥招供，還不是打得狠。一天兩天，三天，五天，擱不住時間長。再硬也招不住。

看了這段對話，我不禁感歎：那些御用文人津津樂道的「不高興」的中國、「站起來」的中國，跟趙作海有什麼關係呢？趙作海所遭受的酷刑，讓溫家寶宣揚的「比太陽還要光輝的正義」頓時黯然失色。這個案件中唯一的「亮點」就是：日前，河南高院院長張立勇到商丘看望趙作海。其間，張立勇向趙作海鞠躬道歉。有人在網上批評張立勇是在作秀，張立勇回應說，趙作海入獄十一年，妻離子散，四個孩子都文盲，「可以說是家破人亡，禍及三代」。張立勇反問道：因為我們的過錯難道不應該鞠躬道歉嗎？鞠一個躬又算得了什麼呢？

我欣賞河南省高院院長張立勇的這一個鞠躬，即便是「作秀」，也總比不作秀好。不僅張立勇應當向受害者鞠躬，胡錦濤和溫家寶也應當向受害者鞠躬。當然，僅僅鞠躬是不夠的，鞠躬之後，還要拿出一系列切實的制止酷刑的舉措來。比如，公安機關不能「通吃」看守和偵訊，應當將看守所從公安部門剝離出來，移交司法局管理；比如，保障當事人的沉默權和會見律師權。前者是政府部門的「縮權」，後者是公民的「擴權」，必須兩者並行，遏制酷刑方有可能。正如著名人權律師莫少平所說：「刑訊逼供的現象與現在中國看守所關押體制相關。看守所隸屬於公安機關，而通常犯罪偵察機關也是公安機關，這導致缺乏監督和制約。此外，中國沒有完全確立無罪推定原則，不重視被告人的沉默權。最後，中國律師制度不夠完善，律師在法律上沒有確立應有的權威和制約功能。」遏制酷刑，不是沒有辦法，而是當局願不願意自我設限、還權於民。

制止酷刑，溫家寶責無旁貸

何謂酷刑？《大英百科全書》有如下之定義：「酷刑是為了懲罰、迫脅、強迫和獲取口供或情報的原因而採用的造成肉體或精神痛苦的行為。從歷史上看，政府用酷刑對付他們的敵人並使之成為他們法律體系的一部分。」大赦國際對酷刑的定義則是：「酷刑是任何一種被故意施加在一個人的身上，以從他或第三者身上獲得情報或招供的，以懲罰他或第三者已經犯有或被懷疑犯有的罪行的……嚴重的肉體的或是精神的痛苦和折磨，而這些痛苦和折磨是被公共官員或能夠代表政府機構的人的煽動或同意或默許的行為。」根據這兩個定義，中國堪稱「酷刑之國」。一個對本國公民的基本權利毫無保障的國家，在國際上又怎麼可能取信於人，承擔起「負責任的大國」的使命來呢？

對酷刑，是縱容還是制止，是判斷一個國家的文明程度的重要標誌。在這一點上，英國走在最前面。英國歷史學家艾倫·麥克法蘭指出：「酷刑的使用在英格蘭歷史上長期缺位，是英格蘭法律制度的一個突出亮點。很久以前，英格蘭的法院就開始冷臉反對酷刑了。……英格蘭人堅信，對一個人動刑是搞不到真實告白的。英格蘭法律不需要被告招供，他們有罪無罪全靠證據去證明。」中國的情形恰恰與之相反：儘管法律禁止從身體上殘害囚犯，不允許監獄看守通過酷刑逼迫犯人坦白，侮辱犯人的尊嚴，毆打犯人或慫恿其他人毆打犯人，但酷刑在各個強力部門都司空見慣，在法庭上經過酷刑而獲得的口供經常是唯一的證據。

中國兩千年來專制皇權的維繫，依靠的是「儒表法裡」的意識形態。所謂「法家」，「法」是權謀術和厚黑學，實質上最不講法律，是法律之敵，是酷刑苛律的擁戴者。中共政權建立以來，不僅承載此種中國之傳統制度，而且還從法西斯主義和斯大林主義那裡學來更為嚴酷的現代極權主義模式，酷刑即是實現「恐怖統治」的法術之一。法國思想家孟德斯鳩說過：「我要說，酷刑很適合專制的國家，在那裡，一切能引起恐懼的東西都是政府最合適的動機。」在這個意義上，酷刑在中國是一項被認為是最有效的統治術。酷刑不是少數基層的警察和公務員的「個人行為」，而是被中央默許甚至鼓勵的「政府行為」。

公安部是對酷刑氾濫負有最大責任的政府部門。公安部隸屬於國務院，作為國務院總理的溫家寶，不能辯解說他對中國酷刑的日益氾濫一

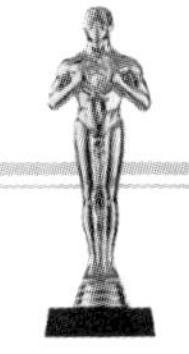

無所知，更不能推卸其作為政府首腦所必須承擔的責任。溫家寶的權力固然有限，難以對現有體製作傷筋動骨的手術，但在某些領域實行有限的改進，以他現有的權力和資源，是完全可以做到的。比如，立即以國務院令的形式下文制止酷刑，依法懲處酷刑的實施者。此前，具體施加酷刑的警官大都被「從輕發落」，即便獲刑，也都是象徵性的緩刑；而上級官員一般不會被波及，最多就是調到其他部門並最終「安全著陸」。此種情形如果不加以改變，酷刑就不可能大幅減少。在制止酷刑方面作一些努力，並不涉及黨內的權力鬥爭和利益分割，遇到的阻力相對也較小，溫家寶是否願意先在這個領域作實現社會的公義的嘗試呢？然而，迄今為止，我們看到的事實是：溫家寶只是裝腔作勢地仰望星空，而沒有低頭腳踏實地地制止酷刑。由此表明，溫家寶不過是一個無所作為的庸人，對他寄予任何的希望都只能收穫深深的失望。

反對酷刑，人人有責。聯合國酷刑特別大會起草人尼格爾·羅德雷教授寫道：「酷刑仍然是一個廣泛的問題。我們越來越意識到它的罪惡，不僅對政治上的反對派，對一般的犯罪嫌疑人也是如此。這個鬥爭將再一次使世界公眾的目光投向這個問題，我們希望它能喚起與酷刑鬥爭的新的觀念和思想。」是的，胡錦濤和溫家寶不作為，不意味著所有的中國公民就只能束手待斃。每一個公民都必須行動起來，反對酷刑，維護人權，因為我們的自由和尊嚴從來不是別人賞賜給我們的。

二零一零年七月一日

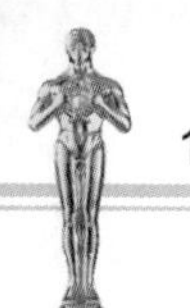

總理連城管都管不了嗎？

胡溫當政以來，有三支凌駕於憲法和法律之上的特殊隊伍，打著「維穩」的旗號為所欲為、殘民以逞：一是專門監視、騷擾乃至暴力威脅異議人士和維權人士的國保系統，二是開著鏟車、掄起大棒的暴力拆遷隊伍，三是從街頭攤販和流浪者身上搾取最後一點財富的城管部門。如果說作為弱勢總理的溫家寶真有可能管不了政法口和宣傳口等，管不了國保和拆遷隊，但至少管得了城管吧？那麼，溫家寶為何對城管的胡作非為不聞不問呢？當城管暴力引起公憤的時候，以親民自詡的溫家寶為何保持沉默呢？在清末皇權時代當大臣的李鴻章，尚且知道要做一名兢兢業業的「裱糊匠」；在號稱「人民共和國」的今天，身居總理高位的溫家寶，難道連城管都管不了嗎？

城管的法律源泉來自於國務院而非人大。有法律界人士指出，城市管理監察機構是各省級人民政府根據國務院《關於進一步推進相對集中行政處罰權工作的決定》及《中華人民共和國行政處罰法》的規定和國務院的授權，在本行政區域內設立的開展相對集中行政處罰權工作的機構。但法規在賦予城管廣泛職責的同時，卻沒有設立相應的監督機制。履行職責缺乏監督，必然導致行為變異，為所欲為，暴力執法變成正常執法行為。所以，城管可以視為國務院的一支「私人武裝」。

城管之凶殘，猛於虎豹

日前，北京通州城管與一名擺攤女子發生衝突，八歲女兒看到媽媽被摟住脖子後拖倒在地，哭著對城管說：「叔叔，求你別掐死我媽媽。」之後，小女孩在衝突中受傷並吐血。有目擊者稱女孩是「被城管打了頭」，在網絡時代，網友強調「有圖有真相」，將衝突現場拍成視頻發到網上。但城管方面仍然宣稱自己是正常執法，他們並沒有打女孩，小女孩可能是「意外受傷」。

中國的安全指數據說已經領先於美國了，但中國人的生活狀態究竟有多麼安全呢？一個八歲的小女孩尚且不能倖免於難，城管之毒，可見一斑。在此前幾個星期，北京豐台城管東高地分隊聯合和義分隊，對三營門附近的游商進行檢查。在肯德基門前的幾名商販推著三輪車就跑，商販逃離現場後，城管隊員在現場發現一個四五歲小女孩哭著喊「媽媽」。據一名圍觀者稱，小女孩是一名賣菠蘿的女商販的孩子，可能其匆匆逃離現場的時候將孩子忘了。由此可見，城管之凶殘，猛於虎豹，甚至讓母親在逃命時不惜拋棄自己的孩子。

我又在網上看到一個八歲小女孩寫的一段辛酸的文字：「如果我是一個城市管理者，當看到我的母親在街邊賣紅薯時，可以慢慢趕她走……」在這段文字面前，那麼多歌頌「大國崛起」的豪言壯語全都顯得蒼白無力。我建議，每一個以執法者自居的城管都該好好學習一下這段文字，包括自稱喜歡讀書的溫家寶也應當展讀再三，我們的總理大人會不會為之而再次落淚呢？流淚說明還天良未泯，但作為總理，僅僅會流淚是不夠的，他還需要立即行動起來制止城管的暴行。

在社會上流傳著這樣一句話：「公安管壞人、工商管富人、城管管窮人。」城市管理的執法對像極大多數是失業人員和進城務工農民以及孤、寡、殘疾等弱勢群體，他們大多從事著最簡單的商品買賣活動，維繫著最基本的生活，其艱難處境易博得市民的同情和諒解。而當這個群體的最後的謀生手段都遭到城管暴力取締，就只能陷入無邊的絕望之中。

城管的暴力執法屢見報章，使得政府的公信力急劇衰退。城管敲掉的是別人的飯碗，城管本身已經成為誘發社會不穩定因素的催化劑，是溫家寶倡導的社會的「公平正義」和人民的「尊嚴」的敵人。那麼，溫家寶為何不出手制止城管暴力、修訂城管法規、糾正城管體制呢？連城管都不去管，這個總理當得太不稱職了。

頗具諷刺意義的是，日前平頂山山百餘名城管隊員分乘十六輛城管執法車，前往信訪局討要被拖欠的工資。原來城管也有維權和上訪的一天！當地菜市場的一個商販說：「平時他們愛罰款，動輒扣車、搬東西，是不是因為自身收入太低搞補償？這次他們遭遇欠薪，也該好好體會一下小商小販的難處了，希望這次對他們以後的執法有幫助。」但願城管隊員們不要好了傷疤忘了痛。

用國學來教育城管有效嗎？

胡溫執政以來，不得不承認中國社會道德倫理日益衰敗的現狀。但他們不認為這是中共的專制制度所導致的惡果，他們不敢動手術割去致命的毒瘤，而企圖使用麻醉藥暫時止痛。如果說當今的時勢是「馬列式微」，那麼國學就是最好的麻醉劑就是所謂的國學，於是，「國學當立」成了胡溫的救命稻草。

在此背景之下，當年被毛澤東下令砸廟扒墳、挫骨揚灰的孔夫子，重新被請出山來充當「和諧社會」之大花瓶。「臭老九」頓時變成了「香餑餑」。「孔子學院」全球開花，周潤發版的電影《孔子》更是受到主管意識形態的政治局常委李長春的力挺。據說，聽到《孔子》被《阿凡達》打得落花流水的消息，李長春惱羞成怒地批評宣傳部說，為什麼你們沒有好好宣傳這部弘揚傳統文化的電影呢？

崛起的中國也要向全球輸出價值了。然而，鄧小平的「摸著石頭過河」，江澤民的「三個代表」，胡錦濤的「科學發展觀」，似乎都拿不出手。那麼，剩下的就只有國學了。於是，「學術超女」于丹在央視「百家講壇」歪講論語，跟國學本無關聯的印度學專家季羨林也被打扮成「國學大師」。面對城管之兇暴，當局不願以法治來約束，這樣做不是「自廢武功」嗎？便有人想到用國學來對城管作精美之包裝，這也正合乎滿口仁義道德、詩詞歌賦的溫家寶的胃口。

據《新京報》報道：二零一零年六月初，北京八十餘名城管一線執法骨幹和科級幹部將赴清華大學，進行脫產培訓，學習「國學智慧與傳統文化、創新思維的鍛造」等課程。據北京市城管執法局人事教育處的工作人員介紹，清華大學就為城管官員「量身定制」培訓班，課程重點是「國學智慧與傳統文化」。安排此課程是為了讓城管隊員拓寬知識面，「怎麼把國學思想運用到工作中，對提升工作理念和人的思想境界很有幫助」。

也許是為了緩解民眾的批評，當政者想出這個用國學來拯救其名聲的辦法，其想像力之豐富，恐怕看到蘋果落地就想到萬有引力定律的大科學家牛頓也自歎不如。城管隊員可以不學毛選、鄧選、江選和胡選，但必須誦讀四書五經。但是，國學能讓這些施暴者洗淨鉛華、脫胎換骨嗎？這些穿著醜陋的制服的人，能做到儒家所要求的「老吾老以及人之老，幼吾幼以及人之幼」嗎？

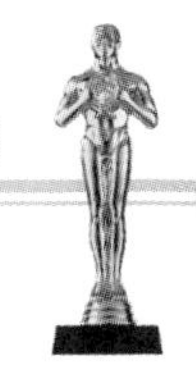

我建議，除了國學之外，城管們還應當學習溫家寶最喜歡讀的一本書——亞當·斯密的《道德情操論》。亞當·斯密在修訂這本著作的時候，特意增加了一個章節，名為「論由欽佩富人和大人物，輕視或怠慢窮人和小人物的這種傾向所引起的道德情操的敗壞」。亞當·斯密認為，如果一個社會縱容富人和大人物的罪惡和愚蠢，卻蔑視窮人和小人物的勤勉和誠實，則必然是一個道德敗壞的社會，這樣的社會是不會有長治久安的。溫家寶應當與全國所有的城管一起仔細閱讀這些段落。

如果連城管都管不了，這樣的總理不是素餐屍位又是什麼呢？真還不如回家去種紅薯。如果連城管都管不了，總理大人的「正義說」和「尊嚴說」不是畫餅充飢、望梅止渴又是什麼呢？真還不如李鵬那樣的大惡人，至少還是「表裡一致」的。

中國城管可以「出口」到美國

金融危機以來，作為超級大國的美國黯然失色，「中國模式」則備受全球之矚目。「後美國時代」降臨，「前中國時代」迫近。那麼，中國憑借什麼領導世界呢？中國不僅要輸出價值，便是連維穩策略和城管隊伍等統治經驗也要無償輸出。城管是胡溫時代的一支「准警察」，雖然沒有警察的執法權，在許多場合卻比警察更加凶殘。近年來，城管打人的報道司空見慣，打八旬老人，打懷胎孕婦，打小小孩童，可以說沒有他們不敢打的人，甚至打人致死的慘劇亦不絕於耳。即便如此，城管是「和諧社會」的「面子工程」的捍衛者，故而深受胡溫之重用，面對輿論的譴責和民眾的憤恨，胡溫當局始終不願從根子上解決城管問題，反而任由其隨著城市化的推進大幅擴張。僅北京一地，城管幹部便有五千五百多人，普通工作人員及臨時僱員達十萬以上。城管成了一支虎狼之師，成了一個獨立王國。

溫家寶多次在國際舞台上宣稱，中國是世界和平的倡導者。是的，他心裡一定在盤算，如果將中國的城管像美軍那樣派駐全球，這個世界必定會更加安全。本拉登的恐怖分子撞不上雙子塔，俄羅斯也不會發生自殺式地鐵爆炸案。溫家寶憧憬的「城管全球化」，首先在虛擬的電玩世界裡實現了。最近，有電子遊戲迷驚喜地發現：美國的電腦遊戲「俠盜飛車四」（Grand Theft Auto 4）新開發出「中國城管」的造型供遊戲者下載。

穿著背後印有中文「城管」的制服，遊戲的主人公 Niko Bellic 搖身一變成橫行街頭的「霸王」。他開著「行政執法」的新型皮卡，來到中央公園清理流動攤販。幾招「黑虎掏心」、「白鶴亮翅」之後，賣熱狗的小販乖乖就範，一攤子熱狗都進了「霸王」的肚子。

中國可以出口到美國的寶貝實在是太多了。比如，自從英文中引入新單詞「Chengguan」之後，在中國「不受待見」的城管還真的揚名海外。看來，美國的遊戲開發者頗能「與時俱進」，且具全球眼光，毛遂自薦當起了「中國模式」的推廣者。我忽然想到溫家寶的兒子溫雲松是從美國學成歸來的，那麼，到了溫家寶的孫子輩，大可不必到美國去學習「先進文化」，因為真正先進的文化全都在中國，比如城管制度。

美國最需要的就是一支像中國城管這樣的戰無不勝的隊伍。近期，紐約市政府認為街頭流浪藝術家和小販有礙觀瞻，希望出台相關法規限制其人數，卻遭到流浪藝術家和小販以及大部分市民的激烈反對。聯邦上訴法院也與流浪藝術家站和小販站在一邊，判決紐約市政府敗訴。於是，流浪藝術家和小販們歡呼雀躍，還有人張貼出紐約市長布隆伯格的漫畫，稱之為「藝術家和小販權利的侵犯者」。看了這則新聞，有不少國內的網友表示不解：作為世界都市的紐約，竟然為一小撮流浪藝術家和小販所深深困擾，市政管理水平也太低了吧？既然紐約當局已經束手無策，何不從中國引進城管呢？甚至有人向美國政府建議說：只要你們解除對中國的武器禁令，我們就可以向你們提供城管以及「打人不見血」的《城管執法操作實務》！

可惜的是，溫家寶與奧巴馬會談的時候，居然糾結於無足輕重的碳排放問題，而沒有提出這個雙贏的建議來。否則，奧總統就不會無端指責中國沒有減排的誠意以及溫總理沒有外交禮節，而是對溫總理感恩戴德、山呼萬歲——因為那個在白宮門口駐紮數十年的「犀利哥」，在中國城管的狼牙棒面前，焉能不奪路而逃！

中國政府的尊嚴是靠羞辱妓女來維持的嗎？

對別人實施傷害，可能是為使自己享有能夠目睹別人受苦這種早已驗證的快樂的一條途徑。

鮑邁斯特爾《惡 ：在人類暴力與殘酷之中》

在二零一零年的「兩會」上，溫家寶所作的政府工作報告的最大亮點，就是將「尊嚴說」寫入其中。一時間，「八寶飯」們好評如潮，被中共統治了六十年、從來沒有獲得過「尊嚴」的人們，終於聽到了如同天籟之音般的「尊嚴說」，哪能不熱淚盈眶乃至痛哭流涕呢？

「公處」妓女是「維穩」的一部分

然而，總理一說尊嚴，我就只好發笑。總理所說的尊嚴，是專門安排給某一部分特定人群的，比如那一百個站在金字塔頂端的特權家族，當然也包括富可敵國的溫家在內。至於其他的那些人，如草民，如屁民，包括「玷污了社會主義精神文明」的妓女們，是沒有尊嚴，也不配享有尊嚴的。於是，深圳市福田警方就曾經連續舉行兩場「公開處理」大會，對一百多名涉嫌賣淫嫖娼及相關活動者予以處置，現場圍觀者超過千人。不知溫家寶有沒有從報紙和電視上看到那些臉龐上充滿驚恐與絕望的神情的年輕女子？

從「公處」事件中，我看到了公權力的冷酷與專橫。一個熱衷於「公處」所謂的「犯罪嫌疑人」（被「公處」者大都還沒有經過法院的審判）的政權，必然是崇尚暴力的政權；一個熱衷於「公處」的社會，必然是「返祖」文化瀰漫的社會。法國思想家古斯塔夫·勒龐在《革命心理學》一書中，分析了法國大革命中那些嗜血如命的革命家在廣場上使用斷頭台處世「敵人」的心態。他指出，為殺戮而殺戮的本性是非常普遍的，在

正常的年代裡，這種異常的「返祖」現象出於對法律的畏懼而受到限制，它只能在狩獵的時候發洩在動物身上。但是，在法律受到踐踏的革命時代，「即便是我們當中最優秀的人也無法抗拒返祖現象的誘惑」。如果用法國思想家福柯的理論來分析，當權者熱衷於實行此種公開羞辱被害者的身體的儀式，最終的目的是為了達成對大眾的靈魂的控制。對罪犯和敵人的公開的羞辱、毆打和殺戮，便成了全民參與的「狂歡節」。高居於這些場景之上的全知全能者乃是權力本身，而無論被觀看者，還是觀看者，都是被權力所征服、所奴役的對象。

極權主義的權力結構是通過一系列的儀式來達成的。在中共的統治模式下，司法系統不是社會公義的守護者，而是統治階級對被統治階級實施「專政」的工具。所以，司法系統不是人權的保護者，而是人權的侵犯者。在上個世紀八十年代，類似的「公處」、「公審」、「公判」等活動，在全國各地輪番上演。尤其是在幾次「嚴打」期間，當局更是以此製造殺一儆百的恐怖氣氛。少年時代，我生活在四川成都的一個小縣城裡，親眼目睹過浩浩蕩蕩的軍用卡車、荷槍實彈的士兵和警察、脖子上掛著寫有各自名字並且在名字上畫了大紅叉的死刑犯。我不敢去「殺場」看警察槍斃犯人的過程，有小夥伴去看了之後回來津津有味地向我描述子彈如何穿過囚犯的頭顱，殷紅的鮮血和花白的腦漿如何攪和在一起……這一場景成為大家日常生活中不可缺少的「社戲」，也成為我的噩夢的來源之一。當年，一般的中國人漠然接受政府安排和強加的血腥儀式，並以之作為平淡無奇的生活中的點綴。

如今，公開槍斃犯人的場景不多見了，但「公處」妓女又變成了另外一種時髦。法學家梁治平指出：「公審或公處所針對的與其說是具體的過犯，不如說是人格尊嚴。它通過摧抑人的尊嚴來實現法律的秩序。這就是公處的邏輯。」在中共的道德倫理體系中，妓女可以任意凌辱，但包養「小三」的貪官污吏卻需要嚴密保護。前者沒有尊嚴，後者才有尊嚴；因為前者被法律所轄制，後者掌握法律之標尺。那麼，溫家寶所說的尊嚴，什麼時候才能如陽光一樣照射到那些被「公處」的女性身上呢？

究竟誰讓母親淪為妓女？

就在我看到那些被「公處」的妓女的照片時，又看到了《海峽都市報》上的一篇報道：福建永安市一名四十三歲的賣淫女子在賣淫過程中遇害。警方調查發現，該女子賣淫的收入主要是為了養育在泉州一大學唸書的女兒，以及尚在讀小學的兒子。民警說，她本應該退出她所從事的「極不光彩」的行業，根據事後的調查，發現她也是出於無奈。她基本沒有買過新衣服，她掙錢不是拿回家就是寄給女兒。她女兒的大學學費一年下來，要一兩萬，而小兒子身體又不好，常常需要住院、吃藥等。

與那個民警的看法有所不同，我並不認為這名死去女子從事的行業有什麼「不光彩」的。在我看來，這是一位偉大的母親，願她的靈魂在另一個世界裡得享安息。任何人也沒有資格居高臨下地指責這位母親，無論是那個民警，還是貴為一國總理的溫家寶，他們的所作所為難道就比這個母親「光彩」嗎？此時此刻，我要追問的是：究竟是誰讓母親淪為妓女？究竟是誰剝奪了母親的尊嚴？

真正不光彩的，不是這位忍辱負重的母親，而是那些將母親逼成妓女的人，比如教育部部長周濟、國務院總理溫家寶和中共黨魁胡錦濤等人。真正不光彩的，是那些搜刮民脂民膏的官吏，是那些在歐美國家紙醉金迷的官太太，是那些開槍殺人的軍警，是那些為統治者塗脂抹粉的文人學士。一名卑微而困苦的女子，兩個孩子的母親，為了盡到自己母親的責任，在走投無路之後，惟有出賣身體，來換取自己的生存以及子女的受教育權，這有什麼「不光彩」的呢？

喜歡附庸風雅的溫家寶，經常吟誦詩人艾青的一首詩歌，「為什麼我的眼裡常含淚水，因為我對這片土地愛得深沉」。在歷屆總理中，溫家寶是一位最喜歡表演「流淚秀」的總理，他的眼淚一開始打動了不少老百姓，後來眼淚流多了，效果就越來越差了。溫家寶的陰柔之氣，甚至超過當年曾經扮演女旦的周恩來。我不知道，如果溫家寶讀到這則報道，會不會為這名悲慘死去的母親流一滴眼淚，會不會幫助這名死不瞑目的母親撫育兩個孩子？會不會重新定義他所謂的「尊嚴」這一概念的內涵與外延？在民國時代，溫家寶的爺爺溫瀛士有創辦私立學校的權利，並竭力扶助那些家境貧寒的孩子讀書成材；但在溫家寶擔任總理的「人民共和

國」，卻需要由母親靠賣身來為孩子掙學費，溫家寶不必流淚了，趕緊鑽到地縫裡去吧。

中共經常自作多情地以人民的「母親」自居。「黨啊，我親愛的母親」，是一首家喻戶曉的主旋律歌曲，每當聽到這首歌的時候，我就頭皮發麻。正是這名「抽像的母親」逼迫那些活生生的母親成了妓女甚至付出了生命的代價。人民的尊嚴，當然包括妓女的尊嚴，以及所有母親和女兒的尊嚴。既然溫家寶喜歡讀書，我願意向他推薦托爾斯泰的《復活》和陀思妥耶夫斯基的《白癡》這兩部名著。這兩部小說的主人公都是妓女，都是被踐踏與被凌辱的「殘花敗柳」。然而，這兩名妓女的靈魂卻比那些達官貴人的靈魂高貴千百倍。

今天的中國難道不也是如此嗎？那些悍然「公處」妓女的警察和官僚們，哪些逼迫母親成為妓女的警察和官僚們，哪個不是靠妓女和人民養活的？

政之所興，在順民心；政之所廢，在逆民心

正如同孟姜女的眼淚是長城的一個註腳，福建的那位通過賣淫來供養孩子上學的母親的死亡也是「和諧社會」的註腳。溫家寶的政府是中共建政以來最有錢的一屆政府，毫不心痛地拿出將近三成的財政收入作為軍費，以期實現「大國崛起」，卻吝於在社會保障、教育和醫療方面投入有限的資金。如果政府對窮困人家的孩子有一套運作良好的獎學金和助學金制度，這位母親還會去做妓女嗎？中國的教育經費在國民生產總值中所佔的比例，低於大部分非洲國家而名列全球倒數之「前矛」。這樣一個母親依靠賣淫供養孩子上學、老師兼任礦工幫助學生支付學費的國家，卻長袖善舞地在國際上大把撒錢，收買一些流氓小弟，真是無恥之尤！

溫家寶親自參與了「兩個中國」的打造：一個是在國際舞台上炫耀財富、鮮衣怒馬、閃亮登場的中國，揮一揮手即召集非洲四十多國的元首到北京朝拜；另一個則是四百萬賣淫女、數億失業工人和失地農民終日哀哭切齒的中國，孩子們死於毒奶粉和毒疫苗。一個是發射宇宙飛船、擺出征服太空架勢的中國，以愛國者自居的將軍們時時發出核戰爭的威脅；另一個則是民眾連最基本的醫療和養老保險都缺乏的中國，老百姓過

的是沒有未來、沒有希望的日子，佔人口一半以上的農民生病了只能在家中等死。簡而言之，一個是有尊嚴的中國，一個是沒有尊嚴的中國。溫家寶先生，你愛的是哪個中國呢？

既然溫家寶先生將「尊嚴」當作本屆政府 LOGO，似乎表明他是一個有靈魂、有愛心的人。然而，如果在夜深人靜的時候，偶然讀到契訶夫的這段文字，這個大國的總理有何感受呢——「我們既沒有切近的目的，也沒有遙遠的目的。我們的靈魂是獅子大張口的空洞。我們不相信革命，我們沒有上帝，我們不怕鬼魂。……必須承認，我們的情形沒有一點可以叫人羨慕的地方。」是的，如果一個接一個的母親都失去了尊嚴和人格、失去了自由與生命，如果每一個妓女都不得不面臨被「公處」的命運，那麼這個龐大的帝國還沒有崛起便走向了滅亡。

如果說政治是一種制度安排和權力分配，那麼它的目的便是讓人活得更好，更快樂，更幸福。溫家寶先生喜歡引用古文，我將《管子》中的一句話贈送給他：「政之所興，在順民心；政之所廢，在逆民心。民惡憂勞，我佚樂之；民惡貧賤，我富貴之；民惡危墜，我存安之；民惡滅絕，我生育之。」這段話該貼在溫家寶的床頭，每天都閱讀和思想一番。

「黃金時代的故事」繼續在中國上演

羅馬尼亞共產主義的最後幾年是在殘暴和滑稽的交錯中不安地度過的。

——托尼・朱特《戰後歐洲史》

二零零九年以來，羅馬尼亞電影《黃金時代的故事》在世界各大電影節上備受矚目，佳評如潮。這是一部由五名導演合作的五部短片的集錦，以五個小故事回顧二十世紀八十年代齊奧塞斯庫統治期間羅馬尼亞人民的生活狀態。五個故事都有些黑色幽默的味道，都有點像王小波的小說，雖然沒有德國電影《竊聽風暴》中那種撕心裂肺的傷痛，卻有一種詭異的寧靜，如同暴風驟雨過後廣闊而深沉的海洋。

齊奧塞斯庫時代的人民有多麼幸福？

故事之一：聽聞領導要來視察，村民們趕緊把水果蔬菜重新掛回樹梢間，營造出欣欣向榮的豐收景象。忽然又有電話說，視察取消了。村民們如釋重負地散去，齊齊坐上旋轉木馬自娛自樂，卻因為沒有留下人來控制按鈕，大夥兒只好瘋轉了整整一夜。

故事之二：法國總統要來布加勒斯特訪問，照片上的他居然比齊奧塞斯庫高出一頭。上級說，不能讓資本主義高過社會主義。於是，攝影師在那個沒有電腦特技的時代，發揮高超的修片技術，給自己的領袖加了一頂帽子，讓他看上去比法國總統更加偉岸。

故事之三：為了豐富群眾的副食品市場，卡車司機奉命載著一車母雞向目的地駛去，中途不得停歇。修車時，司機發現輪胎被盜，卻幸福地呼出一口氣，在一家小旅館的門口，年輕美麗的女老闆正在招手歡迎他。

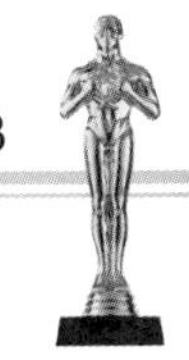

故事之四：鄉下的親戚給城裡的警察送來一頭活豬，也給他出了一個難題。在人口如此密集的社區內，怎樣躲過鄰居的眾目睽睽和風言風語，在悄無聲息中將這頭活豬變成自家餐桌上的美味？警察最後想出了一個好辦法——用煤氣毒死這頭畜生。

故事之五：一個男人和一個女人擺出美國電影《亡命鴛鴦》中的男女主人公的架勢，好像要在居民區裡實施打劫計劃。結果大家虛驚一場，原來他們只不過是想賣掉積攢了好久的一批空瓶子，以補貼家用。

這五個白描式的小故事，幽默中充斥著辛酸的味道。在那個以獨裁者齊奧塞斯庫的名字命名的「黃金時代」，獨裁者問，你們幸福嗎？誰敢回答說自己不幸福呢？齊奧塞斯庫統治羅馬尼亞長達二十四年，是蘇聯東歐地區掌權時間最長的黨魁之一。一九七一年，齊奧塞斯庫在「文革」的高潮階段訪問中國，並且第一次訪問朝鮮（後來他成為朝鮮的常客）。馬克·阿爾芒德評論說：「比起正在北京上演的對毛澤東的個人崇拜，他似乎對平壤金日成所受的宗教式膜拜更感興趣。」此後，齊奧塞斯庫在國內大肆推行一種蘇聯、東歐集團中最惡劣的「蘇丹式」統治。

直到八十年代末，齊奧塞斯庫仍然是蘇聯東歐集團中最為自信的統治者，當其他國家紛紛啟動政治經濟改革的時候，唯有他巋然不動，認為自己的統治可以永遠延續下去。齊奧塞斯庫的自信並非建立在空中樓閣之上。首先，羅馬尼亞人口約兩千三百萬，共產黨員三百八十萬，其比例為蘇聯和東歐國家之冠，高出今日之中共黨員在中國人中的比例差不多三倍。其次，齊奧塞斯庫擁有一支蘇聯和東歐集團中最殘酷無情的秘密警察隊伍，他們公然綁架持不同政見人士並使之「人間蒸發」。研究民主轉型的美國學者林茨和斯泰潘指出，在所有南歐、南美和後共產主義歐洲的國家當中，「惟獨羅馬尼亞沒有出現成熟的、真正的地下出版物。沒有任何國家像羅馬尼亞那樣，統治者及其秘密警察部門具有強大的滲透力，使整個國家完全處於恐懼氣氛之中。」所以，齊奧塞斯庫似乎真的可以高枕無憂。

然而，在羅馬尼亞表面安定的下層，早已埋下不安的因子。《東歐諸國史》指出：國家大興土木修建龐大的黨政機關大廈和領袖個人崇拜的建築，投入巨資支持「國有體育事業」，奧運金牌在全球名列前茅，國內的食品供應卻嚴重不足，照明和取暖的電力亦受嚴格限制，民眾生活困窘

不堪。污染嚴重，兒童死亡率居歐洲之首。人民的言行均由政府規範，毫無自由可言。羅馬尼亞人常常自嘲，政府只有對人民的呼吸和睡覺沒有約束的規定。《戰後歐洲史》則指出，齊奧塞斯庫「遙遠得不可觸及，不僅已經高高凌駕於時代精神之上，而且已經凌駕於臣民們那種絕望的情緒之上」。

領袖的剛愎自用和秘密警察的橫行無忌，並不能阻止獨裁政權的瓦解。相反，權力越是剛性，轉型越是不易，暴力衝突發生的可能性越大。果然，羅馬尼亞這個如同「楚門的世界」一般的劣質獨裁的國家，其轉型之難超過了蘇聯、東歐地區所有的國家，不僅經歷了一場死亡數萬人的血雨腥風的內戰，齊奧塞斯庫亦成為唯一的遭到處決的前國家元首。在齊奧塞斯庫生命的最後一刻，他有沒有感到後悔過呢？他會不會羨慕其他那些被他認為太軟弱的、卻得以保住首級頤養天年的蘇聯和東歐的同僚們呢？

與其歡迎溫家寶，不如趕緊救災去

「黃金時代」在羅馬尼亞已經是一段有距離感的歷史，藝術家們才能以之為素材創作電影《黃金時代的故事》。然而，在中國，「黃金時代的故事」依然在繼續上演。同一個劇本，不同的演員而已。這一次的主演是備受某些「過於善良」的中國問題專家和中國老百姓愛戴的總理大人溫家寶。青海玉樹地震發生之後，溫家寶最早飛赴災區，重複兩年前在汶川災區早已駕輕就熟的那些言行。官方媒體報道說，災區人民高舉「總理您辛苦了」的牌子歡迎總理的到來，人們臉上充滿幸福的笑容，現場的氣氛彷彿在過節一般。

從官方公佈的照片上可以看出，這些歡迎總理的百姓個個都衣冠楚楚，根本不像是從廢墟中逃生的災民。只是他們手上舉起的牌子，不是質地高級的展板，而是因陋就簡用紙箱的紙板製作的，這才有一點災區的味道。溫家寶仍然穿著那件看上去極其普通的黑色棉襖，沿途很多百姓眼含熱淚，有人高呼：「溫總理，您辛苦啦！」「總理，您保重身體。」這一場景簡直就是《黃金時代的故事》中的「故事一」，中國人根本不需要再去觀看《黃金時代的故事》了，因為我們就生活在這個舞台和劇本當中。

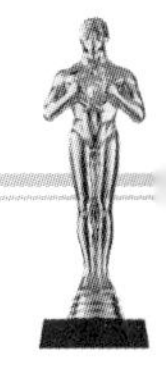

溫家寶倒是滿足了自己充當男一號的虛榮心。我卻想反問一句：當局精心安排這麼多的人手列隊迎接溫家寶，這些人手如果全都投入到「時間就是生命」的搶救被掩埋民眾的工作之中，是否能夠多救出一些人來呢？在這個意義上，溫家寶的這一趟視察，難道不是干擾救災工作嗎？真還不如不去。溫家寶既然多次表示他厭惡迎來送往、厭惡形式主義，為何對此種安排依然安之若素呢？

在溫家寶視察災區的一路上，大小官員和記者前呼後擁，派頭十足。一名記者在採訪手記中寫道：「在整個採訪過程中，記者一直與總理離得比較近，甚至有幾次是貼身站在一起。在總理走下廢墟的過程中，由於人員特別多，總理走起來不是很穩。這時，記者正在總理的對面拍照，溫總理眼睛看著腳下，想找一個落腳的地方。記者立即放棄採訪，伸手拉住了總理的左手，總理沒有拒絕，當即拉著了記者的右手。」這一段話本來是為了拍總理馬屁的，卻無意間透露出若干耐人尋味的細節來：其一，既然說溫家寶輕車簡從，為什麼周圍又「人員特別多」呢？這些「人員」究竟是些什麼人呢？其二，能夠站在溫家寶身邊的，並非普通災民，而是各級官員和官媒記者。這名記者得以接觸龍體，說明溫家寶對記者頗為重視，鏡頭感十足，這也正是好萊塢影帝的派頭。

不久前，溫家寶高調撰文紀念胡耀邦，並非真心實意學胡耀邦的施政風格。他在文章中記述的胡耀邦的簡樸與率性，卻與他自己的弄虛作假形成天壤之別。當年，胡耀邦到基層考察，常常連一個隨行的記者都沒有。溫家寶也承認，胡耀邦為「盡可能地多瞭解基層的真實情況」，曾經讓他去「做些調查研究」，並特地交代：「記住，不要和地方打招呼。」而現在胡溫出巡任何地方，每次都是精心安排、嚴密佈防，不然不會有各級地方領導陪同左右，也不會有大批媒體亦步亦趨。難怪有民間人士嘲諷說：「胡溫常以這種架勢下去『做些調查研究』，走到哪裡，哪裡就會成為影視基地。」點石成金，化災區為影視基地，唯有溫家寶有此法力。

溫家寶的眼淚可以感動中國嗎？

胡錦濤說，以德治國；溫家寶說，以淚治國。劉備的江山是哭來的，溫家寶總理的職位也是哭來的——這不是幽默，而是事實。中國的老百姓不用買電影票，每天傍晚七點鐘在家中都可以免費觀看電影：看央視的

《新聞聯播》就如同看電影，這是中國人唯一的福利待遇。這部溫家寶版的災難大片中最精彩的一幕，發生在結古鎮民族商貿城倒塌的廢墟上：溫家寶爬上廢墟察看，對大家說：「玉樹發生地震災害後，黨中央國務院高度重視。鄉親們的災難就是大家的災難，鄉親們的痛苦就是大家的痛苦，鄉親們失去的親人也是大家的親人。……只要有一絲希望，就要盡百分努力，決不放棄。」溫家寶不僅縱容下級官僚們安排群眾演員參與表演，更親自粉墨登場出演男一號。他的這番話說得鏗鏘有力，但死於豆腐渣校舍的孩子卻死不瞑目。

溫家寶不需要洋蔥的刺激就會流淚。是不是「人民的好總理」，首先就看他會不會隨時隨地掉眼淚。溫家寶在玉樹州人民醫院，看望受傷的災民珠瑪才仁一家時，眼裡含著淚水，安慰道：「我們一起悼念失去生命的親人吧，過段時間按照你們的習俗安葬他們。」在旁邊目睹這一切的記者，立即寫了一篇題為《總理為何「眼裡總是含著淚水」》的報道，記者寫道：「這些都讓筆者不禁想起了汶川地震時，總理不停地在災區奔波忙碌，指導抗震救災工作。當時，在看望災民時，總理也是眼含著淚水。」又說：「看到溫總理眼含淚水，讀著溫總理飽含深情的話語，筆者也不免心潮澎湃，熱淚盈眶。」

諺云：「濫笑無誠，善哭必詐。」從秋雨含淚到總理含淚，從兆山哭鬼到記者揮淚，這個民族的眼淚實在太多了。可惜的是，不該倒下的校舍又倒下，不該死去的孩子又死去，該受懲罰的官員依然穩坐釣魚台。數百名孩子如花似玉的生命，又被溫家寶的眼淚輕輕沖刷掉。四川汶川大地震，暴露出大量豆腐渣的校舍，引發全世界各大媒體的廣泛報道。作家廖亦武在《地震瘋人院》一書中寫道：溫家寶來第一次到災區的時候，看到校舍倒塌的慘狀，當場表態說：「一定要追查到底，給死者和生者一個交待！」但是，後來當局對死者和生者始終沒有任何交待。溫家寶第二次視察災區，期望告御狀的學生家長們被荷槍實彈的武警攔截在一公里遠之外。他們撕心裂肺的哭喊，溫家寶根本聽不見。此次二零一零年玉樹地震，依然有超過百分之七十的豆腐渣教學樓倒塌，溫家寶能夠問心無愧嗎？

二零一零年六月，譚作人案終審維持原判。溫家寶將致力於統計四川地震死難學生人數的民間志願者譚作人關進監獄，這一決定即已表明

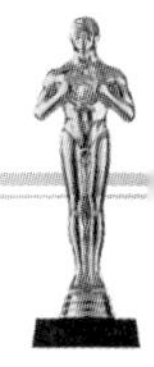

他關心的只有自己的權力，而非民眾的生命。溫家寶是謊言的始作俑者之一，寄希望於溫家寶來終結謊言帝國，簡直是與虎謀皮。羅馬尼亞流亡作家諾曼·馬內阿在《流氓的歸來》一書中寫道，在齊奧塞斯庫的統治下，羅馬尼亞人生活在一個像薄蛋殼般包圍著的巨大謊言之中，假如在片刻的瘋狂中你喊道：「共產黨沒有穿衣服」，蛋殼就會立即分崩離析。但是，立即就有人上來抓住你的胳膊，就像對待一個精神錯亂的罪犯一樣，而且目擊者會走上來證明你的不法行為。那個巨大的謊言就像個新胎盤，既不讓人們生，也不讓人們死。「事實上，我們正不斷用其他遮蓋物包裹這蛋殼，一層又一層，就像俄羅斯套娃一般。」溫家寶不正是最外面的那層的大套娃嗎？

古時戲台上有此對聯：「無非戲耳，做戲忙，看戲閒，臨場時須防失足；猶是台也，上台難，落台易，當局人及早關心。」溫家寶先生當玩味再三。如今，早已在羅馬尼亞落幕的「黃金時代的故事」，繼續在中國上演，但這個劇本還能演到幾時呢？如今，齊奧塞斯庫流完了的眼淚繼續在溫家寶的臉龐上流淌，但他的表演還能感動幾個中國人呢？

二零一零年四月十八日初稿
二零一零年六月二十日定稿

你們的結局會比昂納克更好嗎？

——讀弗雷德裡克・泰勒《柏林牆》

一九六一年八月十二日深夜，一道帶鐵絲網的屏障在柏林悄悄豎起，將整個柏林一分為二。後來，這道屏障不斷被加固、擴建，最終成為冷戰時期東西方陣營全面對壘的最觸目驚心的標誌——柏林牆。柏林牆存在了二十八年，逐漸被視為一個國家永久分裂的象徵，也造成了成千上萬家庭「盈盈一水間，脈脈不得語」的悲劇。但誰也沒有想到，柏林牆居然在一九八九年十一月九日深夜被民眾衝垮了。因為東德共產黨的政治局委員、中央委員會媒體發言人沙博夫斯基的一句口誤，釋放出邊境從即刻起開放的信息，民眾便像潮水般地湧向柏林牆，有歷史見證者如此描述說：「當首批民眾接近分界線時，東德邊境衛兵還茫然不相信而仍然予以攔阻。是時成千上萬的青年，攀上牆頂，振臂高呼，西柏林市放出探照燈光，照在五彩斑斕的牆面之上，教堂鐘聲齊鳴，香檳泡沫紛飛，交織成一幅感人的畫面。」以此為標誌展開的東歐和蘇聯共產黨政權迅速瓦解的過程，讓所有人都眼花繚亂、手腳無措。

在柏林牆消失之後二十年，英國歷史學家弗雷德裡克·泰勒出版了《柏林牆》一書，他像講述一個人的一生那樣，為柏林牆立傳，也為東德政權立傳，他探究了昂納克垮台的原因，正如東德最後一任國防部長霍夫曼所說：「首要原因肯定是缺乏民主與自由，從而使每個個體日甚一日地感覺到這種缺憾，使整個社會逐漸趨於癱瘓。當黨和國家領導人距離人民越來越遠時，當他們對現實和公民需求的關注越來越淡漠時，當他們的統治越來越明顯地具有專橫、武斷、強制的色彩時，只需要在火藥桶內投入區區一個火星，便可以引發廣大東德公民的公憤。」這不也是在說今天中國的情形嗎？

「萬特利茲」與「中南海」何其相似

在柏林牆興建之先，在東德領導人將東德民眾封鎖在牆內之先，他們先將自己囚禁起來。《柏林牆》有一章看似「閒筆」的內容，生動地描述了東德領導人居住的萬特利茲別墅區的情況：「儘管德國近代史沒有對萬特利茲進行濃墨重彩的敘述，但在德意志民主共和國的大眾口裡，這個地方還是被稱作『上帝們的貧民窟』，或簡稱為『貧民窟』。囚禁別人的人現在也成了囚徒，而這個『森林住宅區』就是德意志民主共和國領導精英們的金絲籠。」

在這個柏林郊外風景優美的居住區，主人們提前進入共產主義時代，他們的別墅用最好的材料建成，每個家庭都有數十人為之服務。這裡設有奢華的俱樂部、餐廳和專門供應進口商品的商店。領袖的妻子喜歡吃保加利亞產的「喬納森」牌的蘋果，於是動用專機給她運來，蘋果上面還沾著露水，真個是「一騎紅塵妃子笑，無人知是荔枝來」的現代東德版本。弗雷德裡克·泰勒寫道：「東德領導人和家人生活的區域被稱為『內環』。六百名為政治局委員住地提供服務的服務員、警官和保安人員，大都居住在附近不起眼的屋子裡，他們居住的地方被稱為『外環』。」圍繞四周的高牆將這片區域封鎖起來，外人根本看不到裡面的情況。

黨的領袖讓政治局的同僚們聚居在一起，是為了便於監視和控制他們。在這裡沒有人會有放鬆自如之感，沒有任何兩家人之間存在著尋常人的友誼。一個名叫薇拉的演員嫁給中央政治局的某位成員之後，住進這個地方，對於這個被稱為「首領們的天堂」的地方，她這樣寫道：「這裡的房子像火柴盒一樣漂亮、對稱。它們沒有靈魂，和旁邊的沙灘與松樹格格不入……這是個貧民窟，住在這裡，我感覺自己就像一個在家的外來移民。每天早上，同樣的黑色沃爾沃會準時停在花園門口，每棟房子裡都會出來一個老人；每個老人身旁都會有一個年輕人護衛著他，幫他拿包，為他打開車門……」住在這裡的很多人後來都承認，他們本能地感覺到了一種幽閉恐怖症。

中共領導層群居的中南海，據說是三步一崗、五步一哨，不也是另外一個版本的萬特利茲嗎？萬特利茲是一個新建的居住區，而中南海原本就是中國古代帝王的居所。胡錦濤和溫家寶堪稱自己的囚徒，他們除了偶爾走出中南海，到某個精心佈置的「外景基地」表演一番之外，絕大

多數時間都在這個古代帝王的專屬區內自娛自樂。不久前，網絡上盛傳一份自稱是中央警衛團戰士撰寫的披露中央領導人奢靡生活的文章，如果屬實的話，中共領導人的奢靡生活讓昂納克們自歎不如。中國的普通民眾讀到這份文字的時候，大都是寧可信其有、不可信其無。可見，中共政權像當年的東德政權那樣已經民心盡失了。當外邊屠殺孩童的惡性案件頻發，血汗工廠的工人們一個接一個地跳樓自殺的時候，住在中南海裡面的人，在仰望星空之後就能安然入睡嗎？

虛幻的國家榮譽感是怎樣製造出來的？

有了柏林牆的保護，東邊的這個世界顯得井井有條、欣欣向榮。一九八九年十月，在東德建國四十週年的慶祝大會上，昂納克自豪地宣稱東德是世界上經濟狀況最好的十個國家之一。儘管東德政權在偽造生產和出口的虛假數據上效率頗高，但東德的經濟水平確實在社會主義陣營中遙遙領先，甚至高於葡萄牙、希臘等實行資本主義制度的歐洲國家。昂納克和他的同僚們就像《綠野仙蹤》裡面的巫師那樣，利用各種小技巧維持著龐大卻搖搖欲墜的統治。東德居民有免費的幼兒園食物、免費的醫療、房屋租金補助和假期補助，而且獲得國家批准的人還可以享受免費的高等教育。如果你遵紀守法，不想過另外一種生活，把你的未來完完全全交給黨，那麼你的生活將會寧靜而安全。

儘管如此，東德的普通居民對共產主義的意識形態還是越來越疏離。當發現共產主義的迷魂湯逐漸失效的時候，東德領導人便努力營造所謂的「國家榮譽感」。國際體育比賽成為「國家尊嚴」的集中體現。在一九六八年的墨西哥奧運會上，人口只有一千六百萬人的東德，位居獎牌榜第三位，僅次於美國和蘇聯。為了讓東德運動員在國際排名上保持領先，萊比錫機構、東德科學院和耶拿製藥廠無恥地勾結起來，許多運動員被迫或自願地服用他們研製和生產的興奮劑，不久之後他們的身體便不得不承受這些藥物帶來的災難性後果。領袖們說：為了國家的榮譽，這點犧牲算得了什麼呢？我們的政權可是先輩流血犧牲換來的啊。

但是，人們還是感到這個國家的各個地方都不對勁。由一小群人壟斷權力的國家，很難讓所有的人都去「愛」它。昂納克們只好退而求其次，只要人們不公開反對共產黨，即便是「假裝」的順從也可以。大部分

人就是這種生活狀態。但反對者仍然不斷增多。為什麼那麼多衣食無憂的東德人甘願冒著生命危險、前赴後繼地翻越柏林牆呢？可見，一個按照人均比例擁有奧運會金牌數量最多的國家，並不能獲得普通民眾的忠誠與信靠。可見，人活著不單單是為了食物，人還需要自由與尊嚴。

每一個公民的尊嚴可以被踐踏，但國家的尊嚴卻可以彌補之，這是昂納克的邏輯，也是胡錦濤和溫家寶的邏輯。胡溫雖然遲鈍，也意識到原有的共產黨的意識形態已經千瘡百孔，而只能祭出愛國主義的翻天印。比如，溫家寶六月一日在東京接受日本廣播協會（NHK）專訪的時候，便情深似海地說：「我的每一個細胞，每一滴鮮血，都是最愛國的，即使我死了，燒成灰燼，也是愛國的。」然而，今天很少有普通的中國人會被他感動得熱淚盈眶了。當年的周恩來欺騙了不少人，如今的溫家寶重施故技卻效果差強人意。溫家寶以為自己的演技足以實現愚民，殊不知，老百姓早已不是他想像的那麼傻。

溫家寶與昂納克一樣信心滿滿

盧班諾夫指出，共產「鐵幕」其實只是一道「玻璃牆」，一經衝擊便粒粒粉碎了。直到被罷黜之前，昂納克的自我感覺一直無比良好。他認為自己永遠是國家的主人，掌握所有人的命運。就連戈爾巴喬夫也無法說服昂納克啟動改革，哀歎東德政權「好像被凍住了一樣」。《柏林牆》中寫到一個讓人無法忘記的細節：年老的昂納克在打獵的時候，為了更好地瞄準，把槍架在一位守門人的肩膀上。這位守門人因此喪失了右耳的聽力。對此，昂納克沒有任何愧疚之意。他認為，他和守門人一樣，都是為黨服務，只不過分工不同罷了，他每天工作十四個小時，幾乎沒有享受過節假日，不也是為大眾的福祉付出了絕大的犧牲嗎？

柏林牆倒塌之後，被開除出黨的昂納克意識到末日將近，在東德政權迅速解體的混亂中逃往莫斯科。沒有想到，短短的兩年之後，蘇聯也解體了。昂納克被引渡回已經統一的德國，並因為柏林牆和東西兩德邊界處的兩百多起死亡事件而出庭受審。此時，他已重病纏身，在法庭上顯得瘦弱乾癟、尊嚴全無。一九九三年，法庭宣佈釋放昂納克，因為「對於一個垂死的人來說，刑事訴訟已經失去了意義」。被釋放的次日，昂納克從法蘭克福機場乘坐飛機飛往巴西，然後轉機前往智利。抗議者跟隨他直到機場的門口。次年五月二十九日，昂納克淒涼地死在異國他鄉。雖然他在生命的最後一刻表現出對家園的眷戀，卻沒有表露出一丁點的悔恨或悔改之意。在這名無神論者的棺材上，傳統的十字架被東德的黑紅金三色旗遮蓋。

今天，看一看電視上胡錦濤和溫家寶們志得意滿的表情，彷彿時光倒流、老片翻拍：他們與柏林牆倒塌之前的昂納克何其相似。美國歷史學家托尼·朱特在《戰後歐洲史》中評述一九八九年東歐的局勢時指出：「共產黨在認識到自己所處的不利勢態時是多麼的遲緩。」今天的胡錦濤和溫家寶恐怕連自身的處境「不利」都不會承認，甚至還幻想以「低人權、高污染」的經濟模式征服全世界呢。今天的胡錦濤和溫家寶與當年的昂納克一樣堅決拒絕政治改革，一樣喜歡誇誇其談，一樣以為人民忠誠順服，一樣熱衷於國家包辦體育。北京奧運會和上海世博會一浪高過一浪的奢靡，以及「萬國來朝」的榮耀，包括蘇聯在內的任何一個社會主義國家的領袖都不曾擁有過。

違背人性的柏林牆，最終的結局必然是倒掉，正如學者劉軍寧在《柏林牆為什麼會倒塌？》一文中所指出的那樣：「一些統治者可以在一段時間內阻擋一些人對自由的追求，但是不可能永遠阻擋所有國民對自由的追求。柏林牆的倒塌說明，任何有形的人為障礙，都不能阻擋人類追求自由的意志。」在東德是如此，在中國同樣如此。胡錦濤和溫家寶真的可以靠著虛幻的信心，念一個永遠生效的咒語，就能像將頭部埋進沙堆中的鴕鳥一樣，避開日益嚴峻的現實嗎？他們的下場真的會比昂納克更好嗎？《柏林牆》這本書應當擺在胡錦濤和溫家寶的案頭和枕邊，他們會以一顆恐懼戰兢和謙卑受教的心認真閱讀嗎？

二零一零年六月一日至二日

第四卷

自由平等遮羞布 民主集中打劫棋

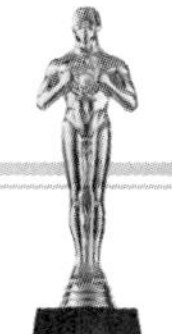

我們需要叔叔輩的總理，不需要爺爺輩的總理

那些吹捧溫家寶的文章，常常拿溫家寶的年齡說事——一個接近古稀之年的老人，仍然廢寢忘食地為國事操勞，這容易嗎？有記者寫道：「雪災裡的身影，地震時的眼淚，金融危機中四處奔波的聲音……這個『老人』還曾在哥本哈根的六十個小時裡，幾乎沒有休息。」甚至還有一個歸隊的御用文人深情地說：「溫總理，您太累了！」

是的，一個年近七旬的老人，本不該如此勞碌。真正的解決辦法，不是歌頌這個老人，而是讓他解甲歸田。當「溫爺爺」這個稱呼充斥大小報章的時候，我們應當明白：我們需要的是叔叔輩的總理，而不是爺爺輩的總理。大國總理不好當，尤其需要年富力強的身體條件。對溫家寶而言，與其勉強地「老當益壯」，不如盡早退位讓賢。如此，我們這個「老大帝國」才能變成「少年中國」。

老驥伏櫪與倚老賣老

曹操有名作《龜雖壽》云：「老驥伏櫪，志在千里。烈士暮年，壯心不已。」喜歡引經據典的溫家寶，從未沒有引用這幾句話來「以詩明志」，實在是一大疏漏。在下一次的記者會上可一定不要忘了。古人的壽命相對較短，古人對年齡的老少的看法與今人有著明顯的差異。曹操作此詩的時候是建安十二年，那時他只有五十二歲，他就在感歎自己老了；如今，年近七旬的溫家寶不服老地對記者說：「至於我的身體，大家會看到，我還是有充沛的精力的。」他介紹，自己基本上沒有節假日，喜歡通過散步、游泳讓身心放鬆，以保持旺盛的精力來對付繁重的工作。一名細心記者還注意到，溫家寶回答完十三個問題，只喝了四小口水，可見其精力非常人可比。然而，我的看法恰恰相反：一個人如果拚命標榜自己「不服老」，實際上正說明他「老之已至」。

溫家寶喜好的體育運動不僅僅是散步和游泳。自從上個世紀八十年代的總理、總書記趙紫陽因為公佈打高爾夫球的照片而飽受批評以來，中共的領導人一般不再透露本人有什麼業餘愛好，特別是喜好什麼體育活動。他們希望給民眾留下一個永遠在伏案批示或外出巡察的印象。溫家寶是少數偶爾提及自己的運動方式的領導人，不過，他在國內的表述與在國外的表述卻迥然不同。此次人大會閉幕式的記者會上，他只是謹慎地說用散步和游泳來舒緩身心；而在二零零七年訪問日本的時候，他與日本大學生一起打棒球，由此營造親民和溫和的形象，中共在日本的宣傳機構僑報出版社專門出版了《三十五號投手溫家寶》一書，盛讚其「棒球外交」的豐厚成果。二零一零年五月二十九日，溫家寶在訪問韓國期間，在韓國首都首爾晨練，還與偶然相遇的韓國平民打了羽毛球，媒體報道說：「跑了兩圈後，溫家寶看到草坪上有人在打羽毛球，便走上前去。兩名正在打球的青年男子認出了溫家寶，迎過來向他問好。其中一人將自己的羽毛球拍讓給溫家寶，溫家寶與另外一人進行了一場『友誼賽』。」可惜，這種親民秀和體育秀通常只能在出訪的時候出現。

如果說溫家寶在日本的那張穿著運動服的神采奕奕的照片，讓人們覺得他還不算太老、或者還具有「老驥伏櫪」的激情的話；那麼，他在其他的一些場合卻不自主地發出「夕陽無限好，只是近黃昏」的感喟來，甚至在感喟之餘還「倚老賣老」一番。比如，在教師節的時候，溫家寶到山東費縣的鄉村學校視察。在一間教室裡，他與探沂鎮中小學的教師座談。走出教室的時候，他對聚攏過來的小學生們充滿感情地說：「我只說兩句話：希望你們記住今天，一位年近七十歲的老人來學校看望你們，他對祖國的未來充滿希望，他更把祖國的明天寄托在你們身上。」這句話說得頗有幾絲悲涼的味道。但是，我想反問一句：這位本該在家中頤養天年的老人，為何還要在第一線奔波呢？為什麼不主動將「棒子」交到更年輕的一代手上呢？

溫家寶本該只任一屆總理，然後及時讓賢給年輕一代。因為普遍而言，無論從身體狀況、知識結構、文化素養還是國際視野等各方面來看，五十歲上下的一代人大都強於七十歲上下的一代人。如今，溫家寶很累、很苦，是他戀棧的結果，而不是他博取民眾讚美的本錢。溫家寶難道真是因為「憂國憂民」和「愛民如子」才勉強連任一屆的嗎？我不

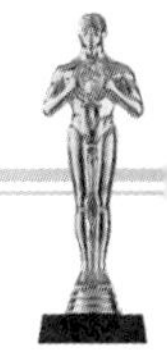

太相信這個「捨溫其誰」的判斷，我更認同學者孫隆基在《中國文化的深層結構》一書中對「老人政治」的分析：「老一代的——尤其是掌權的——沒有一個肯退休，必須等待安排好最小的一個兒女出道之後，才肯退休。至於子女，則更需要牢牢地依附著父母這個靠山，因為他們是眾多能夠為自己『開後門』的特殊關係中最特殊的。」在一個「家天下」的國家裡，政治人物是沒有超越家族利益的遠景的。

中華民國的國務總理與行政院長有多年輕？

雖然今天的中共政權已經初步解決了「領導幹部終身制」的問題，江李與胡溫之間的順利交班和不成文的退休年齡的劃線，大致避免了當年蘇共讓「垂死者」上位掌權、「病夫治國」的危機，但論資排輩的「老人政治」的本質仍然沒有改變，「幹部年輕化」只在基層和中層部分地實現了。在中樞層面，胡錦濤當年在「六四」之後被「破格」提拔為最年輕的政治局常委，成為鄧小平相中的隔代交班的人選，但那時胡已經接近五十歲，等到與溫家寶一起「媳婦熬成婆」的時候，則已經六十多歲了；如今下一代接班人習近平和李克強也是如此，在「候補」階段，就已經不再年輕了，再經過五到十年的打磨，他們必然未老先衰，根本就喪失了政治體制改革的決心與意志。

回顧歷史，在中華民國時代，與中華人民共和國的國務院總理類似的職位，前後有兩個：一是北洋政府時期的國務總理，二是國民黨政府時期的行政院長。他們與共產黨時期的周恩來、溫家寶等人一樣，雖然不掌握最高權力，卻負責處理日常政務，因此地位也十分重要。那麼，這些人的年齡大致如何呢？一翻史書，我才大吃一驚：如果將溫家寶放在這個序列當中，絕對是一個高齡的「老大哥」。

辛亥革命之後，中華民國的第一任內閣總理，是清末即在外交界嶄露頭角的唐紹儀。唐出任總理之初，抱有極大的政治抱負，挑選宋教仁、蔡元培、陳其美等同盟會骨幹成員入閣，擔任農林、教育、工商總長，其內閣被稱為「同盟會中心內閣」。唐紹儀勤於公務，注重辦事效率，使政府呈現一派新氣象。那時，他年僅五十歲。

其他一些在北洋政府中頗有名望和政績的國務總理，年齡也大都為四十多歲。比如，進步黨人熊希齡在四十三歲的時候，出任「第一流人才

內閣」的總理兼財政總長；外交家顏惠慶在四十九歲的時候，出任國務總理並攝行總統職務；法學家王寵惠在四十一歲的時候，出任國務總理，網羅一批留學英美的、被認為是無黨無派的「好人」，組建「好人政府」；而著名的外交家顧維鈞在代理國務總理並兼任外交總長的時候，居然年僅三十八歲——即便在今天的省部級官員中，都找不到如此年輕的人。

一九二七年北伐勝利之後，國民黨政府取代北洋政府，依照孫中山「五權憲法」的思路來組建政府部門，行政院是行政分支機構，歷屆行政院長也都比較年輕。比如，第一屆行政院長、作為「革命元老」的譚延闓，一九二八年二月任南京國民政府主席、十月轉任行政院院長，此時他年僅四十八歲。孫中山的兒子孫科在一九三一年任南京政府行政院長的時候，也只有四十歲。

民國時代的這些行政首腦，大都具有留學西方的背景，他們在風華正茂的時候便脫穎而出、為國效力。僅僅從這一個指標來看，民國政治並非後來人們想像和描述的那麼不堪。

何時我們才有像奧巴馬與卡梅倫一樣年輕的領導人？

二零零八年的美國總統大選，奧巴馬大獲全勝的重要原因是他比共和黨的對手麥凱恩年輕許多。共和黨錯誤地推出年齡過大的麥凱恩參選，麥凱恩已經七十開外，滿頭銀髮，雖然他是越戰英雄，卻讓人懷疑他是否具備充沛的精力領導美國衝出金融危機和反恐戰爭的驚濤駭浪；而作為參議員的新面孔的奧巴馬，出人意外地戰勝比他年長十多歲的黨內競爭對手希拉里，奧巴馬只有四十出頭，身手敏捷，充滿激情。有人說，麥凱恩代表著一個已經逝去的時代，而強調「變革」的奧巴馬讓人產生無限的聯想和希望。有學者統計過美國的歷次總統大選，發現有七成左右的結果是比較年輕的一方獲勝，而比較年長的一方獲勝的時候只有三成左右。可見，在民主社會，大家的選票會天然地傾斜向年輕者一方。

二零一零年的英國大選也是如此。保守黨黨魁卡梅倫和自由民主黨黨魁克萊格都只有四十出頭，大選獲勝之後組建聯合政府，卡梅倫成為兩百年來英國最年輕的首相。作為保守黨領袖，卡梅倫賦予這個被認為比較刻板的黨以朝氣和活力。他雖然出身貴族，在牛津大學接受精英教育，卻經常騎自行車上班，到平價商店購物，極受年輕人的喜愛。此次

英國大選首次採用在美國早已流行了半個世紀的電視辯論的形式。英俊瀟灑、思維敏捷的卡梅倫和克萊格大出風頭，而比他們年長二十歲左右的現任首相布朗則被映襯得暗淡無光，英國《蘇格蘭人報》幸災樂禍地描述道：「布朗似乎在一個星期內頭髮都變白了，他看上去好像已有一百多歲。布朗的言論就像一位老校長令人頭疼的長篇演講，這不是人們想聽的。」

美國政壇上為何會出現奧巴馬，英國政壇上為何會出現卡梅倫？這是因為英美是民主社會，是多黨競爭，是全民選舉。一個社會的民主化程度越高，年輕人當選國家領導人的可能性就越大；反之，一個社會的專制化程度越高，老年人把持權力的可能性就越大。民主化前後的台灣，在這一點上對比強烈：兩蔣時代的台灣，用孫隆基的話來說，「權力機構已經老化，老蔣的那一代多已八十多歲，卻仍然牢牢地抓住權力不放。因此，像張群那樣的八十幾歲的人才會說出『人生七十才開始』的話，意思就是不肯放手。至於蔣經國那一代，也已經是六十幾歲，卻被稱作是『少壯派』。台灣每年又有選拔『十大青年』之舉，而平均年齡則是四十歲。至於四十歲以下，似乎可作『兒童』對待。」台灣民主化之後，即便是「百年老店」國民黨也不得不適應時代變化，「少壯派」的馬英九才可能擺脫「連戰連敗」的連戰等元老的擠壓，出馬帶領國民黨打贏選戰。

與之相反，只要中國一天處於共產黨的一黨獨裁之下，中國一天就不可能出現自己的奧巴馬和卡梅倫。中國人需要叔叔輩的總理，不需要爺爺輩的總理。可惜，我們手上沒有選票，所以沒有人在乎我們的意願。在民主匱乏的中國，溫家寶們既然可以「自動當選」，自然要「再接再厲」，非得做到不能動彈才讓位。而一切的辛苦與疲憊，反倒成為他們向民眾炫耀的資本，和向民眾索取崇拜的條件。這就是中國社會最為弔詭的事實。

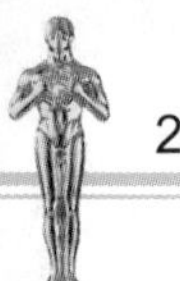

從毛澤東的木乃伊到胡溫的御筆

中國人沒有宗教信仰，所以便將「歷史」當作一種「次宗教」。從古代的皇帝到共產黨的領袖，無不視「青史留名」和「永垂不朽」為最高理想。他們並不畏懼歷史，而是以歷史為其奴僕。自古以來，秉筆直書的史官少，唯唯諾諾的史官多。皇帝們將史官「倡優蓄之」，除了盤踞在史書的頭版頭條之外，還讓史官將自己的屍體、內褲、毛髮和筆跡統統保存起來，以供子子孫孫和億兆「屁民」瞻仰。於是，神州大地成了「萎人」們專享的博物館：古代的帝王生前就挑選風水寶地，勞民傷財地修建宏大的陵墓；而「中共國」的開國之君毛太祖的屍體，則被後繼者別出心裁地放在紀念堂的水晶棺內展覽。當年負責處理毛屍的著名醫生吳階平，在回憶文章《毛主席遺體保護工作的回顧》中寫道：「我雖然承擔過多次重大醫療任務，但對這次的任務卻不可能像以往那樣充滿自信了。……保護遺體達到瞻仰的目的，要面部顏色、容貌、神態合乎要求，還要能接受光的照射和溫度、濕度的影響。作為一個臨床醫生，這方面的知識當然不多，實際上還沒有成熟的科學方法。而且又必須及時採取保護遺體的措施，不能喪失時機，以免出現不能彌補的損失。對這樣重大的政治任務，雖然困難很多，卻不能不承擔下來，因此心情是很複雜的。」在那個普通民眾吃不飽飯的時代裡，中共當局不惜血本，研製出「氣態、液態相結合」的方法，終於使得毛屍躋身於全球「四大木乃伊」（其他為列寧、胡志明、金日成）之列，且顯得最為「栩栩如生」。

雖然今天人類的科技日新月異，中國成功地讓宇宙飛船升上了太空，但要讓毛澤東的木乃伊死而復生，仍然力不能及。毛不能起死回生，但毛時代的意識形態卻薪火相傳，胡溫不僅在中共建政六十週年的閱兵大典上讓「毛澤東思想萬歲」的巨幅方陣重新出現，而且讓毛時代個人崇拜的歪風邪氣再度興盛。文革結束之後，個人崇拜的風氣一度淡化：鄧小平比較看重實際的權力，滿足於垂簾聽政的地位，並未主動掀起個

人崇拜的熱潮；江澤民愛出風頭和耍小聰明，有揚州人特有的戲子人格，卻沒有自塑金身的「雄才大略」；李鵬自知千夫所指，遂不再致力於改善自身的形象，而是縱容其家族悶聲發財；朱鎔基剛愎自用，自以為是經濟專家，對意識形態領域興趣不大……所以，二十世紀七十年代末以來，中國人總算可以挺挺腰、伸伸腿了，不必向神壇上的偶像頂禮膜拜了。然而，到了胡溫執政期間，胡溫兩人珠聯璧合，其施政特色跨越了鄧、江，而直接與毛太祖時代對接。胡溫讓個人崇拜的惡習死灰復燃，其證據之一便是胡溫的「御筆」亦像毛澤東的屍體那樣，享受到了「永久保存」的待遇。

胡溫的黑板題字花了多少錢保存？

二零零八年五月二十三日，溫家寶在視察劫後餘生的北川中學臨時教學點時，在一間臨時教室的黑板上寫下「多難興邦」四個字。後來，這個臨時板房不復存在，可這塊黑板被精心保護下來，繼續在新建的學校的一間教室中使用。溫家寶隨手寫下的四個粉筆字，被有關部門用特製的有機玻璃覆蓋起來，「有幸」在這間教室中上課的老師和學生，可以時刻矚目這四個偉大的字跡。

過去帝王將相、騷人墨客的題詞，一般是用毛筆寫於宣紙之上，故而可以長期保存。而胡溫視察災區學校的時候，隨手拿起粉筆在黑板上寫幾個字，以顯示對學生的關愛。粉筆字是所有字跡中最具「不穩定性」的一種。老師寫的粉筆字隨時會擦去，再寫上新的內容；但作為最高領袖的胡溫的題字，卻不能被擦去，那麼，如何讓這些題字得以「永久保存」呢？

《南方週末》就此一課題作了深入的採訪報道。報道的主人公是一個名叫李玉虎的專家。《南方週末》指出：「即使在全球檔案保護界，他也是頂級專家。」美國國會圖書館保護專家唐納·德賽伯爾博士曾對李玉虎說：「在這一領域你們走在我們前面，我們落後了。」在這個領域，中國當然會走在美國前面：美國政府受國會和輿論的嚴密監督，一塊美金都不敢拿出來交給有關專家，讓他們用在保護布什或奧巴馬視察學校時用粉筆在黑板上寫的字跡上面。所有美國人都深知「總統是靠不住的」，如履薄冰的總統哪敢搞這種個人崇拜的糗事？可是，中國政府卻可以理直氣壯地將

胡溫的粉筆字當作「國寶」，命令字跡保護專家說：「這是一項重要的政治任務，你們要不惜一切代價完成，花多少錢都無所謂。」

李玉虎早已處理過一塊與胡錦濤有關的黑板。胡錦濤曾經在陝西省寧強縣廣坪鎮金山寺村金山寺小學的簡易帳篷裡，在小黑板上用粉筆寫下「一方有難，八方支援；自力更生，艱苦奮鬥」十六個字，並和孩子們一起朗讀。這個消息在中央電視台《新聞聯播》播出後，寧強縣檔案局的主要領導馬上意識到，小黑板是重要的歷史檔案。一個星期後，檔案局向縣委報送《關於收藏胡錦濤題字小黑板的請示》。縣委副書記李芳當即批示：「經縣檔案局匯報邀請，省檔案局已來我縣查看取樣試驗，並提出了科學的保護保存措施。縣檔案局已基本具備了保存條件，故可由其收藏。」縣委書記張雁毅亦批示「同意」。

但是，粉筆末在黑板上停留的時間有限，如何讓「御筆」永不變色？在此領域有權威地位的專家李玉虎遂受邀奔赴寧強。此時災區百廢待興，民眾的日常生活尚未恢復正常，但在地方官員眼中，老百姓的生命遠不如總書記的幾個粉筆字重要。李玉虎從千里之外抵達災區，並受到當地官員的隆重接待，他剛一抵達，便與省檔案局副局長劉衛實地察看小黑板的材質、漆面等情況。當天，他們將小黑板漆粉取樣帶回西安化驗。經過夜以繼日的實驗，李玉虎終於拿出了一套讓總書記的題字「永不磨滅」的保護方案來。

兩年後的玉樹地震中，胡錦濤在第一所復課的孤兒院中留下「新校園，會有的！新家園，會有的！」十二個粉筆字。像以往一樣，這塊黑板在總書記放下手頭粉筆的一刻，便成了「重要檔案」。這塊黑板很快穿越海拔五千米的青藏高原，被送到八百公里外的青海省檔案局。小黑板還在高原上時，青海方面便撥通了李玉虎的電話，邀請他赴青海，為保護小黑板提供技術支持。李玉虎再次出馬，果然不負眾望，經過四十多天的「技術攻關」，拿出針對這塊鐵質黑板的技術方案來，使得這塊小黑板成為青海省檔案局的「鎮局之寶」。

然而，這篇報道最大的缺憾就是：保存胡溫的黑板題字究竟花了多少民脂民膏，這些花費是否會在財政預算公開的項目中出現呢？

技術專家可以保持「學術中立」嗎？

《南方週末》將曾經當選「十大傑出青年」的李玉虎當作一名「行業英雄」來報道。不過，這篇文章中有一處留下了弦外之音：「和保護敦煌壁畫、保護陝甘寧歷史文檔不同的是，這一次，他在保護黑板上的粉筆字跡的研究之餘，還飽受來自社會及網絡的過度關注干擾。」對待這些「不和諧的聲音」，李玉虎不以為然：「保護黑板，是我的工作；別人的評價是他們的自由。」他強調說：「這是我的工作，我的研究，我的學問。怎樣保護粉筆字檔案，是一個學術問題，不應該把學術問題社會化。……我一輩子做過那麼多的文物保護，並不只是保護和國家領導人有關的檔案。」

這篇報道當然不敢將那些「別人的評價」一一列出來。在公民意識日益增強的今天，胡溫繼續搞毛時代個人崇拜的那套把戲，已經無法誘使大眾全身心地參與和贊同了。究竟是搶救災民的生命更重要，還是保存歪瓜裂爪的「御筆」更重要，人人心中都有一個判斷的標準。李玉虎所標榜的「學術中立」因此備受質疑：你的「工作」、「研究」和「學問」不是你個人的興趣愛好，耗費的是民脂民膏，所以它究竟是有益於國計民生、還是有害於國計民生？

技術本身可能是中立的，但技術為誰服務卻並非中立的。納粹集中營的「死亡天使」門格爾，分別獲得過醫學和哲學兩個博士學位，在醫學上有相當之造詣。門格爾的理論是：「人和狗一樣，都有譜系，有人在實驗室裡培養出了良種犬，我也能在裡面培養出優良人種來。」他最為著名的試驗是關於眼球的試驗：他將顏料注入孩子們沒有麻醉過的眼球，孩子的眼睛大多因此失明，那種撕心裂肺的疼痛自不必說。據另一位集中營醫生說：「一九四三年九月，當我來到吉普賽營地時，看到一張木桌上擺滿了眼球。所有這些眼球都被貼上標籤、編上號碼。眼球的顏色有淡黃色、淡藍色、綠色和紫羅蘭色。」顯然，門格爾不是一個單純的技術專家，而是一個邪惡的納粹分子，是人類的公敵。

我不是說李玉虎真有門格爾那麼壞。跟納粹相比，中共似乎要溫文爾雅許多；跟門格爾相比，李玉虎似乎沒有傷害過任何一個人。我的意思是說，如果一個社會取消或泯滅了對基本的是非善惡的判斷，從李玉虎到門格爾就是一步之遙。今天的中國社會，是非善惡的判斷日漸模糊，

那些幫助中共當局打造金盾工程的網絡技術員們，那些在網絡上非常活躍的「五毛黨」(如「什錦飯」、「八寶飯」) 們，那些為毛、鄧、江、胡繪製高大全的肖像的畫家們，那些為「中國站起來」聲嘶力竭地鼓吹的文人學士們……他們並未感到自己是在從事一件邪惡的工作，他們的良心不會有愧疚之感。我們的社會亦變得越來越「寬容」，包括對罪惡的「寬容」，人們會體諒以上這些人士的選擇：大家都是為了謀生嘛，不可責人過苛。而這種缺乏是非善惡判斷的社會背景，正是一切專制獨裁制度得以延續下去的「群眾基礎」。

與之相反，我們應當營造一種新的、健康的社會論理和價值立場，一種真正的「榮辱觀」。整個社會應當達成一種基本的共識：李玉虎用公費來保護「御筆」，就是助紂為虐，儘管他只是處於這個「食物鏈」的「下游環節」，但他絕對不是「無辜者」。我們要有一種對尊嚴與自由以及罪惡和敗壞的「敏感」。有了這樣一種強大的輿論取向，李玉虎自己也會逐漸恢復正常的是非善惡的判斷，知道做什麼樣的事情於良心有虧，從而自發地拒絕將技術應用在「保護御筆」之類的荒唐事情上面。如果整個社會都形成了這種強烈的是非善惡的判斷，即便是掌握巨大權力的胡溫，也不敢公然違背主流民意，而肆無忌憚地為個人崇拜的惡劣傳統招魂。

胡溫的統治逐漸滑向「蘇丹式」的劣質專制

當然，比起李玉虎，以及那些用保護御筆來獻媚於胡溫的地方官僚，更應當譴責的是胡溫本人。胡溫不可能不知道他們的「御筆」所獲得的「崇高待遇」，他們默許和縱容這樣的事情發生，乃是個人的虛榮心使然。他們身為最高領導者，放縱個人的虛榮心，就不僅僅是個人的人品問題，而是帶頭敗壞公共生活品質和社會風氣。從此一事例即可發現，胡溫的統治逐漸滑向了「蘇丹式」的劣質專制。

同樣是專制制度，惡劣的程度亦有所差異。比如，在當年的蘇聯和東歐統治集團當中，羅馬尼亞的專制就比其他國家的專制更加惡劣。美國歷史學家托尼·朱特在《戰後歐洲史》中指出：「在齊奧塞斯庫的領導下，共產主義已經從全面的列寧主義退化成了新斯大林式的總督領地。這裡，觸角遍佈的秘密警察拱衛著拜占庭式的裙帶關係和低下效率。」更有學者將其命名為「蘇丹式」的、最惡劣的專制模式。「蘇丹式」帶有相

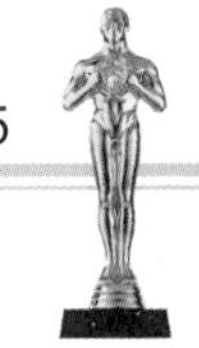

當程度的「東方色彩」，這也許跟齊奧塞斯庫曾經到北韓和中國「取經」有關。齊奧塞斯庫敗亡的時候，便計劃到中國或北韓政治避難。如果成功的話，齊奧塞斯庫也許就是北京城裡的「西哈努克第二」了。

從羅馬尼亞首都布加勒斯特的規劃和建設上便可看出「蘇丹式」專制的殘酷、偽劣與荒誕。《戰後歐洲史》如此描述道：在市中心，一塊面積相當於威尼斯那樣大的古城區完全夷為平地。為騰出空間修建「人民宮」和一條五公里長、一百五十米寬的社會主義勝利大道，共有四萬多棟建築物以及幾十座教堂和紀念碑已經被拆除。在白光閃閃的大道正門後面，映入眼簾的仍然是熟悉的景象，是骯髒、冷酷和用預制磚頭建成的街區。而且那個門本身，也是那麼整齊劃一，讓人覺得壓抑、羞辱和無情，正好做了極權統治最直觀最完整的化身。那座由建築師佩特萊斯庫設計的「人民宮」，即使按其同類的標準來看也十分醜陋。怪誕、殘酷而又品位低俗，唯一的特點就是大——是凡爾賽宮規模的三倍。其正前方是一片半圓形空地，可以容納五十萬人。而它的接待處，則有一塊足球場那麼大。這座齊奧塞斯庫的宮殿曾經是（而且今天依然是）那種不受節制的暴政的魔鬼般的準確體現。

「蘇丹式」的統治意味著統治者對奢靡的儀式的熱衷，宮廷政治取代一切的「顯規則」，腐敗成為一顆不可能切除的毒瘤。統治者本人低劣的價值觀和審美觀被克隆為全社會所有人的價值觀和審美觀。齊奧塞斯庫做夢也有想到，二十多年前他在羅馬尼亞沒有做到的一切，二十多年後卻在中國被胡溫一一實現了。今天的北京與昔日的布加勒斯特是何其相似！看看北京城裡因摧毀了無數歷史遺跡和街區而矗立起來的「鵝蛋」（國家歌劇院）、「鳥巢」（奧運會主場館）、「褲衩」（央視主樓），無不是當年齊奧塞斯庫「人民宮」的翻版。對國家權力的炫耀式的展示，對沒有節制的暴力的迷戀，對領袖的個人魅力的歌頌，對征服歷史的無窮的慾望，在建築、音樂、美術、文學及教育和意識形態宣傳的各個方面無不氾濫成災。權力的儀式化、偶像化，正是提過類似於保護胡溫「御筆」的行為征服了各階層的民眾。於是，即便是一個小小單位的看門人，也會將他擁有的一丁點權力運用到極致，以折磨比他更弱小的同胞為樂。

胡溫的「御筆」並沒有任何一點書法和美學意義上的價值（甚至還比不上希特勒的素描），僅僅因為書寫者是胡溫便成了「無價之寶」。由此

可見，胡溫比江朱更接近齊奧塞斯庫，他們的文化品位更為低下，他們的危機感更為強烈，才不惜使用「永久保護御筆」這樣的「下下策」來營造自我麻醉的安全感。但是，胡溫刻意迴避的一個真相便是：他們的政權的壽命，不會比被李玉虎運用尖端科技保留下來的他們的「御筆」的壽命更長。當中國人民過上自由和民主的生活的時候，當中國人民按照自己的意志修建一座「共產暴政紀念館」的時候，胡溫的「御筆」一定會被轉移到這個紀念館之中。不是被瞻仰，乃是被唾棄。這算不算是胡溫和李玉虎為真實的中國歷史所作出的一點點貢獻呢？

二零一零年六月十七至十九日

溫家寶是遇羅克的同齡人

胡錦濤和溫家寶都是一九四二年生人，他們都是在毛時代完成的大學教育。在官方公佈的胡錦濤的簡歷中可以看到：胡錦濤一九五九年至一九六四年在清華大學水利工程系學習，一九六四年至一九六五年在清華大學水利工程系學習並任政治輔導員，一九六五年至一九六八年在清華大學水利工程系參加科研工作，並任政治輔導員（「文革」開始後終止）。在官方公佈的溫家寶的簡歷中可以看到：溫家寶一九六零年至一九六五年在北京地質學院地質礦產一系地質測量及找礦專業學習，一九六五年至一九六八年在北京地質學院地質構造專業攻讀研究生學位。

毛澤東時代的教育基本上是負面的教育，是將人變成非人（「黨的馴服工具」和「螺絲釘」）的教育。經過五十年代關閉私立大學和教會大學、院系調整以及在知識界掀起幾次大規模的政治運動之後，大學校園中的五四精神與現代文明已經被連根拔起。像清華大學這所曾經尊奉英美自由民主價值、學術水準直追世界一流大學的高等學府，遂淪為專門為共產黨培養「又紅又專」的工程師的「搖籃」。而那個時代能在大學中擔任政治輔導員或繼續攻讀研究生學位的學生，當然是經受了黨的嚴格考驗的「乖乖羊」。這段大學教育的經歷，在胡溫的精神世界中打下了深刻烙印。可是說，在毛時代接受高等教育的這代人，是最遠離普世價值和人類文明主流的一代人。寄希望於這帶人啟動政治體制改革，無異於緣木求魚、與虎謀皮。

溫家寶與遇羅克同齡而殊途

我特別注意到，有一個跟胡錦濤和溫家寶的人生道路截然相反的同齡人，那就是中國第一個發出人權宣言的思想家和烈士、在中國最黑暗的「文革」年代裡，以「出身論」和一系列力透紙背的文章，將中共幾十年來製造「階級敵人」的手法揭露與駁倒，並為之付出生命代價的遇羅

克。遇羅克因為出身不好，被剝奪了上大學的權利，因而也就避免了被中共的黨化教育洗腦，反倒通過自學和思考，與真理相遇。而在大學裡的胡錦濤和溫家寶，則主動或被動地接受洗腦，與真理擦肩而過。

胡溫固然擁有熏天之權力，卻沒有遇羅克萬分之一的精神含量。香港資深媒體人金鐘指出：「遇羅克的『出身論』勇敢說出大家想說而又不敢說出的話。對社會來說，最重要的是良知和表現良知的勇氣。遇羅克所體現的，正是今天中國社會所缺乏的——仍需要敢言，不怕犧牲，奮不顧身地維護真理，說出真理的時代精神；中國真正的社會轉型才會早一天來到。」學者徐友漁亦認為：「人類歷史上，有兩種人對同時代人和後來者的精神和心靈產生巨大的影響：一種是烈士，他們為真理，為理想受苦受難，視死如歸；另一種是思想家，他們的目光如炬，洞察事實，是社會的先知先覺。一身兼思想家和烈士兩者寥若晨星，他們承受的巨大苦難和發出的精神光芒交相輝映，使他們成為人類文明發展史上的一座豐碑。」胡錦濤和溫家寶應當不會不知道他們有這樣一位同齡人，他們可曾想過向這位被中共政權殺害的同齡人致以遲到的敬意，並認真閱讀遇羅克的作品，甚至倣傚遇羅克去追求真理呢？

我在北大唸書的時候，也是屬於這代人的幾位老教授曾經在課堂上坦誠地講過，他們不是同齡人中的第一流人才，第一流的人才在歷次政治運動中遭到摧殘甚至毀滅了，如被殺害的林昭，如被關押二十年的張元勳。如果這些人才在一個寬鬆的環境裡成長，他們必定能夠在學術界和其他領域作出卓越成就來。在嚴酷的政治鬥爭的環境中，只有那些平庸、馴服、謹小慎微的人，才能獲得黨組織的信任，得以躲過政治風暴，留校繼續不痛不癢的學術研究。最後，在「文革」結束之後一躍成為學術界的帶頭人物。胡溫的人生履歷不也是如此嗎？

愛讀書，就該推動言論自由和新聞出版自由

劉項原來不讀書，所以暴君們個個都喜歡焚書坑儒。中共的首腦們卻很少是不愛讀書的，但他們同樣熱衷於焚書坑儒，正如楊憲益先生詩云：「開國應興文字獄，坑儒方顯帝王威。」毛澤東的書房裡堆滿了專門為他一個人印刷的大號字體的古籍，難怪他對權謀術和厚黑學運用自如。毛對知識分子耍流氓手段，對梁漱溟破口大罵，以蔑視文化為榮，顯示

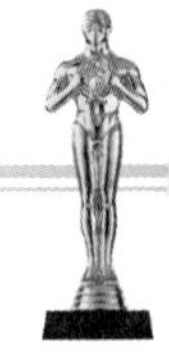

出山大王「無知者無畏」的本色。他卻對那些胸無半點墨的軍頭們引經據典，讓他們聽得雲裡霧裡的，從而對主席之睿智博學歎為觀止。本來是張國燾嫡系猛將的軍頭許世友，被毛刀下留人之後，對老毛遂俯首貼耳。老毛讓已經當上南京軍區司令員的許世友讀《紅樓夢》，武功蓋世的許大和尚讀了五遍都沒有讀懂，只好到主席面前請求免去這可怕的苦役。

江澤民也喜歡讀書，在當年南京的偽中央大學裡，他大概是學過幾本英文原版的教材的。在一九八九年的學生運動中，時為上海市委書記的江澤民面對一群情激昂的大學生，故作從容地用英文背誦美國的《獨立宣言》，以顯示自己並非民主的敵人，這點功夫肯定是「解放前」的教育打下的底子。如此，讓熱情澎湃的學生們在這個「民主前輩」面前自歎不如，遂偃旗息鼓而去。大上海的穩定，差不多靠老江的這一場表演奠定。而大上海的穩定，終於讓老江北上繼位，權傾天下。看來，老江得感激民國時代的西式教育。

而溫家寶愛讀書、愛引經據典的習慣，更是讓「八寶飯」們仰之如山，望之若海，如醉如癡。《金融時報》評論說：「溫家寶是一個不拘一格的讀者，他透露，每次出國都會攜帶一冊亞當·斯密的《道德情操論》。他說，亞當·斯密認為如果一個社會的財富集中在少數人手中，這個社會是不會穩定的。」那麼，今天中國百分之七十的財富都被包括溫家在內的幾百個權貴家族壟斷，這個社會能穩定嗎？

溫家寶不僅沒有致力於改變此種現實，首先從約束自己的家人做起，反倒命令新聞出版總署牽制輿論。二零零九年六月，某專家在一次專題討論會上稱：「國外一家研究機構估計，中國百分之零點四的最富裕的人掌握了百分之七十的財富。」這家「外國機構」，就是大名鼎鼎的世界銀行。《人民政協報》、《時代週報》、《上海證券報》、《青年時報》等四家媒體對此作了報道並發表評論。結果，「新聞出版部門對上述四家報紙刊登虛假新聞提出嚴厲批評，下達警示通知書，並責成報社對相關責任人作出處理。」

從遇羅克到劉曉波，中國的讀書人沒有過上一天的好日子，說真話的讀書人遭到戕害的悲劇一再重演。溫家寶既然飽讀詩書，難道不知道「防民之口，甚於防川」的古語嗎？溫家寶既然愛讀書，為什麼不推動言論自由和新聞出版自由呢？一個喜歡讀書的總理，為什麼要繼續焚書坑儒的暴行呢？

我們需要遇羅克，不需要溫家寶

海內外至今還有不少人士，在胡溫執政的兩屆任期已經過去四分之三的時候，對從來就子虛烏有的「胡溫新政」仍然抱有一廂情願的幻想。比如，頭腦還算比較清醒的香港學者蔡子強便撰文指出：「《南方人物週刊》最近選出總理溫家寶作為『年度人物』，我想沒有幾個中國人會對此提出異議。」我可不願意被蔡先生的這個「異想天開」所「代表」，我就是那幾個對此提出異議的「中國人」之一。而且，我還發現，身邊對此提出異議的中國人顯然不止「幾個」。蔡教授身在香港，大概是因愛國心切，而失去了基本的理性判斷。由此可見，許多聰明絕頂的中國人，一旦戴上「愛國賊」的緊箍咒，便進入「類人孩」的狀態。他們每天都祈禱遇到一位作慈母狀的青天大老爺，恨不得向勤政愛民的父母官下跪謝恩。而溫家寶正是這樣一個具備慈母氣質的「賢相」，滿足了大家的這種「叩頭心態」。

作家林達有一本探討美國政治和文化的書，名叫《總統是靠不住的》。套用此一說法，既然連大家投票選出來的總統都是靠不住的，那麼像溫家寶這樣沒有經過選舉的宰相更是靠不住的。溫家寶愛讀書，卻不愛真理：他喜歡讀羅馬皇帝奧勒留寫的《沉思錄》，此書頓時洛陽紙貴，各種版本都熱賣起來；但他從沒有學會奧勒留在《沉思錄》中再三強調的「對那些不假思索發表意見的人的容忍」——連羅馬帝國的皇帝都知道要容忍，中華人民共和國的總理為什麼視《零八憲章》的簽署者如仇寇呢？他喜歡讀亞當·斯密寫的《道德情操論》，於是這位寂寞的古典經濟學的奠基人，一夜之間紅遍全國，官僚與富豪們人手一本《道德情操論》；但他從沒有學會亞當·斯密再三強調的「正義準則是唯一明確和準確的道德準則」——「六四」慘案已經過去二十年，當年陪同趙紫陽到過天安門、對是非善惡洞悉於心的溫家寶，為何不能向天安門母親們鞠一躬呢？

溫家寶是遇羅克的同齡人。說真話的遇羅克被殺害了，說假話的溫家寶卻倖存下來並爬上了總理的高位。這就是中國優敗劣勝的「潛規則」。遇羅克相信自己說出來的每一個話，敢於挑戰官方的金科玉律，甚

至否定已經被神化的毛澤東思想，並為之付出了生命的代價；而溫家寶從來就不相信他所說的每一句話，在追求權力的人生之路上，他早已分不清究竟在演戲還是在生活了，當然他更不願意為實現自己對民眾的種種許願而付出相應的代價。然而，中國需要遇羅克這樣的「真人」，不需要溫家寶這樣的「假人」。當中國人都能像遇羅克這樣願意為真理而獻身，而不是像溫家寶那樣為了維持權位而演戲的時候，中國才有救了。

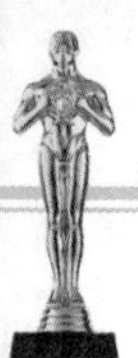

溫家寶與丹瑞大將的「第一次親密接觸」

新華社報道，二零一零年六月三日，國務院總理溫家寶訪問緬甸，在緬甸軍政權的新首都內比都與緬甸總理登盛舉行了會談。會後，雙方簽署了涉及能源，貸款，交通，水電站，製造業，汽車組裝等十五項協議。

在訪問緬甸期間，溫家寶還到一所學校參觀，他對緬甸學生說：「中國和緬甸是山水相連的友好鄰邦。我和你們一樣年紀的時候，就知道我們兩國有『胞波』之情。我至今記得陳毅元帥曾作過一首詩：我住江之頭，君住江之尾。彼此情無限，共飲一江水。」溫家寶總理繼續發揮說：「這首詩寫得非常美，也非常深刻，反映了我們兩國有著傳統的友誼。我這次到緬甸訪問，正值中緬建交六十週年，和孩子們一起慶祝尤其有意義，因為你們象徵著未來。」

實際上，溫家寶訪問緬甸最重要的行程是與緬甸軍政權首腦、「和平發展委員會」主席丹瑞大將會面。新華社對會談的具體內容的報道語焉不詳，只有幾句雲山霧罩的空話，如「溫家寶表示，中緬山水相連，淵源深厚……在老一輩領導人親手締造和培育下，在雙方共同努力下，中緬關係穩步發展，經受住了考驗，給雙方帶來實實在在的利益」等。而從公開發表的幾張溫家寶與丹瑞握手的照片可以看出，兩人雖然是第一次見面，但似乎相當親密，甚至比溫家寶與金正日的合影顯得更加「貼身」。

丹瑞為何許人也？

二戰之前，緬甸憑借豐富的自然資源和英國高效的管理，是東南亞最富庶的國家之一。一九四七年獨立之後，緬甸的民主憲政體制始終未能鞏固下來，一九六二年奈溫將軍發動軍事政變，成立革命委員會並自任主席，從此開始了漫長的軍人統治。經過二十多年「緬甸式的社會主義」的嘗試，國家統制的計劃經濟陷入困境，就連與奈溫合作發動軍事政

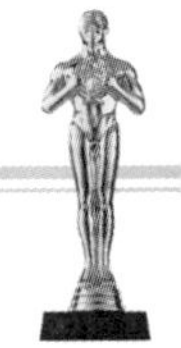

變的昂季准將亦質問說：「作為世界上資源相當豐富的緬甸，為何成了乞丐？」

一九八八年，緬甸民眾對軍事獨裁忍無可忍，遂奮起抗議。奈溫政府垮台之後，軍方強人蘇貌將軍再次發動軍事政變，奪取政權。一九九零年，緬甸舉行大選，軍政權沒有料到，民主派領袖昂山素姬領導的全國民主聯盟居然大獲全勝。軍政權為了繼續掌權，拒絕承認選舉結果，並軟禁昂山素姬，從此緬甸遭到西方國家的嚴厲制裁，經濟更是雪上加霜。一九九二年，丹瑞大將上台執政，緬甸陷入了比奈溫時代更加黑暗的專制獨裁的深淵之中。

據中國社會科學院編輯的《列國志·緬甸卷》介紹，丹瑞於一九三三年生於曼德勒，一九五二年入伍，一九五九年畢業於軍校第九期。從少尉排長開始做起，一直升任陸軍副總參謀長。一九八八年九月緬甸軍政權成立之後，丹瑞成為第二號人物。一九九二年，蘇貌宣佈因健康原因辭職後，丹瑞任國家恢復委員會主席、政府總理、國防部長、三軍總司令，一九九三年「自我晉陞」為大將。此後十多年裡，丹瑞搜刮民脂民膏，發展軍備，軍警數量超過五十萬人，並對軍隊和政府的高層進行多次清洗，將大權牢牢掌握在手上。他以「國家和平與發展委員會」主席的身份，持續軍事獨裁，擁有對所有軍政和外交事務的決策權。

二零零六年，丹瑞大將為女兒舉行了一場鋪張揚厲的豪華婚禮。在互聯網上流傳的長達十分鐘的錄像中，身穿傳統白色禮服、沐猴而冠的丹瑞，直挺挺地陪著女兒步進大廳，這也是他罕有的不穿戎裝的時刻。丹瑞的女兒丹達瑞，則一身珠光寶氣，全身上下佩戴超過一百顆的大鑽石。這對新人象徵性地一起切開五層高的蛋糕，新郎藻漂溫少校將香檳倒入多層酒杯。他們還在洞房裡的掛著金色飾帶的睡床前擺態合照。據說，婚禮和包括多輛豪華轎車和多棟豪宅在內的結婚禮物，總值五千萬美元，相當於緬甸全國民眾三年的醫療保障開支的總和。專門報道緬甸動態的《伊洛瓦底江》雜誌編輯昂佐表示：「這太令人憤怒了，尤其是當你想到多數緬甸人生活極端貧苦的時候。」他同時表示：「以往只要丹瑞想要排除政治異己，就會指控對方貪污。現在看來不過是五十步笑一百步。」

丹瑞的殘暴統治不亞於北韓的金正日和一些非洲國家的軍事獨裁者。一段被當地民眾偷偷拍攝下來的畫面中，可清楚看出緬甸軍人的惡行惡狀：軍方甚至將老百姓當作「肉身掃雷機」，讓人民在毫無保護的情況下，逼迫他們腳踩在地雷密佈的土地。聯合國在二零零六年人類發展標準的指標上，在一百七十七個國家中，緬甸排名在第一百三十名。至今，緬甸國民平均GDP只有一百八十美元左右。美外交關係委員會的《人權調查報告》中，將緬甸視為「世界上最為極權控制的國家」。

「失敗國家」的「袈裟革命」

國際政治裡有一新名詞，叫做「失敗國家」。其國家明顯的特徵就是，官員貪污腐敗、政府管理失靈、軍事獨裁專政、經濟蕭條以及人民沒有自由。此類型的國家隨時可能發生嚴重的政治衝突和人道危機，進而造成國家治理的崩潰，引發區域內的安全危機，甚至淪為恐怖主義的溫床。美國喬治亞城市大學戰略研究傑斯特·拉克教授指出：「這類『失敗國家』會造成區域安全上的不穩定、武器擴散、毒品走私及恐怖活動。」

緬甸是一個典型的失敗國家。二零一零年夏，美國《外交政策》雜誌發佈「失敗國家」排行榜，宣稱對有關一百七十七個國家的九萬份公開材料進行分析，通過十二項指標予以評估。其中，社會指標有四個：人口增長壓力；大規模難民遷徙或內部安置人數；尋仇團體或偏執團體的遺留問題；人們逃脫「苦海」的程度；經濟指標有兩個：經濟發展不穩定的程度；嚴重的經濟衰退；政治指標有六個：政權腐敗程度；公共服務衰退；法律執行過程中的拖延或武斷以及廣泛的違反人權；「國中之國」的安全機構的運行；精英派別的躥升；其他國家或外部政治勢力的干涉。在這份名單上，緬甸名列前茅，得分稍好於索馬里、乍得、蘇丹、津巴布韋等非洲國家。

二零零七年九月，緬甸發生「袈裟革命」，這一次走上街頭的是在緬甸地位備受尊崇的僧侶，自此引爆長期積壓的社會不公的怒火。示威者提出三個要求：降低消費品價格，釋放昂山素姬和其他政治犯，實現全國和解。一開始，軍政權採取較為克制的態度。九月二十四日，仰光爆發十萬人的大規模遊行示威後，軍政府採取高壓手段，實行宵禁。民眾不

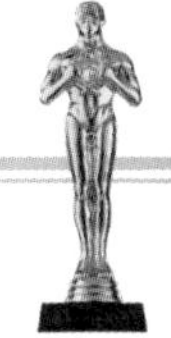

顧禁令，於二十六日和二十七繼續進行大規模街頭抗議。丹瑞遂下令開槍鎮壓，一個小型的天安門事件便在仰光上演了。

新華社對緬甸事態的報道是「沒有發生大規模衝突」。香港《蘋果日報》發表《緬傳千人遇害，棄屍叢林或河中，軍官叛逃爆料》一文。文章指出，緬甸官方只承認十人喪生，外界都認為絕不止於此，一名叛逃的軍政府情報官員稱，至少有數以千計示威者喪命，還有數百名僧侶被處決後棄屍叢林。有傳言指惡名昭彰的永盛監獄關了兩千名僧侶，剛離開緬甸的瑞典外交官艾格利德說，永盛監獄有四十名僧侶被打死，後遭焚屍。互聯網上流傳，火葬場人員稱，有些受傷的示威者直接被丟進焚屍爐活活燒死。人權團體說，已有一千多人失蹤。

對此流血事件，台灣學者楊仁賢在《聯合報》網站發表評論指出:「其實，就『失敗國家』的本質而言，自一九八八年的暴動後，軍政府的再次開火鎮壓，只不過再次突顯出其『失敗』的意義。」而中國政府在其中扮演了何種角色呢？楊仁賢認為：「中國長期以來是緬甸軍政府最重要的外援，也是緬甸軍政府得以存活至今的主因。例如，直至今日，緬甸大多數的軍事裝備仍由中共提供。」

溫家寶為何高調「挺丹」?

溫家寶於六月三日與丹瑞握手和擁抱，此一場景耐人尋味。二十一年前的六月三日的夜晚，中共軍隊在北京屠殺數以千計要求民主的市民和學生，而丹瑞則是在兩年多以前命令緬甸軍隊槍殺市民、學生和僧侶的劊子手。如果說溫家寶當年只是中辦主任，地位卑下，無法阻止以鄧小平為首的元老們下達開槍的命令；那麼，當他擔任總理之後，倘有一絲良知，對於六月三日這天應當有一定的忌憚與敬畏之心，而不該在這個「敏感」時刻與另外一個手上沾滿鮮血的獨裁者把酒言歡。

溫家寶上台以來，其外交政策一如既往地支持緬甸軍政權。其中，既有利益的誘惑，也有「臭味相投」式的意識形態的趨同。二零零七年一月，美國和英國在聯合國安理會提出一項制裁緬甸的議案，兩國認為，緬甸國內存在人權、艾滋病、毒品等問題並對地區安全造成威脅。由於中國和俄羅斯投反對票，該決議案未能通過。中國常駐聯合國代表王光

亞表示，緬甸問題本質上仍是一國內政，緬甸國內局勢並未對國際與地區和平與安全構成威脅。

當天，緬甸國家電視台晚間官方新聞節目中，臨時插播新聞，感謝中國在聯合國行使否決權，否決了美、英等國提出的決議草案。五天後，中石油向媒體證實，中國石油天然氣勘探開發公司剛剛與緬甸石油天然氣公司在仰光簽訂正式合同，獲得緬甸三個深水區塊的石油天然氣勘探開採權。一樁多麼完美的交易啊。

那天，我在電視上看到王光亞舉手投反對票的醜陋一幕。這是大獨裁者對小獨裁者的支持，歷史將牢牢記載這一刻。這一幕深刻地表明了非民主國家的常任理事國具有否決權這一機制的致命弊端。只要這種機制還存在，只要處於一黨獨裁下的中國仍然擔任常任理事國，聯合國就無法在推動全球民主化和改善各國人權狀況方面有所作為。

中國在聯合國的常任理事國席位，本來是因為第二次世界大戰期間國民政府領導全國軍民浴血奮戰，中國的國際地位大大提升，並在美國總統羅斯福的大力支持之下，才獲得的。中共長期在「敵後」破壞抗戰大業，集聚力量，才得以戰勝國民黨，竊據大陸。中共政權利用冷戰期間共產陣營的支持，從中華民國那裡奪取了此席位。多年來，中共利用此身份在國際舞台上支持獨裁政權和流氓國家，在蘇聯崩潰之後隱然是「邪惡軸心」的幕後黑手。

溫家寶將自己與丹瑞這樣臭名昭著的獨裁者捆綁在一起，缺乏起碼的政治智慧。溫家寶政府的緬甸政策，讓中國的國際形象屢屢受損，使得中國扮演「負責任的地區大國」的努力備受質疑。而與一個四面楚歌、時刻可能孤注一擲的軍政權為鄰，對中國來說亦是禍非福。二零零九年夏，緬甸軍方對中緬邊境的華裔聚居區果敢出兵圍剿，導致上萬名華人華僑逃入雲南境內，財產遭受重大損失。所以，為中國自身的國際形象計，為緬甸人民以及在緬甸的數十萬華人華僑的生命與尊嚴計，溫家寶當與丹瑞之流的獨裁者斷袍割席，甚至以外交思路的革新，觸發國內的政治體制改革。溫家寶有這樣的智慧與魄力嗎？

二零一零年七月十日

後記：本文之一部分，原為《中共是個隱蔽的塔利班》一文當中的一個小節。二零一零年七月五日，北京警方對我進行傳喚的過程中，即以此文為審訊之重點。國保警察朱氏質疑說，文章中主觀地說「大獨裁者」和「小獨裁者」，缺乏足夠的證據支撐。我遂接受此建議，將中緬關係的部分獨立出來，補充入近期溫家寶與丹瑞會晤及在緬甸訪問的一系列新材料，撰成這篇幾乎是全新之作。在此，感謝國保朱氏之「友情贊助」。

總理點石成金，小民脫胎換骨？

二零零三年十月二十四日，在重慶考察的中國國務院總理溫家寶路過農婦熊德明的家門口，一時興起停下來與之聊天。這一舉動讓地方幹部猝不及防。一片沉默之後，向來直言直語的熊德明，不顧此前村幹部的封口令，鼓起勇氣說：「總理，我想，我想說說我家裡打工的事。」她告訴溫家寶說，丈夫在外打工的兩千多元工資被長期拖欠，打了一年零三個月的官司，一直沒有拿到。溫家寶立即指示地方政府解決好拖欠民工工資問題，說：「欠農民的錢一定要還！」六個小時後，熊德明拿到了被欠的工資，這一速度與此前的馬拉松式維權相比，可謂神速。

作為被拯救的對象的熊德明，有能力拯救別人嗎？

在官方媒體上，這張照片顯得無比溫馨：溫家寶伸手握住農婦帶著泥土的手，兩人都開心地笑了。對於熊德明而言，幾乎是「一句實話、一夜成名」；對於溫家寶政府而言，以此為契機展開了清理民工被拖欠工資的老大難問題。

然而，熊德明的丈夫被拖欠工資僅僅是冰山一角，多年來數以千萬的農民工被拖欠了數百億工資，而拖欠環節的源頭往往是那些好大喜功、大興土木的各級政府機關。因此，溫家寶的做法只能治標而不能治本。由於缺乏真正意義上的監督機構，黨政領導依然為所欲為，解決了一筆民工被拖欠的工資，新的被拖欠的工資又在源源不斷地產生著。

在現有政治體制之內，要想完全解決農民工薪水被拖欠的問題，根本是不現實的。堂堂一位政府總理，居然親自出面為民工討要工資，足見這套制度的運作是何等的低效乃至無效。李莊案的辯護律師陳西說：「從這裡看出什麼？律師是沒有用的，法院是沒有用的。因為我們的體制設計就是權力是最有用的，一個官司一年零三個月判不了，拿不到一分

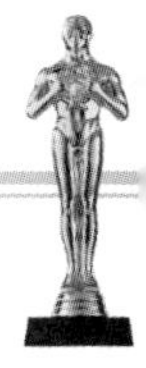

錢；總理一句話，錢就送上門了。這樣的國家，誰還相信法律？相信律師？」

與溫家寶總理的幾句對話，讓熊德明成為央視「經濟半小時」欄目評出的「二零零三年年度經濟風雲人物」之一，與那些腰纏萬貫的總裁和口吐蓮花的經濟學家們一起登上了領獎台。然而，熊德明所獲得的，除了榮譽之外，更多的卻是困惑：每天都有大批訪客來到她的家中——有七十餘家媒體記者的採訪，有絡繹不絕的政府官員和企業家的慰問，還有從四面八方趕來請求她幫助解決問題、幫助伸冤的農民兄弟。熊德明真還風風火火地跑到溫州去幫農民工討薪水，這是她第一次也是最後一次替人維權。維權受挫之後，她甚至不夠路費回家。

二零零四年三月九日，熊德明對《重慶商報》的記者說：「從去年十月電視播我之後到前天為止，我至少接待了六百多個民工，就在前天，我還接待了十二個。」她說，那些民工一看見她，便如同看見包青天一樣大聲喊了起來：「我們等你一天了，你終於回來了。」熊德明整整花了兩個小時才聽完他們的陳述，然後告訴他們說，自己並沒有為他們解決難題的能力，正如她在央視「年度經濟風雲人物」的「社會公益」的頒獎現場所說：「大家都知道我了，說：你能不能幫我追工資。我沒有那麼大的能力，我的錢還是總理幫我追的。」

談完這一切已經是深夜了。來訪的農民兄弟們有的來自遙遠的陝西漢中，最近的也是來自巫山，熊德明還得安排他們的食宿。她用完了家中的兩斤麵條，還從鄰居家借了五斤。然後，她跑了一里多路，在八個鄉親家借來十床棉被，為客人們安排好地鋪。最近幾個月來，丈夫每月寄回的七百元人民幣幾乎全部用在了接待來訪的農民身上，由於不堪重負，熊德明不得不像丈夫一樣踏上了外出打工的道路。對於熊德明來說，最大的痛苦並不是自己消耗的時間、精力和錢財，而是無法為那些比自己更加困窘的農民兄弟幫上忙，她對記者說：「那些沒有拿到工錢的人，本來就沒有錢，花路費來找我，我又的確幫不上忙，總覺得別人花了錢沒辦到事，心裡不好過。」很多時候，「我很想哭」。

李昌平遠走他鄉，自身難保

熊德明的這一困惑，前湖北省監利縣棋盤鄉黨委書記李昌平也曾經歷過。李昌平給朱鎔基總理的那封反應「農民真苦、農村真窮、農業真危險」的信件曝光之後，他一夜成名。後來，李昌平出版了《我向總理說實話》一書，成為當年中國大陸最暢銷的書籍之一。然而，這些耀眼的光環並沒有讓李昌平獲得上級的授權，啟動當地的改革。棋盤鄉百姓面臨的困境依然無法解決。

朱鎔基的批示被省市縣的領導們輕易地糊弄過去了，儘管朱鎔基表面上看似乎是一個明察秋毫的鐵腕總理，但地方官員敷衍塞責仍然讓他陷入了「無物之陣「。不久之後，李昌平不得不辭去公職，踏上了外出打工之路。這一事實，既是作為堂堂一國總理的朱鎔基恥辱——朱鎔基不是不知道李昌平的下場，他卻對此沉默不語，因為他深知自己改變不了官場「劣幣淘汰良幣」的潛規則;更說明即便是中共內部的「健康力量」，也對根深蒂固的「三農」問題束手無策，而只能「做一天和尚撞一天鐘」。

朱鎔基任滿之後，帶著他的一長串沒有實現的大話作「逍遙游「去了，遺留下來的爛攤子交到了能力比他差一大截的溫家寶手上。到了溫家寶擔任總理的這幾年，在各地的基層幹部當中，就連李昌平這樣良知尚存、敢於說幾句實話的人都找不到了，溫家寶就沒有再收到過類似李昌平的上書。因為李昌平的說真話、惹大禍的「前車之鑒」，所以基層官員大都竭力適應謊言，支持官場之「潛規則」。

背井離鄉的李昌平被《南方週末》評為二零零零年年度人物，卻成為體制外的「多餘人」。儘管如此，許多上訪者還是認為他有「通天」的能力，抱著一線希望找他解決問題。在《中國改革》雜誌社擔任編輯期間，李昌平每天收到三十多封信件和五十多個電話，訪客平均每天也有二十多人。幸虧《中國改革》雜誌社專門請了一位律師幫助他應付這些事務，否則他即便將全部的時間和精力投入其中，都入不敷出。

在新作《我向百姓說實話》中，李昌平寫道:「我仔細傾聽每一個上訪者的訴說，勸慰他們委屈的身心，這是我唯一能做的。他們中間百分之九十的人我是無力給予幫助的……他們中的很多人儘管很失望，臨走時還是流著淚握著我的手，感激地對我說：李編輯，你是唯一一位聽完我們訴說的幹部，你多保重啊！每當上訪者失望地離開我的辦公室時，

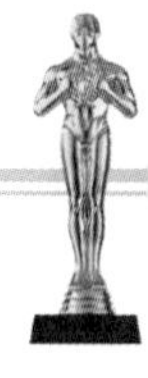

我的心裡特別無奈和難過。」那些找不到總理的上訪者，居然將給總理說過實話卻被總理拋棄的的李昌平也當作大救星，這是何等大無奈與可悲啊。而李昌平的命運，再次在熊德明的身上重演了，可見從朱鎔基到溫家寶，均缺乏解決「三農」問題的誠意。

李昌平和熊德明的困境，更是朱鎔基和溫家寶的困境

李昌平和熊德明的困境，更是朱鎔基和溫家寶的困境。如果說李昌平和熊德明是失敗者，那麼朱鎔基和溫家寶更是失敗者。朱鎔基和溫家寶兩任總理的失敗，彰顯出了今日中國「三農」問題盤根錯節、牽一髮而動全身之複雜性，更顯示出中國社會離法治社會尚遙不可及。對此，就連比較親北京的香港媒體《亞洲週刊》，都在社論《「法治倒退」引發上訪潮？》一文中追問道：「難道中國所有遭遇拖欠工資的民工、所有遭遇不公有冤情的人都只能等總理去幫他們討回公道？」

在傳統的體制框架之內，農民為捍衛自己的權利作出了種種努力，如上訪、訴訟等等，但所有的這些努力最終的結果都是無效的。因此，他們對「正常的渠道」失望乃至絕望，不再對「三個代表」的政府有絲毫的信任。而李昌平和熊德明可以說都是以某種「非常規操作」的方式直接向總理反應問題，他們的呼籲獲得了總理的正面回應，並因此而擁有了巨大的知名度和道義資源。因此，廣大農民兄弟便對他們產生了某種不切實際的幻想，認為他們「在中央有關係」，一定能幫助自己解決難題。殊不知，李昌平和熊德明本人尚且處於重重困境之中，哪裡有能力幫助他人呢？

總理點石成金，小民並不能脫胎換骨。從朱鎔基到溫家寶，在農村改革上所能做事情的並不比李昌平和熊德明多。他們根本不敢實施實質性的改革：比如改變農民作為「無權者」和「賤民」的悲慘身份，取消戶籍對農民的束縛，賦予農民以基本的國民待遇，精簡龐大的鄉級黨政機構等等；比如賦予司法系統以獨立地位，使得司法的權威和公正得到有力的保障，成為弱勢群體的信仰所在，當他們的合法權益受到侵害的時候，首先想起的是去法院維權，而不是只有偶遇總理，沉冤方能得雪。這樣的改革，需要與整個政治體制的改革同步進行，而在相當長的一段

時期之內，中共不會真正啟動「傷筋動骨」的政改，朱鎔基和溫家寶除了作親民狀之外無所作為，所以李昌平和熊德明們注定了是悲劇性的命運。

二零零四年三月十三日初稿
二零一零年七月二十日定稿

胡溫真的關心艾滋病人嗎？

這些公共政策和行為打著將來可能會給人帶來好處的旗號，卻造成了現實的苦難。雞蛋碎了，還可以做出可口的蛋卷，但人心碎了，就無法借其改造社會。

托尼・朱特《戰後歐洲史》

二零零九年十二月一日，在第二十二個世界艾滋病日到來之際，胡錦濤和溫家寶各自有好戲上演。他們各自挑選舞台，開始了一場「誰是艾滋病人的好朋友」的大比拚。

胡溫拒絕為政府的失職鞠躬道歉

當天上午，胡錦濤和李克強來到國家會議中心，參加首都防治艾滋病志願者的活動。新華社的報道說：「九時五十分，胡錦濤等領導同志走進場館，幾名志願者迎上前來，為他們佩戴上紅絲帶。……胡錦濤一年前在地壇醫院見過的艾滋病感染者小鄭，又通過視頻通話系統同總書記見了面。小鄭去年經過服用免費母嬰阻斷藥物，生下了一個健康的女兒。得知小鄭的情況後，總書記從自己工資中捐出五千元，鼓勵小鄭增強生活勇氣。再次見到總書記，小鄭激動地抱著一歲半的女兒向總書記問好。」

該報道特意突出胡錦濤的五千元捐款來自其「工資」收入。然而，此地無銀三百兩，誰都知道，區區五千元，在其家族貪腐的巨額黑金當中只是九牛一毫。近年來中國艾滋病的氾濫，跟基層采血體制有關，也跟中西部地區農村的赤貧狀況有關，所以很大程度上是政府的失職。比起象徵性地捐獻一筆工資來，作為黨國元首的胡錦濤更重要的工作，乃

是早日制訂一個長遠而全面的防艾計劃、公佈艾滋病的真相、承認政府的失職並向公眾道歉。

當天上午稍晚的時候，溫家寶和李克強來到位於地壇醫院的北京紅絲帶之家，看望艾滋病感染者、醫護人員和志願者，並主持召開座談會，聽取專家意見和建議。在紅絲帶之家辦公室，溫家寶和兩位艾滋病感染者兼教育員老趙、阿杜一一握手。溫家寶說：「所有的病人都應該樹立這個信念。我說『堅持』，堅持服藥，堅持治療，堅持鍛煉，堅持活下去。」隨後，溫家寶召開防艾滋座談會。溫家寶說，艾滋病日只是一個象徵，防治艾滋病應該作為一項經常性的工作貫穿到社會的各個方面。「我相信，只要我們下定決心，中國一定能夠遏制艾滋病蔓延。」

與胡錦濤一樣，溫家寶也不願承認政府的責任，也沒有拿出任何切實的防艾措施來。僅僅是一廂情願的「堅持」和「相信」，根本解決不了艾滋病日漸氾濫的嚴峻現實。擔任總理的職務，僅有「萬人迷」的演技是不夠的，還得有果斷地啟動政治體制改革的決心和直面血淋淋的現實的勇氣。可惜，在溫家寶身上，只有前者，而沒有後者。溫家寶慣於說一些讓人「暫時感動」的空話和套話，在有毒奶粉事件中是如此，在四川大地震中是如此，在此次艾滋病日的活動中也是如此。這些事件發生之後，有哪個責任人，哪怕是鄉長和縣長被免職甚至查辦的呢？堂堂的國務院總理，如果說因為受到同僚的制肘而難以對那些封疆大吏下手，但連那些負有直接責任的鄉長和縣長都不能或不願處理，就只能說明這個體制從上至下全都是同流合污之輩。

溫家寶的演技高於胡錦濤

溫家寶的演技向來都比胡錦濤高超一些，或者說，胡錦濤顯得比溫家寶更加怯懦——這一次，溫家寶再次與艾滋病患者「親密接觸」(此前，溫家寶與艾滋病患者有五次直接接觸，包括邀請一批艾滋病孤兒到中南海座談和觀看公益晚會)，而胡錦濤只是通過視頻向一名患者及其家庭「遙遙致意」。在身體力行地爭取民意這方面，溫家寶這一次又壓倒了胡錦濤。

不過，這兩人之間的區別，其實並沒有外界傳說的那麼大。胡溫之配合，就如同當年毛周之配合一樣：一個扮演嚴父，一個扮演慈母，可謂

珠聯璧合。反正中國的老百姓是一群永遠也長不大的孩子，他們既需要嚴父，也需要慈母。在鞏固中共一黨專制的制度上，胡溫兩人當然是齊心協力、同舟共濟，誰也不願意讓人民（包括艾滋病人）的利益侵犯到黨（更確切地說是權勢集團）的利益。

而同一天先後陪同胡溫參加了兩次作秀活動的副總理李克強，不知內心有何感想呢？這名北京大學的高材生，這位團派的「寵兒」，一九九八年至二零零四年間，先後擔任河南省的省長和省委書記，河南艾滋病的氾濫便是在其任期之內愈演愈烈的。他沒有作過任何的努力去改變這一可怕的趨勢，坐視河南演變成「艾滋病第一大省」，更視千萬民眾的生命如草芥。

二零零一年，高耀潔醫生在接受《新聞週刊》訪問時指出：「河南艾滋病的高發區有上蔡縣、新蔡縣，還包括周口、南陽、信陽、商丘、漯河、許昌、平頂山……包括黃河以北的鶴壁。總之，河南地界，恐怕已經沒有艾滋病的空白點了。」河南作家閻連科有感於家鄉艾滋病氾濫的現實，創作了艾滋病題材的長篇小說《丁莊夢》。他說，在寫作的過程中，「有無數的亡靈在我四周耳語」，他是用「生命」和「壽限」來寫作的。

然而，對於這些聲音，李克強始終充耳不聞。艾滋病席捲河南，他卻「官照當、舞照跳」。他不僅沒有因此受到中央的處分，自己更沒有良心覺醒到引咎辭職的地步，反倒「帶病提升」，成為未來總理的接班人。中共的人才選拔機制真的是專門選拔那些最平庸、最無能的人，只要他們有足夠的「忠順」。

誰逼迫高耀潔老人漂泊異鄉？

胡溫和他們的接班人，真的從內心深處關愛艾滋病人嗎？如果胡溫真的關心艾滋病人，被稱為「艾滋病人媽媽」的高耀潔醫生，早該被他們奉為「國寶」，為何高醫生在八十二歲高齡時，還不得不背井離鄉、流亡美國呢？高醫生如此熱愛她生長的那片土地，為何要冒著永遠也回不去的風險，遠走異國他鄉呢？

就在胡溫在眾人的簇擁之下上演「關愛艾滋病患者」大戲的同一天，高耀潔醫生在華盛頓召開了一場新聞發佈會，發佈其新作《血災：一萬封信》，以她收到的一萬封艾滋病患者的來信為素材，揭露中國艾滋病失控

的真相，訴說自己十多年來幫助艾滋病患者的心路歷程。稍有常識的人都能經過粗略的對比，判斷出高耀潔和胡溫之間，誰在說真話，誰在說假話；誰是艾滋病人的良師益友，誰是艾滋病氾濫的罪魁禍首。

曾擔任河南中醫學院教授的高耀潔醫生，在退休之後，以老弱之軀深入河南和全國許多鄉村，調查艾滋病真相，宣傳並協助患者、感染者及孤兒擺脫困境，感動了全中國和國際社會，被稱為中國的德蘭修女，榮獲國內外多項獎勵，二零零七年國際天文聯會將一小行星以「高耀潔」命名。

高耀潔醫生透露，她從一九九六年第一次接觸艾滋病毒感染者之後，便開始編寫印刷防治艾滋病的資料，十多年來她印刷散發了一百萬多份防艾材料，所花費的一百多萬元人民幣全部來自個人的儲蓄和獎金。在這一過程中，她逐漸對官方的說法和數據產生了懷疑。中國政府在二零零六年說，中國的帶病者和病患是八十多萬人，到了第二年的數字卻是七十四萬人，十多萬人就這樣悄無聲息地「蒸發」了，或者用當前中文網絡上熱門的表達法，就是「被消失」了。十萬人，在那些冷血官僚眼中，不就是一個枯燥的數字嗎？

但是，高醫生忘我的工作，十多年一直受到當局的打壓，電話、電腦被監控、個人行動被跟蹤，甚至軟禁，媒體封殺，社會惡勢力的誣蔑、騷擾以至於親屬受到株連，當地政府甚至懸賞五百元讓群眾舉報她。在二零零六年老伴過世後，她更處於孤立無援境地，個人安全失去保障，只有選擇離開中國。逼迫高耀潔老人晚年背井離鄉的力量，不僅來自河南的地方官員，而且來自中南海，來自同樣自稱「艾滋病人之友」的胡錦濤和溫家寶。如果胡錦濤和溫家寶還有一點良心的話，就應當命令中國駐美大使親自勸說和護送高耀潔老人返回中國，並為她設置一個基金會，支持其防治艾滋病的工作。

艾滋病的真相是「黨國機密」

中國政府說，目前中國境內的艾滋病疫情並沒有廣泛傳播的跡象，政府計劃在二零一零年將感染者的人數控制在一百五十萬人之內。胡錦濤和溫家寶在艾滋病日當天的作秀活動中，先後對遏止艾滋病的發展發表了相當樂觀的講話。但是，中國政府一向都有本事作出若幹不切實際

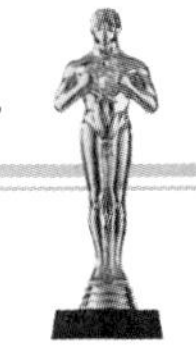

的「計劃」來，但計劃從來都跟不上變化快。對中國官方宣稱的打擊艾滋病的努力，高耀潔批評說：「中國政府絕大的能量是放在說假話上。」她披露說，九十年代僅河南一個省就有官辦血站兩百多個，私人辦的血站更是不計其數，大量農民在賣血中感染艾滋病毒。在過去三四年裡，一些血站已經轉入地下，中國的艾滋病疫情真相仍未大白於天下。

前任聯合國秘書長安南在幾年前就憂心忡忡地指出，中國已處於艾滋病疫情爆發的臨界點，二零一零年中國的艾滋病患者可能超過一千萬人，居世界第一位，我們沒有時間猶豫了。這個數字與中國當局公佈的數字相差了近七倍，我們該相信哪一個呢？

河南等地艾滋病的蔓延，並不是像官方說的那樣主要通過吸毒和性行為傳播，而是在賣血活動中傳播的。那麼，農民為什麼要去賣血呢？如果不是窮瘋了，誰會主動想到賣血的「妙方」呢？誰不知道賣血對身體有傷害呢？正如高耀潔醫生指出的那樣：「現在得艾滋病，不管在任何地方，河南也好、河北也好、山東也好，肯定在貧困階層。」一邊是「大國崛起」的凱歌高奏，一邊是成千上萬的農民以賣血為生，這是一種怎樣的盛世奇觀啊。

在中國，艾滋病問題，顯然不是一個單純的醫學問題，而是政治制度和人權的問題。在中共一黨獨裁的政治體制之下，在共產黨蛻變成資本黨、對民眾從土地到鮮血都瘋狂掠奪的情形之下，靠屠夫本人「放下屠刀、立地成佛」的「良心發現」，靠胡溫親自出來作幾場「防艾秀」，根本解決不了任何實際問題。曾經擔任美國公共廣播電台駐華記者的齊德福，在他所著的《三一二國道》一書中，寫到了他在胡佳的陪同下訪問上蔡縣一段驚險的經歷。當地的艾滋病患者對他說：「政府給我們一些藥，每月給我們十元錢，要我們封口。」又說：「我們賣血的主要原因就是貧窮，而貧窮的原因則是地方課稅太重。地方官員什麼都要抽稅。他們只想徵稅賺錢。」是的，有農民的貧困，有血頭的貪婪，有各級官員盤根錯節的利益糾纏，有中央政府對面子的看重，中國艾滋病氾濫的趨勢根本無法得以遏止，艾滋病的真相被視為事關國家安全的「黨國機密」被藏在黑箱之中。

二零零九年十二月三日

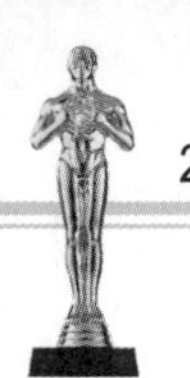

看哪，這個用導彈對準弟弟的哥哥

——溫家寶對台灣喊話的溫情脈脈與磨刀霍霍

在島上哪一個著陸的族群和人民
願意用顫抖的手迎接新殖民者
登陸獵捕遍佈島國的自由花朵

林宗源《理想國》

溫家寶上台八年來，每年兩會的記者會，是其向公眾和世界展示其個人魅力的重頭戲。從一開始的時候的神情緊張、語速如老牛拉破車，到後來漸入佳境、妙語連珠，他的進步還是有目共睹的。每年的記者會上，台灣問題都是記者必問的問題。《南方都市報》在《溫總理記者會八年引經據典妙語迭出》一文中說：「每當談到台灣問題，也是總理最動情的時候。他引用詩詞句、一句白話、甚至是一個故事都讓人黯然淚下。」然而，我檢索溫家寶歷次關於台灣問題的談話，不僅沒有「黯然淚下」，反倒想起了一句聖經的經文來：「說謊言的，你必滅絕。好流人血弄詭詐的，都為耶和華所憎惡。」

引經據典背後的言之無物

以學識而論，在最反文化的六十年代受大學教育的溫家寶，不僅無法與毛周等中共第一代領袖相提並論，甚至也不能跟江澤民這一代趕上了民國教育的尾巴的人媲美。那個年代的教育，除了專業技術之外，就是政治洗腦了。不過，有意思的是，溫家寶似乎要特意彌補工科學生的短處，以喜歡掉書袋而論，他堪稱中共高級官僚中的第一名。

二零零三年，陳水扁在彼岸風頭正健，溫家寶剛剛當上總理後不久，在記者招待會上引用于右任的詩句：「葬我於高山之上兮，望我大陸。大陸不可見兮，只有痛哭。葬我於高山之上兮，望我故鄉。故鄉不可見兮，永不能忘。山蒼蒼，野茫茫。山之上，國有殤。」其實，于右任的詩句是表達對故土和親人的懷念，而不是對共產黨政權的臣服與嚮往。于右任一生雖然比較左傾，但反共的立場始終未變，他寧願背井離鄉，也要到台灣這片沒有被赤化的淨土上生活。五十年代初中共軍隊進犯金門的時候，于右任亦全力支持國軍的抵抗，他可不是溫家寶想像中的「統派」。

二零零四年，溫家寶在記者會上特意引用兩名台灣本土詩人和作家的詩句。分別為：丘逢甲之《春愁》:「春愁難遣強看山，往事驚心淚欲潸。四百萬人同一哭，去年今日割台灣。」以及鍾理和之名句:「原野人的血必定要返回原野人，才會停止沸騰。」從這兩處「在錯誤的時間和錯誤的地點」引用的詩文可以看出，溫家寶對台灣的歷史與文化傳統的瞭解相當有限。他根本不知道，甲午戰敗之後，滿清朝廷未經過台灣民眾之同意，在《馬關條約》中將台灣割讓給日本，台灣民眾遂奮起反抗，成立台灣民主國，丘逢甲乃是台灣民主國的積極支持者。雖然台灣民主國很快被日本侵略軍扼殺，但可以看作台灣獨立運動之先聲。丘逢甲流亡中國大陸，臨終彌留之際，囑咐家人說:「葬須南向，吾不忘台灣也！」可見，他熱愛的是台灣而非中國。鍾理和則是台灣鄉土文學的先驅之一，亦是「二·二八」受難者的家屬，他的弟弟鍾和鳴在他從手術病床醒來的同一天清晨，因「基隆中學案」被槍斃。鍾理和一生都在書寫台灣人的故事和台灣人的記憶，對從日本到國民黨的外來政權及殖民心態皆有曲折而深刻的批判。倘若鍾理和仍然在世，他是絕對不會像沒有骨氣的余光中那樣，因為自己的詩句被溫家寶引用而受寵若驚。

二零零六年，溫家寶用「得道者多助，失道者寡助」來說明台獨勢力注定要失敗。這又是一次文不對題的引用。如今的共產黨政權，明明是一個已經「失道」或「無道」的政權，有什麼資格來言說這嚴肅而神聖的「道」呢？就在孟子的同一篇文章中，有另外一句話，才是溫家寶應當好好咀嚼和時常應用的:「域民不以封疆之界，固國不以山溪之險，威天下不以兵革之利。」對照今日中共迷信暴力、「天價維穩」而天下愈加不穩的態勢，溫家寶早該羞愧掩面了。

二零零七年，溫家寶談及台灣問題的時候引用古詩「沉舟側畔千帆過，病樹前頭萬木春」；二零零八年，他則引用「一心中國夢，萬古下泉詩」等詩句；二零零九年，他使用了一句煽情到了極點的話——「走不動，就是爬我也願意去。」這句話即便是放在以誇張說話著名的台灣的娛樂節目「康熙來了」當中，亦有石破天驚之效果。

但是，縱覽溫家寶八年來涉及台灣問題的幾次講話，除了這些東拉西扯的引文之外，幾乎找不到任何有實質性意義的信息。溫家寶講話的最大風格就是言之無物，而論及敏感度較高的台灣問題時，更是煽情、濫情、矯情，如同隔山打牛、隔靴搔癢。除了承諾免稅進口台灣水果等小恩小惠之外，溫家寶政府從未停止在國際社會上對台灣的圍堵與打壓，而正是因為這種圍堵與打壓，嚴重地傷害了台灣民眾的尊嚴與自由。

是兄弟，還是敵人？

二零零五年，中國全國人大三次會議高票通過《反分裂國家法》。溫家寶在隨後的記者會上又開始念繞口令了：「一尺布，尚可縫；一斗粟，尚可舂。同胞兄弟何不容？」二零零八年，他又說：「度盡劫波兄弟在，相逢一笑泯恩仇。」而在二零一零年的記者會上，談到台灣問題的時候，先引用《左氏傳》中「兄弟雖有小忿，不廢懿親」來說明「大陸和台灣是兄弟，即使有些小矛盾，仍然是親人」，然後說：「不要因為五十年的政治而丟掉五千年的文化。」隨後，他給大家講了元朝畫家黃公望的《富春山居圖》名畫的故事，這幅畫一半在杭州博物館，一半在台灣故宮博物院，他感歎說：「我希望兩幅畫什麼時候能合成一幅畫。畫是如此，人何以堪。」

好一個「人何以堪」！不知道中共政權用一千五百枚導彈對準台灣，台灣民眾又是「情何以堪」！二零零九年底，香港《亞洲時報》報道，台灣國防部發表的軍力報告顯示，中國大陸對準台灣的導彈已有一兩年前的八百枚增加到現在的一千五百枚，其中一千三百枚短程彈道導彈部署在距離台灣最近地點僅一百六十公里的沿海省份。既然國民黨上台執政以後，兩岸關係已經大大緩解，國民黨並不主張台獨，為什麼這兩年對準台灣的導彈數量反倒增加了將近一倍呢？如果說中國大陸和台灣的關

係真的是兄弟關係，那麼將這麼多導彈對準弟弟，是哥哥顯示手足之情的最佳方式嗎？

美國智庫詹姆斯頓基金會最新一期的《中國簡報》稱，大陸持續發展和部署新型導彈系統，而台灣停止發展遠程巡航導彈，導致兩岸軍事平衡迅速變化。研究員蕭羅素在題為《大陸－台灣加大導彈賭注》的署名文章中指出，大陸在台海對面的省份正部署更加先進的導彈系統。比如，在在福建省某地某基地部署了八個先進的 S － 300PMU2 型地空導彈營。而據俄羅斯軍工綜合體網站的消息，俄羅斯曾積極向國際市場推銷空射型的「寶石」超音速的反艦導彈，中國是最重要的買家。這種反艦導彈，可以裝備給俄羅斯專為中國研製的蘇－ 35 和蘇－ 33 戰機。這種導彈和戰機配合，攻擊的性能將會超過印度的蘇－ 30 和「布拉莫斯」反艦導彈的組合。俄國是近代以來禍害中國最大的國家，中共政權卻不惜耗費民脂民膏，向俄國購買大量武器，對準的卻是作為「手足」的台灣，這難道不是聖經中該隱殺亞伯的兄弟相殘的故事的現代版本嗎？

溫家寶說：「中國即使發達了，也不稱霸，永遠不稱霸！」那麼，在國際局勢趨向緩和的今天，為什麼中共當局還要大肆擴軍備戰、每年軍費增長接近兩成呢？向俄羅斯等國購買昂貴的先進武器，這些預算根本沒有告知納稅人，根本沒有經過人大的表決和審計。而這些武器很多都是針對台灣的，這就是弟弟對哥哥稍有不滿，就必然遭致的懲罰嗎？

放棄殖民者心態才是兩岸和解的前提

溫家寶雖然在言談中顯得溫情脈脈，但骨子裡仍然是一副天朝大國的殖民者的心態。中國兩千年來一以貫之的「大一統」的醬缸文化，以及中共六十年以來對暴力和殺戮的崇尚，使得許多中國人理直氣壯地具備了這種蠻橫凶暴的殖民者的思維方式。很少有中國人願意站在台灣人的位置上設身處地地「換位思考」，一聽到台灣人的觀點跟自己不一樣，立即就要喊打喊殺。就好像在一個家庭當中，當弟弟剛剛提出分家的建議的時候，蠻橫的哥哥立即怒火中燒，恨不得將整個家當付之一炬，也不能讓弟弟分到一分一毫。這不僅是黑幫老大的派頭，更是居高臨下的殖民者的姿態。

這種殖民者的心態不變化，兩岸問題的「解扣」無從實現。溫家寶的表演再精湛，言辭再美妙，不拆除一千五百枚導彈，又如何能夠贏得台灣民眾發自內心的好感與信任呢？以《環球時報》為代表的左派憤青報紙，常常在頭版刊登某些好戰分子撰寫的妖魔化台灣的文章。這些文章揚言中國的軍力如何強大，可以將導彈直接發射到台灣的總統辦公室。而中共為了實現作為其「核心利益」的「台灣統一」，甚至不惜與美國血戰到底，當年解放軍在朝鮮戰場上就已經逼退了美軍，今天已經站起來了的中國更不怕美軍了。這類文章最受那些已經被洗腦的民眾的歡迎，看得他們熱血沸騰，恨不得馬上就要去報名參軍了。中國的老百姓自己的房屋隨時可能遭到當局的暴力拆遷，即便以自焚抗爭也無法保全私有財產，卻對「解放台灣」的宏大話題津津樂道。

此刻，我想起了在美國獨立戰爭前夕，英國政治家、思想家埃德蒙·柏克對英國國內從喬治國王以下盛囂一時的好戰思維的批評。在《論與美洲和解的演講》中，柏克指出：「我們威脅人家，次數既多又狠歹，但這一切有什麼效果？我們通過的懲處人家的法律，嚴酷而多如牛毛，又收到了什麼益處？我們從陸上、海上派出的軍隊，力量之大，是絕不讓人小覷的，我們可曾因此接近自己的目標了？」在《致布里斯托行政司法長官書》中，他又說：「我們只相信蠱惑，以為誰想欺壓自己的同胞，誰就是愛國；誰恨內戰，誰就是煽動造反；誰有寬大、克制、溫柔與和解的品格，誰善待本王國屬民的特權，誰就是背叛了國家。」我想，這才是溫家寶應當熟讀和引用的箴言佳句，這才是所有中國人在對台灣問題發言之前應當先服用的一劑苦口的良藥。

二零一零年五月二十一日

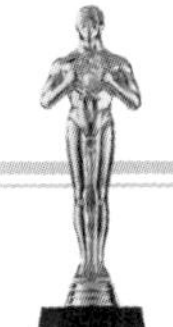

戲法人人都會變，八仙過海比高強

——從哥本哈根峰會、劉曉波案和谷歌事件看中美關係之變局

從二零零九年年末到二零一零年年初這兩個月之間，中美關係及中國與世界的關係都悄悄地發生了某些變化。哥本哈根氣候峰會無疾而終，中國獨立知識分子領袖劉曉波被判處重刑，谷歌突然宣佈退出中國，這三件大事可謂一環扣一環，顯示出中共當局對「中國模式」信心滿滿，不僅繼續在中國推行「天價維穩的和諧社會」，而且挺身挑戰普世價值、阻止全球民主化的進程。這讓我想起了一九九三年，中國參加西雅圖會議、打破六四之後被西方國家制裁的局面，翻譯家楊憲益對此吟出的一首打油詩中的句子：「戲法人人都會變，八仙過海比高強。」而此三件大事表明，美國奧巴馬政府上台一年多以來的對華綏靖政策，已然宣告失效，在下一階段將不得不改旗易幟。

中國要為西方「立規矩」嗎？

過去一年多以來，西方發達國家在金融危機的打擊下風聲鶴唳、自顧不暇，偏偏唯有中國倚靠「低人權優勢」和「土地財政」繼續保持經濟的高速增長。儘管這種畸形的經濟增長被某些西方學者形容為「如同一千個迪拜累加在一起，一旦崩潰將不堪設想」，但至少在短期之內，在表面上看來，中國與西方之間第一次發生了「主客易位」：英國外交大臣諂媚地說，未來的世界將是「中美共治」的格局。而胡錦濤連這種說法都不屑於接受，他所期望的不是「中美共治」，而是中國「一枝獨秀」、獨霸全球。既然以前的兩百年是「西風壓倒東風」，那麼現在終於輪到「東風壓倒西風」了。

二零一零年一月六日，美國國防部批准對台出售愛國者導彈，該項軍售案已經比布什政府時代的規模大大縮減，愛國者導彈不過是一種防

禦性武器，中共將上千枚導彈瞄準台灣，台灣購買用於攔截中共突然襲擊的愛國者導彈，何錯之有？美國根據其國內法《與台灣關係法》向台灣出售此種防禦性武器，何錯之有？就好像你彎弓支箭對準人家，卻不許人家找一個盾牌來保護自己一樣，這難道不是一種強盜邏輯嗎？中國軍事專家、國防大學戰略研究所楊毅少將揚言說：「我們為什麼不對美國進行『防守反擊』呢？為什麼不可以對這些『肇事者』進行制裁呢？我們要讓那些冒犯中國人民利益的企業和利益集團在中國的利益受到『慘重』的損害。」他甚至宣稱：「我們可以通過不斷的努力來塑造美國的政策選擇，而現在是給美國『立規矩』的時候了。」

長袖善舞，多財善賈，今天的中共總算「數風流人物，還看今朝」了。那麼，中共如何給美國乃至整個西方世界「立規矩」呢？二零零九年十二中旬，美國總統奧巴馬上任之後首次訪華，他是第一個上任的第一年即訪問中國的美國總統。表面上，奧巴馬以此顯示美國政府高度重視中美關係，然而整個氣氛卻比以往任何一名美國總統訪華都要冷淡。奧巴馬盡量放下身段，不公開批評中國的人權問題，沒有要求電視直播他在大學裡的演講，也沒有安排會見那些代表正在成長的公民社會的民間人士，更沒有以參加教會活動的方式來表達對宗教信仰自由的支持。但是，奧巴馬的這些退讓並沒有贏得中共的善意回報，中共反倒以為美國已經無法制約中國了。有西方記者敏銳地發現，奧巴馬與胡錦濤共同出現的時候，兩人之間彷彿豎立著一堵高牆，一方面是奧巴馬的缺乏自信，一方面是胡錦濤的極度刻板，完全沒有當年克林頓與江澤民之間的那種「談笑風生」的氛圍。

中國的人權狀況持續惡化

接下來便是在哥本哈根舉行的氣候峰會。在此次峰會上，溫家寶不再假扮出「溫良恭儉讓」的儒家氣質，也不再吟誦艾青的詩句「為什麼我的眼中常含著淚水，因為我愛這片土地愛得深沉」，而是暴露出「子系中山狼，得志便猖狂」的小人本性。奧巴馬堅持說，如果中國想要獲得以美國為首的西方國家在環保方面的資金援助，中國所承諾的碳減排就必須接受國際監督。權利與義務是對等的，奧巴馬的這一要求是天經地義的。溫家寶卻堅決拒絕，既要伸手拿錢，又不接受國際監督，以中國目

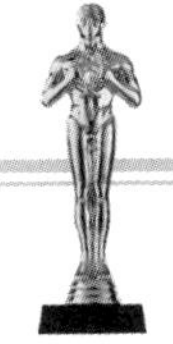

前的政治制度和腐敗程度，再多的國際援助也會被特權階層貪污，溫家寶難道不清楚自己的政府早已聲名狼藉、失去了本國民眾和國際社會的信任？對此，奧巴馬忍無可忍，公開宣稱，如無國際監督，「任何協議將只是紙上空談」。溫家寶「憤而」離開會議中心，返回其下榻的旅館，並對美國還以顏色，派遣低級代表取代他出席會談。當奧巴馬發現談判對手是誰時，幾乎難以相信，認為溫家寶的故意缺席是很大的外交侮辱，並當場發火說：「我只跟能夠作出政治決定的人談話。」奧巴馬終於認識到，他不是在與一群文明人打交道。

再接著就是中共精心選擇聖誕節這天將中國獨立知識分子領袖劉曉波重判十一年。此前，希拉里和奧巴馬訪華的時候，先後向胡錦濤轉交了希望獲得釋放的政治犯的名單，劉曉波在這張名單上排在首位。但中共根本不在乎國際壓力和國內輿論，以重判劉曉波來斷絕了人們對其「自改革」的期待。中共選擇聖誕節對劉曉波判以出人意料的重刑，表面上看是利用西方世界重視聖誕假期，各國政府、國會和媒體都處於休假狀態，以減輕輿論的壓力；實際上，更是故意羞辱聖誕節，以及聖誕節背後蘊含的和平與自由的普世價值。江澤民時代，多多少少還以懷柔政策應對西方對中國人權問題的批評，提前釋放了許多著名的政治犯，不管怎樣，江澤民還是一個愛面子的人；而胡錦濤掌權之後，則以一種毛澤東式的「和尚打傘，無法（發）無天」的態度來面對世界，不惜撕破臉皮，將言論控制和政治迫害進一步步地升級。此次中共當局重判劉曉波，不僅是恐嚇所有批判中共的獨裁政治、推動中國的民主進程的中國人，也是故意挑釁西方世界——「我是流氓我怕誰」！你們已經深陷經濟危機的泥潭之中，不要再對我們說三道四了！

然後就是谷歌退出中國。一月十二日，谷歌高級副總裁和首席法律顧問大衛多姆德在谷歌官方博客上發文表示，谷歌集團考慮關閉「谷歌中國」網站以及中國辦事處。大衛多姆德在博客中寫道，公司網站曾遭遇有針對性的攻擊，導致其機密技術被竊，以及有關部門對谷歌搜索結果「審查整頓」的做法讓其無法接受。中國政府的網絡政策違背了谷歌「不作惡」的核心價值。十五日，谷歌與中國政府的談判破裂，谷歌退出中國已經成為定局。正如有中國網友宣稱的那樣，不是谷歌退出中國，而是中國退出世界，這一天堪稱中國的「網殤」日。許多中國網民去北京、

上海、廣州的谷歌大樓前獻花，保安卻認為這是「非法獻花」。連獻花都有「合法」與「不合法」之分，可見中國社會是一個高度扭曲的、讓人窒息的社會。一年以來一直對中國隱忍的奧巴馬政府，終於高調回應此事件。美國國務院發言人表示，美國政府支持谷歌的決定；以議長佩洛希為代表的一些國會議員，對谷歌終止在中國的營運表示支持。此前將工作重心放在經貿方面的美國駐華大使洪博培也對媒體表示：「這個問題關係到我們作為一個國家所關注的最重要問題之一，那就是表達自由、言論自由和網絡自由。」美國國務院罕見地就一個公司的事務向中國發出外交照會，並發佈了一項意義深遠的關於支持二十一世紀全球網絡自由的國家政策。

奧巴馬綏靖政策改旗易幟

吃一塹，長一智，奧巴馬連吃了中共三塹，是否就能長三智呢？總部設在美國首都華盛頓的國際性非政府組織「自由之家」，在一月十二號發表了最新年度世界自由度調查結果，在有關亞太國家和地區的調查結論中，中國和北韓、緬甸、越南、老撾、柬埔寨以及阿富汗一道被列入不自由國家行列。該調查報告顯示，二零零九年中國的自由程度大幅倒退。對於此種真相，西方世界的政治領袖們難道可以熟視無睹嗎？日前，《華爾街日報》社論撰述主任麥古恩發表了一篇題為《在中國有呼喊的時候，美國總統到哪裡去了？》的文章。這位布什時代擔任過白宮文膽的學者，在文章中嚴厲批評奧巴馬對包括中國在內的許多獨裁政權的綏靖政策。他認為，如果奧巴馬繼續對中國急劇惡化的人權狀況保持沉默，繼續屈從中共的壓力而迴避會見達賴喇嘛，那麼美國將失去在道義方面的全球領頭羊的位置。

對於中共這樣一個本質上反西方、反民主的政權，綏靖政策不可能收到良好的效果。比如，單獨摘出環保問題來與中國對話，是毫無意義的。在這個政治全能主義的社會裡，環保問題的根子其實在政治問題上。如果中國不能實現民主，環保問題不可能單獨地得到解決。正如當年英法諸國對納粹德國採取綏靖政策，結果坐視其力量迅速增長，最終搬起石頭砸了自己的腳一樣；如果今天的美國政府為了一時的經濟利益而放棄價值的堅持，最終也只能是竹籃打水一場空。缺乏與獨裁政權打交

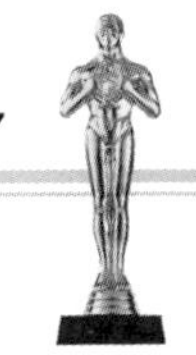

道的經驗的奧巴馬，應當及早放棄對中共綏靖的幻想，聯合民主世界的各國，對中共採取一致的、強硬的政策，支持中國民間力量的成長，幫助中國民眾實現言論自由與獲得信仰的自由。這樣做，既有利於美國，也有利於中國，因為一個民主的中國必然是美國在全球最重要的盟友，一個民主的中國也將帶動全球民主化的「第四波」。

二零一零年一月十七日
四川成都

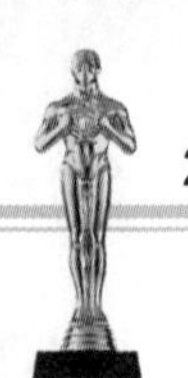

奧巴馬的姑姑與溫家寶的家人為何命運迴異?

在美國的政治光譜中，我不喜歡價值和信仰游移不定的民主黨人，當然也不喜歡少年輕狂的奧巴馬。在我看來，奧巴馬的國內政策讓美國變得更加社會主義化，奧巴馬的國際政策對若干邪惡國家退讓和綏靖，這都將損害美國的基本價值和立國之本。但是，我更相信美國三權分立機制的制約、民眾意願的自由表達以及選票的力量，因此，任何一個「壞」的政治家對美國的「破壞」程度都是有限的。在美國，不會出現一個毛澤東式的混世魔王，在其血雨腥風的漫長統治中，奪走數千萬民眾的生命。在美國，也不需要出現一個溫家寶式的影帝，通過作親民秀來讓奴隸們獲得「精神按摩」，從而忘卻他們奴隸的身份。

奧巴馬的姑姑：一個「黑」在美國十年的非法移民

我相信奧巴馬的當選是一個歷史性的錯誤。我不太關心那些有關奧巴馬的消息，但奧巴馬姑姑的故事卻吸引住了我的眼球：二零一零年五月十七日，波士頓的美國移民法院舉行了一場長達五小時的聽證會。這次聽證會的主題，是審議肯尼亞非法移民奧尼揚戈的政治避難申請。過去十年來，她一直尋求以難民身份留在美國，但遭到移民法院的拒絕，甚至差點被驅逐出境。而這一次，移民法官終於批准了奧尼揚戈的避難申請，了結了這場持續多年的移民官司。

為了這五個小時，五十八歲的奧尼揚戈整整等了十年——在這次聽證會之後，她終於不再是一名來自肯尼亞的非法滯留者。本來，她只是數百萬計的身份終於幸運地「轉正」的非法移民中名不見經傳的一員，但因為她有一名特殊的親戚，頓時成為媒體的關注的焦點——她是奧巴馬總統「最難忘的姑姑」。

在自傳《我父親的夢想》裡，奧巴馬描述了他一九八八年第一次前往肯尼亞時，見到奧尼揚戈時的情形。他寫道，奧尼揚戈是位「活潑」、

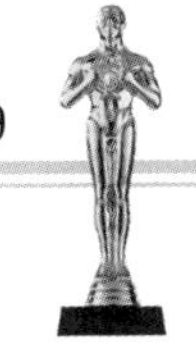

「驕傲」的女性，也是歡迎他回到老家的第一位肯尼亞親戚：「『歡迎回家』，她對我說，然後吻了吻我的雙頰。」

二零零零年，在奧巴馬的邀請下，奧尼揚戈獲得赴美探親簽證。在拜訪奧巴馬後，奧尼揚戈選擇一個人留在波士頓，沒有按期回國。「黑」在波士頓後，她的生活並不如意。由於患上格林巴利綜合症，她行動不便，居住在波士頓主要為殘障人士提供的公有住房裡。儘管如此，她還是沒有像自己的兄弟、奧巴馬的父親當年那樣，回到種族暴力衝突連綿不斷的故鄉肯尼亞。

在激烈的總統選戰中，「奧巴馬的姑姑是非法移民」的消息被記者挖掘出來，這讓奧巴馬一度相當被動。還有媒體報道說，奧尼揚戈悄悄為侄子捐出二百六十五美元的競選經費。然而，根據美國的法律，外國公民或沒有綠卡的移民不能進行政治捐款。於是，奧巴馬的競選團隊隨即宣佈將捐款退還給奧尼揚戈。奧巴馬說，他從頭到尾都不知道姑姑非法滯留在美國，而「相關的法律必須得到遵守」。據報道，當奧尼揚戈從新聞裡聽到奧巴馬與她撇清關係時，她「心碎地把臉埋在手心裡哭了起來」。

這就是民主制度需要付出的部分犧牲親情的代價。在媒體的監督之下，當選總統之後的奧巴馬仍然不得不對親姑姑表現得相當「無情」，根本不敢施以援手。奧尼揚戈說，她從來沒有告訴過侄兒自己目前的困境，也沒有要求幫助。而奧巴馬的發言人夏皮羅表示，白宮和奧巴馬自始至終都沒有介入過奧尼揚戈一案，奧巴馬也沒有幫姑姑支付法律費用，「自從奧巴馬得知奧尼揚戈的非法移民身份後，就再也沒有跟她交談過」。

即便如此，那些反對非法移民的組織仍然呼籲奧巴馬下令驅逐奧尼揚戈，以作為其嚴格執行移民法的範例。他們指責說，雖然奧巴馬一再表示不干預此事，但仍或明或暗地施加了影響。在美國，要當一個政治人物，尤其是總統，就得忍受鋪天蓋地的批評和非議。

溫家寶的家人：一人得道，雞犬升天

姑侄之間「盈盈一水間，脈脈不得語」，如果奧巴馬的姑姑知道中國高官顯貴們的親屬的境遇，是否會羨慕不已呢？

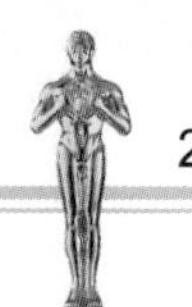

在中共政治局的九個巨頭中，聲譽最好的國務院總理溫家寶，亦免不了「一人得道，雞犬升天」的中國官場的「潛規則」和「隱權力」。溫家寶曾經對媒體抱怨總理不好當，當他在劍橋大學演講被學生斥責為「獨裁者」並扔鞋的消息傳出之後，老母親一氣之下腦溢血發作。但是，溫家寶其他的親人卻佔盡天時地利：弟弟溫家宏，十多年前還是一名普通工程師，轉瞬之間便躋身為中國房地產行業的老大恆大集團的高管。恆大集團的老闆許家印出身貧寒，沒有什麼背景和人脈，進入房地產行業也最遲，卻在短短十多年間急劇擴張，囤積土地多達五千五百萬平方米，公司在香港上市後市值高達七百億。《南都週刊》記者歷時半年，輾轉五地，撰寫長篇報道呈現這名地產首富的成長史，卻隻字不提其合作者溫家宏的名字，及溫家宏在恆大發揮的隱蔽的、卻至關重要的作用。中國的許多問題，看似複雜，實際上很簡單：總理的御弟是大地產商，中國的房價如何降得下來？

從八十年代中期起，中共高級領導人的妻子逐漸在公眾場合中露面，特別是負擔大量出訪任務的總理，亦常常攜夫人同行。李鵬的夫人朱琳，當年就因為珠光寶氣、飛揚跋扈而備受民間輿論的批評。溫家寶大概吸取了李鵬的教訓，基本不讓夫人在公開場合露面和陪伴外訪，儘管「夫人外交」有可能為其親民秀加分。然而，世界上沒有不透風的牆，二零零七年十一月二日，台灣《中國時報》報道說，溫家寶妻子張培莉愛珠寶，曾向台灣珠寶商買珠寶，一出手就超過台幣一千五百萬元。TVB電視台同期播放了溫夫人採購珠寶的視頻。這些報道引起海內外輿論的大嘩，但對於此事和資金來源，溫家寶至今沒有回應。如果在一個民主國家，溫家寶可能「沉默似金」嗎？他能不給公眾一個交代就輕鬆過關嗎？

比御弟和夫人更上層樓的乃是公子。溫家寶的兒子溫雲松畢業於美國西北大學凱洛格商學院，長相酷似其父。當普通的海歸都還在為生存和創業而拚搏的時候，溫雲松這個不普通的海歸已經一夜暴富、富可敵國了。二零一零年三月，英國權威媒體《金融時報》報道，溫雲松於二零零五年與他人合作創辦的私募基金「新天域資本公司」，在私募領域風光無限，一次便募集十億美元。根據《二十一世紀經濟報道》的披露，二零零五年至二零一零年初，「新天域資本」共完成二十一個投資案例，投資

金額雖然都不大，收益卻「令人咋舌」。比如，「新天域資本」通過旗下外資全資子公司新天域湖景對新世紀百貨的投資，在這兩筆分別為三點五二億元人民幣和三點二三億元人民幣的投資中，浮盈達十九點四億元。

《金融時報》的中文版網站登出這篇報道之後，第二天就被屏蔽。該文在大陸網站和論壇亦全部被封鎖刪除。溫家寶本人是否讀到了這篇文章？是不是他親自命令有關部門封鎖這個對他不利的消息的？這位自詡精力過人、勤政愛民的總理，難道不知道兒子平時在做什麼嗎？他在日理萬機之餘尚能博覽群書，卻無法約束家人的狐假虎威，這符合常識嗎？

「官僚權貴」的「盜賊統治」

溫氏家族並未置身於腐敗之外。腐敗已經侵蝕了中共政權的最高層。用美國耶魯大學法學院教授、研究腐敗問題的專家蘇珊·落實·阿克曼的說法，「腐敗主要集中在政府的高層」的國家，就是「盜賊統治的國家」，那麼中國是符合這個定義的。美國學者邁克爾·約翰斯頓在《腐敗徵候群》一書中，進一步概括出四種腐敗形式：權勢市場、精英卡特爾、寡頭與黑幫，以及官僚權貴，他認為中國的腐敗屬於最後的、也是最嚴重的一種。

用邁克爾·約翰斯頓對中國現狀的描述來透視溫雲松暴富的軌跡，可謂鞭辟入裡：「如果國家精英們在一種制度非常薄弱、政治競爭缺乏和經濟機遇正在擴大的環境下運作，那麼就為不受懲罰的腐敗創造了條件。那裡的權貴們——勢力強大的政治人物與他們的寵兒們——掌握著所有的牌。」在今天的中國，腐敗常常表現為強取豪奪，並且涉及單方面濫用政治權力而不是進行公共利益與私人利益之間的對等交換，「幾乎沒有什麼力量能阻止野心勃勃的政治人物或他們的委託人掠奪社會財富和侵吞經濟利益」。

在由「官僚權貴」實行「盜賊統治」的中國，討論溫家寶是否比政治局的同僚們、以及他的前任李鵬和朱鎔基更加「善良」，是一件毫無意義的事情。我們很難獲得準確的數據證明溫家寶家族比其他權貴家族積攢的財富究竟是多一點、還是少一點。但在我看來，即便溫家寶的家人都像奧巴馬的姑姑那樣一貧如洗，他仍然不能被稱為「人民的好總理」，

因為他對中國日益蔓延的腐敗基本上無能為力。中國目前面臨的問題，乃是制度的問題，而非領導人的道德問題。

二零一零年三月二十三日，國務院召開第三次廉政工作會議，溫家寶在會上承認反腐倡廉形勢依然嚴峻。他指出，土地審批出讓、礦產資源開發、公共工程建設、企業重組改制、金融等領域腐敗現象仍然易發多發，教育、醫療、社保、環保等社會事業和民生領域腐敗案件增多，少數中央企業的腐敗案件影響惡劣，執法不公、行政不作為亂作為等問題比較突出，形式主義、官僚主義嚴重，奢侈浪費之風屢禁不止。他進一步指出，產生上述問題的深層次原因，是權力過於集中又得不到有效約束。這個結論沒有大的錯誤，但溫家寶有沒有嘗試過將權力分散和讓權力接受監督呢？迄今為止，人們看不到他有這樣做的任何跡象。

解決中國的腐敗問題和讓中國社會免於走向崩潰，還有一線之希望。邁克爾·約翰斯的建議卑之無甚高論：「腐敗控制可能依賴一種中國不得不進行的嘗試：政治改革。」所以，溫家寶在國務院的廉政工作會議上應當高聲宣講這段話：「中國的改革是以經濟改革為基礎的，但是它目前所處的困境在很大程度上則是政治性的。對於目睹別人損害其利益並牟取暴利卻無處求助的千萬人民的希望和憤怒，該怎麼辦？我們不能太輕視這些可怕的挑戰：對該黨來說，『放手不管』將極有可能意味著終結，同時國家將面臨巨大的制度壓力。」我想，這是歷史給溫家寶留下的最後的機會了。

難道只有第一把手才有資格改革嗎？

——從葉利欽終結蘇聯看溫家寶的不作為

我們的國家一直飽受詰難。施行馬克思主義的任務落在我們頭上。最後證明，馬克思主義無立足之地——這一理論使我們偏離了成為世界文明國家的道路。

——葉利欽

在中國的媒體上，俄羅斯前總統葉利欽幾乎是一個娛樂化的人物。關於葉利欽生前事跡的報道，多半集中在他如何醉酒，如何貪吃，如何打盹，如何唱歌跳舞等等瑣事上。許多中國人提及葉利欽，都會頗帶蔑視地說，哦，那個酒鬼啊。似乎中國人的命運比俄國人幸運得多，畢竟中國的核按鈕沒有交到一個酒鬼的手上。其實，中國人對真實的葉利欽的瞭解實在是太少太少了。

要瞭解葉利欽，以及葉利欽所推動的蘇俄的社會轉型，就得瞭解俄國近一個世紀以來的歷史，波蘭作家、記者卡普欽斯基的《帝國》一書無疑是關於這個主題的最好讀物。《華爾街日報》評論說：「當我們的孩子想要學習二十世紀晚期的歷史……當他們想知道，為何革命總是一次又一次背叛了它前行革命者的初衷，他們應當閱讀卡普欽斯基。」作為波蘭通訊社唯一的國外特派員，卡普欽斯基從一九三九年起便一直在觀察和研究蘇聯的體制及變化。尤其是在蘇聯解體前後，他在這片熟悉的土地上，捕捉一個民族與時間對抗的驚人經歷，以及人們對未來的恐懼與希望。

葉利欽最大的政治遺產是面向自由

葉利欽的政治遺產，至今在俄國和在世界範圍內，仍然飽受爭議。在位期間，葉利欽為了捍衛總統的權威，甚至動用軍隊炮轟由保守派把持的議會，行政分支與立法分支兵戎相見，這在現代西方社會是不可思議的事情。而在剛剛踏入兩千年的時候，葉利欽沒有任完法定的任期，突然宣佈辭職，讓位給選定的接班人普京，漂亮地走下權力寶座，得以安享晚年。但是，葉利欽未能為俄羅斯建構起穩定的民主憲政的制度框架，也未能從根本上扭轉經濟滑坡的困境，使其歷史地位大打折扣。對此，卡普欽斯基的分析是:「葉利欽和他的專家顧問們對於改革的預估都太過樂觀，忘記了改革就是意味著改變現實，而現實就是一塊用血和鋼鐵琢磨七十年而成的花崗岩大圓石！必須花費多少時間、精力和金錢，才能弄碎這顆政治大頑石！我認為這個國家的倒退、貧困、疏忽與毀滅是如此嚴重，以至於期望在一年內就有明顯的進步，時間實在太短了，讓我們再等個十年、二十年吧！」

葉利欽沒有取得更大的成功，主要是因為他的敵人並沒有隨著蘇聯的解體和蘇共被宣佈為非法組織而消失。卡普欽斯基指出，葉利欽上台之後，大部分時間和精力都耗費到與舊體製作鬥爭上面，而無暇在建立新制度上做得更多。首先，是原封不動存留下來的龐大的管理系統，尤其是政府機關、經濟事業、軍事機構和警察單位。他們大都是舊制度的獲利者，因而也是變革的阻力。其次，是延續數十年的具有大滅絕特徵的迫害和屠殺，以及由此造成的人們的麻木和恐懼的心態。人口統計學家塞爾吉·馬桑杜瓦的數據相對較低，即便如此，他亦認為在一九一八年到一九五三年間，有五千四百萬蘇聯公民非正常死亡。第三，是社會上普遍的貧窮，住房的貧乏、生活的貧乏，「生活中沒有什麼能給予他們歡愉，讓他們歡喜，和感受熱情的了」。第四，是社會上驚人的道德敗壞的程度，人們對腐敗和犯罪採取熟視無睹的態度。第五，是生態的蹂躪，受污染的河川和湖泊，核廢料到處傾倒，使得相當一部分民眾每時每刻都生活在危險之中。這些情況在今天的中國都存在著，而且因為中共當局竭力延宕政治體制改革，使得狀況愈加惡化。

那麼，中國人如何看待葉利欽呢？葉利欽逝世之後，在中國的媒體上，惟一發出獨立見解的，是《南方都市報》。該報發表的社評題為《葉

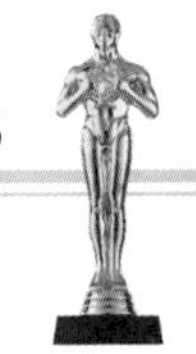

利欽最大的政治遺產是面向自由》。這也是許多中國改革派知識分子對葉利欽具有相當好感的根本原因。作為蘇共體制內的高級官員，本來已經進入政治局，還可更上層樓，為了自由，他卻反戈一擊，直至被開除出黨。由此，他走向民間，以選舉撼動原有的龐大的官僚機制。如今，雖然俄國仍然在民主化的道路上艱苦跋涉，普京這樣的強人頗具威權主義風格，但民眾有如此之共識：任何人都無法將俄國拖回到斯大林時代去了。葉利欽帶給俄國人民的自由的滋味，人們嘗過之後，那美好的味道再也不會忘記，正如英國前首相撒切爾夫人在自傳中所說：「蘇聯存在了七十四年，對億萬人民來說，這段時期就是他們的整整一生。無論是生還是死，他們都處在壓迫之下。同樣，對於那些能夠活著看到一九八九年的『絲絨革命』和一九九一年流產的蘇聯政變的人來說，重新獲得自由是一段永遠不可能從他們那裡奪走的經歷。」

出於功利主義的考量，中共暫不批判葉利欽

蘇聯解體之後，中共政權從中吸取的教訓卻是絕對不能搞公開化、新思維和政治體制改革。從江澤民到胡錦濤，對前蘇共總書記、蘇聯總統戈爾巴喬夫一直充滿惡評。胡錦濤在一次內部講話中將戈爾巴喬夫定位為「共產主義事業的叛徒」，警告黨內必須防止出現戈爾巴喬夫式人物，就好像當年毛澤東害怕黨內出現赫魯曉夫式的人物一樣。其實，戈爾巴喬夫一直都試圖保存蘇聯和蘇共，力圖在體制內推動改革；而真正下決心終結蘇聯和蘇共的卻是葉利欽，葉利欽對保持舊制度和蘇聯毫無興趣。但是，中共從來沒有像攻擊戈爾巴喬夫那樣攻擊葉利欽，即便是在葉利欽下台之後也沒有發動宣傳機器對其妖魔化。這是什麼原因呢？

中共暫時沒有抨擊葉利欽，不是胡溫對葉利欽的改革心有戚戚焉，而是出於功利主義的考量。首先，葉利欽與俄羅斯實權派的關係遠比戈爾巴喬夫更為緊密。戈爾巴喬夫下台後，對政壇的影響力小到幾乎可以忽略不計的地步，而近十年來掌握俄國實權的普京則是葉利欽親自選擇的接班人。葉利欽固然不會垂簾聽政，但普京等人對其仍然相當尊重。所以，批判作為明日黃花的戈爾巴喬夫，俄羅斯方面不會太在意；而批判葉利欽，將會直接影響到中俄關係。而中國雖然受蘇俄之害頗多，卻

仍然寄希望於「聯俄抗美」。在此背景下，中共批戈捧葉乃是其一慣的作派——「柿子專揀軟的捏」。

其次，葉利欽在其任內大大改善了蘇聯時代尖銳對峙的中俄關係。葉利欽曾經四次訪問中國，與江澤民把酒言歡，建立起相當良好的個人關係。這恰恰表明俄羅斯幾個世紀以來一以貫之的實用主義外交傳統。一九九一年蘇聯解體之後，中俄之間的政治制度不再相同，在中國仍然被尊為「四項基本原則」的那些內容，如共產主義、列寧主義和斯大林主義等，在俄羅斯已經成為臭名昭著的歷史名詞。但是，俄羅斯與中共之間卻保持著比昔日意識形態相同的時期更為正常甚至密切的關係，俄羅斯成為近年來對華軍售數額最大的國家。這是短期的國家利益對意識形態的差異的超越。

所以，在葉利欽生前，中共儘管不喜歡他，但為了實際利益考量，還是盡量拉攏之。另一方面，在葉利欽去世之後，中國媒體大都不敢正面評價他當年挑戰蘇共當權派、終結共產黨一黨獨裁體制的歷史性貢獻，而只能「顧左右而言他」地報道一些關於他的花邊新聞。

溫家寶為什麼成不了葉利欽？

溫家寶自稱喜歡讀書，我就推薦他讀一讀卡普欽斯基的《帝國》，以及葉利欽的自傳《午夜日記》。在一九九一年的「八·一九」政變當中，葉利欽不顧生命危險，挺身而出，站在一輛坦克上發表演講，最終挫敗了蘇共保守派拉倒車的政變。當時，那充滿戲劇性的一幕，給剛剛經歷了天安門屠殺的中國人留下深刻的印象。此前，葉利欽挑戰戈爾巴喬夫，遭到蘇共一致圍剿的時候，即便選擇自殺也拒絕屈服，這與胡耀邦被非法罷黜之後痛哭流涕並寫檢查形成鮮明之對比。胡耀邦和趙紫陽等中共黨內改革派，均不具備葉利欽的氣魄和果敢。更不用說趙紫陽最後一次出現在天安門廣場的時候，站在其背後、緊閉著嘴巴、神情緊張的溫家寶了。當然，這裡面既有他們的個性及文化背景的差異，也有國情與政治模式的不同。

溫家寶上台以來，說了不少好聽的話，但在政治體制改革方面無所作為。許多觀察家對溫家寶不無「同情的理解」，他們說，溫家寶不是第一把手，不掌握最高權力，因此不具備推動政治體制改革的可能性。然

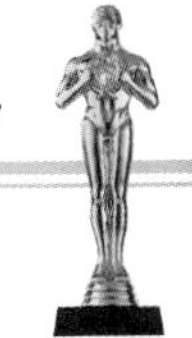

而，我們看一看葉利欽的履歷就一清二楚：葉利欽挑戰戈爾巴喬夫的時候，只是一名新晉的政治局委員和莫斯科市委書記，在黨內的排名只有七八位左右。那時，葉利欽所擁有的民意支持和能夠動用的體制內的資源相當有限，他卻敢於放棄黨內的地位和特權，向民間沉潛，終於脫穎而出，成就偉大事業。與之相比，今天的溫家寶是黨內第二號人物，在國務院系統可以調動不少資源，擁有不少的民意支持，如果推動政治體制改革，條件比當年的葉利欽好得多，他並非不能也，乃是不為也。

另外一個差異就是，當時作為高級官員的葉利欽，儘管在共產制度下享有「超級共產主義」的優越生活，但他和家人並未深陷到腐敗體系之中。這就使得葉利欽在倡導改革的時候理直氣壯，有充裕的回應政敵攻擊的迴旋餘地。而溫家寶家族早已參與了瓜分國有資產的競技比賽，他的妻子和兒子都已經腰纏萬貫，比起政治局其他同僚家族的腐敗來毫不遜色。貪腐也是一種中共特色的「投名狀」，如果不貪腐，在高位上是不可能坐穩的。故而，溫家寶與政治局的同僚們在利益上有著更大的糾纏，甚至已經「同質化」了，遂使得其推動政治改革的動力不復存在。

那個不可一世的蘇聯帝國一夜之間便像紙房子一樣坍塌了。在《帝國》這本「多聲部」的作品中，卡普欽斯基通過此種寫作方式精確地描述出蘇聯帝國最大的特徵乃是「潰散」。那麼，中國呢？杜牧在《阿房宮賦》中說：「秦人不暇自哀，而後人哀之；後人哀之而不鑒之，亦使後人而復哀後人也。」溫家寶有沒有聽到歷史冷峻的回音？中共內部至今看不到出現一個葉利欽式的人物的可能性。由於優敗劣勝的人才選拔方式，政治局的「九個小矮人」當中，不會出現像葉利欽這樣的、以超越個人利益得失的氣度和胸襟完結共產黨體制的卓越人物。溫家寶成不了葉利欽，他不敢面對葉利欽的遺產。這既說明溫家寶缺乏基本的民主素養和歷史眼光，亦說明中共的制度比蘇共更為僵化和沒有人性。

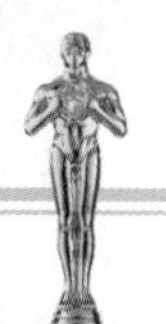

莫道人人說影帝，西遊演罷是封神

——溫家戲班中「跑龍套」演員的「絕妙好詞」

溫家寶喜歡對外發表一些格言體（古稱「館閣體」）的「警世通言」，如同莎士比亞戲劇中精美絕倫的台詞。在聽慣了那些如同嚼蠟的官場八股之後，老百姓突然聽到溫家寶的這類溫情脈脈的「人話」，通常會拍案驚奇，進而感激不盡：原來總理大人如此體貼我們，我們能夠活在這個太平盛世，真是三生有幸。

於是，上行下效，溫家寶政府中的各級官員和御用文人們，全都挖空心思、絞盡腦汁，製造一些可以顯示機智和文采來的箴言和警句。由此，從中樞到地方，一場比賽誰最會說漂亮話的「大話秀」便轟轟烈烈地展開了，這算是溫家寶內閣最大的特點了吧。

北京的笑臉與雲南的陽光

中國的官員們通常是好客的——對自己轄區之外的人不無謙卑有禮，對自己轄區之內的人則飛揚跋扈。中國的官員們通常是精通修辭的——他們比那些直率粗魯的西方人更有文化，所以能夠臉不變色心不跳地指鹿為馬、顛倒黑白。

美國國務卿希拉里訪華，中國外長楊潔篪與之舉行記者會。有記者問：「兩人在會談中是否提到人權問題？」楊外長是見過大世面的，這個小兒科的問題難不倒他，他用充滿詩情畫意的語言回答說：「雖然目前北京氣溫比較低，但我相信世界上看到笑臉最多的地方是中國。」

當然了，希拉里在北京接觸到的大都是官僚、富豪和警察，以及三自會控制的一家教堂裡由警察假扮的教友。他們臉上的笑容都是「久經考驗」的，都是職業化的。這些好客的中國人，或者腰纏萬貫，或者頤指氣

使，個個都是「高等華人」，他們的生活是快樂的，幸福的，有尊嚴的，所以他們笑得出來。

而那些臉上沒有笑容的人，統統被阻隔在高牆之外。希拉里在北京見到的惟一的臉上沒有笑容的人，大概就是揭露艾滋病真相的高耀潔女士吧。年逾八旬的高女士曾長期被河南當局囚禁在家，經由當時還是參議員的希拉里出面斡旋，才達成了訪美之行。面對艾滋病氾濫的趨勢，高耀潔能不憂心忡忡嗎？她的臉上能有笑容嗎？

北京的笑臉與雲南的陽光相映生輝。雲南看守所的一名普通囚徒李蕎明，死於一場公安部門宣佈的「躲貓貓」的遊戲，由此引發了一場雲南的形象危機。年僅三十九歲的雲南省委宣傳部副部長伍皓，承擔起了為雲南「補妝」的重任。

伍皓是何許人也？是跟王丹同一屆的北大高材生，是「六四」屠殺之後不久，受到江澤民兩次接見的、重點培養的「接班人」。同學的鮮血早已淡漠，而伍皓的仕途無比順暢：從新華社記者到最年輕的省委宣傳部副部長，一路青雲直上。面對媒體對「躲貓貓」事件的密集報道，伍皓果然文采飛揚，給記者發去了一則手機短信，簡直就是一首情深意切的詩歌：「今天昆明陽光燦爛，雖有一絲薄霧，但是陽光依然跟往常一樣，明媚地照耀著神奇美麗的雲嶺大地。雲南的天空永遠是最蔚藍最清澈的。歡迎媒體朋友們多來雲南沐浴陽光。」

可惜的是，「躲貓貓」而死的李蕎明，再也不能沐浴到如此美好的陽光了。還有許多跟他一樣慘死的以及在底層苦苦掙扎的民眾，也無法「分配」到這寶貴的陽光。他們在無邊的黑暗中哀號，昆明的春風、麗江的流水，大理的古韻，就在他們身邊，卻遙不可及。而伍皓部長卻可以好客地邀請大家到雲南去玩——他邀請記者去雲南玩，花的是自己的腰包，還是納稅人的血汗錢？

楊外長引以為自豪的北京的笑臉，伍部長沐浴著的雲南的陽光，溫家寶在網絡上舉重若輕的民意秀，以及山西省省長王君在礦難之後大珠小珠落玉盤的眼淚，他們職位有高低，術業有專攻，集合起來則堪稱中國大陸版的「四大天王」。

香港演藝圈的某些天王和大哥們喜歡冒充政客，偽裝出一副愛國者頂天立地的模樣來。比如，成龍大哥便對法國拍賣圓明園的幾個破銅

爛鐵而感到義憤填膺，恨不得施展他那無敵的功夫，到番邦去勇奪鎮國之寶。而中國大陸的政客們卻喜歡客串演員粉墨登場，他們的演技一個比一個高明，連成龍和梁朝偉等名副其實的影帝亦望塵莫及。戲場如官場，官場亦如戲場。

然而，治國畢竟不是演戲。一場總理領銜的網絡問答秀，能夠改變當局封網抓人的事實嗎？楊潔篪和伍皓的好客，能夠讓中外人士改變對中國的看法嗎？民氣壅遏過甚，一旦怨毒之發，必定是「與汝偕亡」的結局。難怪媒體人凌滄州對溫總理進言說：與其充當政治影帝，不如開放媒體。

「盛世出國虎」

一個目不識丁的農民周正龍，居然用粗製濫造的假老虎圖片攪動中華。如今周正龍鋃鐺入獄，大大小小的「挺虎」官員、「十三太保」紛紛落馬，陝西官場展開大整風，但塵埃尚未落定，民眾依然困惑。

為什麼聰明的官員們會犯下如此低級的錯誤？在央視對相關人等的訪談中，我注意到鎮坪縣縣長吳平的一段精彩談話：「盛世出國虎，虎嘯振國威。如果不是現在太平盛世，就不可能有老虎的出現，它不是一個簡單的問題，我覺得是這樣。」這名責任僅次於周正龍的當事人，當地的「父母官」，卻沒有被免去七品芝麻官，沒有回家去種紅薯，所受處罰僅僅是被「談話」。對吳平的處理為何如此之輕呢？

七品芝麻官吳平的「盛世出國虎」之說，讓習慣於睜著眼睛說瞎話的央視主持人白巖松也感歎說，這個官員太會「講政治」了。吳平知道「盛世」乃是官方的「主旋律」，便將老虎也拿來為「盛世」服務。雖然老虎是假，但吳平對黨的忠心是真，這番話果然保住了他的那頂烏紗帽。

中國共產黨一向以「反封建」為標榜，其實它才是一個最「封建迷信」的政黨。中共的大小官僚，沒有幾個是真正的「唯物主義者」，他們大都不忘燒香拜佛、沉迷算命氣功。便是「兩彈元勳」錢學森，也對「生命科學」和「特異功能」情有獨鍾。江澤民更是見佛拜佛，見鍾敲鐘，見廟下馬。既然毛澤東時代有「芒果崇拜」，那麼胡錦濤時代為什麼不能有「老虎崇拜」呢？

在中國古代的正史中，專門設有《符瑞志》一項，記載前代或歷代出現的祥瑞。祥瑞又稱「符瑞」，被儒學認為是表達天意的自然現象，如彩雲、風調雨順、禾生雙穗、地出甘泉、奇禽異獸等等。為當權者服務的儒學大師論證說，這些現象出現是上天對皇帝的行為和政策表達贊成或表彰。

周武王進攻商朝時，據說有白魚跳到船裡，有火焰降到武王房頂後化為鳥。漢朝的開國皇帝劉邦稱帝的時候，據說有五大行星一字排列出現於天上。此後，幾乎每一次改朝換代、每一個皇帝即位，都有祥瑞的出現。上有所好，下必從之，地方官員將發現祥瑞當作重要政績，以之諂媚中央。於是，弄虛作假層出不窮，一個反向循環的情況出現了：越是朝政敗壞的時代，祥瑞便越多。有鑒於此，開創貞觀之治的一代明君李世民告誡文武百官說，真正的祥瑞是搞好政治，是讓百姓有好日子過。他特別發佈命令：凡是發現所謂的祥瑞，地方官員都不必向中央政府報告。

可惜，今天中共的統治，不像貞觀之治，而近於「苛政猛於虎」的桀紂統治。今天中國的統治者充滿了合法性的焦慮，需要製造出各種祥瑞來自我安慰。老虎確實是祥瑞之一。古史云：「雲從龍，風從虎。虎，陽獸也。七月而生，七者陽氣成。故虎首尾長七尺。虎性威猛，常喻將帥之勇。發於忠義，非激而怒之也。歷代以為仁獸。譽為嘉瑞。」古人又說，白虎乃是「君王有德則見，應德而至者也」。以唯物主義者自居的胡溫，其信心卻要靠「來無影，去無蹤」的老虎來支撐。所以，假老虎便在中華大地上橫行無忌，炮製假老虎的農民也能夠到政府部門去騙吃騙喝。

在此意義上，此次攪亂大半個中華大地的假老虎，與其說是「周（周正龍）老虎」，不如說是「胡（胡錦濤）老虎」或「溫（溫家寶）老虎」。

「貪即反貪」

今日之中國，乃是「共產已死，菩薩當立。」大小貪官們雖然都對黨章和黨旗宣過誓，但共產主義的理想在他們心中早已是明日黃花，隨雨打風吹而去。說他們是共產主義者，他們自己都覺得是一種羞辱。大鬍子的馬克思，是一個他們根本不認識的洋人；掛在天安門城樓上的毛澤東

頭像，更是一個虛有其表的過氣的圖騰。北京一名腰纏萬貫的高幹子弟酒後吐真言：「我現在最怕的就是，真正的共產黨跑來共我的產。」

那麼，中共的大小官僚們究竟相信什麼呢？他們很少信仰基督教，因為基督信仰要求他們捨棄權力與金錢，背起十字架來跟隨耶穌走義路。衡量再三，比較舒服的宗教就是佛教了，還可以「酒肉穿腸過，佛祖心中留」呢。所以，官員們大都聲稱自己信佛，他們認為菩薩是可以花錢來收買的，正如他們自己操作的買官和賣官一樣。於是，各種菩薩便成了各級貪官的守護神。

二零零九年七月二十七日，內蒙古赤峰市原市長徐國元貪污受賄案在包頭市中院開審。赤峰市十二個旗縣區中有九個是國家級和自治區級貧困旗縣，而「父母官」徐國元在六年時間裡，瘋狂斂財約三千二百萬元。

檢方指控，徐國元在家中設立佛堂供奉佛像，夫妻倆每天燒香拜佛。即使進了監獄，也每日手捧佛經念誦。徐國元每收到一筆錢，都要先在「佛龕」下面放一段時間。在他隱匿贓物的箱包中，箱包四角也各擺放一捆鈔票，中間放置「金佛」或「菩薩」，企求「平安」。

二零零六年，有關部門對徐國元開始初查，他向外轉移藏匿現金和貴重物品，把兩百餘萬元現金和珠寶裝在一個密碼箱裡，運至雲南省的一座寺院裡，放置在寺院住持住處，密碼箱的鑰匙藏匿在了佛像耳朵裡。可惜是，菩薩最終未能庇護貪官。

無獨有偶，山西省繁峙縣的號稱「史上最牛的反貪局長」穆新成被雙規之後，民間輿論卻對他不乏同情和惋惜：這個身價上億的貪官在許多人眼中，儼然是一名「大善人」。他不僅資助窮人家的孩子上大學，還斥資數百萬修建寺廟。

穆新成的「佛家恩師」常悟聲稱，穆對佛法有很深的研究，「如果不是誤入歧途，穆居士將有大修為。」作為穆新成一手集資修建的古北台寺住持，常悟對穆的犯罪行為是這樣理解的：「他快意恩仇、敢說敢做，深信隨性自然即佛之大境界，一切皆為矛盾……色即是空，空即是色，戒即是不戒，不戒即是戒，貪即是反貪，是為了抑惡揚善。」

禪語云：看山不是山，看水不是水。江山代有才人出，這個大和尚的理論水平還真高，居然說得出「貪即是反貪」這樣深奧莫測的話來，比

起大部分無產階級革命家和大學裡的哲學教授來強多了。這句話也比所有律師的辯護詞都有聲有色，穆大局長在法庭上會引用來為自己作無罪辯護嗎？會有更多的貪官以之為座右銘嗎？這個大和尚真該享受比少林方丈更高的待遇，真該被請進中南海給政治局上一堂佛學課，一定會讓胡溫諸君豁然開朗的。

「貪就是不貪」、「貪就是反貪」，多麼博大精深的禪語啊！在舞台上，配角的好台詞，可以被主角拿來為我所用。所以，在日後的講話中，溫家寶完全可以以「捨身飼虎」的釋迦牟尼自比，這是何等悲壯的場景啊，感動不了聽眾，至少也可以感動自己。如此，全黨皆貪的共產黨也可以找到一條出路了，不必再搞什麼自欺欺人的「三講」和「科學發展觀」的教育運動了：「貪就是不貪」、「貪就是反貪」，不正是一張每個腰纏萬貫的貪官都夢寐以求的「丹書鐵券」嗎？

天價香煙只是「偶爾抽抽」

南京市江寧區房產局局長周久耕的一張在大會上講話的照片，被網友發現了若干蛛絲馬跡：他旁邊放的是一包昂貴的「九五至尊」香煙、他手上戴的是一隻價值十萬元的江詩丹頓手錶。很快，關於這名「全國最牛的局長」的其他信息一個接一個地被披露出來：據知情人士透露，周久耕的座駕為一輛凱迪拉克，遠遠超過了他的級別所對應的公車標準。

某媒體報道，據曾在江寧區區政府從業數年的公務人員透露，周久耕為人在當地被稱為「講義氣」、「人很好」，並且工作能力一直備受推崇，他很可能是未來的副區長。「周久耕一直很受領導器重，本來領導有意提拔他到區領導崗位，就是因為做事不是很低調，所以在延誤。這次不知道最後會怎麼樣了。」

當周久耕成為網絡名人、備受網民討伐的時候，南京市紀委的有關人士不僅不根據此線索展開調查工作，反倒挺身而出為其辯護說，雖然「九五至尊」牌香煙是一千五百元一條的奢侈品，但官員只是「偶爾抽抽」，大家不必大驚小怪。而與周氏同樣在江寧區政府工作的官員則表示：「江寧科級以上幹部抽這種煙很普遍，沒什麼好炒作的」。

我們真應該「寬容」這些官員嗎？可是，這些官員何曾「寬容」過百姓？一條「九五至尊」香煙的價格，是普通大學畢業生一個月的工資，

是北京和上海等經濟發達地區每月最低生活保障標準的五倍，是西部貧困地區農村小學生一年的生活費……在這樣的對比面前，哪個老百姓不會感到義憤填膺呢？官員愛抽天價香煙以及對這種聖火方式的「習以為常」，足以顯示：中共政權的腐敗，已經滲透到了官員日常生活的每一個角落裡。

中共的紀檢和監察機構重重疊疊，有紀委，有政法委，有檢察院，有反貪局。機構不可謂不多，權限不可謂不大，但所有的部門都在一黨控制之下，自己監督自己，左手管教右手，其結果只能是敷衍塞責、自欺欺人。如果不是細心的網友從周大局長公開發表的照片上發現其抽天價香煙戴名貴手錶的細節，周大局長一定還會青雲直上，仕途得意。

而官僚系統對輿論監督的抵制也顯示出權力的傲慢。「偶爾抽抽」堪稱二零零八年中國官場最牛的語錄：如果用本人的工資買此香煙來「偶爾抽抽」，周大局長當然但抽無妨；但是，一條香煙就抽掉了周大局長半個月的工資，他真會如此「大方」嗎？他難道不必養家餬口嗎？他抽的香煙究竟是不是用他的工資買的，人人心知肚明。輕描淡寫的「偶爾抽抽」之說，表明紀委的作用不是反腐倡廉，而是為貪官污吏保駕護航。

官府不反腐，百姓便「自助」。網絡時代，每一個網民都是大偵探福爾摩斯，每一個周久耕都是無處逃遁的「落湯雞」。據報道，儘管當地紀委的官員公開發言包庇周久耕，但醜聞曝光之後，周大局長已經有半個多月沒有到單位上班了，他的手機也一直處於關機的狀態。周久耕與南京若干房地產商之間的曖昧關係也逐漸浮出水面。網民雖然不能組建「民間法院」，但網絡輿論足以摧毀周大局長的區長夢。

果然，不久之後，陸續有消息傳來：周久耕被免職了，被雙規了，被逮捕了，被判刑了，被送進監獄了。

「中國的貪腐程度屬於中等」

最近有一則新聞報道顯示：在一份題為「您認為哪些行為最損害中國的國際形象」的民意調查中，官員的貪污腐敗問題連續三年位居榜首，而且今年選擇此項的民眾高達近六成左右。由此可見，中國民眾對官僚腐敗的痛恨，已經到了痛心疾首的地步；而民眾對中共自身遏制腐敗的信心，也已經下降到了基準線之下。

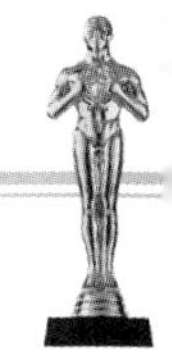

近年來，每當一個新聞事件發生之後，就會跟著有所謂的「專家解讀」出現。儘管專家們早已是「被御用」，早已在民眾心目中聲名狼藉，但他們仍然在媒體上高談闊論，自我感覺良好得很。這不，該調查報告剛一公佈，便有一名專家粉墨登場：對於這份民眾的投票結果，中國人民大學國際關係學院副院長金燦榮說：「我們中國人自古就是『不患寡，患不均』，其實和其他國家相比，中國的貪腐程度屬於中等，我們自己把它誇大了。因此，官員的貪腐在調查中居於首位。」

「這個專家不是人，天篷元帥下凡塵」，專家真比戲子還卑賤。原來，根據學富五車的金燦榮教授的理解，不是共產黨政權太腐敗了，而是中國的老百姓太愚昧、太無知了，再加上中國「仇富」的文化傳統，這才「誇大」了當前的腐敗狀況。實際上，中國的腐敗只是「中等程度」，大可不必為此憂心忡忡。中國要成為世界上最腐敗的國家，還要經過好多年的努力拚搏呢，心急吃不成大胖子的。而且，中國也不能樣樣都霸佔世界第一的位置啊，在別的問題上可以不謙虛，在這個問題上不妨稍稍謙虛一點吧，甘當中游就可以了。

今天，中國的國際形象堪稱兩百年來最佳的時刻，就連洋鬼子們都從千山萬水之外跑來俯首稱臣江澤民的傳記，難道不是花旗銀行的董事掛名撰寫的嗎？老牌帝國主義英國的外交部長，不是預測未來的世界是「中美共治」的嗎？溫家寶這個總理能不當得躊躇滿志嗎？所以，我們要有充分的民族自信心和自尊心，不能因為一點點的腐敗問題，就妄自菲薄、三省吾身。誰要是再說中國的壞話，中國一不高興，世界都要為之顫抖；誰要是不相信中國站起來了，看看奧運會和大閱兵，你想不下跪都不行。

說腐敗損害了中國的國際形象，是那些從來沒有出過國的愚民的鼠目寸光的看法，或者是某些別有用心的賣國賊煽動顛覆國家政權的言論。如果不是腐敗，怎麼會有那麼多的官僚及其大奶、二奶、三奶，到歐美國家去住別墅、開跑車呢？如果不是腐敗，怎麼會有大大小小的官員及其子女，到花花世界去以學習考察之名行瘋狂購物之實呢？巴黎的老佛爺百貨公司，專門配備了懂中文的導購小姐；而洛杉磯的富人區裡一條又一條的街道，全都被太子黨買下了。如果不是這些客人們讓人歎為觀止的消費能力，西方的經濟早就陷入了大蕭條之中。西方人對中國的腐敗只有千恩萬謝的份兒，他們就連腹誹都不敢呢。所以，腐敗只會大大提升中國的國際形象。

溫家寶真該將金大教授提撥為國新辦發言人。中國所有的老百姓也當謹記金燦榮教授的教導：中國原來並不腐敗，只是老百姓的心理素質太差。

第五卷

何處不是人肉宴　古久帳簿幾篇章

這些狗貪食，不知飽足

——強烈抗議劉曉波被中共當局判處十一年重刑

二零零九年聖誕節，中共當局悍然宣佈判處劉曉波十一年徒刑。雖然我向來「不憚以最大的惡意」來揣測中共的邪惡，但中共的暴行再一次讓我「出乎意外」。這是對上帝的挑戰，這是對人類公義的挑戰，這是對所有追求自由與民主的中國公民的挑戰，這也是一個垂死掙扎的獨裁政權對一個即將誕生的真正「民治、民享、民有」的新中國的挑戰。今天，真正站在審判席上的，不是劉曉波，而是自中共最高決策者以下的所有參與製造這一案件的人們，包括北京市公安局的警察、北京市檢察院的檢察官、北京市第一中級人民法院的法官以及那個以說謊為生的外交部發言人姜瑜等人。從今天起，對他們的審判就已經開始，而且永遠不會結束。二零零九年十二月二十三日，在德國慕尼黑，現年八十九歲的納粹集中營警衛約翰·德揚尤克坐在輪椅上被送到法庭審判。德揚尤克被控在納粹的一個死亡營裡當警衛期間，參與用毒氣謀殺了兩萬多名猶太人。這場審判雖然遲到了六十四年，卻仍然將正義帶到了人間。你們這些今天審判劉曉波的惡人，對你們的審判不會延遲這麼長的時間。

「崇禎併發症」和「齊奧塞斯庫併發症」

你們對權力如此貪婪，如同惡狗貪食，不知飽足。你們以為任何一個批評你們的人，都是覬覦你們的權力，你們不相信這個世界上真有人視權力如糞土，如同劉曉波那樣有高貴的心。你們以為將劉曉波關押起來你們就安全了，你們以為把先知下到獄中你們就勝利了。當你們以不義為冠冕的時候，當你們將義人像塵土一樣踩在腳下的時候，你們以為整個中國的十三億人都會假裝這一切沒有發生嗎？是的，六十二年前，你們曾經將五十萬說真話的知識分子打成「右派」，送進勞改營，讓秦

始皇焚書坑儒的偉績相形見絀，今天再將一個說真話的知識分子送進監獄又算得了什麼呢？是的，你們確實武裝到了牙齒，二十年前你們殺過人，二十年後你們照樣可以殺人，你們認為用殺人來換取穩定是一筆很划算的買賣。是的，世上的權勢與榮華都屬於你們，你們可以用大筆的金錢來收買某些人變質的良心，但你們真的以為金錢可以買到「萬歲」和「不朽」嗎？不，你們已經病入膏肓，你們的滅亡就在眼前，就在五步之外。

難道你們忘記了嗎：在三百六十五年前的中國，君臨天下的崇禎皇帝曾經擁有那麼多的錦衣衛；在二十年前的羅馬尼亞，黨國魁首齊奧塞斯庫曾經擁有那麼多的秘密警察。他們以為他們的權力穩如泰山、固若金湯，但他們的滅亡卻如同山崩海嘯一樣迅速降臨，他們連「後事」都還來不及安排。錦衣衛橫行霸道，「防民之口，甚於防川」，卻更加速了崇禎皇帝的滅亡。當北京的城門全然洞開的時候，那些誓言「肝腦塗地」的錦衣衛們都像螞蟻一樣散去了。當崇禎皇帝孤零零地一個人在歪脖子樹上吊死的時候，可曾後悔過對那些奴才的無限信任？同樣，秘密警察遍佈全國，為所欲為、無法無天，卻更加速了齊奧塞斯庫的垮台。當群眾衝進布加勒斯特中央黨部大廈的時候，昔日被齊奧塞斯庫如臂使指的秘密警察們都像烏鴉一樣飛走了。當齊奧塞斯庫夫婦靠在牆邊哭泣著被處決的時候，可曾後悔過對那些「黑烏鴉」的絕對依賴？可惜，「劉項從來不讀書」，胡溫同樣如此，否則他們早就「資治通鑒」了。

今天，「崇禎併發症」和「齊奧塞斯庫併發症」同時在號稱「大國崛起」的中國發作。你們似乎很自信，但你們的自信是幹壞事的自信；你們似乎很強大，但你們的強大早已外強中乾。你們企圖將劉曉波等追求公義的中國人當作與西方討論人權問題時的人質，企圖通過這一審判對公民社會產生殺雞儆猴的高壓態勢，企圖批量生產出一批「愛國愛黨」的余秋雨、孫東東來點綴「盛世」。你們的這個陰謀會得逞嗎？我被一群惡狗堵在家中，不能去法院聲援劉曉波，但我在網絡上看到了從各個論壇到法院外面到處都飄揚的黃絲帶，看到了從白髮蒼蒼的老人到稚氣未脫的大學生都趕去表達對劉曉波的支持。毫無疑問，真正愛劉曉波的人比愛胡錦濤的人多，真正跟劉曉波站在一起的人比跟胡錦濤站在一起的人多。胡錦濤、溫家寶，你們這些手握大權的人，才是「中國的克格勃制度」的

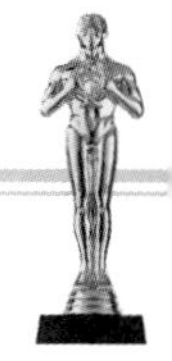

可憐的人質：那些炮製劉曉波案件的走狗們，為了從你們那裡獲得一點狗食而到處咬人，表面上在忠心耿耿地幫助你們維持穩定，實際上卻在為你們挖掘一個看不到底的陷阱。當你們跌落進去的時候，還想有爬出來的那一天嗎？你們的命運會比崇禎和齊奧塞斯庫好多少呢？

是的，走狗固然可惡，信任和縱容走狗的主人更加可惡。動物莊園的統治者們，你們彈冠相慶吧，你們舉辦盛宴吧，你們瓜分贓物吧。但是，如果你們以為這樣做便可以打倒劉曉波和他的朋友們，便可以羞辱聖誕節這個象徵著和平與公義的日子，那麼，你們就錯了，而且錯得一塌糊塗。在人類漫長的歷史上，從來沒有過不為之付出代價的罪惡，你們的喪鐘在你們第一次作惡的時候便已經響起。在這個普天之下都在紀念耶穌誕生的日子裡，儘管撒旦仍然沒有停止幹壞事，但上帝的話已經臨到了這個惡貫滿盈的國度：「因你們的手被血沾染，你們的指頭被罪孽沾染，你們的嘴唇說謊言，你們的舌頭出惡語。無一人按公義告狀，無一人憑誠實辯白，都倚靠虛妄，說謊言。所懷的是毒害，所生的是罪孽。」你們硬著脖子與上帝為敵，還能猖狂到幾時呢？

「平庸之惡」與人的「非人化」

踐踏公義的獨裁制度能夠得以持續，首先靠的就是將人變成「非人」。北京市公安局那些搜集劉曉波罪證的警官們，北京市檢察院的檢察官們，北京市第一中級人民法院的法官們，就是此類「非人」的典型，用對極權主義的起源有著最為精深的研究的阿倫特的話來說，這就是「平庸之惡」。也許，你們在自己家中扮演著好丈夫、好兒子、好父親的角色，但當你們將別人的好丈夫、好兒子、好父親送進監獄的時候，卻絲毫沒有良心上的障礙。就好像那些剛剛槍殺了集中營中的猶太人的納粹軍官，回到家中立即溫柔地教自己的孩子彈鋼琴一樣。你們說，這是例行公事。

此時此刻，我在猜想：這些人擁有一顆怎樣的心靈呢？捷克持不同政見者米蘭·塞姆卡在《秩序的重建》一書中描述的一名法官，便是一個很好的例證。在處於「正常化」的特定歷史時期的捷克，需要大量法官以國家公務員的身份來監督統治系統的法律法規遵守情況，以便使大規模的鎮壓活動能夠在嚴格的要求下得以順利進行。塞姆卡描述了他的一位

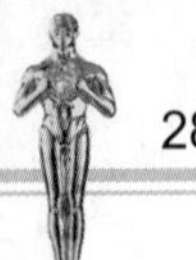

作家朋友拉第斯拉夫被判決的過程，「真正引起我興趣的，是審判法官」。關於這個法官，他寫道：「從我第一眼見到他，我就從他的臉上讀到他對自己工作的失望。從他的腦海中不會掠過哪怕一絲關於『公平』的概念。」在這場齷齪的審判之後，所有參與審判工作的工作人員都按時下班回家了。塞姆卡接下來講述說：「法官自言自語道，繁忙的一天終於結束了。他在晚飯時將會有很好的胃口，這只是非常普通的一天，沒有什麼特別之處。」於是，所謂的公平公正就這樣隨著法律在人類意義上的空虛不復存在了，法國學者亞歷山德拉·萊涅爾－拉瓦斯汀在《歐洲精神》一書中如此評論說：「法律的代表者們只滿足於完成『分內的工作』而已，沒有人會煩心去思考那些侵入他們良知的東西。司法，在這樣的情況下，已經完全變成了例行公事。」

如今，這些共產黨的「公務員」們，已經沒有了對主義的忠貞，而只剩下對飯碗的持守。這些審判劉曉波的法官（讓我們記住這幾個人的名字：審判長賈連春、代理審判員鄭文偉、翟長璽）以及像操縱傀儡戲一樣操縱他們的幕後人物，何嘗不都是如此呢？他們雖然活著，雖然擁有寶馬香車，但早已是行屍走肉，做陷害人的事情是他們日常生活的一部分。他們身上散發出陰溝裡的氣味，走到哪裡都會被認出來。衣冠楚楚的外交部發言人姜瑜在外交部例行新聞發佈會上說：「劉曉波是中國公民，中國的法律機構正按照中國法律獨立完成審理，因此這完全是中國內部的事情。」將她的這句話翻譯成動物莊園的語言，意思就是：這是我們動物莊園的內部事務，動物莊園外的人是無權過問的。而動物莊園裡的成員之所以被奴役，僅僅是因為他們出生在一個錯誤的時代和一個錯誤的地方。姜瑜這個笑裡藏刀的女人，看上去越來越像自稱「我是毛主席的一條狗」的江青了。不，姜瑜比江青還不如：江青最後畢竟為自己的信仰自殺了；而姜瑜純粹是一隻變色龍，到了中共垮台的那一天，她肯定會最先站出來宣稱從此開始「說真話」。

這種「平庸之惡」是不能被「寬容」的。在審判劉曉波的這幾天裡，那個將我堵在家中、非法限制我人身自由的朝陽區國保支隊的姓王的警察對我說，你不要寫那些太尖銳的文章了，不妨寫寫那個批評《蝸居》、卻被網友人肉搜索出原來是個貪官的廣電局的官員，這些反腐敗題材都很好啊。我還不知道有這樣的新聞，回頭在網上一查，原來，在十二月

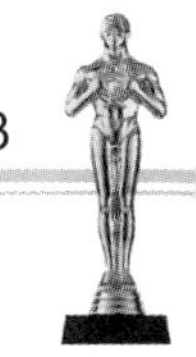

九日召開的中國廣播電視協會電視製片委員會年度大會上，廣電總局電視劇管理司司長李京盛點名批評《蝸居》的「價值導向錯誤」，「有很大的負面社會影響，靠性，靠葷段子，靠官場腐敗，靠炒作來吸引眼球」。此番言論，隨即引發網友的「炮轟」，有網友說：「可以允許類似三級片的野廣告，禍害人民的假藥、假貨充斥屏幕，卻不允許一個反映百姓疾苦的電視劇播出，這是典型官僚作風。」還有網友說：「這完全是廣電總局的『掩耳盜鈴』，人人皆知的社會現實，你再怎麼掩飾又有什麼用？」有網友發起人肉搜索，發現李京盛手上的名表價值不菲，還曝光他有「兩套豪宅」，「房子是一九九二年購置的高檔別墅麗京花園的房子，這片號稱北京首家高檔涉外的別墅區，不是一般老百姓所能夠接受的」，「他近來又砸重金再購入一棟別墅，該豪宅的面積為二百八十平方米」。正是劉曉波揭露的一黨獨裁的政治制度，才催生了無數李京盛這樣的惡狗，這種惡與劉曉波案件中的法官、檢察官和警察一樣，都是「平庸之惡」。謝謝那個政治警察提醒了我：我們要用同樣的方式去「人肉搜索」那些構陷劉曉波的警察、檢察官、法官以及姜瑜之流的幫兇，將他們的一切都「曬」到網上，讓他們知道作惡者必付出加倍的代價。

上帝讓我們做「好撒瑪利亞人」

踐踏公義的獨裁制度之所以能夠得以持續，其次靠的就是讓大多數人在面對不義的時候充當「沉默的大多數」和「袖手旁觀的大多數」。對於人性的幽暗，劉曉波早已有深刻的洞察，他曾經對我說過，在「破局」的那一天到來之前，絕大多數人寧願充當人肉宴席上的賓客，最多就是做潔身自好的旁觀者，很少有人願意付出沉重的代價去掀掉這如流水般的吃人的宴席。而到了牆搖搖欲墜的那一天，「牆倒眾人推」的場面就會馬上出現，人人都將爭先恐後地表白說他們為推倒這垛牆作出過多少貢獻。正是沉默、冷漠、怯懦和絕望，使得公義長期缺席，華盛頓公義協會主席、人權律師侯嘉理（Gary A. Haugen）在《公義在望》一書中指出：「施暴者曉得自己永遠都沒有足夠的力量和謊言去抵擋全人類能夠集結起來對付他們的力量、真理和勇氣，因此他們依賴——完全依賴——絕望引致的坐視不動。」通常情況下，人們往往高估邪惡的力量，不願對最先挑戰邪惡的那個人施以援手。白艾蒙對人類歷史有如此描述：「邪惡勝利全

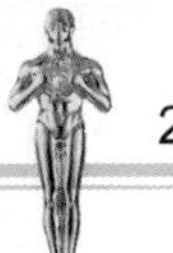

賴好人袖手旁觀。」希特勒、斯大林、毛澤東、波爾布特、金正日……這些魔頭之所以敢為所欲為、殺人如麻，如今對劉曉波的審判之所以變成「事實」，全部的秘密正在於此。

那麼，我們何為？我們如何擺脫「非人」的狀態，如何走出「袖手旁觀」的「中立」？作為基督徒，上帝派遣我們來到這個不完美甚至充滿不公義的世界，不是讓我們消極地等待他的救恩，不是讓我們僅僅躲在四面牆壁的教堂中讚美和歌唱，不是讓我們虛偽地對那些窮乏的、苦痛的人說，「你們走吧，我們為你們禱告」。上帝讓我們做那個「好撒瑪利亞人」，上帝讓我們做對抗黑暗的行動者，上帝讓我們與每一個追求公義的人站在一起，上帝讓我們分擔和體驗十字架上的耶穌的苦痛。作為基督徒和神學家的侯嘉理敏銳地指出：「沒有什麼比邪惡一派更會挑戰我們的信心和盼望；而沒有甚麼比神那具權威和神聖的話語更能抵擋邪惡的輕蔑。」當他介入調查盧旺達屠殺，發掘出萬人坑，被此人間慘劇震撼的時候，仍然堅信以下四個真理：第一，神愛公義，同時恨惡不公義。第二，神憐憫因不公義而受苦的人——無論他來自世界上哪個角落，沒有差別和喜好之分。第三，神審判並將施行欺壓暴行的人定罪。第四，神積極營救不公義之下的受難者。這四個真理讓侯嘉理在這個充滿威脅和欺騙的世界中心仍然存盼望，也讓我們每一個基督徒即便處在遮天蔽日的黑暗之中也對光明的來臨充滿信心。

作為一名基督徒，無論現實如何陰霾深深，我永遠都不會絕望。這一次，上帝沒有垂聽我的禱告，沒有讓劉曉波立即獲得自由，沒有讓公義在此時此刻立即得以聲張；但我並不認為上帝對我們掩面不顧，上帝有他自己的計劃和安排，只是我們現在還不能明白。也許，劉曉波是上帝看重的那塊百煉成金的屋角石，在這條少數人所走的光榮荊棘路上，他比我們其他人都走得更遠。上帝讓他在這個時代成為一座標桿。如C.S路易斯所說，我們生活在一個危機四伏的「敵占區」，但我們不會沒有盼望，也不會放棄抵抗。在劉曉波被中共當局判處十一年的重刑之前，我已經連續做了幾個晚上的惡夢，夢見這位良師益友被鎖鏈緊緊纏繞而動彈不得；今天，當這個邪惡的判決像一記重拳一樣打得我想嘔吐的時候，侯嘉理所堅信的、從聖經而來的四個真理，讓我得到了莫大的安慰。是的，我們每個人都有可能遭到那惡狗無情的撕咬，即便我們無力躲避而

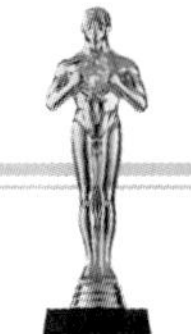

被咬得血肉模糊，但仍能堅信：我們跟這些惡狗不一樣，我們身上有上帝的形象與尊榮，我們永存對公義和愛的盼望。耶穌說，為義受逼迫的人有福了，因為天國是他們的。與之對應，我亦深信：那逼迫義人的人有禍了，因為他必跌入地獄。此時此刻，願神的話語安慰劉曉波和他的妻子劉霞：「因為耶和華是公義的，他喜愛公義，正直人必得見他的面。」

二零零九年十二月二十五日
一個憤怒、哀傷、禱告和盼望的聖誕節

不是胡溫審判劉曉波，而是劉曉波審判胡溫

劉曉波先生被中共當局重判十一年，為「六四」以來二十年間最為惡劣的一起因言治罪的案件。當年，作為天安門廣場的四君子之一，劉曉波先生是八九民運後期的靈魂人物，雖為此承擔了牢獄之災，但也沒有被判處如此重刑。這一判決是由政治局的九個小矮人共同作出的「集體決定」，但它不會奠定胡溫式的穩定的基石，反倒敲響了胡溫虛假民主的喪鐘。胡溫政權刑罰之酷烈、手段之卑劣、謊言之無恥，有甚於鄧小平與江澤民，而直追陰魂不散的毛澤東。至此，上個世紀八十年代有限的政治體制改革已經蕩然無存，即便是鄧小平在最後的歲月裡以及繼承其衣缽的江澤民所執行的某些懷柔政策，胡溫也都統統棄而不用，其猙獰之面目暴露無遺。今天，胡溫敢於公開回答艾曉明女士的追問嗎：「劉曉波要活活等過四千零二十一天才能回家；難道今天的現實比《天方夜譚》更魔幻嗎？那個混世魔王蘇丹被山魯佐德的故事講得心回意轉，卻也不過一千零一夜，難道聽劉曉波故事的聖上，比一千年前的蘇丹更愚鈍？」

審判胡錦濤的日子，北京變成大監獄

劉曉波案從開庭到審判的三天之間，全國各地的政治警察們傾巢出動，晝夜執勤。受到其騷擾的獨立知識分子和維權人士達數百名之多，這年頭不會有人像梁山好漢那樣「劫獄」，他們為何還如此害怕大家去法院外邊聲援劉曉波呢？此次秘密警察行動之規模，創下了中共建政以來政治審判案件中的最高記錄。好像不是劉曉波在受審，而是胡錦濤在受審。相比於海外媒體一致嚴厲聲討中共當局玩弄司法、侵犯人權的惡行，中國國內沒有任何一家媒體報道此案，哪怕是隻言片語也找不到。鄧小平時代審判魏京生等政治犯，中共的喉舌上作過不少的報道，表明在那個時代中共還有壟斷意識形態並對民眾實現洗腦的信心，有將政治犯搞臭、搞垮的信心。而在今天，胡溫連鄧小平的百分之一的自負都沒

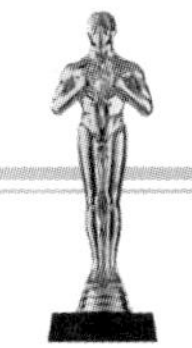

有了，不僅沒有讓民眾相信其「科學發展觀」的信心，而且連在喉舌上連篇累牘地批判劉曉波的信心都沒有了。他們根本不敢讓老百姓知道有這樣一個案件，因為他們清楚地知道，一旦老百姓作出自己的判斷，那判斷一定不會「跟中央保持一致」。於是，他們對信息進行嚴密封鎖，對批評意見不聞不答，一副「我是流氓我怕誰」的模樣。確實，不是胡錦濤將劉曉波送上審判席，而是劉曉波將胡錦濤送上審判席，就如同當年哈維爾將胡薩克送上審判席、曼德拉將博塔送上審判席一樣。

我輕蔑地對那個前來找我談話的國保便衣說：「這不是你們在審判別人嗎，你們為什麼還怕成這樣？」當然，真正感到害怕的並不是這些可憐又可恥的警察。這些拿著納稅人的錢卻侵犯納稅人的基本人權的警察，以一副頗有苦衷的表情對我說：「我們不是你的敵人，我們這樣做只是為了保住飯碗而已。」這是他們麻醉自己的良心的唯一辦法，他們既是加害者，同時也是受害者。但是，他們的這一恐嚇策略能夠奏效嗎？這些天來，事實證明，戰勝恐懼的民眾越來越多：真正感到害怕的更不是劉曉波和他的朋友們，劉曉波的母校吉林大學的大學生在黑板上寫下了支持學長的文字，香港的幾十名年輕人奔赴深圳關口「投案自首」，人們用推特等新的網絡傳播手段表達抗議……這個案件沒有像當局設想的那樣被冰凍起來，而是繼續發酵，甚至成為對千千萬萬中國公民的一堂憲政啟蒙課程。所以，每多一個人聽到劉曉波的消息，每多一個人聽到零八憲章的消息，那些竊居中南海的高官顯貴們便會心驚膽戰、寢食難安。如果胡溫念茲在茲的穩定，必須依靠將劉曉波關進監獄，那麼這種穩定是何等脆弱！胡溫將穩定當作一道緊箍咒，套在全體國民的頭上，也套在自己的頭上。從某種程度上說，胡溫自己已經被穩定所異化了。

胡溫為何如此心虛？為了保持所謂的穩定局面，為了保持他們自己永遠是「先富起來的人」的格局，以胡溫為代表的掌權者們不惜幹任何壞事。他們逼迫拆遷戶自焚，他們將小販打死在街頭，他們把不願同流合污、手染鮮血的趙紫陽幽禁至死，他們的寶馬車撞死路人以後悠然逃逸，他們捏造出處女賣淫的荒唐案件，他們無視法律的尊嚴抓捕人權律師，他們將上訪的結石寶寶的家長抓進監獄……在這個「和諧社會」裡，是極少數的特權階層與所有人為敵；在這個「大國崛起」的時代，空蕩蕩的「大國」中卻只有一群「寡民」。從六四開槍殺人之後，中共當權者對

武力的迷戀成了一種慣性思維。民間的反抗愈演愈烈，當局的鎮壓也愈演愈烈。英國作家切斯特頓在回答一家報紙的命題徵文「你認為這個社會的問題出在哪裡？」的時候，他的回答只有一個字：「我。」今天，中南海中的衮衮諸公，有沒有勇氣承認自己才是不穩定的源頭呢？中共前總書記趙紫陽的政治秘書鮑彤先生一針見血地指出，顛覆國家政權的不是劉曉波，而是胡溫當局。所以，今天不是胡溫在審判劉曉波，乃是劉曉波在審判胡溫。

劉曉波是在「為我國民爭回一人格」

劉曉波的所作所為，不僅不是「煽動顛覆國家政權」，而是如蔡鍔當年所說的那樣「為我國民爭回一人格」。蔡鍔怒髮衝冠起兵雲南，不是為了紅顏，更不是為了權位，而是為了「為我國民爭回一人格」；劉曉波持續二十年以健筆批判當權者，不是為了個人的名聲，亦無任何的權力慾望，也是為了「為我國民爭回一人格」。從梁啟超、蔡鍔、胡適、殷海光到劉曉波……這是一個不甘為奴的偉大的中國人的譜系，他們是中國人被專制獨裁所摧殘數千年之後仍然有起死回生的希望所在。當年，企圖稱帝的袁世凱敗亡之後，梁啟超撰文剖析其留下的種種隱毒說：「我四萬萬人之人格，至今日已被袁世凱蹂躪而無復余，袁氏自身，原不知人之所以異於禽獸者何在，以為一切人類通性，惟見白刃則戰慄，見黃金則膜拜，吾挾二物以臨天下，夫何其不得者。」梁氏以如炬之目光，透視袁氏篡權的秘密：「日日以黃金誘人於前，而以白刃脅人於後，務使硬制軟化一國之人以為奴隸。……袁氏窺破人類公共之弱點，乃專務發達此弱點以資利用。其有能自制其弱點而不甘受彼利用者，則必設法屠殺之驅逐之，窘蹇之，使其不能自存。」其結果，先是摧毀知識階層的獨立性和批判精神，使得文化精英趨炎附勢、追名逐利：「我國士大夫之道德，實已一落千丈，其良心之麻木者，十人而七八，此無庸為諱者也。」繼而讓全體國民對動物莊園裡的生活甘之如飴，甚至「盡喪失其為人類之價值」。

袁世凱之隱毒，比之共產黨黨魁毛、鄧、江、胡之隱毒，乃是小巫見大巫。袁世凱運用的「白刃」與「黃金」，也就是「大棒」與「胡蘿蔔」，在中共掌權者那裡，更是無比嫻熟，「兩手抓兩手硬」。故而今日中國人之奴性，比之民國初年，又要根深蒂固若干倍。劉曉波所面對的

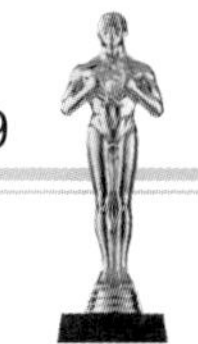

民族精神的沉淪，也就比之蔡鍔和梁啟超那個時代深重若干倍。劉曉波正是梁啟超所說的那種既不怕白刃，也不愛黃金的人，二十年來，中共幾度抓捕之，卻未能摧毀其意志、改變其信念。可以說，「六四」屠殺之後二十年以來，劉曉波從未享受過一天真正的自由，那些監視和跟蹤他的秘密警察如影隨形，「事事關心」。然而，就是在這樣的境遇之下，在中國九千六百萬平方公里的土地上，在十三億人當中，劉曉波是那個靈魂最自由、最高貴的人。他在《未來自由中國在民間》一書中，發出了擲地有聲的宣言：「人，生而自由、平等。導致普遍的奴役和不平等的，決不是因為統治者過於強大或過於英明，而是因為被統治者們的跪下。難道三叩九跪的皇權時代已經廢除了一百多年的今天，國人還自我作踐、找出種種理由為自己的跪姿辯護？僅僅是小康的恩惠和允許富人入黨的開恩，難道就使國人只會以下跪叩謝來顯示獨裁者的高大和恩典嗎？！……自由中國的出現，與其寄希望於統治者的『新政』，遠不如寄希望於民間『新力量』的不斷擴張，民間尊嚴在觀念上和法律上得以確立之日，就是國人的人權得到制度性保障之時。」那一天並不遙遠，劉曉波終將歸來，並如他的妻子劉霞畫筆之下的鮮花一般綻放。

二零一零年一月三日

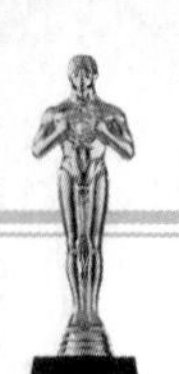

胡耀邦對待魏京生與溫家寶對待劉曉波之差別

溫家寶的那篇回憶胡耀邦的文章發表之後，諸多海外中文媒體紛紛對其作「過度闡釋」，某些對中國國情一知半解的「中國問題專家」也口吐蓮花，似乎這就是胡溫要在任內最後兩年開啟政治體制改革的信號。我對這些言論不禁啞然失笑。如果一個人說了三五次慌都沒有被識破，說明這個人說謊的能力頗高；但如果一個人一輩子都在說謊，卻還有人當他是在說真話，這就跟說謊者的本領無關，這就是聽眾的信息接收和判斷系統出了問題。

溫家寶從來不是政治局中的「異議分子」

《南方週末》評論員郭光東在《溫家寶憶胡耀邦文的不凡之處》一文中再三強調溫家寶文章的「個人名義」，並說：「在領導人公開發表的文章中，這樣的文字、文風是相當罕見的。如果領導人能夠不再限於用公文、報告的語調發佈政見，而是多用一些《再回興義憶耀邦》這樣的人性文字，相信能為政壇帶來一股活潑的新風。」我真疑心這位作者從來沒有在中國生活過，彷彿是剛剛從月球空降中國一般。在中共極其嚴格的宣傳機制之下，高官們在中共中央機關報《人民日報》發表文章，哪裡有什麼「個人名義」？個人永遠服從於組織，即便是貴為總理的溫家寶發表署名文章，也必定經過政治局常委會討論通過，是一種集體意圖的表達。

那麼，中共政治局為什麼允許溫家寶發出「不同的聲音」來呢？為什麼其他常委都不發表此類署名文章，偏偏由溫家寶出面呢？為什麼胡錦濤要將這樣收買民心的「好處」讓給溫家寶呢？在我看來，這不是溫家寶具備了敢於充當一名政治局中的「異議分子」的勇氣，而是最高領袖胡錦濤和政治局集體的精心安排。在政治局的九個小矮人中，需要選出一個人來扮演人民的慈母的角色，以維繫民眾對這個政權最後的希望，而溫家寶的位置和性情都最適宜扮演這個角色。與之相比，作為最高領

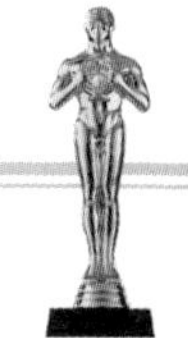

袖的胡錦濤需要躲在幕後，保持喜怒不形於色的神秘性。在此意義上，溫家寶絲毫不比其他八個人心地善良、人品高貴和政見開明。如果溫家寶真的跟其他八個人存在嚴重分歧，他哪裡可能安穩地度過這麼長的任期，更不必說以「三代老臣」的身份熬成首輔了。溫家寶服務過的兩屆總書記先後中箭落馬，他這個大內總管卻安如磐石，難道還不能說明此人在權術和自保上有過人之處嗎？

胡溫當政以來，比起江澤民時代來，官場之腐敗如同脫韁野馬，貧富懸殊在全球名列前茅，新聞控制和文化封鎖造成萬馬齊喑，「國進民退」的經濟政策逆時代潮流，鐵腕「維穩」更是草菅人命。就政權之劣質化而言，胡溫遠遠超過江朱。中國的政治體制改革停滯不前，不是如同某些善於為胡溫開脫責任的海外人士猜測的那樣，是早已退休的江澤民的制約；相反，乃是胡溫在意識形態上本來就比江朱更加僵化，胡溫時代既得利益集團的糾纏也更為牢固。以溫家寶為例，他自己裝模作樣地穿一雙修修補補的破鞋，而他的妻兒均富可敵國，這兩個自相矛盾的鏡像，該相信哪個呢？顯然，溫家寶不是體制的犧牲品或異議者，而就是體制的代言人與吉祥物。如果連這個事實都認識不清，如果繼續對溫家寶過於誇張的話劇表演激情歡呼，那就比之《動物莊園》中的「奴在心者」的動物都不如了。

溫家寶在文章中用諸多細節表明他對胡耀邦如何有情有義，即便胡耀邦下台之後，他仍然常常去門前冷落的胡宅問寒問暖。因此，《南方週末》的評論文章說：「從溫家寶對待胡耀邦的態度上，我們依稀看到古風猶存，中國人士人風範還在。」其實，所謂「中國人士人風範」，根本就是作者一廂情願想像出來的。中國從來就沒有什麼「士人風範」，即便有，也保存在民間，而非朝堂。在爾虞我詐的官場上，從來都是「人一走，茶就涼」，哪裡有一絲人性的溫情呢？溫家寶之所以去探望胡耀邦，與他此次發表紀念胡耀邦的文章一樣，與他當年陪同趙紫陽去天安門廣場一樣，不是由他的「個人意志」所決定的，乃是得到「核心」的批准甚至根本就是「核心」所授意的。否則，溫家寶與胡耀邦接觸的時間並沒有趙紫陽多，照理說，他與趙紫陽的關係更為親密。那麼，他去探訪胡耀邦，為什麼不去探訪趙紫陽呢？趙紫陽被幽禁致死的遭遇，他就一點責任都沒有嗎？趙紫陽去世的時候，即便他人不能到場，但連一個花圈都不送，這難道就符合中國的「古風」嗎？

可見，溫家寶清楚地知道什麼事情可以做，什麼事情不可以做；做什麼事情會給自己帶來負面影響，做什麼事情會給自己帶來正面影響。胡耀邦是可以去探望的，還可以刺探些消息來向鄧小平匯報；而趙紫陽是不可以去探望的，如果去了，就是與「敵人」和「叛徒」劃不清界限，就是立場不堅定，就不是「久經考驗的無產階級戰士」。所以，溫家寶的這篇回憶胡耀邦的文章什麼也說明不了，背後也沒有什麼高深莫測的「玄機」。

胡耀邦違背鄧小平命令，改善魏京生在獄中的待遇

溫家寶常說，對一個人要「聽其言、觀其行」，殊不知，這句話用在他本人的身上更加合適。如果對溫家寶「聽其言、觀其行」，我們會發現，溫家寶與胡耀邦根本就不是一類人——從胡耀邦對待魏京生和溫家寶對待劉曉波的態度上，就可以看得清清楚楚。

一九七九年，西單民主牆事件發生，魏京生被捕之後，胡耀邦雖然未能阻止來自鄧小平的命令，但他仍然在諸多公開場合表達不同意見。他在五屆人大二次會議上說：「我始終支持任何人在社會主義制度下行使自己的民主權利。希望大家都在憲法的保障下享有最大的自由。儘管在中央工作會議上，以及在這次人大會議上，不少同志點名也好不點名也好，批評我背著中央，支持違反『四項基本原則』的所謂民主化運動，助長無政府主義，但我仍要保留我自己的看法。」他還說「我奉勸同志們不要抓人來鬥，更不要抓人來關。敢於大膽提出這些問題的人，恐怕也不在乎坐牢。魏京生抓了三個多月，至今沒有作過檢討。聽說他還在絕食。他一死就會在群眾中成為烈士，是人們心中的烈士。」這些話放在今天仍然擲地有聲。溫家寶引用了胡耀邦的很多言論，為什麼偏偏不引用這些言論呢？當溫家寶政府抓捕劉曉波並判處重刑的時候，他有沒有意識到自己正是胡耀邦所批評的對象？

最近，魏京生在一篇回憶文章中承認，是胡耀邦救了他一命。一九八四年，魏京生被公安醫院確診患有冠心病，鄧小平親自下令，將他送往青海高原，並且規定了極為惡劣的生活待遇，不給治病、不

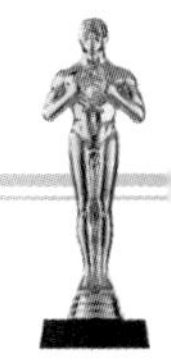

給電視報紙、不給改善伙食。連警察們都看出來，這是把人往死裡整的措施。次年胡耀邦訪問西藏、青海，專門抽出時間找司法系統的幹部開會，聽取了有關幾個政治犯的情況匯報，並指示說：魏京生等政治犯患有疾病，目前的形勢不能保外就醫；但是也不能按照普通犯人的待遇。按照革命的人道主義原則，應給與普通職工的醫療待遇，並且改善生活條件，達到普通居民的標準。對此，魏京生深懷感激之情說：「在那關鍵的幾年中，胡耀邦確實救了我一命。由此我也相信有關胡耀邦的傳聞是真實的。他的確實是共產黨內的異議人士；是一個存有善良之心的、敢於改正錯誤的好人。」

在魏京生一案上，當年的胡耀邦敢於發表與太上皇鄧小平不一樣的意見，還作出切實的措施和指令，改善了魏京生獄中的生活條件，從而救了魏京生一命。要知道，那時鄧小平的地位是一言九鼎，對魏京生恨不得除之而後快，胡耀邦這樣做是要付出極大的風險的。而這才是一個有良知的政治家為了公平正義而置個人權位於度外的壯舉。

溫家寶參與重判劉曉波，帶頭踐踏法治與人權

與胡耀邦對魏京生的寬厚態度相比，溫家寶在劉曉波一案做過些什麼呢？將劉曉波這樣一位為中國人的自由和尊嚴而奮鬥的先知式的知識分子關進黑牢，溫家寶是參與者之一。面對這起發生在其任內的最惡劣的因言治罪的人權案件，溫家寶既沒有公開發表過不同意見，也沒有暗地裡採取任何措施來修正之。可以想像，在政治局會議討論劉曉波案件的時候，如果溫家寶對此案發表強烈的反對意見，至少可以讓劉曉波獲刑的時間減少一大半，至少可以以此挽回一點中國人權狀況惡化的惡劣的國際形象。但從劉曉波獲刑之重超過大部分人的預料的結果來看，溫家寶並未這樣做過。

迄今為止，對劉曉波的終審判決已經過去了三個多月，照例他應當早被分發到監獄中服刑。但是，奇怪的是，他仍然被羈押在北京市看守所。這段時間，不僅他的親人不能去探視，連律師的例行探視也被取消。他的妻子托國保送進去的書籍，居然遭到「有關部門」的無理扣押。對於一個喜歡讀書的知識分子來說，不讓其讀書就是最大的折磨了，顯然這是當局有意為之。四十年前，曼德拉在南非種族隔離政權的監獄中

都可以讀書；四十年後，劉曉波在中共的監獄中卻連讀書的權利都被剝奪了。劉曉波所遭遇這些惡劣的待遇，溫家寶真的一無所知嗎？或者他知道了卻無能為力？

胡耀邦受制於中共僵硬的制度，未能成功推動政治體制改革，最後「出師未捷身先死」，我對他充滿了敬重與同情；而溫家寶根本就是官僚體制的「二把刀」，企圖利用胡耀邦的名望來為自己和自己所代表的政治局塗脂抹粉，我對此種虛偽而矯情的文字充滿了厭惡。胡耀邦讓人尊敬，不僅僅是他的親民和簡樸，更是因為他對異議者的寬容，以及對公民基本權利和現代民主制度的認同。溫家寶東施效顰地去學習胡耀邦的皮毛，卻拒絕跟從當年胡耀邦的精神取向，可謂買櫝還珠也。

《南方人物週刊》評論員何三畏在《紀念政治人物離不開政治的意義》一文中道破了事實真相：「這些千百年來每一個親民勤政和體察民情的政治家一直慣用的工作方法，就是現代政治的精髓，是當今中國最需要的政治策略嗎？中國政治家真正需要突破的，是下層官員的『安排』，而不是自下而上一級一級地築起政治的合法性，建立持續穩定的制度保障。」所以，溫家寶釋放對民眾的善意的最好方法，不是撰文紀念胡耀邦，而是立即釋放劉曉波。我堅信，中國人民的尊嚴，是靠無數像劉曉波這樣的普通民眾以犧牲自己的自由來爭取到的，而不是靠溫家寶空洞而虛幻的許諾與賞賜。

二零一零年五月十八日

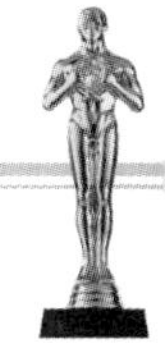

既然緬懷杜重遠，便當釋放劉曉波

——寄語葉公好龍的溫家寶

統戰與組織（人事）、宣傳被視為中共奪取政權和維持政權的「三大法寶」。自周恩來以下，統戰便是總理的份內之事。溫家寶自然也不例外，除了對巴金、季羨林、錢學森等「國寶級」的學者禮賢下士、噓寒問暖之外，對那些「民主人士」以及歷史上支持過中共的名人的紀念、緬懷以及對其後人的關懷，亦是需要一一關照的。二零零六年，民國時代著名在左派社會活動家杜重遠的故居在上海修復開幕，溫家寶特別作出批示：「我向杜重遠先生致敬，讓他的兩個女兒杜毅、杜穎健康起來。」後來，溫家寶專門給杜重遠的後人寫了一封信。於是，這封信又成了溫家寶的一則可圈可點的「佳話」。

溫家寶緬懷杜重遠是支持言論自由嗎？

就溫家寶緬懷杜重遠一事，《亞洲週刊》記者江迅寫了一篇長文渲染之。文章首次引用了溫家寶給杜重遠後人的一封信，全文如下：

杜毅、杜穎女士：

惠書、近照、詩作均已收到，以前幾信及令堂大人《清明雨》也都收讀，十分高興。我因事忙，遲至今日作覆，尚乞原諒。重遠先生上海故居已經開放，可供人們緬懷先生為國獻身的精神和光明磊落的品格，實為一件有意義的事情。凡是為國家和人民的利益，捨家忘我，苦鬥不屈，勇於犧牲的人，國家和人民永遠會銘記不忘的。重遠先生、御之女士的英靈應得以慰籍。

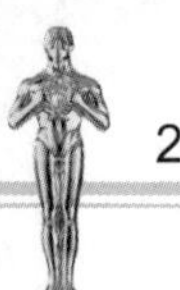

你倆清恙有起色否？甚以為念。處此情況，只有姐妹倆能相互理解和照顧。願你們保重身體，多做一些對國家和人民有益的事情。

專此奉覆，順祝康吉。

溫家寶
二零零七年五月七日

溫家寶不是第一個讚譽杜重遠的中共總理。早在中共奪取政權之前，周恩來便與杜重遠交往甚密。杜重遠作為民國時代相當左傾的實業家和新聞活動家，深受馬列主義思想的影響，為周恩來之魅力所吸引。而溫家寶的前任朱鎔基也將杜重遠稱讚為「最熱忱的愛國者」、「知識分子典範」。

那麼，杜重遠是如何愛國的呢？本來他是一位事業有成的實業家，在東北亦深受張學良之器重，但在日本侵華的情勢之下，他捨棄實業而投身輿論界，為抗日事業鼓與呼。一九三二年春，杜重遠與李公樸、胡愈之等發起籌辦《生活日報》。一九三三年，又創辦《新生》週刊，自任總編輯和總發行人。一九三五年五月，由於《新生》週刊刊登《閒話皇帝》一文，日本帝國主義藉機挑釁，國民黨當局勒令《新生》停刊。

杜重遠挺身而出對抗國民黨當局鉗制言論自由的行徑。同年七月九日，江蘇高等法院第二分院開庭審理此案。法官只問了幾句話，便退入內室「集議量刑」，僅隔片刻便以「散佈文字共同誹謗」的罪名判處杜重遠有期徒刑一年兩個月，並不得上訴，立即送監執行。這時，杜重遠怒火滿腔，大聲喊道：「法律被日本人征服了！我不相信中國還有什麼法律！」

「《新生》事件」轟動全國，激起人民之公憤。魯迅在《且介亭雜文二集·後記》中說，「《新生》事件」發生後，國民黨政府「大約是受了日本領事的警告罷，那雷厲風行的辦法，比對於『反動文字』還要嚴：立刻該報禁售，該社封門，編輯者杜重遠……判處徒刑，不准上訴的了，卻又革掉了七位審查官，一面又往書店裡大搜涉及日本的舊書，牆壁上貼滿了『敦睦邦交』的告示」。

杜重遠出獄之後，在新疆從事教育和抗日宣傳工作。後來由於新疆督辦盛世才與蘇聯鬧翻，清洗在新疆的共產黨人及左派人士，而被捕

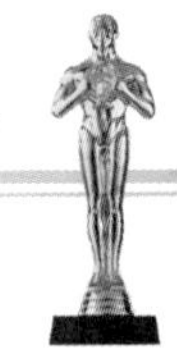

並被殺害。其實，杜重遠在中共建政之前死去，也算死得其所。如果一九四九年之後，他留在中國大陸，以他作為實業家和新聞活動家的身份，不知要受多大的罪。三反五反他躲得過去嗎？反右運動他躲得過去嗎？文化大革命他躲得過去嗎？杜重遠的同事和朋友們，大都在受盡屈辱之後悲慘地死去，或跳樓，或投湖，或自縊。以杜重遠之直率剛烈，毛澤東及中共政權能讓他暢所欲言嗎？當所有的媒體都收歸黨有之後，杜重遠無法繼續他的新聞事業，不能享有言論自由，他的人生還有什麼價值呢？在一個萬馬齊暗的時代，他必定生不如死。

然而，就是這樣一個至今仍然剝奪十三億民眾言論自由和新聞出版自由的獨裁政權，居然好意思隆重紀念杜重遠。我想，在中共治下，杜重遠必定不改初衷，寧願「進監獄、繼續寫」(毛澤東對魯迅如果活到「新中國」的命運的評估)。而最為可悲的是，杜重遠在死後半個多世紀，還被中共抬出來充當統戰對象。這才是對他的第二次謀殺呢。

溫家寶的權力究竟有多「小」?

讀到溫家寶的這封信，我想反問的是：溫家寶先生，與其裝模作樣地給杜家後人回信，不如好好研究研究國務院系統的新聞辦、文化部、公安部等部門究竟在幹哪些倒行逆施的壞事。對杜重遠最好的紀念，是釋放被關押的那些因言論而獲罪的作家和記者們，如劉曉波、師濤、楊天水、力虹等數十人。只要一天中國的監獄中還有良心犯和言論犯，你就沒有資格紀念杜重遠。開放報禁、還政於民，比整修一百個杜重遠故居都要重要和實在。如果杜重遠先生九泉之下有知，他一定會贊同這個看法的。

每當我批評溫家寶的時候，便有若干「八寶飯」以及貌似中立的人士站出來為之辯護。比如，當我批評溫家寶縱容警察濫用暴力「維穩」，便有人反駁說，公檢法領域由忠於江澤民的政治局常委周永康掌管，公安部部長是屬於上海幫的孟建柱，所以溫家寶有心無力。比如，當我批評教育和文宣部門實行愚民教育和鉗制言論自由，又有人反駁說，意識形態領域由忠於江澤民的政治局常委李長春以及宣傳部長劉雲山控制，溫家寶根本無從插手。

這些看法有道理嗎？如果說受制於中共權力鬥爭的格局和權力劃分的現狀，沒有一個強大派系全力支持的溫家寶，確實是中國歷屆總理中最弱勢的一位，要求他破釜沉舟啟動政治體制改革有點「強人所難」的話，他總不至於連國務院大部分部委的事務都不能過問吧？他至少可以在某些領域作一些有限度的修修補補，對民生問題多些補救的措施，比如制止暴力拆遷、改善勞工處境等，這總不算是過分的要求吧？在緬懷杜重遠的同時，改善那些像杜重遠那樣追求言論自由的「良心犯」在獄中的待遇，更不是讓溫家寶「鞭長莫及」的事情吧？作為總理的溫家寶，在這些方面作過善意的改變嗎？

無論溫家寶做過多少「仰望星空」的民主秀，卻從未「腳踏實地」地在政治體制改革方面付出一丁點的努力。溫家寶與胡耀邦和趙紫陽完全不是同一類人：胡耀邦和趙紫陽是有改革的誠意和遠景的，並願意為此冒失去權力的危險，而溫家寶則是一個不願承擔責任和風險的「童話大王」。如果看不到這一點，自作多情地將周恩來和溫家寶想像成青天大老爺，那就是奴性思維方式的殘留。歷史學家徐復觀在《兩漢思想史》中指出，經過兩千多年的運轉，中國的權力運作已經形成了一架比渾天儀或地動儀還要精密的機器，「這架機器，是以法家思想為根源，以絕對化的身份、絕對化的權力為中核，以廣大的領土，以廣大的領土上的人民，及人民散漫的生活形式為營養，以軍事與刑法為工具所構造起來的。一切文化、經濟，只能活動於此一機器之內，而不能溢出此一機器之外，否則只有被毀滅。這是中國社會停滯不前的總根源。」看溫家寶上任以來的所作所為即可發現，他從未致力於拆毀此一專制機器的嘗試，而是竭力維持其運轉。今天評價溫家寶的現實作用與歷史地位，如果有此一維度，便會對他的一言一行看得清清楚楚，便不會成為被影帝感動得忘記了今夕是何夕的台下觀眾。

沒有言論自由的中國，能夠輸出什麼價值？

杜重遠早已過世了，所以溫家寶可以安全地緬懷之，不怕當事人從地下鑽出來指斥這種緬懷方式的虛假本質；而與杜重遠一樣愛這塊土地以及生活於其上的人民的劉曉波，卻被中共當局關進了監獄，這一舉動比起當年審判杜重遠的國民黨當局來，更是等而下之。杜重遠只是被判刑

一年零兩個月，劉曉波卻被判刑十一年，溫家寶在這個判決中起了什麼作用呢？

在劉曉波先生被捕並被判處重刑的肅殺氛圍當中，我完成了《劉曉波與胡錦濤的對峙：中國的政治體制改革為何停滯？》一書並在香港出版。我未能分享劉曉波先生所遭受的迫害，也不能陪同劉曉波先生去坐牢，而只能用這種方式表達對他的敬意。完成此書之後，我又開始寫作《中國影帝溫家寶》一書。因為我認為，將劉曉波送進監獄的、扼殺中國的思想自由、言論自由和新聞出版自由的，既是胡錦濤，也是溫家寶，以及他們的若干同僚和下屬。他們誰都脫不了干係。

湖南大學法學院副教授高中在公開出版的《國家安全與表達自由研究比較》一書中指出，許多官員形成思維定勢，有人激烈抨擊政府官員和政府的內外政策，就會有損政府的尊嚴和信譽，進而危及執政者的安全和國家安全。他認為，這是一種「權力異化」、「國家異化」的必然產物，「一個能夠被批評浪潮所吞沒的政府，肯定在執政理念、執政模式、政治與法律制度建設方面存在著巨大的缺陷」。相反，「在任何一個宣稱『主權在民』的國家，領導人接受批評是其不可迴避的道德責任」。我建議溫家寶在緬懷杜重遠之前應當好好讀一讀這本書。

《約翰內斯堡原則》中規定：「任何人都不得因為批評或侮辱本國民族、國家或其象徵性標誌、本國政府及其機構、本國公職人員或外國民族、國家或其象徵性標誌、外國政府及其機構、外國公職人員而受刑罰。除非這種批評或侮辱意圖在於或者有可能引起即將發生的暴力。」當年，國民黨政府將杜重遠送入監獄，違背了該原則；如今，共產黨政府將劉曉波送入監獄，更是違背了該原則。《約翰內斯堡原則》就是普世價值的重要組成部分，喜歡標榜普世價值的溫家寶，為何對劉曉波深陷黑獄的遭遇默不作聲呢？

很多御用文人已經開始宣揚說，崛起的中國需要向世界「輸出價值」了。那麼，中國究竟有哪些價值可以輸出呢？百歲文化老人周有光先生，日前在接受《財經》雜誌訪問的時候，直言不諱地說，中國現在最缺乏的是自由，即「羅斯福講四大自由，現在我們要超越『四大自由』的自由，第五大自由就是網絡自由」，「網絡自由是頭等重要的問題，中國還沒有瞭解自由的重要，原來『四大自由』都沒有，第五大更談不上。全球化

時代是透明化的，反對透明化就是逆歷史潮流而動。蘇聯經不起透明，一透明就垮掉了，我們難道害怕透明嗎？」溫家寶喜歡跟季羨林空談愛國感情，倒不妨去拜訪一下充滿真知灼見的周有光，周有光會告訴溫家寶說：真正的愛國者，是將那些將自由的火種撒播在中國的人。

二零一零年七月十三日

反黨不是叛國

——從陳獨秀案與劉曉波案看威權與極權制度之差異

二十世紀南京國民黨政權製造的陳獨秀案，與二十一世紀北京共產黨政權製造的劉曉波案，堪稱這兩個政權統治時期最引人矚目的人權案件。炮製這兩個案件的當政者最終弄巧成拙：備受詬病的偏偏是審判者，獲得崇高聲譽的卻是被審判者。陳獨秀被捕之後，在北大曾為其學生的著名歷史學家、中央研究院總幹事傅斯年，即在《獨立評論》雜誌發表題為《陳獨秀案》的文章，稱讚陳獨秀為中國革命史上「光焰萬丈的大彗星」，「他在思想上是膽子最大，分解力最透徹的人，他永遠是他自己」。而劉曉波被捕之後，當代學術地位崇高的前輩人文學者余英時先生，迅速發表評論指出，劉曉波是一位「可敬的公共知識分子」，「二十年來劉曉波不斷發出獅子吼，都是為了挽救一個一天天沉淪下去的大國，希望他有一天會回到文明的主流」。掌權者視陳獨秀和劉曉波為罪犯，民眾卻視他們為英雄。

陳獨秀案和劉曉波案在法院審理過程、政府介入方式、媒體關注程度以及社會各界的參與等方面的異同，折射出國民黨和共產黨政權特性之異同。首先，這兩個政權都是「以黨治國」的專制政權，理所當然地視「反黨」為「叛國」。它們敵視思想自由、言論自由、學術自由和新聞出版自由，壟斷權力，踐踏法治，肆意打壓不同政見。掌權者以為這就是長久維持其統治地位的不二法門。其次，這兩個政權又具有各自不同之特徵：前者為威權體制，如美國學者喬·薩利托所論，「是一種幾乎沒有給自由留下餘地的政治制度」（但「幾乎」之說，其實又留下了一點向民主轉型的可能性），是依靠「令人生畏的暴政」實現統治（到了無法令人畏懼的時候，威權統治也就走向瓦解）；而後者為極權體制，它將整個社會囚禁於國家機器之中，整個社會都被政治化了，它「是登峰造極的暴政、

是所有暴政中最強調的暴政」，它扼殺了所有善意的、改良的建議，故而這種政體實現和平轉型尤為困難。

作為先知型知識分子的陳獨秀與劉曉波之異同

陳獨秀與劉曉波都是各自時代先知型的知識分子。他們熱愛自由，推崇民主，甘願為理想而獻身，如同盜火者普羅米修斯，如同推石頭上山的西西弗斯，他們以血肉之軀在鐵屋子中撞開一個門縫。他們以批判為志業，是中國的脊樑，是偉大的愛國者，儘管背負莫須有的罪名，卻無怨無悔地摯愛著這片土地與生活於其上的同胞。他們因先知的身份而屢次遭到當權者的逼迫：陳獨秀五次入獄，劉曉波四度入獄，出入之間，不改初衷。陳獨秀第二次被捕的時候，胡適說過：「愛國愛公理的報酬是痛苦，愛國愛公理的條件是忍得住痛苦。」這句話精闢地概括了作為「國事犯」、「政治犯」和「良心犯」的陳獨秀與劉曉波的悲劇性命運：因為思想的超前性，他們不得不承受常人難以忍受的痛苦和孤獨。

實際上，陳獨秀與劉曉波都不是「國家的敵人」。陳獨秀從被捕到被審判、被釋放，從未認過罪。他認為，反對某一黨派乃是公民的天然權利，當執政黨禍害國家之際，反黨就是愛國者自然而然的選擇。他當庭怒斥國民黨政府：「國家現狀如此，國民黨腐敗、反動所致，如此誤國的黨誤國的政府，若不早去，則必定會喪失國家前途。國民黨才是真正的『危害民國者』！」既然國民黨政權非由人民選舉，且危害了人民的基本權益，則「人民即有反抗此違背民主主義與無民權實質政府之義務。」所以，陳獨秀說：「予固無罪，罪在以擁護中國民族利益，擁護大多數勞苦人民之故，開罪於國民黨已耳。……」在法庭宣判之後，他再次抗議道：「本人乃叛國民黨，並非叛國，以此不公之裁決強加於人，吾人定會上述，以明是非！」

時間的流逝，在中國並不意味著社會的進步：七十六年之後，劉曉波被以「煽動顛覆國家政權」入罪，彷彿是陳獨秀案的重演，而製造此案的導演和演員的水準更加拙劣。與陳獨秀一樣，劉曉波自始至終都拒絕認罪。劉曉波在《我的自辯》一文中指出：「在我失去自由的一年多時間裡，面對預審警官、檢察官和法官的詢問，我一直堅持自己無罪。」他從中國憲法中的有關規定、聯合國的國際人權公約、自己的政治改革主張、歷史潮流等多方面作無罪辯護。其辯詞鏗鏘有力、擲地有聲，可恥的是毫無司法獨立精神的法庭，比當年審判陳獨秀的法庭還要心虛，根本不許劉曉波當庭宣讀自辯書。

當然，陳獨秀與劉曉波對自身的定位亦有所不同。陳獨秀不僅是一名坐而論道的持不同政見知識分子，而且起而行道，是民國時期最大的在野黨——共產黨——的創始人。當中國共產黨後來逐漸淪為蘇俄的附庸和傀儡，走向暴力革命、武裝叛亂之路，損害中國國民的利益和中國的國家主權的時候，陳獨秀不惜與之決裂，被以叛徒的罪名開除出黨。此後，他創立托派組織，晚年更是回歸五四時代的民主價值。陳獨秀晚年的反省在他那一代知識分子中是走得最遠的，他徹底與以毛澤東為首的、效仿蘇聯斯大林主義的延安中共分道揚鑣，並指出蘇聯的獨裁制度與德國的納粹如出一轍，「蘇聯十月革命以來秘密的政治警察掌握大權，黨外無黨，黨內無派，不容許思想、出版、罷工、選舉之自由」。所以，他期望未來的中國走向英美議會民主之路，這一點自然為國共兩黨所嫉恨，遂成為「終身的反對派」。

劉曉波在八十年代相對寬鬆的文化思想氛圍中以黑馬的姿態出現在中國文化界，而使之完成人生之「鳳凰涅磐」的乃是「六四」的槍聲。此後二十多年來，他成為生活在中國大陸的最敢言的知識分子，有三分之一時間在獄中度過，即便在獄外的生活，亦無時不刻地處在秘密警察的監控與騷擾之中。劉曉波從未將自己定位為政治人物，更未參與黨派活動，而是保持一名獨立知識分子的超然立場。他既批判共產黨的極權統治，亦批判中國兩千年的專制主義文化傳統；既批判新左派、民族主義、民粹主義等將中國導向危險路途的思潮，亦不諱言海內外的「民運」和「維權」力量自身的缺陷。所以，劉曉波被稱為「異議人士中的異議人士」，如魯迅一樣與一切不民主的勢力「橫戰」。如果說國民黨政府抓捕和審判陳獨秀，主要是因為其政治活動，陳獨秀曾任中國共產黨總書記，故而出於國民黨壟斷與獨佔權力的思維定勢，抓捕陳獨秀有邏輯上的必然性；那麼，共產黨政權抓捕和審判劉曉波這位不曾從事政治運作和政黨活動的書生，則是赤裸裸地以言論入罪，表明這個政權對公民個體的批評性言論也害怕到極點，比之當年的國民黨政府更為虛弱與暴虐。

陳案與劉案中政府對新聞輿論控制之異同

古今中外專制制度最大的共同點之一，就是不讓人說話。無論是昔日的國民黨政權，還是今日的共產黨政權，都蔑視與敵視公民的言論自由和新聞自由，如畏懼洪水猛獸般畏懼民眾的表達自由。陳獨秀指出：「現在國民黨統治是刺刀政治，人民既無發言權，即黨員恐亦無發言權，不合民主政治原則。」劉曉波則在《我沒有敵人：我的最後陳述》一文中指出：「二十一世紀的今天，言論自由早已成為多數國人的共識，文字獄卻是千夫所指。從客觀效果上看，防民之口甚於防川，監獄的高牆關不住自由的表達。一個政權不可能靠壓抑不同政見來建立合法性，也不可能靠文字獄來達成長治久安。」遺憾的是，他們的良藥苦口般的勸誡，根本不為當權者所接受。

同樣是專制制度，在威權體制下和在極權體制下，政府對新聞輿論的控制力度仍有明顯之差異。對於威權統治當局來說，當然希望做到「滴水不漏」，但囿於時勢與環境，心有餘而力不足。比如，從一九二七年至一九四九年，國民黨政權在形式上統治全國期間，始終無法完全取締獨立於政府之外的新聞輿論，反對派的媒體亦有一定生存的空間。蔣介石曾經威脅《申報》總經理史量才說：「我手下幾百萬軍隊，激怒他們是不好辦的。」史量才則針鋒相對地回答：「《申報》發行十幾萬，讀者總有數十萬！我也不敢得罪他們。」後來，史量才雖然遭到暗殺，但《申報》對國民黨的批評依舊。而對於極權統治當局來說，在他們奪取政權之日，就是其一統媒體、鉗制言論之時。毛澤東一生中出任的第一個重要職務，便是國共合作時期的國民黨中央代理宣傳部長，毛因此深知「筆桿子」的重要性。所以，在共產黨時代，媒體被改造成黨的「喉舌」，媒體負責人即是黨的官員，媒體本身也是黨產的一部分。在共產黨的極權體制下，從來沒有出現過一家獨立的媒體，從來沒有形成過在政府掌控之外的「第四權」。此種差異，從媒體對陳獨秀案和劉曉波案的報道便可看得清清楚楚。

陳獨秀被捕之後，北京《晨報》、天津《大公報》和上海《申報》等重要媒體先後作了報道。其中，《晨報》記者獲准到獄中探視和訪問陳獨秀，報道其在獄中的生活情況。《晨報》發表題為《陳獨秀被捕》的社論，質疑政府對陳獨秀的迫害，「因獨秀昔日之同志方以武力為爭奪政權，乃

遷怒獨秀之身，則人權一無保障」，國家必將「陷入於大混沌狀態」。該文還稱讚陳獨秀說：「蓋陳思想雖不容於社會，惟其能犧牲一己，而推行其本人認為拯救民眾之主義，即其人格彌可欽佩。」當時媒體上的大部分評論，都是支持陳獨秀而反對國民黨當局的。正是在輿論的壓力之下，蔣介石不得不放棄將陳獨秀付諸軍法審判的初衷，而電令南京「為維持司法尊嚴計，應交法院公開審判」。在開庭期間，有多家中外媒體申請到旁聽資格，對整個庭審過程作了全面而細緻的報道。國民黨當局儘管通過其控制的《中央日報》等媒體發表支持政府、嚴懲陳獨秀的社論，但其影響力根本不能與民間洶湧澎湃的輿論相抗衡。陳獨秀終審獲得減刑並在三年之後被提前釋放，跟作為「第四權」的新聞輿論的壓力不無關係。蔣介石其人，真是「民主無量，獨裁無膽」，對輿論還是忌憚三分的。

而劉曉波被捕之後，中國大陸所有媒體全都噤若寒蟬，沒有一個媒體對該案有隻言片語之報道。在互聯網上，關於此案的消息亦被列為敏感信息而遭到封鎖和過濾，只有少數掌握了翻牆技術的人才能到「牆外」看到有關的消息。當然，更不可能有記者獲准到獄中去探視和採訪劉曉波。胡溫時代的中共當局，完全喪失了意識形態上的自信心。在一九八九年「六四」屠殺之後，鄧小平下令文宣部門拼湊出《劉曉波其人其事》一書，收錄諸多御用文人撰寫的對劉曉波極盡污蔑醜化之能事的文字，這些文字雖然相當不堪，但由此舉動可以看出，當時的秉政者還有一種堅信自己真理在握的專橫與獨斷。而到了如今的胡溫時代，對新聞出版的嚴酷控制直追毛澤東時代，執政者心胸狹窄，剛愎自用，其統治模式愈來愈剛性化，亦必將導致官民衝突的日漸劇烈。當局連劉曉波案本身都不允許作公開報道，更不用說組織御用文人在中央級媒體上對劉曉波發起大批判了。胡溫比誰都清楚地知道，即便是一篇妖魔化劉曉波的報道，也只能起到讓該案為更多公眾知曉劉曉波的政治主張、讓政府的做法遭到更多民眾的唾棄的「反作用」。所以，他們只能對此案實施嚴密之封鎖，竭力讓劉曉波這個名字不為人所知。可見，堂堂執政黨行事為人宛如地下黨一般卑瑣陰暗，即便是大權在握的胡溫亦如同蝙蝠一般躲藏在黑暗之中。但是，躲藏在黑暗中，就能夠拒絕光明的到來嗎？

陳案與劉案中體制內外人士反應之異同

在陳獨秀案和劉曉波案中，從社會各界的反應中便可以看出專制體制對人性戕害程度之不同：在威權體制下，文化界人士和體制內的某些官員還有一部分的人性存留，還遵循正常人的道德倫理準則；而在極權體制下，文化界人士和體制內的所有官員則僵化成化石一般，不說人話，也不具人情。在陳獨秀案中，若干文化界的名流挺身而出為之呼籲，許多國民政府內的高管顯貴亦以各種方式對其表達同情和聲援，並為縮減其刑期、改善其獄中待遇做了許多切實有效的努力。而在劉曉波案中，發表簽名信聲明願意與劉曉波一起坐牢的知識分子人數寥寥，那些浮在檯面上的名流賢達大都「過於聰明」地保持沉默，甚至假裝不知道這一事件。體制內的各級官僚，上至經常作親民秀的溫家寶總理，下至上網跟網民交流的雲南省宣傳部副部長伍皓，無不對劉曉波案噤若寒蟬，沒有任何一個人的身上殘存有一絲人性和光芒和良知的判斷。

民國時代的文化界風骨尚存。一九三二年十月十五日，陳獨秀在上海被捕，之後迅速被押解到南京。九天之後，上海《申報》全文刊登了蔡元培、林語堂等八人聯合請釋的電文。該電文指出，陳獨秀雖然「不幸以政治主張之差異，遂致背道而馳」，但其立場「實與歐美各立憲國議會中之共產黨議員無異」，所以不應受軍事法庭之審判。傅斯年亦在《獨立評論》發表文章，希望政府對陳獨秀「不妨依據法律進行特赦運動」。蔣夢麟、劉復、周作人、錢玄同、沈兼士等十二位著名學者致電國民黨要人張靜江、陳果夫等，為陳獨秀說請。北大、燕大等高校的師生舉行演講會等活動對陳獨秀進行聲援。此後，在整個審理過程以及陳獨秀被囚期間，文化界和教育界人士從未保持沉默。陳獨秀被囚在南京老虎橋監獄期間，日本轟炸南京，監獄亦受害。前去探望的北大學生、金陵大學中文系主任陳鍾凡目睹這一情況，立即與胡適和張伯苓商量，以求聯名保釋陳獨秀。

在國民政府內部，也有不少將道義看得高於權位的高級官員。翁文灝、胡適及南京政府外交部長兼行政司法部長羅文乾等致電蔣介石，請將陳獨秀案付司法審判，不由軍法從事。後來他們的意見被蔣介石採納。陳獨秀入獄之後，時任國民政府教育部政務處長的段錫朋，顧念昔日的師生之誼，是最早前來探監之人，此後亦多次贈送衣物食品，對陳獨秀的幫助很大。其他許多國民黨的高級官員，或親自入獄探視，或贈送各種禮品，他們並沒有「自我審查」，害怕因為與這個前共產黨領袖來往而影響仕途上的發展。他們未必贊同陳獨秀的政治見解，但他們敬重陳獨秀的人格，珍惜與陳獨秀之間的情誼。可見，威權政治尚未完全泯滅人性，在那個社會裡，意識形態並非判斷生命中一切事務的絕對標準。

作為陳獨秀多年的朋友和論敵的胡適，有一次經過南京卻未到獄中探視，引起敏感的陳獨秀的不滿，差一點宣佈與之絕交。其實，胡適並未忘記這位在五四運動中並肩作戰、如今深陷囚牢的老友，他利用自己特殊的影響力，為陳獨秀的獲釋四處奔波。後來，胡適通過國民黨第二號人物汪精衛向最高領袖蔣介石陳情，促使蔣介石最終同意釋放陳獨秀。是時，陳獨秀剛剛在獄中賦詩嘲諷汪精衛親日、媚日的言行，汪精衛卻能放下被冒犯的面子，積極參與對陳獨秀的營救，並發揮了關鍵的作用，可見其心胸頗為寬廣，其人格並非全無可取之處。

相比之下，陳獨秀的年輕的「托派」戰友，幾乎沒有一個人對他作過真正的關心幫助，借空洞的理論之爭而攻擊刺刀的，倒不乏其人。而蝸居於延安的中共更是幸災樂禍，在機關報《紅色中華》的社論中預言陳獨秀將被蔣介石招安，「蔣介石不一定念其反共有力網開一面許其不死，……或者還會因禍得福做幾天蔣家官僚呢」。看來，希望將陳獨秀置之於死地的，不是蔣介石，倒是延安的毛共。此種落井下石的行徑，實在是極端的卑劣而下流。

而在劉曉波案中，當代文學界體現出來的整體性的世故與怯懦，與民國時代知識分子的溫情與純樸形成鮮明之對比。學者崔衛平致電若干作家學者詢問對此案的看法，某些著名作家和大學教授或婉拒之或貶低之。比如，作家莫言說他對此事沒有什麼看法，北大教授張頤武說他更關心娛樂明星小瀋陽。其實，如果他們對此案發表一二看法，並不會危及他們的事業，他們的恐懼更多的還是出自內心的恐懼。中國作家協會主席鐵凝在參加德國法蘭克福書展期間，接受德國媒體訪問的時候，居然說她從來沒有聽說過劉曉波這個人。這種明目張膽地對全世界說謊的行徑，讓人齒冷與心涼，可見權力對人的異化到了何種程度。極權主義不允許人有一點人性的存留。

再看體制內的情形。除了胡績偉、杜導正等多名退休的開明派官員起草並發表了一份為劉曉波辯誣的公開信之外，現任的各級官員當中沒有一個人敢於對劉曉波案件發表個人看法。在黨員和官員的「思想統一」方面，共產黨做得比國民黨成功千百倍。與汪精衛拋棄前嫌而為陳獨秀的自由作出種種努力相比，溫家寶在劉曉波案中的不作為，再次坐實了他早已被極權體制泯滅了基本的人性，他根本不知道什麼是「比太陽更加光輝的正義」，他連汪精衛都遠遠不如。當然，這不能完全責難溫家寶，溫家寶的表現，更是表明了極權體制比威權體制對人性有更大的戕害，它是一種「以恐怖為基礎的政體」。

陳案與劉案中司法獨立性之異同

國民黨奉行三民主義和五權憲法，雖然實行軍政和訓政，卻也預留了一個憲政的遠景。國民黨建黨之時學習蘇俄一黨獨裁的模式，另一方面也深受歐美民主國家尤其是美國的影響。所以，國民黨政權儘管沒有真正意義上的司法獨立，卻也不至於讓司法完全淪為統治者手中的玩物，供職於司法界部分有識之士也有維護司法獨立的意願與訴求。與之相比，共產黨集現代的極權主義和中國傳統的帝制文化之大成，其一黨獨裁之嚴密與嚴酷，即便是蘇俄和納粹德國均望塵莫及，是否「後無來者」尚不可知，但「前無古人」應該是當之無愧的。近年來，中國的法治更是出現大幅的倒退，警方之刑訊逼供、秘密警察之踐踏人權、政法委之垂簾聽政、法院之顓臾貪腐，全都可以榮登世界之最。

當年，陳獨秀從被解到江寧地方法院看守所拘押，到高等法院派人審理，歷時半年有餘。究其原因，是審判人員的委派出現了「將多難出征」的尷尬。法官和檢察官們尚有一定的廉恥之心，知道此案於清譽有污，並會危害司法之權威，遂實行「推事」的辦法：不是推敲法律，研究審判之策，而是將案件推開了事。個個成了「足球隊員」，最後將球踢給了胡善稱、朱雋二人。針對胡、朱二人的欲加之罪，陳獨秀在法庭上慷慨陳詞：「法院若不完全聽命於特殊勢力，若尚思對內對外維持若干司法獨立之顏面，即應毫不猶豫地宣告予之無罪，並判令政府賠償予在押期間之經濟上、健康上的損失！」果然，在陳獨秀案中粉墨登場的胡朱二人，永遠被釘在了歷史的恥辱柱上。

當然，陳獨秀的刑期不是胡朱二人可以決定的，而是來自於最高當局的命令。陳獨秀一審被判處十三年有期徒刑，最高法院在二審中減為七年。陳獨秀入獄三年之後，國民黨當局同意將其釋放。一九三七年八月二十一日，司法部門在一天之內完成了所有的法律程序，其效率之高乃是前所未有的：先由司法院長居正呈文國民政府主席林森，請求減刑為三年，以示寬大；接著國民政府下達減刑指令，隨後司法院訓令司法部長王作賓，「現值時局緊迫，抑即轉飭先行開釋可也。」第二天，《中央日報》報道了「國府明令，陳獨秀減刑」的消息。

當年，國民黨時期的司法系統是黑暗的，但還沒有黑到不見底的地步。而今天中共的司法系統則是厚黑無形，在各個政府部門中，法院和檢察院最為貪腐與暴虐，最不得人心。即便在每年一次的橡皮圖章式的「兩會」上，兩院報告的得票率亦最低。在極權體制下，法官和檢察官們毫無維持司法獨立、秉公執法的意願，而安於充當暴政之工具。那些參與劉曉波案等人權案件的檢察官和法官，都將這類案件當作光榮的、可以由此獲得陞遷的政治任務來看待。他們當中沒有一個人敢像陳獨秀案件中的法官和檢察官那樣「踢皮球」，而是忠心耿耿地執行和貫徹來自黨的命令，而視憲法和法律的尊嚴與權威於無物。

在劉曉波案的一審和二審期間，當局派遣便衣佔據法庭的座位，西方媒體和外交官無一獲准入席旁聽。英美及歐盟等十七國的駐華使節到法庭外聲援，並發表聲明，譴責中共以言入罪，要求無條件釋放劉曉波。當局如臨大敵，在法庭外佈置十多輛警車和上百名警力，設置警戒線，將前來支持劉曉波的普通民眾遠遠地阻隔在警戒線之外，甚至當場將「天安門母親」之一的張先玲等人綁架到警車中帶走。而包括我在內的諸多劉曉波的友人和支持者，則被非法囚禁在家中或被帶到外地「旅遊」，可見當局風聲鶴唳、杯弓蛇影到了何等地步。法庭連形式主義的走過場都不願走充分。劉曉波辯護律師尚寶軍表示，二審宣判過程僅十分鐘，庭上只有法官宣讀判詞，而不允許劉曉波為自己辯護，劉曉波只好被帶走前高聲說了三個字：「我無罪。」

且不說審判的結果早已由中共政治局「內定」，具體經辦人員只能執行；但是，他們就連將審判過程扮演地更加像模像樣的努力也不願付出。比如，不給劉曉波發言的時間，不將劉曉波被秘密關押的半年納入刑期

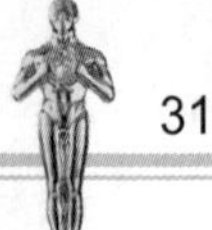

等等，他們非得將事情做到最惡劣的地步不可。他們希望超額完成上級交代的「政治任務」，不惜表現出比上級更壞的態度來。所以，讓我們牢牢記住下面這串踐踏法治和人權的作惡者的名字：一審的審判長賈連春、代理審判員鄭文偉和翟長璽；二審的審判長趙俊懷、代理審判員林兵兵和劉東輝。我相信，在我的有生之年，可以看到對此六人以及他們幕後的指揮者、包括作出最後決定的胡錦濤和溫家寶的正義的審判。

陳獨秀和劉曉波在監獄中待遇之異同

作為政治犯，陳獨秀和劉曉波在獄中都受到一定的特殊對待。比起普通囚犯來，陳獨秀的待遇優越得多，而劉曉波的待遇則是更加糟糕，由此可見此兩個政權之不同：昔日國民黨政權會考量國內外輿論的壓力，監獄長和獄卒亦盡可能為陳獨秀提供便利的生活條件；而今天的共產黨政權已經到了「我是流氓我怕誰」的地步，罔顧海內外的譴責與呼籲，非得將壞事做絕、竭力折磨劉曉波這個「到手的獵物」不可。

當年，陳獨秀被關押在南京老虎橋模範監獄。他的囚室是由看守宿舍辟出來的一間房，約十餘平方米，室內有一書桌、兩籐書架，一單人床，室外有小天井。他的飲食也比一般犯人好，每餐兩菜一湯。他要求將菜和湯混做成一個菜，主食喜歡吃麵包。外面送來的食品很多，常常吃不完。外人的探視絡繹不絕，其中不乏黨國要人，獄卒一般將來訪者的名片先交給陳獨秀，陳獨秀若表示願意會見此人，則導入囚室與之交談，會面時間亦無限制。許多來訪者都會帶來各種禮物，獄方從來不敢查扣，據說陳獨秀收到的御寒的皮袍就有十四件之多。

陳獨秀曾經說過：「我們青年要立志出了研究室就入監獄，出了監獄就入研究室，這才是人生最優美最高尚的生活。從這兩處發生的文明，才是真文明，才是有生命價值的文明。」他一生五次入獄便是對此作出了最好的註釋。不過，他所入的乃是民國的監獄，在民國的監獄中尚有從事學術研究的條件，倘若讓他入一次中共的監獄，他一定會改變以上的論述，將監獄詛咒為讓人生不如死的地獄。

作為兩袖清風的讀書人，陳獨秀不怕被關進監獄，就怕在監獄中沒有書讀。在坐牢期間，陳獨秀的老友、上海亞東圖書館的汪孟鄒派侄兒汪原去探視之，此後陸續幫助他購置各類圖書。陳獨秀還寫信給胡適等

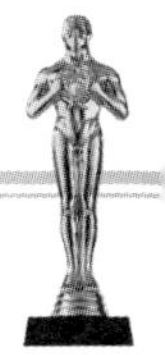

老友索要書籍，不久他的囚室中的兩個書架上就放滿了圖書資料，可以在獄中展開學術研究了。獄方從不檢查和扣留陳獨秀的書籍，他在獄中仍然可以閱讀到各種「反動書籍」，如馬克思的著作《經濟學評判》、托洛茨基著作《不斷革命論》和《中國革命問題》等，以及日本版的《史學雜誌》和英文版《大美晚報》等。

劉曉波想如陳獨秀那樣在獄中從事學術研究則根本不可能。二零零八年十二月八日，劉曉波被秘密警察非法綁架，此後在北京郊外的一個秘密處所單獨囚禁了半年之久，其間只安排他在另一處所與妻子有過一次會面。據劉曉波的妻子劉霞女士介紹，劉曉波告訴她，自己被囚禁在一間沒有窗戶的密室之中，在那裡連放風的待遇都沒有，且不能閱讀任何書籍。二零零九年六月二十三日，劉曉波被正式逮捕，移送到北京市看守所。在看守所關押期間，他也不能會見親人，只能與律師見面。親屬委託國保警察送去的書籍，卻遭到有關部門的無理查扣，絕大多數都不能送達劉曉波手上。而這些書籍都是符合監獄方面要求的、在中國大陸正式出版的圖書。這種故意的刁難與折磨，簡直就是滅絕人性。

終審判決之後，延宕了三個多月之久，劉曉波才於二零一零年五月二十六日被移送到遼寧錦州監獄服刑。這又是當局故意的作難。劉曉波在北京生活了二十多年，有固定的居住地，已經算是北京人了，且其家人大都生活在北京，理應安排在北京的監獄中服刑。其次的選擇是遣送回戶籍所在地大連。而錦州跟劉曉波毫無關係，將其送到錦州的監獄中服刑，於法於理於情，都無法解釋得通。唯一的解釋就是，當局故意增加親屬探視的時間和經濟成本，讓其親屬在路途上疲於奔命，以達致一種隱蔽的懲罰效果。這是一種多麼惡毒的小人之心啊。

二零一零年六月初，劉霞第一次到錦州監獄探視劉曉波。由劉霞的弟弟驅車六個多小時才到達監獄。獄方堅稱，只有直系親屬才能探視，內弟不在直系親屬的範圍之內，故而阻止劉霞的弟弟入內探視。當年，與陳獨秀毫無血緣關係的朋友和學生，都可以入獄探視；今天，就連劉曉波的內弟都不能與哥哥會面，此種僵硬惡毒的制度設計，已經超出了威權主義者的能力，唯有極權體制方能有此想像力和執行力。劉霞說，她帶去的所有書籍都必須接受獄警嚴格的檢查，即便是國內的公開出版物，也有不能送進去的，更不用說境外出版物和外文書籍了。劉曉波告

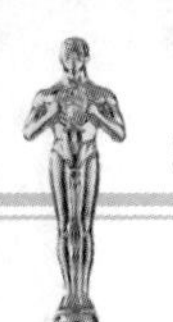

訴妻子說，他的囚室是六人間的，獄中的食物極為糟糕，很多時候菜餚只有土豆，他已經患上了胃病，經常胃痛。當年，陳獨秀做牢的時候，不僅朋友們可以入獄探視，朋友們還安排名醫入獄為之看病；今天，劉曉波坐牢的時候，只能獲得獄中的醫生最基本的診治。從陳獨秀和劉曉波獄中待遇的差異可知，統治當局對政治犯的獄中待遇的嚴苛程度，亦是判斷威權主義和極權主義的一個指標。

陳獨秀案和劉曉波案，都無損於當事人的偉大，而從反面坐實了當權者的獨裁本質。陳獨秀在上訴狀中說，「予惟有為民族、為民眾忍受一切犧牲，以待天下後世之評判。若以強權之外，復假所謂法律，以入人罪，誣予以『叛國』及『危害民國』，則予一分鐘呼吸未停，亦必高聲抗議。」他指出，此判決不是剝奪他一個人的自由，而是對所有國民基本權利的侵犯，此判決「關係予等罪狀之事小，侵害思想言論自由、阻抑民主政治之事大」。當國民黨政權被民眾拋棄之時，蔣介石等掌權者卻茫然不知人心的失喪始於何時。人心的失喪始於他們侵害思想言論自由、阻抑民主政治之時。

七十多年之後，舉世震驚的劉曉波案表明，今天的共產黨正在重蹈昔日的國民黨之覆轍。在這個案件中，胡溫的一意孤行，每一步都作出最壞的決定，已經到了不可理喻的地步。這樣做不是表明他們有足夠的自信，乃是表明他們已然自卑到了極點。魯迅說，凡是看記述五代，南宋，明末的野史和雜記，與現在的中國一比較，就可以驚心動魄地發現，「現在的中華民國也還是五代，是宋末，是明季」；我則從陳獨秀案與劉曉波案的對比中發現，現在的中華人民共和國，更是五代，是宋末，是明季，連中華民國的那一點民主和法治的面膜都沒有了。金錢的招安和峻法的恐嚇，真的可以讓共產黨的江山永不變色嗎？

正在覺醒中的中國，不會被這樣的人權案件所製造的恐怖氣氛重新拉入黑暗之中。即便是被判處十一年重刑的劉曉波，對中國之未來仍然懷有樂觀之期望：「我期待我的國家是一片可以自由表達的土地，在這裡，每一位國民的發言都會得到同等的善待；在這裡，不同的價值、思想、信仰、政見……既相互競爭又和平共處；在這裡，多數的意見和少數的意見都會得到平等的保障，特別是那些不同於當權者的政見將得到充分的尊重和保護；在這裡，所有的政見都將攤在陽光下接受民眾的選擇，

每個國民都能毫無恐懼地發表政見，決不會因發表不同政見而遭受政治迫害；我期待，我將是中國綿綿不絕的文字獄的最後一個受害者，從此之後不再有人因言獲罪。」讓我們一起為這樣的遠景而努力，這也是我們告慰劉曉波的最好的方式。

二零一零年六月二十八日至七月一日

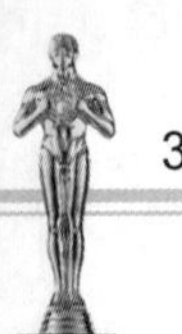

朱厚澤一眼看穿「胡溫新政」和「中國模式」的真相

二零一零年五月九日，中共黨內改革派元老朱厚澤因病去世。八十年代中期，朱厚澤是胡耀邦的得力助手，在其短暫地擔任中宣部部長期間，以提倡「寬容、寬鬆、寬厚」之「三寬」聞名，營造了中共建政以來言論環境最為自由的一段時期。本來，胡耀邦對既有豐富的實際工作經驗又有寬廣的視野和深厚的理論水平的朱厚澤寄予厚望，甚至將其作為未來的接班人予以培養。誰知胡耀邦自己很快因為反資產階級自由化不力而被老人幫逼下台，朱厚澤也受到牽連，被貶斥到總工會擔任閒職。六四之後，朱厚澤更是受到進一步的整肅，在公共領域中消失了二十一年。這既是他個人的悲劇，更是中國改革事業的悲劇。倘若九十年代以來中國的執政者是朱厚澤等人，中國政治體制改革必定早已是風生水起、成就斐然。

胡溫比江李更壞更左

朱厚澤被認為是改革派元老中思想最深刻的人。遺憾的是，朱厚澤性情內斂低調，閒賦二十年來很少發表文章和接受海外媒體的訪問，未能像晚年李慎之那樣將「剔骨還父」的生命歷程和思想反省全盤地展現在公眾面前。有意思的是，在宗鳳鳴所記述的《趙紫陽晚年軟禁中的談話》一書中，我發現了好幾處朱厚澤所發表的精闢觀點。當時，宗鳳鳴以醫師的身份經常拜訪幽禁中的趙紫陽，也充當趙紫陽與其他改革派元老之間的消息渠道。他每次都將其他改革派元老以及中青年知識分子最新的思想觀點介紹給趙紫陽，其中也包括好學深思的朱厚澤對若干時政問題的看法。這些他人的觀點與趙紫陽晚年的思考形成了良性互動，促使趙紫陽像晚年陳獨秀一樣，完全拋棄了馬列主義意識形態，全盤接受自由民主的價值。

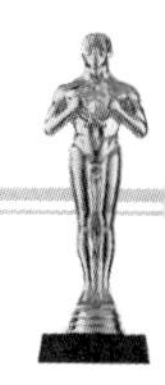

由於對江李深惡痛絕，李銳、杜潤生等改革派元老在胡溫剛上台的時候，對他們抱有厚望。朱厚澤卻一開始就看穿了「胡溫新政」的欺騙性，他說：「朱鎔基上台時曾發表了豪言壯語，聲稱無論前面是萬丈懸崖，還是地雷陣，我都要義無反顧，一往直前。這次溫家寶上台後也發表了類似的豪言壯語：苟利國家生死以，豈因禍福趨避之。但這都無濟於事，扭轉不了，這是體制問題。」朱厚澤甚至一針見血地說：「胡溫比江李更壞更左。」這種「更壞」不是人格和道德意義上的，乃是就其政策所造成的結果而言。

朱厚澤的這些觀點趙紫陽形成了一定程度的衝擊。一開始，趙紫陽並不同意朱的看法，他也對胡溫抱有一定的期待，他說：「胡錦濤在西藏工作時同他談過話，該人比較穩健，講實際，上台執政還是好的，不至於採取高壓政策。過去在貴州、西藏工作還不錯。至於溫家寶恐怕不敢擔責任，怕事。這樣，就很難有什麼作為。」此一階段，趙紫陽對胡溫有較多的正面評價，且對胡的評價高於溫。大概是因為趙紫陽任總書記的時候與作為中辦主任的溫家寶接觸較多，六四期間，溫家寶為了自保做過不少對趙不利的事情，所以趙認為溫不是一個有擔當的政治家。

隨著胡溫執政一年以來事態的發展及他們的政治取向的逐步呈現，趙紫陽對胡溫的看法逐漸向朱厚澤接近。趙紫陽說：「過去曾談了對胡錦濤不能要求過高，他外受江的控制，常委會內又有上海派，並認為他們內部一定有矛盾。經過最近一年的觀察，看來，情況並非如此，主要的乃是胡錦濤是在正統意識形態下培養出來的青年幹部，屬於正統的思想體系。從他上台後，首先去西柏坡，又到井岡山，後又察看毛主席故居，這說明他要按正統的路線走下去，要維持舊的一套。這就不會在制度上有什麼改變，也就不可能進行政治改革，只能是搞些作風上的改變而已！」這一時期，他的胡溫兩人的評價也發生了微妙的變化，他對胡的批評居多，對溫則有了些正面看法。比如，從李昌平事件和孫志剛事件中，趙紫陽認為，溫家寶還是有一定的改革的思想的，只是其為人謹小慎微，且黨內有一把手掌握大權的傳統，作為總理的溫家寶只能對胡亦步亦趨，不可能有大的動作。所以，趙的結論是，總體而言，「胡溫缺乏理念，缺乏歷史眼光。」由此可見，趙對胡溫的看法逐漸與朱靠攏。

朱厚澤與胡錦濤的兩次交鋒

「胡溫比江李更壞更左」，在胡溫執政八年之後，同意這個看法的人已經越來越多。比如江時代的言論控制尚有一定的空間，而這幾年胡溫的言論控制則讓人窒息；江時代釋放了若干重要的政治犯，而這幾年胡溫則重判劉曉波、譚作人等異議人士；江時代民營企業的發展有相對較好的外部環境，而這幾年胡溫則掀起了「國進民退」的狂飆；江時代毛派反對改革的言論陣地《中流》被取締，而這幾年胡溫則縱容毛派力量再度集結……那麼，朱厚澤為什麼在胡溫剛剛執政一年的時候便能有「先知先覺」式的看見呢？這是因為他對胡溫有著透徹的瞭解，特別是與胡錦濤有過兩次不大不小的「交鋒」。

八十年代中共的幹部提撥機制尚有相當之活力，若干改革派大員都是在地方任職並有突出之政績之後，才被提拔到中央的。趙紫陽、萬里是如此，朱厚澤也是如此。朱厚澤在擔任貴陽市委書記和貴州省委書記期間，使得貴州的經濟文化獲得了長足發展，深受好評。一九八五年七月，朱厚澤升任中宣部長，接替鄧力群；胡錦濤則繼任貴州省委書記。朱厚澤交接工作的方式有些特別，他陪胡錦濤到基層去，畢節、六盤水、黔西南、黔南等，一邊走，一邊看，一邊聽，一邊議論。八月，接到中央的電話，才趕往北京任職。然而，胡錦濤接任之後不久，即在貴州展開「肅清朱厚澤餘毒」的運動，將朱厚澤重用的一些有能力的地方幹部免職，致使貴州的經濟文化陷入停滯狀態。貴州百姓對朱、胡的看法趨向於兩級，故而埋下胡嫉恨朱的種子。

二零零四年七月，一批黨內外民主派學者在青島舉辦了一場民間修憲論壇，有朱厚澤參加。《鳳凰週刊》事後發表了在朱厚澤家中的一個訪問。朱厚澤在這個訪問中提到「中國當務之急是推動憲政教育」，其中有兩段話使胡錦濤「勃然大怒」。在第一段話中，朱厚澤說中國已從強人政治轉入常人政治。「強人有他產生的歷史原因……鄧以後的領導人，如果意識到了強人已去而強人政治必將隨之消失，他沒有『強人』這個基礎，他只能制定規則，到人民中去尋求新的資源做支撐，適時轉入常人政治。」在第二段話中，朱厚澤非議了胡錦濤的「新三民主義」。他認為，現代民主政治第一即是講「權力來自於人民」，即人民主權論。胡錦濤不提權為民所授，不講權力的來源，只奢談權為民所用，情為民所繫，利

為民所謀，實際不過是毛澤東當年的「全心全意為人民服務」的翻版，毫無新意。

中共的每一個獨裁者都認為自己是強人乃至超人，哪裡肯接受「常人」的定位？再加上胡錦濤剛剛登基，正是志得意滿的時候，哪裡肯聽他人的建議和批評，更何況這個人是本來就有過節的朱厚澤？於是，胡錦濤指控朱厚澤是此次會議的黑手，指示中央速發三份文件，指控民間修憲活動是反黨反社會主義，點名十人，第一人即是朱厚澤。而挺身為朱厚澤辯護的會議的召集人、經濟學家曹思源，此後亦長期受到秘密警察的貼身監視。胡之心胸狹窄，可見一斑。

中國模式究竟是人類的希望還是人類的禍害？

面對外界的「風刀霜劍」，朱厚澤一笑置之，仍然繼續其對中國現實的觀察和思考。近年來，「中國模式」被許多人認為是一條「金光大道」。中共當政者及其御用學者認為，過去中國走的道路和現實的中國發展的模式是最好的，值得全世界包括受金融危機重創的美國學習。世界離不開中國，中國甚至有能力拯救世界。一個美國家庭嘗試過一年不買「中國製造」的生活，卻發現給日常生活帶來巨大的困擾。而「中國製造」絕不僅僅是無數價廉物美的產品，背後還有中國的發展道路及價值觀。中國官方看到，中國似乎正在全球化的進程中「不戰而勝」。既然「中國模式」堪稱放之四海皆准的最佳選擇，那麼中國根本無須改革。於是，晚年朱厚澤的思考重點便集中於此：中國模式究竟是人類的希望還是人類的禍害？

如果說民間意義上的「改革已死」，指的是民間對胡溫的政治取向有了明確判斷，這就是胡溫拒絕政治體制改革、要將專制獨裁之路走到盡頭；那麼，官方意義上的「改革已死」，就是一種躊躇滿志的心態——既然我們已經是全世界最好政治經濟制度了，還有什麼需要改革的地方？對此，朱厚澤的看法是，這種低人權、高耗能、高污染、漠視社會公平正義的發展模式，對中國和對世界而言，只能是禍害和災難。對於中國民眾而言，自由被扼殺，人權遭踐踏，從暴力拆遷到有毒疫苗再到校園屠童，連人身安全都不得保障；對世界而言，西方跨國公司到中國與狼共舞，如雅虎將用戶的信息提供給中共安全部門導致師濤等作家被判處重

刑，如沃爾瑪接受中共的要求在公司中建立中共黨組織以進一步控制員工，均可以看出「中國特色」對普世價值和基本道德倫理的腐蝕與挑戰。

與朱厚澤的思考不謀而合，趙紫陽在逝世前夕曾對所謂的「中國模式」有過一番精闢的評論：「中國的改革與經濟發展是在黑箱作業下做起來的。這便於權錢交易，便於侵吞國有財產，致使國有財產大量流失。尤其以建設為名，大搞圈地、圈錢，實際上是對人民的一種掠奪。」趙紫陽逝世之後這幾年以來，胡溫更是讓中國這列火車加速行駛在這條不歸路上。一直關注極權主義研究的許允仁教授，在最近的文章《從黨對意識形態的操控看「楚門的世界」的構成》中，對具有中國特色的新極權主義的本質特徵作了分析和概括。他認為新極權主義的「新」，主要體現在極權主義終於找到了和私有制、市場經濟和信息時代相結合的新形式。不管和共產主義的極權主義相比，還是二戰時法西斯主義的極權主義相比，中國特色的新極權主義都顯得更為「成熟」。

面對此種「成熟的極權主義」，知識分子何為？如何從胡溫的「欺」與「瞞」中走出來，如何認識和揭穿「中國模式」的肥皂泡，是趙紫陽和朱厚澤未完成的工作，也是他們對更年輕的中國知識分子的厚望。中國模式還可以持續多久，當它所掩蓋的各種社會矛盾最終爆發的時候，中國的轉型將經歷怎樣的陣痛？又如何避免大規模的崩潰中的流血與暴力？在劉曉波、張博樹、秦暉、劉軍寧等中年一代的著作中，可以看到不少這方面的真知灼見；在余世存、袁騰飛、韓寒等更年輕一代的言論中，也可以看到諸多畫皮畫骨的評論。而最終破解這面中共賴以生存的「遮羞布」，我們還需要有更大的韌性、智慧和勇氣。

溫家寶不必聞「趙」色變

在二零零六年人代會閉幕式的記者會上，溫家寶的表現比起剛剛履新的時候來，有了長足進步。回答問題的速度稍稍加快，不再慢如蝸牛，引用古典詩詞更加恰如其分，在涉及經濟方面的問題時，諸多數據倒背如流，脫口而出。但是，一被問到政治體制改革方面的問題，他立即恢復了「溫吞水」的本色，常常王顧左右而言他，或者以官話、空話、套話來搪塞之。

這次記者會上最精彩的一幕，是溫家寶回答法國《世界報》記者的提問。法國記者的問題單刀直入：最近，前總理、前總書記趙紫陽先生在香港出版了一本書，在書中認為政治體制改革就是要放棄黨的壟斷權力，發展民主，保障人權。溫總理在兩會前夕發表了一篇文章，也談到社會主義初級階段、社會主義與民主的關係等問題。那麼，溫總理的文章是否受到趙紫陽的觀點的影響？溫總理如何評價趙紫陽？

溫家寶剛才還意氣風發，一聽這個問題，臉上的肌肉立即繃緊，嘴唇像一把鐵鎖。可見其內心之緊張。這一表情很像十七年前，他作為中央辦公廳主任，陪同已經被罷黜的總書記趙紫陽去探望天安門廣場的學生時的樣子。那時，溫家寶站在趙紫陽的身後，也是緊張萬分、沉默似金。那時，他早已知道趙紫陽已經失去權力的信息，他陪同趙到天安門，不是表示對趙的支持，而是執行鄧小平讓他監視趙的指令。這個角色並不那麼好扮演的，可溫家寶頗能勝任，故而「六四」屠殺之後，趙系人馬紛紛遭到整肅，唯有溫家寶反倒因禍得福，步步高陞。

十七年的時光如白駒過隙，十七年之後，「雕欄玉砌應猶在，只是朱顏改」。趙紫陽從昔日服務的主人，變成了囚禁的對象；溫家寶從大內總管，熬成了當朝宰相。溫家寶的名字在媒體上亮相的頻率僅次於胡錦濤，而趙紫陽則成為一個高度敏感的詞語。對於這個問題，溫家寶的回答是：「我的文章跟你提到的那本書沒有任何關係，我也沒有看過那本

書。」這個回答四平八穩，是典型的溫家寶風格。他甚至不敢重複「趙紫陽」這個名字。雖然作為趙紫陽的下屬，作為昔日的「大內總管」，溫家寶為趙紫陽服務過兩年時間。在趙紫陽被罷黜和幽禁的十六年裡，他與趙之間沒有過任何接觸。在趙紫陽逝世之後，他也沒有出席葬禮，甚至連花圈也沒有送一個。

討論溫家寶的無情與多情是沒有意義的，這是中共泯滅人性的專制體製造成的惡果。溫家寶是共產黨的乖孩子，否則怎能在政壇的紛爭與傾軋中脫穎而出呢？這個所謂的「乖孩子」，必然將黨的「組織紀律」看得高於人性與良知。在滿清和民國時代，下野的高官與昔日的下屬之間，仍可自由交往，還保持著溫情脈脈的人際關係。而中共以階級鬥爭、暴力革命為綱，不僅讓普通民眾「道路以目」，即便是貴為總理的外溫家寶，為了保住權位，亦如履薄冰，不敢有絲毫的真情流露。可見，在中共治下，人的異化到了前所未有的地步。

法國記者所提及的那本書，是由香港開放雜誌社出版的《趙紫陽軟禁中的談話》。中國大陸有許多「犯禁」的政治、經濟和文化類的書籍，不能在大陸公開出版，往往在新聞出版自由香港問世，再通過盜版等方式「回流」內地。這大概是「一國兩制」之下香港的出版自由對內地讀書人的最大的好處吧。「自由行」開通之後，許多內地居民冒著被海關查扣的危險，到香港旅行的時候也要購買大量的書刊以解靈魂之渴。

普通民眾愛看香港的出版物，中南海更有其信息渠道。《開放》雜誌的總編輯金鐘先生就曾經告訴我，中南海訂閱了數十份《開放》雜誌，是訂數最大的「單位」。因此，我相信溫家寶一定看過《趙紫陽軟禁中的談話》，雖然他在公開場合矢口否認。說謊對溫家寶來說，已經成為一種「條件反射」。

趙紫陽的這本談話錄，全面地展示了其晚年思想的發展軌跡，其中也有對中共幾代領導人的極為坦率的臧否。趙紫陽目光如炬，且心胸寬闊，在論及溫家寶時，並沒有埋怨溫的無情，而是持平地說：「溫是好人，是比較開明的中年幹部，是在改革開放潮流中成長起來的。但該人謹小慎微，要在尊重黨的一把手的這一傳統下工作，看來，在改革上也不會有大的作為。」

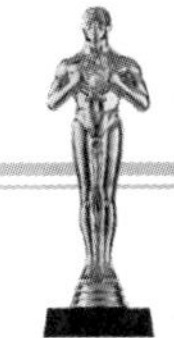

寥寥數語，可謂畫皮畫骨。不知溫家寶本人讀到這幾句話，該作何感想？

中國的國情根本不特殊

溫家寶在西方訪問的時候，或者接受西方媒體訪問的時候，經常為中國的「不民主」辯護。他的兩大論點是：第一，中國的國情很特殊，所以不能照搬西方的民主，要探索有中國特色的民主制度；第二，中國的民眾素質很低，所以不能著急，要慢慢來。看來，在他心目中，「中國特色」還是高於「普世價值」的，或者更準確地說，中共的獨裁地位還是高於民眾的基本人權的。毫無疑問，溫家寶認為中國的國情很特殊，其目的就是為了維持中共一黨獨裁的統治地位。

溫家寶拒絕給出一張人大直選的時間表

英國《金融時報》主編巴伯問溫家寶說：「有人說問這個政治問題得特別小心，因為用中國人的話來說，如果不小心就會被『戴帽子』、『穿小鞋』。談到中國未來政治體制的發展，您認為能不能在十年內實現中國全國人民代表大會代表的直選？」

溫家寶回答說，沒有政治體制改革的成功，也不能保證經濟體制改革的成功。政治體制改革的目標就是要建設社會主義的民主政治，保障人民民主選舉、民主決策、民主管理和民主監督的權利。他還引用亞當·斯密在《道德情操論》裡的觀點說，如果一個社會的經濟發展成果不能真正分流到大眾手中，那麼它在道義上將是不得人心的，而且是有風險的，因為它注定要威脅社會穩定。

溫家寶又說，在西方人看來，中國人好像怕民主、怕選舉，其實不然。中國現在實行的是村級的直接選舉，鄉、縣和不設區的市人民代表的直接選舉，縣以上實行的是間接選舉。群眾能管好一個村，就一定能夠管好一個鄉，一個縣，也就能夠管好一個省。但要按中國的實際情況，發展具有自己特色的民主方式，循序漸進。

「顧左右而言他」，打太極拳，是中國官場必須具備的特殊本領。被許多人認為敢說真話的溫家寶也不例外。人家問的問題清清楚楚，十年內中國全國人民代表大會是否可能實現直接選舉，你的回答應當簡單明瞭，一個字就可以了，「是」，或者「否」。溫家寶卻刻意迴避該問題的實質，滔滔不絕地說了一大堆大話、空話和套話，最終還是沒有回答人家的問題。溫家寶最害怕的就是給出一張民主選舉的時間表。因為他的心態是當一天和尚敲一天鐘，他根本不敢對現有體制實施傷筋動骨的手術。

在另外一次接受西方媒體訪問的時候，溫家寶拿出美國的例子來搪塞之：「如同其他國家一樣，民主的發展需要一個過程。我曾經對美國朋友講，從一八六三年林肯發表《解放宣言》到一九六三年馬丁·路德·金髮表《我有一個夢》的演說，美國黑人真正獲得選舉權大約經歷了一百年。中國在一個十三億人口的國家中推進民主建設，同樣需要時間。」這裡等於間接回答了巴伯的那個問題：十年太短，我們需要一百年甚至更長的時間才能實現人大選舉，至於黨政系統的選舉，等個五百年也不算長吧。

溫家寶本人的職位就不是由人民選舉的。選舉他的那些人大代表亦非由人民選舉的。溫家寶說過：「一個政府不應該怕人民，應該創造機會讓人民監督和批評政府。」那麼，為什麼當年在文盲佔大多數的解放區農村，中共都敢搞「豆子選舉」；如今在中國民眾的教育水準已有大幅提升的情況下，中共反倒以民眾素質低和國情特殊來抵制和延宕選舉呢？為什麼積極監督和批評政府的劉曉波和譚作人卻被你們關進了監獄，你究竟害怕什麼呢？

吳南生給了溫家寶一記響亮的耳光

對於溫家寶的「國情特殊論」和「民主素質低論」，即便是在中共黨內也有不同的看法。任仲夷去世之後，廣東黨內元老中思想最開放的當推吳南生。吳南生在一篇文章中指出，中國人口多，素質低，缺乏民主傳統是事實，但這並不成為拒絕民主的理由。「就像小孩不識字才要去學習一樣，民主實踐過程本身，也是最好最快教育人們盡快懂得民主的惟一途徑，我們不可能等到每個人都教育成為大學生以後才去實行民主。中國人目前的文化素質總比二三百年前的歐美國家強吧！但它們都成功

地實行了民主。今天，連蒙古、南非，以及很多比中國更落後的非洲國家都在進行民主實踐，怎麼能以中國的『國情特殊』為由拒絕民主呢？」另一方面，中共以民眾素質低作為拒絕民主的借口，那麼香港民眾的整體素質在全球算是一流的吧，中共為何還要剝奪香港居民直選特首的權利呢？

吳南生十四歲讀中學時參加革命，十五歲入黨，十六歲出任中共汕頭市委宣傳部長，此後長期從事文宣工作。文革結束後，出任廣東省委書記，負責籌辦深圳、珠海、汕頭三個經濟特區，並兼任深圳市委第一任書記、市長。在一九七九年的省委常委會議上，吳南生義無反顧地說：「如果省委同意，我願意到汕頭搞試驗，如果失敗了，要殺頭，就殺我好啦！」一言既出，「殺頭工程」之說不脛而走。當時的國務院副總理谷牧鼓勵說：「辦特區，就看你們廣東了，你們要有點孫悟空大鬧天宮的精神。」當時的廣東省委第一書記習仲勳當場就說：「南生，你去當中國的孫悟空吧。」

吳南生回憶說，思想解放是一個漫長的過程，長期在毛主義禁錮之下的中共幹部，一時之間要接受「自由化」的生活方式還真不容易。「我就曾鬧過笑話。我一到深圳，就要求男青年一律不准留長頭髮，發現了統統剪了。但是行不通啊。後來，我兒子說，爸爸，這就是你不對了，人家馬克思是長頭髮，恩格斯也是長頭髮啊。我一想是啊，共產黨的老祖宗都是長頭髮，留長頭髮怎麼算是資本主義生活方式呢？」

廣東設立經濟特區的嘗試，在中央得到鄧小平、楊尚昆等人的支持，在地方則歸功於任仲夷、吳南生、袁庚等人的實踐。二十多年來廣東的經濟奇跡獨領風騷，直到九十年代中期才受到上海、浙江的挑戰。但是，廣東始終未能成為「政治特區」。政協系統的《同舟共進》雜誌僅僅因為說了一點真話便被改組。這不能不說是吳南生的一大遺憾。近期在與友人的一次談話中，他感慨說：「經過這麼多風風雨雨、生生死死，我確實悟出一個道理，也是我這一輩子最深刻的體會，也可以說是最大的收穫，就是認識一條真理：市場經濟和民主政治具有普世價值。因為它是人類實踐探索出來的文明，是人類共同財富。」

少年時代，吳南生被國民黨軍官譏諷為「共產黨的孝子賢孫」；如今年逾八旬，他方悟出民主自由之可貴。他說：「中國遲早要實現民主政治，這是不以人們的意志為轉移的。我們這些老傢伙算是看透了。」他所理解的民主卑之無甚高論：「作為政治制度層面的民主，其共性大致包括自由選舉、權力制衡、競爭政治、言論自由、保護人權、人民軍隊等內容。」這些內容大都是《零八憲章》論述的重點。溫家寶不願意接受《零八憲章》的建議，那麼為什麼連吳南生這樣的老前輩的忠言都聽不進去呢？

「國情特殊論」實際上是一種民族虛無主義

卑之無甚高論，中國的國情並不特殊，中國人的人性也不特殊。中國人與其他國家和民族的人一樣，都是本能地熱愛自由、民主和法治，如英國思想家洛克所說，「人不能夠讓自己服從於另一個人的任意的權力」，這乃是「上帝的偉大設計」。本來，這是一個不言自明的常識。然而，胡錦濤、溫家寶偏偏喜歡說違背常識的話，喜歡做違背常識的事，以「國情特殊」和「人種特殊」來否定中國人需要民主的事實，甚至用「一搞民主就亂」來恐嚇國人。中共當局經常污蔑那些呼籲學習西方的民主制度的知識分子是賣國賊，其實他們自己才是「自我種族主義者」和民族虛無主義者。他們將中國人看得低人一等，根本不配擁有民主。如果民主是一個繁花似錦的公園的話，那麼溫家寶會掛出一個牌子來宣佈說「華人與狗不得入內」。

對此，吳南生指出，民主並沒有那麼可怕，政治體制改革第一步，應該是開放輿論。開放輿論可以發揮輿論監督的作用，還可以開啟民智、開啟官智，通過心平氣和的理性討論和意見交換，就民主化的利弊、目標、程序、時間表等種種具體問題，展開充分的討論，以達成基本共識。中國的民主轉型就可望避免不良勢力的擾亂，事半功倍，以較小的代價爭取最大的成效。遺憾的是，吳南生是在退休之後才悟出這些道理的，而且是在退休之後才敢說出幾句真話來。即便如此，如果說中共黨內還有開明派和改革派的話，吳南生大致可以算是一個了。如果我們將吳南生的觀點與溫家寶的答記者問一對比，就能清晰地發現，溫家寶根本不是某些人所期待的開明派或改革派，溫家寶最多就是一個「維持派」。

人們對溫家寶的期望並不高，他只要像吳南生所說的那樣，做一點力所能及的改革，就可以在歷史上贏得與胡耀邦和趙紫陽近似的崇高地位。但是，溫家寶做過什麼呢？他上台之後，好話倒是說了不少，卻從未「腳踏實地」地做過什麼有益於民主改革的事情。他固然不像某些僵化派那樣常常對民眾喊打喊殺，對民主自由「污名化」，相反，他經常為某一民眾的遭際而動情甚至垂淚，但他基本上是「雷聲大，雨點小」，坐視中國這艘大船慢慢地沉沒，而不願以犧牲自己及其家族的利益為代價，做出力挽狂瀾的抉擇。難道是中國的國情太特殊，才導致溫家寶無所作為嗎？不，不是環境決定一切，個人的信念與信仰才是決定性的因素。

所以，在政治體制改革這個關鍵問題上，溫家寶跟胡錦濤、吳邦國、賈慶林等同僚是一致的：拒絕政治體制改革，才能維持特權地位。溫家寶與政治局同儕的差異，僅僅是他作秀的本領高出一籌，「九人幫」便推舉他出面來扮演「不和諧社會」的「吉祥物」。

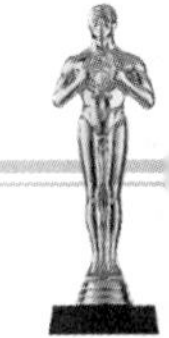

有時，我們要下到井裡仰望繁星

——從「麵包時代」的七七憲章到「蝸居時代」的零八憲章

二零零九年十二月十日，中共當局悍然宣佈，公安機關將劉曉波一案的起訴意見書送達檢察院，即意味著在未來數星期之內，該案將開庭審理。對此，捷克共和國外交部發佈聲明表示深切關注。該聲明指出：「二零零九年十二月十日，世界人權日也是《零八憲章》發表一週年，我們歡迎它表達了對中國公民社會的解放，並將繼續把它視為一個珍貴機會，以啟動討論其提出的關鍵問題。……令人遺憾和關心的是，我們收到官方鎮壓憲章代表人物和簽署者的信息，使人聯想起一九七七年後捷克《七七憲章》簽署者面臨鎮壓的情況。」捷克雖然是一個中歐小國，在經濟和政治上無法制衡多財善賈、躊躇滿志的中共，但在美國和歐洲各大國紛紛放棄對華人權外交、為了自身利益而「與狼共舞」之際，這份聲明對於所有追求自由與公正的中國公民而言，都是寒冬裡的一絲暖意。

這一聲明當然難以收到促成劉曉波獲釋的實質性作用，但它再次顯示出《零八憲章》與《七七憲章》之間的精神傳承關係，以及作為命運共同體的人類在被背叛、佔領、欺騙或侮辱的情形之下，仍然可以做出「脫穎而出」的選擇，這種「脫穎而出」的精髓就是「對邪惡的抵抗、不顧一切的抵抗」。哈維爾說過：「有時，我們要下到井裡仰望繁星。」一個不堅守心靈的真理的人，是不會真正去仰望星空的。如今，為了看到滿天的繁星，劉曉波下到了最黑暗的井底。

用尊嚴來換取麵包的捷克

「七七憲章」誕生於捷克的「麵包時代」。那時，蘇聯東歐諸國的計劃經濟模式已現頹勢，實際的經濟狀況與物質生產根本不能支撐官方意識形態許下的「全民福利國家的諾言」。不過，這種經濟水平反倒使得執

政的共產黨當局可以利用短缺經濟來達成對民眾的精神控制，用匈牙利經濟學家雅諾什·科爾奈的話來說，這是一種權力自我合法性的「父愛主義」，他在巨著《社會主義體制》中指出：「當權者堅信他們比被統治階級更瞭解自己（被統治階級）的利益要求。官僚集團處於家長的位置：所有其他社會階層、團體或個人都是孩子，作為他們的成年監護人，必須對『孩子』的心靈成長肩負起監督職責。」換言之，如果你是一個聽話的孩子，你就可以分配到麵包吃；如果你是一個不聽話的孩子，你就沒有麵包吃——不僅如此，你還會受到各種形式的懲罰，直到你流淚告饒為止。

這就是列寧的承諾：麵包會有的。對此，法國思想史家亞歷山德拉·萊涅爾－拉瓦斯汀在發掘中歐持不同政見者思想的《歐洲精神》一書中指出：「清洗運動最終成功地建立了一個時代。在當時無人為這一時期命名，但後來，長於黑色幽默的捷克人把它形象地稱作『麵包時代』——在恐懼環繞四周的時候，日常生活的麵包便超越了人類所有其他的目標，成了為惟一追求的對象。」這是一個社會中大部分人的選擇。

對於「麵包時代」大部分民眾的生活狀況，目光如炬的哈維爾舉了一個有趣的例子來說明：布拉格某水果店的經理在櫥窗上張貼了一幅標語，上面寫著：「全世界無產者聯合起來！」其實，這個經理的內心深處並不相信這句話的真實含義，他對全世界無產者是否團結也不感興趣。另一方面，即便他不這樣做，也不會立即遇到麻煩。但他仍然要這樣做，這是為什麼呢？這是一種主動向當局效忠的方式，至少傳達出這樣的意思：「我是一個安分守己的人，我完全接受你們定下的遊戲規則。」這是一張掛在脖子上招搖過市的「良民證」。由此，他扼殺了自己的良知，向全世界、包括他自己，偽裝起真實的一面。在哈維爾看來，這樣的「不沉默」的大多數，同時是權力系統的受害者和支持者，他們正在一邊腐蝕又一邊建設著這一系統。他們只是為了日常生活的更加安逸，而放棄了自由與道德原則，他們的所作所為又成為其他公民的壓力，致使更多人倣傚這樣的做法。由此，權力大獲全勝：「在現代社會中，權力正是通過這種方式變得隱蔽而又無比強大，強大到可以深深影響到每一個個體。」

那麼，有沒有人從「麵包時代」的轄制中「脫穎而出」呢？在像傳染病一樣擴散的冷漠、虛偽、利己、怯懦和對物質利益的狂熱當中，確實有這樣一群「擁有改變世界能力的人」。對於他們來說，人生的最高目

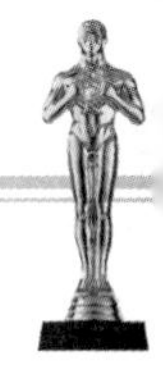

標是追求真實和自由，而非對自身溫飽的關切，並非滿足於日常生活所給予的一點微不足道的幸福感。他們堅定地認為，「那些被人們拋在腦後的東西：尊嚴、責任、團結以及精神生活，才是構成歐洲文化的真正價值」。要做一個真正的公民，就必須肩負責任，不計較得失。他們為此付出了巨大代價，也確實改變了這個世界——有人親身經歷到了這種改變，比如，昔日在獄中從事重體力勞動的囚徒哈維爾，後來成為共和國總統；也有人沒能活到自由降臨的那一天，但他們安心地瞑目而逝，因為他們為那個無比美好的願景承擔過、付出過、戰鬥過，他們的不幸遭遇從某種意義上說是自找的，而這種日常生活的不幸又為他們帶來最大的幸福感與成就感，他們中的一員，就是哈維爾的老師、哲學家帕托什卡。

帕托什卡：為了真理，受苦是值得的

帕托什卡不是海德格爾那樣的哲學家——海德格爾在任何一個時代都成功地扮演了「哲人」的角色，一邊向權力暗送秋波，一邊又故作高深莫測狀，讓自己在納粹時代和戰後同樣享受尊崇，這需要一種怎樣的「聰明」呢？而帕托什卡是一位「笨拙」的哲學家，甚至是一位「失敗」的哲學家，他在納粹時代被禁止教書，在共產黨政權下更是自貶為社會的最底層。由於選擇不背叛，他在長達三十多年的時間裡幾乎失去了一切：被禁止使用護照，禁止出國訪問，作品被共產黨政權列為禁書。他想要勉強維持家庭生活，只能從事一些收入微薄的工作：擔任保管員、操作工以及翻譯。他沒有公開的課堂，只能在自家的地下室中秘密地給幾名學生上課，學生們躡手躡腳地來，躡手躡腳地離開。帕托什卡的女兒回憶說：「在七十年代，每翻譯一頁的收入只有二十克朗，約合四法郎。但即便如此，父親仍然寧願選擇翻譯那些愚蠢的文章也決不做出任何妥協。」因為這位真正的知識分子堅信：「作為一名有擔當的知識分子，作為一名哲學家，其使命並非跳出自己的領域去關注那些無關緊要的事情；而是應將哲學與國家大事緊密聯繫在一起。」

當哈維爾邀請帕托什卡參與《七七憲章》的工作的時候，這位年邁的老人慨然同意。他意識到，現在是該走出象牙塔的時候了，在一個被權力所異化和扭曲的社會中，所謂「價值中立」的、「抽像」的學術並不能改善人們的生命質量，並不能阻止人們的道德水準跌破底線。很快，

帕托什卡全權負責《七七憲章》的組織工作，探訪所有需要聯絡的人，四處搜集簽名，雖然忙得無法負荷，卻固執地拒絕將哪怕一丁點事務交與他人。當有人建議他尋求一點幫助時，他總是憤怒而堅定地回答：「我是發言人，我還能動。」對於帕托什卡的貢獻，多年以後，哈維爾深情地回憶說：「他全身心地投入到了工作中，將自己的生命毫無保留地貢獻給了這份事業。我難以想像，如果在運動一開始缺少了他光明的人格魅力的引導，憲章將會變成什麼樣子。」

帕托什卡精心修改了《七七憲章》的文本，使得在這份歷史性的文件中，簽署者們的視角已不再局限於對道德必要性的訴求，他們將目光瞄準了現代社會的種種危機、責任感的普遍喪失、制度合法性的來源以及所有那些讓每個個體同時成為行為者和受害者的陳規陋習。《七七憲章》跟政治有關，但又超越了具體政治事務，《歐洲精神》一書如此概括其精神立場：「誠然，所有這些關於深刻問題的思考是在受到共產主義政權壓迫的特殊情況下出現的，但與此同時，它又遠遠超出了其最初狹窄的範圍：不同政見思潮不斷地深入，已經觸及到倫理學問題，其基本觀點影響到了我們每一個人。在今天這個社會裡或許更是如此。」也就是說，它關注的焦點與所有人的日常生活有關。

當初，帕托什卡答應參與《七七憲章》運動的時候，他並不是不知道這件事情有多麼危險。與納粹政權和共產黨政權這兩個極權主義政權長達數十年的抗爭與周旋的經歷，讓他深知一份具有精神性的文本比一份單純的政治性的文本更讓當權者心驚膽戰。正如哈維爾的獄中書簡讓那個崇拜希特勒的典獄長大聲咆哮一樣：「所有這些關於『精神秩序』和『存在秩序』的廢話都是些什麼玩意兒？你們必須操心的惟一秩序就是監獄秩序的規矩！」這就是精神的力量、光明的力量、正義與善的力量。即便典獄長看不懂，他也感到害怕。果然，《七七憲章》剛一發表，帕托什卡便遭政治警察逮捕，在獄中他經歷了無數次漫長而痛苦的審訊。最終，在一次長達十小時的問詢之後，他再也無法堅持，於一九七七年三月十三日因腦溢血逝世。

在帕托什卡最後的日子裡，完成了一篇具有墓誌銘意義的絕筆，其結尾處這樣寫道：「真正應該做到的是，在任何時候都活得有尊嚴，不膽怯，不退卻。即使在某些時候會遭到鎮壓，也要義無反顧地講真話。因

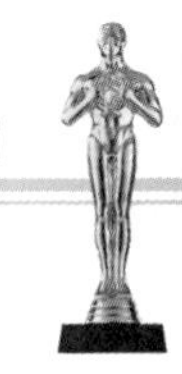

為只有在經歷了磨難之後，人們才會逐漸意識到，有些東西是值得為之受苦的。如果世界上沒有了藝術、文學、文化這些高尚的事物，那麼我們就只剩下疲於奔命的日常生活了。」是的，沒有像帕托什卡這樣的英雄人物的戰鬥與犧牲，捷克的天鵝絨革命就不會水到渠成。上帝並非對捷克人偏心，上帝並非遺忘了中國人，上帝的恩賜從來都是給予那些願意為自由付出代價的民族。

用自由來換取蝸居的中國

如果說昔日的捷克是一個「麵包時代」，那麼今天的中國便是一個「蝸居時代」。就普通人的物質生活而言，今天的中國人比昔日的捷克人要充裕和豐足得多。昔日的捷克人面臨著如何用足夠的「麵包」填抱肚子的問題，而今天的中國人則面臨著如何尋找一個「蝸居」棲身的問題。以權勢熏天的市長秘書和他包養的二奶為主人公的電視連續劇《蝸居》，一時間萬人空巷。這部電視連續劇以一種幾乎等同於複製的方式將中國人當下的生存狀況搬上了屏幕，雖然遭到審查部門的刪節，仍然具有近年來中國影視作品中罕有的一種品質，那就是真實。人們不再義正詞嚴地譴責「二奶」和「小三」們了，反而對她們充滿了同情甚至艷羨，這是不是社會的一種「進步」呢？

年輕一代的大學畢業生們，不得不面對這樣的現實：如果連「蝸居」也爭取不到，便只好淪為「蟻居」了——北大社會學博士廉思經過廣泛的調查，發現了一個處於傳統的三大弱勢群體（農民、農民工、城市下崗職工）之後了第四個弱勢群體，即「大學畢業生聚居群體」，並以「蟻族」命名之。而「蟻居」要升級為「蝸居」，做「二奶」與「小三」便是一條終南捷徑。喜兒何妨嫁給黃世仁呢？

從蟻居到蝸居的路有多長？署名「落雪是花」的媒體人在鳳凰博客上發表了一篇題為《八零後女人急於尋找有錢有權男人？》的評論，文章說：「這年頭，尊嚴能值幾個錢？還不是物質跨下的玩物？只要做了『二奶』，所謂的愛情、友情、人格、廉恥等就統統被嚴重扭曲了。……當調查都市女白領『傍大款』、『週末二奶』現象時，竟有百分之六十以上的女人表示『應該及時享樂』，言外之意就是認同這些現象，只是如此『好事』沒機會碰上，如若碰上了那還不是趨之若鶩、紛紛效仿嗎？」而另一位作

者梁丁在《從「蝸居」開始社會重建》一文中寫道：「像道德淪喪和價值解體，每個時代都有。可是，我們這個時代，連做房奴都需要很拚命，否則你連房奴都做不了，不信，你就想想很多農民、礦工、農民工的遭遇吧，於是大家都在努力地向上攀爬，可你即便拚命了，甚至說你還很有能力，你也可能被人家權二代富二代輕易地黑下來，於是，這個奮鬥就成了一個『鬥智鬥勇』的話題，『不擇手段』只是很基礎的要求。在中國，如果一個人正直且勇敢地生活，不但是得不到獎賞，而是時刻都走在通往監獄的路上，那麼，我們還如何去要求每一個人都應該具備正直，誠實，勇敢這些品德呢？所以，我們這個社會的基本特徵是，大部分人都不同程度的在使壞，可每個人又能輕易發現大面積的社會之壞，然後為自己提供持續使壞的動力。」這樣的一個社會，誰在其間有幸福和尊嚴呢？

中國的「崛起」，是以大部分人不得不「蝸居」乃至「蟻居」為代價實現的。年輕漂亮的女性為什麼要去傍那些並不英俊和年輕的男人呢？一言以蔽之，那些男人有錢有勢，而錢又是來自於權，所以她們實際上是依傍於權力。而其他人呢？在今天的中國，誰沒有依傍於權力呢？在權力面前，哪個商人、哪個大學教授、哪個電影明星不是低三下四、點頭哈腰的呢？秋雨含淚，故而有資格入股國企，熬成億萬富翁；兆山哭鬼，故而能入選法蘭克福書展中國作家代表團，花納稅人的錢周遊世界。這個時代，其實是有選擇的自由的，尤其是選擇作惡的自由。余秋雨和王兆山，孫東東和孔慶東，並沒有人用刀槍逼著他們作惡，他們作惡乃是自覺和自動的作惡，乃是一場向著權力的裸奔。

我在寫作這篇文章的時候，看到《新京報》刊登了一則新聞：二零零九年十二月十三日，位於四川大邑縣的建川博物館館長透露，他們修建的「中國領袖廣場」即將完工，雕塑家為毛澤東、鄧小平、江澤民和胡錦濤四個領袖塑造了巨型塑像，每個塑像重達十多噸，選用四川上好的晶點花崗石，紅色背景牆上，還配有六篇《人民日報》社論。房地產商樊建川曾投入巨資興建抗戰博物館，呈現國民黨抗戰的功績，深受民眾之讚譽。然而，這一次他卻赫然「轉型」，塑造領袖塑像、修建領袖廣場，這是什麼原因呢？身為國民黨將領的後人，樊建川在毛澤東時代受過不少折磨，他在內心深處未必敬重與緬懷毛澤東。但他仍然以此表達「政治

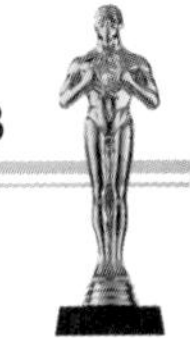

正確」的立場，這一做法與哈維爾筆下的水果店的經理何其相似！那個經理只想平平安安地經營一個小店，故而只需掛出一幅橫幅就足夠了；樊建川則要確保已有財富的安全，甚至繼續賺更多錢，故而要打造規模宏大的領袖廣場。

在今天的中國，越是有錢和有名的人，這種「效忠式」的表態就越是要高調，這是中國社會的另一個「潛規則」。所以，「神州億萬皆小三」：《蝸居》裡的女主人公海藻如是，「文化大師」余秋雨如是，作協主席王兆山如是，地產鉅子樊建川亦如是。

哈維爾和劉曉波的光榮荊棘路

然而，為麵包而活、為蝸居而活，畢竟不是人類生活的全部內容。如果說《七七憲章》的橫空出世戳破了「麵包時代」是一個「福利社會」的謊言，它彰顯出另一種價值——人是一種不單單靠麵包來生活的動物；那麼《零八憲章》的應運而生則揭穿了「蝸居時代」是一個「和諧社會」的大話，它也彰顯出另一種價值——人是一種不單單靠蝸居而活的動物。當年捷克的帕托什卡、哈維爾們，只要稍稍抹煞一點良心，共產黨當局就會按照他們的地位和才華讓他們「食有魚、出有車」。而曾擔任過駐外大使的波蘭詩人米沃什和曾擔任過國務部長的匈牙利哲學家畢波，完全可以憑借各自的民望繼續在政壇上長袖善舞，但他們意識到這個制度不公正性，便毫不留戀地與之決裂：或走上流亡之路而成為被共產黨的宣傳機器咒罵的「祖國的叛徒」，或留在國內成為「內心的流亡者」並被所有的公共媒體「消音」。哈維爾多次被捕，沒有在監獄中的時候，警察則寸步不離地跟蹤他。警察在他郊外的農舍的外面設立了一個永久性的視哨——它看起來像一個建在樁柱上的可移動的小教室，他們還故意弄壞他的汽車並宣稱是「愛國群眾」的「義舉」。

當年在蘇聯東歐發生的一切，今天在中國繼續上演。劉曉波和《零八憲章》的許多簽署者一樣，並不是被「逼上梁山」的，走到今天這一步，乃是出於良心的自發選擇——如果他們願意接受這個與毛澤東時代相比「次壞」的社會、這個縱容人們陞官發財的慾望的時代，如果他們將個人的才華與學識「賣與帝王家」，肯定能賣出好價錢。當年，在大學裡才華遠不如劉曉波的、他的同學和同事們，現今多半已經成為學界名流，

或在央視「百家講壇」上為帝王將相唱頌歌，或對漂亮的女研究生實施「潛規則」，或掛名主編利用學生的無償勞動編寫教材，個個忙得不亦樂乎。而劉曉波選擇的是一條光榮荊棘路，一條少有人走的路，他對生活的理解超越了「麵包」和「蝸居」的層次，他是為人的自由、尊嚴和社會的公平與正義而活。在劉曉波家的樓下，中共當局也設立了一個簡陋的崗亭，無論是酷暑還是寒冬，都有穿警服或穿便衣的人呆在裡面。在被捕前夕，劉曉波與劉霞正在準備搬家，劉曉波被抓走之後，是劉霞一個人搬完了家。雖然劉曉波還在獄中，但在他們新家的樓下，一個嶄新的崗亭又建立起來。

與帕托什卡並非《七七憲章》的最初起草人一樣，劉曉波也不是《零八憲章》的最初醞釀者。但是，後來帕托什卡和劉曉波都成為各自國家的憲章運動的靈魂人物。我還記得，二零零八年秋天的一個夜晚，我與劉曉波和其他幾名朋友在一家餐廳中談論這份文稿時的場景。那時，這份文稿連名字都還沒有確定，是叫《人權憲章》好呢，還是《零八人權憲章》好？我和劉曉波不約而同說出了《零八憲章》這個名字，既簡潔明快，又直接與《七七憲章》呼應。我當時沒有意識到這份文件會讓中共如臨大敵，並喪心病狂地將劉曉波抓捕入獄。這份文件已經溫和得不能再溫和了。

這些年來，我們這些人差不多每天都在寫作比這份文件的措辭更加尖銳的文字。我們雖然生活在不自由的大環境下，但早已「假裝」生活在自由的環境下。我們點名批評胡錦濤的時候，認為這是理所當然的公民權利；就好像一個美國的批評家，當他點名批評美國總統的時候，不會有任何的恐懼感。我們不認為批評胡錦濤或共產黨是一件「大逆不道」的事情。所以，我那時並未將《零八憲章》放在心上。但是，比我敏感的劉霞已經有了不詳的預感，她建議曉波不要捲入太深。曉波說，這些事情必須去做，即便為此坐牢，這是他對「六四」亡靈欠下的債。他始終將自己當作一名「贖罪者」。一旦曉波做出此決定，劉霞便完全支持他。二十年以來，此前曉波三次入獄，她均是如此默默地承受告別與重逢的煎熬。

不值得顛覆的政權與為救中國而努力的劉曉波

劉曉波的罪名是「煽動顛覆國家政權」，這完全是莫須有的罪名。劉曉波對權力沒有任何興趣，自然也沒有顛覆它的興趣。就好像當年哈維爾反對共產黨並不是為了「吾可取而代之」，雖然後來他成為民選總統，但他的精神氣質始終與權力結構格格不入，他的總統身份更是象徵意義上的。與之相似，劉曉波在圈子裡被大家認為像孩子一般透明，其人格魅力正在於直言不諱。他是我所見過的最蔑視權力的中國人，並像一根魚刺一樣卡在權力的喉頭。「六四」屠殺之後二十年來，他持之以恆地用墨寫的文字捍衛漸漸淡去的血寫的真相，他如杜鵑啼血般告訴國人和世人，侵犯人權、耗盡能源、破壞環境、縱容腐敗，並不是中國經濟增長必須付出的代價，這一條「具有中國特色」的發展道路最終只能是一個死胡同。如果整個世界都被迫依附於中共的這一「夢想」，那麼人類就有可能陷入萬劫不復之深淵。

近年來，劉曉波的許多文章已經不再局限於批判權力的運作，而進入到精神和價值的反省與重建的層面。在他的思想和寫作中，有一個即便在獨立知識分子當中也罕有的維度，那就是「對批判的批判」和「對異議的異議」。換言之，他深刻地認識到，「共產黨」並不是一個外在於「我們」的惡魔或怪獸，「共產黨」就在我們每天呼吸的空氣、每天飲用的水當中，就在我們的思維和語言當中。經過六十年的統治、教育與宣傳洗腦，我們已經被共產黨全部或部分地「克隆」了。這是一個不能迴避的事實。所以，我們必須像哪吒那樣「剔骨還父」，像關公那樣「刮骨療傷」。在這個意義上，劉曉波的文字並非「煽動顛覆國家政權」，而是引導同胞完成對被奴化的精神結構的顛覆與重建。

劉曉波被捕之後，我所能做的事情，除了撰寫若干篇關於劉曉波和《零八憲章》的文章並結集成《劉曉波與胡錦濤的對峙：中國政治體制改革為何停滯？》一書，並由香港晨鐘書局出版之外；便是為劉曉波編輯一本名為《大國沉淪：寫給中國的備忘錄》的文集，並由台灣允晨出版公司出版。在編輯這本文集的過程當中，我重新仔細閱讀了劉曉波這幾年間撰寫的數百篇文字，不禁感慨萬分。劉曉波的作品理應選入中學和大學的公民讀本之中，因為這些文字堪稱如何成為「好公民」的簡明說明書，讓我們擺脫「蝸居」這種可悲的生存狀態，讓我們眺望到溫家寶眺望不到

的燦爛星空。而溫家寶悍然將為這個國家尋找燦爛星空的劉曉波逮捕入獄，正表明他的內心何其黑暗。

三十多年之前，帕托什卡的文字在捷克只能得到相當有限的傳播，「所謂地下傳播的方式，通常就是一小堆人躲在一處隱蔽的地方，用打字機一頁一頁地慢慢拼湊出一本書。那時候的一張碳紙只能複寫出四五份文稿來。」三十多年之後，劉曉波的文字雖然在中國大陸不能公開出版，卻通過互聯網在整個華人世界裡廣為流傳；他在香港和台灣出版的著作，亦有不計其數的盜版和複印本在中國大陸悄悄流傳。可以說，劉曉波比帕托什卡要幸運得多。我在香港機場的很多書店裡，都看到《大國沉淪》一書被擺放在顯著位置，我也看到香港作家倪匡先生在《蘋果日報》上對該書的一段評論：「劉曉波。記住這名字，他是當代偉人，二十多年，矢志不渝，為救中國而努力。他是一介書生，無權無勇，以文章為戰鬥工具，對抗種種來自極權的迫害，『不識時務』至於極點。以人性的光輝織出他身上的光環，是黑地獄中少見的明燈。」

今天，如果中國的街頭遇到一名路人，如果他們看過電視劇《蝸居》，如果他們讀到過《零八憲章》的文本，那麼詢問他說，你願意活在《蝸居》中的中國，還是實現了《零八憲章》的中國？我想，絕大多數人的答案都是後者。是的，胡錦濤和溫家寶關得住劉曉波的身體，卻關不住他的靈魂和思想；胡錦濤和溫家寶可以動用舉國之力封殺和圍剿《零八憲章》，卻不能阻止《零八憲章》的理想離中國人民越來越近。

二零零九年十二月十四日

附記：本文完成於十四日晚，十五日早上剛剛將文章發給「民主中國」網站，電腦便中毒癱瘓，甚至無法重新開機，直到兩天之後才請朋友修好。十五日晚，我與劉霞見面的時候，她告知網上流傳著一篇署名是我的帖子，已經鬧翻天了，我卻一無所知。上海蔣檀文告知，此署名為《讓我們為劉曉波祈禱》的帖子，最先由「林明理」貼在「貓眼看人」，被刪除之後，又被轉貼在「自由中國論壇」。這個帖子移花接木地摘錄了我在《去黨國神聖化是中國實現憲政的第一步》等文章中的幾句話，然後加入若干我從未寫過的極為惡劣的話，居然讓許多人認為它真的是我寫的。而就在這樣的假帖子發表出來的時候，我的電腦恰好中毒無法使用，如此巧合，顯然是有關部門的特意安排。

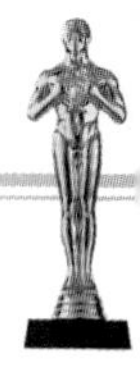

近年來，我從來不在任何論壇張貼帖子，也不以帖子的形式回應任何爭論。我只用實名撰寫完整的文章表達個人之意見，這些文章一般都在《開放》、《爭鳴》、《蘋果日報》、《北京之春》、《世界週刊》等報刊和「觀察」、「民主中國」、「中國人權雙週刊」、「縱覽中國」等網站發表。別的網站如「博訊」、「右派網」、「獨立中文筆會網」、「華夏文摘」、「新世紀新聞網」等轉載，一般都會註明以上出處。如果沒有這些出處的，必然是偽作。我相信，經常閱讀我的文章的讀者都會瞭解這一基本情況。此次「自由中國論壇」故意傳播這樣的偽作，知道真相之後亦絲毫沒有表達歉意，在我看來缺乏一個公共信息平台的公共倫理。

十七日上午，朝陽國保一名王姓警官即約我談話，問及《零八憲章》一週年及劉曉波案，並以「個人意見」的方式告知，我撰寫的《齊奧塞斯庫的幽靈在中國遊蕩》一文「太尖銳」了。我告知，我的寫作均是憲法所賦予的言論自由，寫什麼是我自己的權利。我的文章中確實有許多句子與劉曉波的起訴書中摘錄的那些句子相似，當局要抓我就抓吧。我還告知，我已經為紀念《零八憲章》一週年撰寫了一篇長文，即將在「民主中國」網站發表。該警官詢問說，這篇文章叫什麼題目。我說，過兩天就發表出來了，你們到時候都可以看到。他反覆詢問說，不妨先告訴我，我也好向上級交差。我遂將題目告知，反正兩天後就會發表，先告知也無妨。

劉曉波失去自由一年來，我已經為此撰寫了超過三十篇文章。只要劉曉波一天不得自由，我還會一直寫下去。

二零零九年十二月十九日

是從「六一」到「六四」，還是從「六四」到「六一」？
——「六四」屠殺二十一週年祭

告別兒童時代之後，我意識不到「六一」還是一個節日已經很多年了。直到兩年前，我有了孩子，這個日子才重新與我發生關係。然而，在這個自豪地宣稱已經「站起來」的帝國之內，我們能夠自由和快樂地跟孩子一起過「六一」兒童節嗎？

從「六一」到「六四」只有三天嗎？

「六一」這一天，作為父親，我本來計劃帶孩子去動物園或海洋館玩，沒有想到我卻失去了這樣的自由。從五月三十日開始，警察們又出現在我家門口，強迫我在此後的一個星期裡接受他們的「高級安保」和「專車服務」。

沒有孩子的那些年，我為自己在「六四」前後享有這種特殊待遇而感到某種良心上的安慰：正是通過這種輕微的「損傷」，我與「六四」之間的聯繫得以增加而不是削弱。如果「六四」這一天，沒有人出現在我家門口非法限制我的人身自由，是不是表明我與「六四」的關係已經疏離了呢？當然，我也告誡自己，不要被扭曲成「被虐待狂」，以「被服務」為榮。這只是我自己的選擇，以及為自己的選擇承擔的後果。

有了孩子之後，這才發現此種特殊待遇讓我有產生更強烈的「不舒服感」：不幸的是，「六一」是一個離「六四」只有三天的節日，因為「六四」的牽連，「六一」也被圈進了「敏感期」。作為一名普通的父親，我陪伴孩子過一個正常的「六一」的權利，也就被侵犯和終止了。

如今，孩子還太小，我不願帶著他坐上警察開的車外出。如果孩子天真地問我：「爸爸，開車的叔叔是誰呢？」我該如何回答他呢？我不能對他說謊，我必須告訴他，開車的叔叔是警察。那麼，孩子一定會繼續

問：「警察叔叔為什麼要開車送我們呢？警察叔叔為什麼不去抓壞人？」那麼，我就只能從「六四」說起。可是，這個話題實在太沉重了，孩子還沒有成熟到可以理解它的年齡。

如果孩子漸漸長大，長大到可以承受「六四」的苦難與血腥的時候，我一定會帶他一起坐上警察叔叔開的車（當然，但願那時已經沒有這樣的車輛和保鏢了）。我會告訴孩子，一介平民的爸爸為什麼會享受這種「優待」，因為爸爸是一名拒絕遺忘「六四」屠殺的寫作者，爸爸的理想是像安徒生童話《皇帝的新裝》裡那個孩子一樣，說出「皇帝什麼都沒有穿」的真相。我會告訴孩子，在你出生之前十九年的那一天，六月四日的那一天，有那麼多跟當年的爸爸年紀差不多的人離開了這個世界，他們的生命被定格在如花似玉的少年時代。

從「六一」到「六四」，真的只有三天嗎？其實，並不僅僅因為「六一」離「六四」時間太近，才導致「六一」被「六四」波及、冒犯乃至污染。「六一」與「六四」重疊在一起，不僅是我個人的體驗，更是千千萬萬中國的孩子、中國的父母的刻骨銘心之痛。對於每一個天安門母親來說，「六一」和「六四」都是同樣的傷痛，他們多麼希望自己的孩子當年還停留在高高興興地過「六一」的階段，那麼就不用承擔「天下興亡，匹夫有責」的使命感了，就不會被子彈穿透柔軟的軀體了。

「六一」離「六四」有多遠？對於每一個在四川和青海的地震中死於豆腐渣校舍的孩子的母親來說，對於每一個死於三鹿毒奶粉和問題疫苗的孩子的母親來說，對於每一個在校園屠殺案中被充滿仇恨的兇手殺害的孩子的母親來說，「六一」永遠是一道邁不過的坎。而所有的死亡，都被籠罩在「六四」的陰影之下：那是一場讓屠殺變得合法化的屠殺，那一場屠殺之後的所有的殺戮，因此有了堂而皇之的理由。在這個意義上，所有的父母都是天安門死難孩子的父母；不僅「六一」就是「六四」，而且每一天都是「六四」，正如作家冉雲飛所說：「每天都是六四……每天發生的災難都是八九六四災難的延續。每個人的受傷都與我們血肉相連，利益攸關，我們無權旁觀。今日每天發生的災難，都與六四問題沒有得到真正解決有關。」二十一年過去了，我們不得不承認，我們生活的每一天都是「六四」的縮影，包括「六一」在內的每一天都被烙上了「六四」的印記。

從「六四」到「六一」只有二十一年嗎？

「六一」這一天，我收到了劉曉波的妻子劉霞發來的短信：「明天，我將去遼寧錦州探望曉波。」這是一個好消息，還是一個壞消息？劉曉波一案終審判決之後幾個月以來，劉霞一直不能與丈夫見面，如今總算有了見面的機會，這是一個好消息；然而，此後漫長的十一年，難道劉霞每個月都得奔波在從北京到錦州的道路上，這難道不是一個壞消息嗎？

在紀念「六四」十八週年的文章《那個春天的亡靈》中，劉曉波寫道：「那個春天，撲倒在坦克的履帶下，縱使我掏出全部智慧和獻上赤裸的靈魂，也達不到墳墓的高度。」由此可見，劉曉波此次自願承受十一年的重刑，不是因為《零八憲章》，而是因為「六四」。「六四」屠殺之後二十一年來，劉曉波所承受的監禁、迫害、誹謗與攻擊，所贏得的獨立、尊嚴、榮譽與自由，全都根植於那個槍聲亂作、坦克轟鳴的夜晚。這二十一年來，劉曉波所做的一切，一言以蔽之，就是讓「六四」變成「六一」，讓這個從來沒有純真過的國家和民族變得純真，讓這片缺乏愛的土地被愛所充滿，如聖經所說：「惟願公平如大水滾滾，使公義如江河滔滔！」

二十一年之後，劉曉波已經不再年輕。當年比劉曉波更年輕的親歷者們，也已經不再年輕：那時還是體育大學學生的張健，身中數彈的大學生，與死亡擦肩而過，此後被迫漂泊在異國他鄉。至今，有一顆子彈還嵌入大腿之中，每到天氣變化的時候便隱隱作痛。那時還是血氣方剛的工人的齊志勇，中彈後被截去一條腿，從此只能在枴杖的幫助下艱難地行走。因為他的生日常常有難友上門慰問，所以生日也成了另一個「六四」紀念日──每到「六四」和生日前後，齊志勇都會被警察帶到郊外去「療養」。

還有更多的在那一天失去父親或者母親的孩子，他們已經由當年懵懂無知的孩子長大成人，但靈魂上傷口仍然在汩汩流血。橫亙在從「六四」到「六一」的二十一年，實在是太漫長了，漫長得足以讓一個孩子邁入了中年。二十一年過去了，沒有人向他們道歉，沒有人向他們的鞠躬，他們不能在任何公開場合言說個人的經歷，也不能向任何一個人間的機構尋求公平和正義。

「六四」的鮮血流淌開來，像在一張草紙上浸潤蔓延一樣，很快便漫過「六一」，漫過來年的「六四」，漫過二十一年的「六四」。在那一天之後，再沒有什麼殺戮和死亡讓我們吃驚，再殘忍和野蠻的兇手都不能與那支全副武裝的軍隊和那些戴著白手套的指揮者相比。在那一天之後，殺戮有理、強者為王，成為這個時代的座右銘，成為「中國模式」的核心價值。不僅我們的環境被污染，我們的心靈也被污染。在極權主義制度下，產生污染的是國家，受害的卻是整個社會。但是，人人都關心環境的污染，而故意迴避心靈的污染——誰還相信純真？誰還相信正義？誰還有資格過「六一」這個節日？

二十一年過去了，我們不得不承認，從「六四」到「六一」，逆水行舟，何其艱難。捷克作家瓦楚裡克在《論勇敢》一文中指出，大多數民眾都活在一個道德上的「灰色區域」，儘管令人窒息，但是安全。在這個區域，逆來順受代替了熱情。冒險去積極反對當局的做法很難證明有理，因為看起來沒必要。人們大多會說自己那樣做「不夠英雄」。但是，我們當中，除了旁觀者和沉默者之外，還應當有另外一類人，他們也許不是英雄，但他們始終不渝地像尋求真相和真理，捍衛自由和尊嚴，步履維艱卻風雨兼程地走在從「六四」到「六一」的路上。

中國人需要一間「六四屠殺紀念廳」

此刻，便衣警察僱傭的兩個臨近村莊裡的無業少年，就在我的窗外竊竊私語。當小區的保潔員用掃帚打掃他們面前的台階，並詢問他們的身份的時候，他們沉默不語。這可是國家機密啊。這兩個孩子拿著手機玩電子遊戲，有時還哈哈一笑。風兒將他們的笑聲帶到我的耳邊。他們一定沒有二十一歲，他們一定是「六四」之後出生的一代，他們一定不知道二十一年前發生的那場屠殺。他們過早地輟學了，他們找不到工作，幹這份臨時工掙點錢也不錯，更何況這份工作還跟偉大而光榮的「維穩」有關呢。他們監視的那個人，雖然手無寸鐵，卻是有可能「危害國家安全」的危險人物。在將來有一天，他們會知道前來監視我的真正原因嗎？他們會知道自己居然以這種奇特的方式與「六四」發生過關係嗎？

在道德上，胡溫早就破產了，無論他們的演技有多高，無論他們「影帝」的獎盃有多少個，他們都無法否定這個血寫的事實：在他們統治的時

期，悲慘地死去的孩子，並不比一九八九年六月四日那一天死去的孩子少。在智力上，胡溫又徹底暴露出了低下的本色：他們真的以為派遣警察守候在我的家門口、在互聯網上將「六四」設置為「敏感詞」、將劉曉波投進遙遠的監獄、讓時間來消滅日漸衰老的天安門母親群體……做了這一切，就可以讓「六四」從個人記憶和民族歷史中徹底消失嗎？

他們絕對不會得逞。納粹死亡集中營的倖存者、諾貝爾和平獎得主威塞爾說過：「忘記死者就是讓他們二度死亡。」是的，如果說鄧小平和李鵬們是實施第一次謀殺的兇手，那麼胡錦濤和溫家寶們就是實施第二次謀殺的兇手。兇手與兇手之間並沒有本質上的差異。所以，每當他們志得意滿地去照鏡子的時候，鏡子不會諂媚地對他們說，「主人，你貌美如花，朗朗如日月入懷」；鏡子會直言不諱地向他們發出呼喊：「看哪，你這個臉上沾滿鮮血的兇手！」誰是鏡子呢？丁子霖、蔣彥永、劉曉波、司徒華、蔡淑芳、楊逢時、孫立勇、武文建、張懷陽……這些年齡和背景各不相同，卻因為「六四」而「共命運」的人們就是無數面嫉惡如仇的「照妖鏡」。

我相信，一面又一面這樣的鏡子終將組成一座中國人的「六四屠殺紀念廳」。在匈牙利，人們在昔日匈牙利秘密警察的總部建立了一家「恐怖博物館」。顧名思義，這是一所展示恐怖事件的博物館，它講述了從一九四四年到一九八九年在這個國家發生的暴力、折磨、壓迫與獨裁事件。它如同杜莎夫人蠟像館般重現了陰暗恐怖的秘密牢房，行刑工具以及審訊室。從納粹到共產黨的暴行，無一遺漏。在一九八九年的「天鵝絨革命」之後出生的孩子們，一批批地由老師帶著到這裡來參觀，以認識那段逝去不久的慘痛的歷史。我相信，在我的有生之年，也可以看到：那座中國的靖國神社、暴君毛澤東的紀念堂，將被改建成世界上規模最大的「共產主義受難者紀念館」，其中必定有一間「六四屠殺紀念廳」，而我們的孩子將在這裡學到真正的歷史課。

二零一零年六月一日
北京東郊「有光居」

附錄

優伶中國

何況到而今，即早生盛世唐虞，不過及身觀夢幻；
明知終一朝，賸片刻當場傀儡，自將苦口入笙歌。

——譚嗣同《戲台聯語》

在二十世紀八九十年代間，華人世界裡三名最有代表性的導演，都將目光瞄準了優伶生涯：侯孝賢拍攝了《戲夢人生》，陳凱歌拍攝了《霸王別姬》，張藝謀拍攝了《活著》。這三部電影分別從不同角度展示了中國人高度「優伶化」的生活狀態。無論是木偶戲還是皮影戲乃至於作為「國粹」的京劇，在電影中都成為某種象徵和隱喻——而電影本身亦是古代戲劇的一種現代技術化之後的翻版。老北京的同樂戲園的戲台上有這樣一副對聯：「作廿四史觀，鏡中人呼之欲出；當三百篇讀，弦外意悠然可思。」這三部電影，互相參照起來，便是一部鮮活的中國當代歷史。有血有淚，有愛有恨，電影裡的主人公最後都選擇了縱身一躍——進入那虛幻的舞台世界。

他們真的逃走了嗎？他們最後還是逃不出如來佛的掌心。

中國人都是「會做戲的虛無黨」

小時候，奶奶經常帶我奶奶去看川劇。家鄉有一個小小的縣級川劇團，演員們定期在縣城中心一個簡陋的劇場裡演出。小小的我，既看不懂複雜多變的劇情，也聽不懂悠長迴旋的唱腔，剛開始時還被舞台上絢爛的佈景和鮮艷的戲服所吸引，不久就在奶奶的懷裡睡著了。一覺醒來，天色已黑，場地裡滿地是橘子皮和瓜子殼。奶奶背著我回家，慢悠悠地走在長長的青石板路上，一路上還自得其樂地哼著劇中熟悉的唱詞。

有一位與母親同齡的鄰居阿姨是川劇團的一名演員。原來我不知道她的身份，母親偶然告訴了我，當我知道這個小小的「秘密」之後，觀察

這位阿姨的眼光就悄悄地發生了細微的變化。以前，在我的眼中，這位阿姨跟母親一模一樣，都是普通的家庭婦女；此後，在我眼中，她卻成了一個從舞台上走下來的人，一舉手、一投足之間，都像在演戲。我開始與這位阿姨保持一定的距離，她就像鏡子裡飄忽不定的影子，給我一種虛幻縹緲的、極不真實的感覺。每當她拎著一個菜籃子上街買菜的時候，我就感到困惑不解：像她這樣的人，還用得著去買菜嗎？戲裡的人物，難道也得像我們這些凡夫俗子一樣吃飯？

這是孩子的思維方式。在孩子心目中，演員們都是傳奇人物，個個是聰明絕頂的人。他們高居於日常生活之上，悠然注視著舞台下的大眾；他們能夠記住鏗鏘的台詞，彷彿把整個世界都掌握在手中。孩子不滿足於貧瘠單調的現實生活，因而對舞台充滿熱切執著的渴望。父親最早教我念的對聯，便是戲台上的對聯——「戲台小天地，天地大戲台」,「上場應念下場白，看戲無非做戲人」,「做戲何如看戲樂，下場更比上場難」。看似淺白，內中的哲理卻頗為深奧。這些道理需要等到孩子飽經風霜之後才能領悟。

很多年之後，當我讀莎士比亞的劇本時，在《李爾王》和《麥克白》中讀到了兩段話，頓時像被閃電擊所中一樣，明白了戲劇之於人生的意義——「當我們生下地來的時候，我們因為來到了這個全是些傻瓜的廣大舞台上，所以禁不住放聲大哭。」「人生不過是一個行走的影子，一個在舞台上指手畫腳的拙劣的伶人，登場片刻，就在無聲無臭中悄然退下；它是一個愚人所將的故事，充滿著喧嘩和騷動，卻找不到一點意義。」莎士比亞既是作家，又是演員；既是旁觀者，又是介入者。在莎士比亞的戲劇中，經常出現一個傻瓜或小丑式的人物，以此傳達他對世界和人生悲劇性的思考：只有傻瓜才看得到聰明人的愚蠢，只有瘋子才認得清正常人的瘋狂，只有瞎子才看得出明眼人的盲目，只有演員才明白人人都在演戲……（易紅霞《誘人的傻子——莎劇中的職業小丑》）

演員在臉上所表現出來的喜怒哀樂，與他內心深處的情緒及感受並不吻合。演員是那種天生就戴著面具生活的人。而在中國，人人都是演員，每天都在演戲。中國人的生活太艱難了，中國的專制制度太酷烈了，將人生戲劇化，便成了一種自我保護、自我安慰。人生如此苦痛，唯有相信「人生如戲」(或「人生如棋」,「棋局」亦如「戲局」)，人生才能繼續下去。中國人最愛發出的感歎是「人生如夢」和「人生如戲」,「夢」與「戲」是互通的。《紅樓夢》也可以看作是一出「紅樓戲」。余英時認為:「曹雪芹在《紅樓夢》裡創造了兩個鮮明而對比的世界。這兩個世界,我想分別叫它們作『烏托邦的世界』和『現實的世界』。」(《紅樓夢中的兩個世界》)《紅樓夢》中多次出現眾人一起觀看和討論各種劇目的情節,每個人點的戲劇都與他的性格和思想暗合,戲劇亦隱喻著人物未來之命運。「大觀園」是一個讓讀者觀賞的大舞台,整部小說就是一出大戲,所謂「風月寶鑒」也。於是,讀者、作者和書中的人物,重疊在一起——「看我非我,我看我,我也非我;裝誰像誰,誰裝誰,誰就像誰。」而《好了歌》即全書之「文眼」所在,「亂哄哄你方唱罷我登場,反認他鄉是故鄉,到頭來為人家作嫁衣裳」。

戲劇不單單是一種娛樂,它的背後蘊含了一種價值和生活方式。魯迅對京劇的厭惡、對梅蘭芳的負面評價,都根植於他對中國傳統文化的深切體認,並非無的放矢、隨便說說。京劇是一種典型的「幫閒文學」,是讓人的心冷下去,而不是熱起來;是讓人的脊樑彎下去,而不時直起來。「天下事無非是戲,世間人何必認真」,這是中國人對戲劇和人生的基本看法。魯迅說過,整個中國的天地是一個戲場,整個中國歷史就是一部做戲的歷史,而中國人個個都是「會做戲的虛無黨」。錢理群分析說,中國人總是在扮演兩個角色,或自己做戲,演給別人看,或看別人做戲,「演戲與看戲構成了中國人的基本生存方式,也構成人和人之間的基本關係」。(《話說周氏兄弟——北大講演錄》)

魯迅小說中的主角和配角,大都是「會做戲的虛無黨」。在《祝福》中,祥林嫂到處向別人講述兒子阿毛被狼吃掉的事,村子裡的人紛紛來聽她講,有些老太太沒有聽到,還從幾十里以外趕來聽。這不是對她同情,而是趕來尋求看戲(聽戲)的刺激。在看(聽)戲的過程中,人們落下眼淚,眼淚流完了,便心滿意足地回家,一路上還在議論著。祥林嫂的悲慘遭遇成了人們娛樂的一個材料,大家從中獲得一種快感,轉移了自己的痛苦——既然還有人比我的處境更悲慘,我為何不高高興興的活下去呢?從別人的災難中尋找活下去的勇氣,這正顯示出中國人的殘酷性。更可怕的是,在講述的過程中,祥林嫂本人也逐漸發生了變化,從一開始真心實意地表達自己的痛苦、尋求眾人的安慰,到後來將這人生

中至深至大的苦痛，也演化成一種不自覺的「表演」。而且，在言說者與傾聽者之間，建立起了某種「心照不宣」的默契。這就是中國文化無堅不摧的腐蝕能力，這就是中國人生存能力超凡的秘密。

晚清名伶德君如，是道光時期當過大學士的穆彰阿之孫。他不顧顯貴的出身，「下海」而為藝人。家人強迫他承襲爵位，他斷然拒絕。叔父薩廉罵他自甘下賤，玷辱門風，將他逐出宗族，註銷族名。即便如此，德君如也絕不回頭。有朋友勸他歸家繼承爵位，他卻回答說：「我在舞台上一身而兼帝王將相，威重一時，為何要回家？」友人說：「這戲中的帝王將相可是假的。」他反駁說：「天下事還有什麼是真的？」這是一種徹頭徹尾的大絕望。

在一個舉世皆騙子的世界上，德君如認為：既然我無法揭穿每一個謊言，那麼我乾脆就去做那個明目張膽地宣稱「我就是騙子」的演員。這種絕望正如魯迅所說的，是鐵屋子中的人醒來之後發現無法打破鐵屋子的絕望——魯迅就曾經激憤地說過：「我要騙人！」更何況有過像賈寶玉那樣的生活經歷的德君如呢？與當年「鼓盆而歌」的莊子一樣，德君如選擇了「假作真時真亦架」的舞台生涯作為他最後的救贖。然而，這種救贖不僅無法消除個體生命的苦痛，反倒加劇了社會的整體性崩潰。它就像是一劑麻醉藥，根本無法化解生命的苦痛，等藥效過去之後，所感知到的依然是那刺骨的疼痛。

中國人經常以聰明和勤奮自居。中國人固然很聰明，但這種聰明僅僅是將「屢戰屢敗」篡改為「屢敗屢戰」的聰明；中國人固然很勤勞，但這種勤勞僅僅是苦練表演的招式、讓面具內化為面部肌肉的勤勞。在這個古老國度裡，從未有過真正的悲劇精神，遭遇到再大的慘劇，中國人也會巧妙地做一個鬼臉來將消解掉。中國人生活在互相欺騙、互相捉弄的「優伶王國」之中，從來沒有嘗試過一種真實、誠懇、認真的生活。中國的歷史打上了「優伶史」的深刻烙印，中國的文化染上了「優伶文化」的致命毒素。在這個與現實生活重合的舞台上，無論皇帝還是弄臣，無論官僚還是黎民，都兼有「騙人者」和「被騙者」的兩重身份。在此意義上，中國最優秀的演員，不是梅蘭芳與張國榮，而是周恩來與溫家寶。

宮廷和皇帝的「優伶化」

中國是一個戲劇高度發達的國家。王國維考證說：「歌舞之興，其始於古之巫乎？……是古代之巫，實以歌舞為職，以樂神人者也。」(《宋元戲曲考》）也就是說，戲劇是從原始崇拜儀式中誕生的，「優」是從「巫」演化而來的。在上古時代，關於「優」，有「倡優」、「優伶」、「伶倡」、「俳優」、「優孟」等等種種表述。如《左傳·襄公廿八年》記載：「且觀優至於魚裡。」杜預注曰：「優為俳優。」《列女傳》記載，暴君夏桀收「倡優、侏儒、狎徒能為奇偉之戲者，聚於旁，造爛漫之樂。」

中國的歷史記載中，第一個具備生動的人物形象的優伶，是楚莊王時代的一名優孟。王國維說：「古代之優，本以樂為職。……《史記》稱優孟，亦云楚之樂人。」(《宋元戲曲考》）這個無名之「優孟」，與楚莊王之間有過一段有趣的對話。

當時，一代霸主楚莊王性情暴戾，很少有大臣敢於在他面前表達不同意見。

有一次，楚莊王的一匹愛馬病死了，他要以大夫之禮厚葬之。他知道大臣們不會同意，便宣佈說：「有敢以馬諫者，殺無赦！」

眾大臣噤若寒蟬。這時，這名身高八尺、相貌堂堂的優孟走進宮門，仰天大哭，如喪考妣。楚莊王驚問其故，他回答說：「我聽說大王的愛馬死了，心裡很傷心。又聽說大王準備以大夫的禮節來埋葬它，覺得實在是太簡易了，我們應當用國王的禮節來給它辦喪事啊！」

楚莊王沒有想到這名優孟如此支持厚葬愛馬之舉，而且想到了自己的心坎上。遂心花怒放、饒有興趣地追問道：「你認為這場葬禮該怎麼辦呢？」

這名優孟建議說：「我們要用雕花玉石和名貴木材來做棺材，要讓各國使者參與祭祀活動，要蓋一個大廟來紀念，還要挑選一個萬戶的大縣來供奉香火。我相信，各國聽說此事之後，肯定會讚揚大王愛馬勝過愛人的行動！」

聽到這裡，楚莊王這才瞠目結舌，猛然驚醒。最後，他放棄了原先的想法。

從這個故事裡可以看出，漢民族是一個過於早熟的民族。這名優孟的遊說智慧，即為此種早熟之體現。在優孟與楚莊王的對話中，蘊含了

多少語言學、修辭學、心理學、邏輯學的知識啊！這種早熟的智慧，哪個民族比得上呢？這難道不是又一個能讓中國人感到自豪的「世界之最」嗎？這個故事也從反面說明：從先秦開始，中國就進入了嚴酷的專制主義時代。帝王擁有對所有民眾生殺予奪的絕對權力，民眾卻喪失了最基本的言論自由。在統治者與被統治者之間，沒有可以互相溝通信息和意願的渠道。值此「非常時刻」，便只好讓那些本來只承擔宮廷娛樂活動的滑稽藝人來充當半個「諫官」的角色。但優伶也只能在國王面前說「反話」而不能說「正話」，國王只願意偶爾聽聽「反話」而從來不聽「正話」。

所謂「反話」，也就是一種調侃的、滑稽的語言。《左傳》載：「宋華弱與樂轡少相狎，長相優。」杜註：「優，調戲也。」所以，王國維說：「故優人之言，無不以調戲為主。優施鳥烏之歌，優伶愛馬之對，皆以微詞托意，甚有謔而為虐者。」當交流不得不以一種扭曲的方式展開的時候，「正話反說」是一種多麼可憐、多麼卑賤的「聰明」啊！

隨著宮廷文化逐漸成熟，人們用「優伶」來指稱宮廷裡為帝王提供日常娛樂服務的特殊階層。「優伶」這一「服務業者」所服務的對象，也由神祇轉化為君王，如王國維所言：「漢之俳優，亦用以樂人，而非以樂神。」馮沅君也認為，隨著社會的演進，「倡優繼承巫者娛神的部分而變為娛人」。宮廷中專門設置了優伶之「編制」，且人數日漸膨脹，如漢代之「樂府」，唐代之「梨園」及「教坊」，清代之「南府」及「昇平署」。以清代之「南府」而論，譚帆之《優伶史》指出，該機構分為「內學」與「外學」，「內學」即原來的習藝太監和藝人子弟，「外學」則是蘇州籍藝人，住在景山。南府規模龐大，在千人以上，有專管後台事務的「錢糧處」，專管內廷行奏樂之事的「中和樂」，以及被稱為「十番學」的專門樂隊等。

上有所好，下必效之。每個皇帝都需要優伶來排解深宮中的寂寞與恐懼，優伶階層便成為冷酷森嚴的宮廷中「潤滑劑」。隨著西漢君主專制的建立和牢固，優伶在宮廷中越發「長袖善舞」。在《史記·滑稽列傳》中可以發現許多有趣的場景，昭示出帝王與優伶之間微妙的關係，正如學者閔定慶所指出的那樣：「俳優日夜近侍在帝王身旁，諧官渾臣調笑戲弄，悅愉天顏。帝王對俳優的寵幸，是基於一種感官娛樂的偏嗜。寵幸成了人格的桎梏，導致了更深的心理焦慮，政治信仰、宗教崇拜也因之失去了應有的神性。於是，介入帝王生活的俳優對於政治的覬覦全賴於

社會良心和政治直覺的導引。」(《俳優人格》) 一般而言，在優伶身上並不存在「良心」，良心都被生存的壓力粉碎了。為了生存而放棄良心，是優伶們普遍的選擇。「理直氣壯」地說謊、「毫不臉紅」地獻媚，是優伶們普遍的作為。「良知」從來都是靠不住的，少數良知猶存的優伶利用其特殊的身份和處境，對匡正敗壞之政治發揮一丁點作用；而更大多數天良喪盡的優伶者，則紙醉金迷地與宮廷一同腐化墮落。

在《漢書·東方朔傳》中記載了這樣一段漢武帝與東方朔之間有趣的對話：

上以朔口諧辭給，好作問之。嘗問朔曰：「先生視朕如何主也？」朔對曰：「自唐、虞之隆，成、康之際，未足以喻當世。臣伏觀陛下功德陳五帝之上，在三王之右。非若如此而已，誠得天下賢士，公卿在位鹹得其人矣。譬若以周、邵為丞相，孔丘為御史大夫，太公為將軍……」上乃大笑。

可見，讓皇上「大笑」是優伶的最高目標。在「朕即天下」的帝國之內，皇帝的權力是無限的。隨著皇權的膨脹，外廷的監察機構形同虛設，優伶的話語空間也日漸蹇逼。他們只有越來越「丑」、越來越「卑」，才能博得皇帝之一「笑」。皇帝笑了，也就意味著自己安全了。當然，也有少數優伶在一百句假話中夾雜一兩句真話——即便出現此種情況，也沒有必要為優伶之「忠心耿耿」而感動，正如閔定慶所說：「政治制度之於俳優以娛樂為務的本質特徵的規定，實際上捨棄了這個藝術群落的社會責任，一旦出現俳優諷諫乃至『台官不如伶官』的現象，只能說明政治流弊已到了岌岌可危的地步。」(《俳優人格》) 因此，優伶在某種程度上的「表達自由」，並不能掩蓋「萬馬齊喑」的事實；優伶某一時刻靈光乍現的「勇敢」，並不能改變專制制度下民眾全面奴化的趨勢。

在中國的歷代帝王及統治者中，許多人都酷愛戲劇、寵幸優伶，最為突出的有漢武帝、唐明皇、後唐莊宗、宋徽宗、明武宗、乾隆、慈禧等人。唐明皇被後世視為梨園始祖，他那首美妙的霓裳舞曲，如果不是被安祿山叛軍的號角打斷，不知還將被楊貴妃演繹多久。從「漁陽鼙鼓動地來，驚破霓裳羽衣曲」，到「君王掩面救不得，回看血淚相和流」，卻在眨眼之間。而後唐莊宗甚至比唐玄宗還要淒慘，他因寵幸優伶而國亡身死，歐陽修在《五代伶官傳序》中有一段冷峻的評說：「憂勞可以興國，

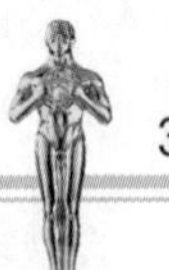

逸豫可以忘身，自然之理也。故方其盛也，舉天下之豪傑，莫能與之爭；及其衰也，數十伶人困之，而身死國滅，為天笑。夫禍患常積於忽微，而智勇多困於所溺，豈獨伶人也哉！」

然而，君王不能將亡國之罪歸咎於伶人，正如不能歸咎於紅顏一樣。不是伶人敗壞了宮廷，而是宮廷催生了伶人文化並將其推廣到帝國的每一個角落。中國人最喜歡為君王開脫罪行，而優伶不幸地就成了替罪羊。《管子·四稱》記載：「昔者，無道之君進其諛優，繁其鍾娛，流於博塞，戲其工瞽，誅其良臣，敖其婦女，馳騁無度，戲謔笑語」，「國適有患，則優倡、侏儒起而議國事矣，是驅國而損之也。」《國語·齊語》亦記載：「優笑在前，賢才在後，是以國不日引，不日長。」這是都是「只反優伶不反皇帝」的迂腐之論。

而皇帝一旦沉淪，真個是「龍陷淺灘遭蝦戲」，其生存能力還不如一名受眾人鄙視的優伶。近人張江裁在《燕都名伶傳》記載：

劉桿三既以藝著，昇平署總管招為供奉。一日，慈禧後命演《十八扯》，飾皇帝。臨入座，忽弔場曰：「汝看，吾為假皇帝，尚能坐，彼真皇帝日日侍立，又何曾得坐耶？」緣慈禧與德宗結怨，待德宗極苛，每觀劇，慈禧後坐堂中，而令德宗侍立於側，視同僕妾，故趕三為之鳴不平也。慈禧為掩眾口，自是賜德宗坐焉。

可憐的光緒皇帝，居然要靠一名伶孟的笑話才能得到慈禧賞賜的座位。從反面可以看出，當時慈禧的飛揚跋扈到了怎樣的地步，而慈禧周圍的奴才的恐懼戰兢又到了怎樣的程度。當「不正常」的情形成為「正常」的時候，一個王朝的衰亡就露出了徵兆。優伶雖然不是決定王朝興衰的關鍵因素，但人們從優伶與王朝的關係之上，亦可判定王朝的成敗大勢，可謂「一粒沙裡見世界」也。

朝廷和官場的「優伶化」

優伶及其形成的文化，並沒有被禁錮於宮廷之中，它是一種處於「運動」狀態的、不斷擴展的文化取向和人格模式。當優伶從內廷走向朝堂的時候，「優伶人格」首先便滲透到朝廷和官場之中。

在中國，從來都是這樣一個「潛規則」——說謊者、騙子無賴們，永遠活得比「醒了之後卻無路可走」的先知更加快樂。道光朝，大臣曹振

鏞擔任首輔。曹氏一身歷任要津，以恭謹為宗旨，厭惡後生躁妄之風。門生後輩有擔任御史監察之類職務的，前去拜見老師時，他便告誡說：「毋多言，豪意興。」曹氏晚年恩禮益隆，身名俱泰。有一個門生向他請教箇中原因，曹氏概括說：「沒有別的原因，多磕頭，少開口罷了。」況周頤在《眉廬叢話》中感歎說：「道光、咸豐之後，仕途波靡，風骨消沉，濫觴於此。」位極人臣的曹振鏞順應了中國傳統政治文化中「做戲」的原則，所以官才能做得大，位子才能保得久。既能獲得皇帝之信任，又能獲得同僚之尊重。「多磕頭、少開口」，堪稱官場的「六字箴言」。誰能將這「六字箴言」運用到「厚黑無形」（李宗吾《厚黑學》）之地步，誰就能飛黃騰達、青雲直上。在金碧輝煌的朝廷和道貌岸然的官場，那些三跪九叩的大臣和奴才，早已不再是活生生的「人」了，而是帶著面具的、如同行屍走肉般的優伶。

晚清政局之敗壞，無論在優伶之戲場還是官僚之官場上，都可以看得一清二楚。晚清著名的維新人士、《時務報》主辦者汪康年，在《汪穰卿筆記》中感歎說：「二十年前，余至京，謂人曰，京師之事，可二言蔽之，曰：『遊戲做官，認真做戲。』不料逾二十年，尚如是，甚至做戲者又做官，做官者又做戲也。」汪氏獨具只眼，敏銳地發現了官場「做官」與「做戲」之間奇妙的共同性。他還講述了一個頗值得玩味的小故事：

嘗見法國畫報上一紅頂花翎之大員，高坐堂皇，手攜鬼臉二具；下有小官朝服跪拜，兩手高拱，獻元寶兩錠。報下書：「小官云：『請大人賞臉。』大官云：『好極。適才日本公使送我二具，那個標緻的，我欲與姨太太借光；這個惡猙獰可怕的，即賞與爾，爾出去辦事，尤體面得很。』」嗟夫！官場傀儡，當局者暮夜苞直，以見鬼蜮伎倆傳為衣缽，而與國之旁觀者早已窺見肺肝，宜乎甲午一敗而庚子再敗也。

對於這個故事中官員賞賜給下屬的「日本鬼臉」的來歷，汪康年有一番考證：「鬼臉之制，日本為最。東京某日町業此者比鄰而居，約數十百家，睜目張牙，鬼頭鬼腦，種種幻想，五色爛斑，莫可窮詰。」其實，汪氏不是要寫日本鬼臉，而是要寫中國人的精神狀態；他要諷刺和批判的，並非此種「看得見」的「鬼臉」，而是中國文化中源遠流長的「鬼蜮伎倆」和「優伶傳統」。在那山崩地裂的前夕，汪康年已然認識到，中國在甲午戰爭中慘敗於日本，並非軍艦數量少、士兵戰鬥力弱、軍官指

揮不力等外部原因，其根源乃是「官場傀儡」和「鬼蜮伎倆」，也就是根深蒂固的「瞞與騙」（魯迅語）的文化特性與政治痼疾。

黃濬《花隨人聖庵摭憶》之《做官與演戲》條記載：乾隆朝之江西巡撫國泰，與藩司於某，同演《長生殿》，國飾玉環，於飾明皇。於想到自己是下屬的身份，不敢盡情發揮。國泰便鄭重地責備他說：「在官言官，在戲如戲。苟非應有盡有，則戲之精神不出。」其實，官場亦如戲場，如果沒有唱戲的功夫與精神，官也做不好。況周頤《眉廬叢話》之《戲提調》一則記載：光緒朝，江西巡撫德馨酷嗜聲劇，優伶負盛名者，雖遠道必羅致之。新建縣令汪以誠專門負責安排衙門裡的演出事務，即民間所說的「戲提調」。江西人寫了一幅對聯諷刺說：「以酒為緣，以色為緣，十二時買笑追歡，永夕永朝酣大夢；誠心看戲，誠意聽戲，四九旦登場奪錦，雙麟雙鳳共銷魂。」橫批曰：「汪洋慾海」。聯中之「四九旦」、「雙麟雙鳳」皆是當時名角的名字。此聯還巧妙地將汪以誠的名字鑲嵌其中。汪以誠僅僅是官場中的一個小小「戲提調」，他的上級以及上級的上級，也在操勞著類似的「國家大事」。巡撫有巡撫的舞台，總督有總督的舞台。由此推之，皇帝不也是一個「總戲提調」嗎？

從晚清到民國，政壇上出現了一種奇怪的現象：無論是太后、皇帝、親王、督撫，還是總統、總理、部長、督軍，都瘋狂地熱愛包括京劇在內的各種戲劇，並且與諸多名角保持密切而曖昧的私人關係。說他們「附庸風雅」或者「熱愛國學」，並不足以解釋此種現象。我認為，深層的原因在於：那些官僚們發現，優伶是一群跟他們本人最相似的人，「婊子無情，戲子無義」，優伶從來不把他們歌詠的那些忠誠義士的故事當真，而官僚們自詡的「治國、安邦、平天下」的事業又何嘗不是在演戲呢？在這個意義上，一出出戲曲為官僚們提供了一種潛移默化的「政治啟蒙」，他們無須讀書，僅僅通過看戲便可以「聰明絕頂」了。

晚清軍機大臣剛毅，是一個連字也認識不了幾個的滿人，卻深受慈禧的寵愛。剛毅輩瘋狂排外，是釀成義和團大亂的罪魁禍首。黃濬《花隨人聖庵摭憶》紀載，剛毅奉命到江南搜刮財產回來，慈禧令他密保將才，剛毅奏曰：「江南武員唯有楊金龍，可稱古之名將。」後問：「能比何人？」剛答：「可比古人黃天霸。」後為莞然，反稱剛率直不欺。後來，楊金龍升任江蘇提督，朝廷對萬國宣戰的詔書發佈之後，他命令駐紮在吳淞的水

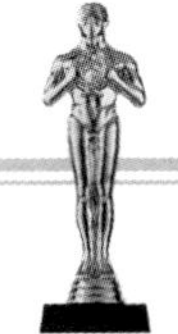

師攻擊列國兵艦、商船，險些破壞「東南互保」，讓南方亦生靈塗炭。剛毅將楊金龍比作黃天霸，顯然是從戲曲中得到的知識，而慈禧太后也喜歡戲曲而少讀詩書，兩人的知識結構和思維方式都是從戲曲中來的，故而能夠迅速「對接」。可見，中國的軍國大政亦由戲曲故事在背後主導之。

天懺生之《復辟之黑幕》記載了張勳復辟期間的若干鬧劇般的細節。張勳最喜戲劇，在徐州的時候，每逢宴客，當酒酣耳熱之際，興致勃發，常常在紅地毯上，親自扮演《空城計》、《四郎探母》、《碰碑》、《逼宮》諸戲，自命為小叫天第二。這樣時間長了成了習慣，凡語言動作，皆含有戲劇化之意味。此次入京謁見偽帝宣統，其跪拜奏對，一如劇家之態度，無毫髮差異。溥儀賜勳旁坐。勳即操戲白對曰：「萬歲在上安有老臣座位。」而張勳身邊的秘書侍衛皆是如此。當張勳入宮逼迫小皇帝登基，而瑾太妃等人反對，正在相持的時候，張勳的心腹參謀萬繩栻趨前相勸，出口成章，編成七字韻語，似說似唱曰：「我勸太妃休吃驚，細聽微臣說分明。臣等今天請復辟，上承天命下歸心。張康二臣非小可，他是文武兩聖人。文武兩聖來護駕，天下指日可太平。」相傳萬氏系優伶出身，所以能夠在匆促之間，脫口而自然成文也。張勳酷愛戲曲，使用一個優伶出身人當參謀長，也在情理之中。

張勳復辟之後，規劃未來的政局，忙得不可開交，卻忘不了「優伶承值」的方案。他對瑾太妃說：如今聖清日月重光，事事當恪遵祖訓，即如宮中演劇，來謳歌聖德，雅頌承平之盛舉，老臣愚見，此後當更擴充而長大之。瑾妃問他說，有什麼具體的擴充辦法？張勳回答說，擬定坤角入值，男伶班頭，以梅蘭芳充之；女伶班頭，則請以愛妾王克琴入選，而使劉喜奎為副。如此搞笑的復辟，哪有失敗的道理呢？張勳全部的知識和經驗，都來自於戲劇和演義小說，「自古文武今時見，歷代君王自此知」，影響他的並不是四書五經、孔孟之道的「大傳統」，而是「一部西遊全憑大聖翻觔斗，半場三國多賴孔明用計謀」的「小傳統」。張勳如是，十有八九的中國人亦如是。所以，中國的官場與戲場一直是平行發展的。

近代以來，中國之政治，體制有變異，架構有調整，但其內在的「優伶精神」卻一脈相承。由大清而北洋，由國民黨而共產黨，掛的羊頭變了，賣的狗肉卻沒有變。從晚清以李寶嘉之《官場現形記》和吳趼人之《二十年目睹之怪現狀》為代表的「譴責小說」中，從今天以李佩甫之《羊

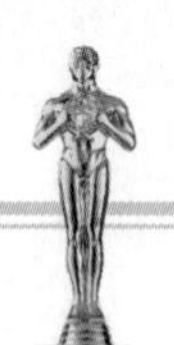

的門》和王躍文之《國畫》為代表的「官場小說」中，讀者看到的一個幾乎「同質」的官場，一個高度「優伶化」的官場。在中國官僚的人格構成和文化資源中，「優伶」與「儒家」和「法家」三足鼎立，更加隱蔽，卻如影隨形。從呂不韋到諸葛亮，從魏征到司馬光，從張居正到曾國藩，這些能文能武、出將入相的人物，幾乎都是身兼三者而有之。

儒林和文苑的「優伶化」

當官場「優伶化」之後，士大夫即「儒林」也迅速「優伶化」，《儒林傳》、《文苑傳》與《伶官傳》可以參照閱讀。官員本身就是士大夫當中「脫穎而出」的一部分精英，官員的人格形態必將啟示和引導那些即將走上仕途的讀書人。

中國的「士人傳統」與「優伶傳統」一開始就同源同質、糾纏不清。儒家的老祖宗孔子曾經敗在優伶的手下。孔子本來將在祖國魯國有一番大作為，鄰國齊國害怕了，遂設計了一出離間計，而優伶正是這出離間計的主角。《史記·孔子世家》記載說：「定公十四年，孔子年五十六，由大司寇行攝相事。……齊人聞而懼，曰：『孔子為政必霸，霸則吾地近焉，我之為先並矣。盍致地焉？』黎鉏曰：『請先嘗沮之；沮之而不可則致地，庸遲乎！』於是選齊國中女子好者八十人，皆衣文衣而舞《康樂》，文馬三十駟，遺魯君。陳女樂文馬於魯城南高門外。季桓子微服往觀再三，將受，乃語魯君為周道游，往觀終日，怠於政事。」看到此種「邦無道」的情形，孔子不得不背井離鄉，並歌曰：「彼婦之口，可以出走；彼婦之謁，可以死敗。蓋優哉游哉，維以卒歲！」

幸運的是，孔子也找到了一個機會贏得了一局。據《谷梁傳》記載：「頰谷之會，齊人使優施舞於魯君之幕下。孔子曰：『笑君者罪當死。』使司馬行法焉。」王國維考證說：「古之優人，其始皆以侏儒為之，《樂記》稱優侏儒。頰谷之會，孔子所誅者，《谷梁傳》謂之優，而《孔子家語》、何休《公羊解詁》，均謂之侏儒。」由此可見，孔子斬殺起優伶來，是毫不留情的。因為這是意識形態之爭，亦是權力之爭，是你死我活的鬥爭。

然而，極具反諷意味的是，在孔老夫子人格構成中，亦投射下了揮之不去的優伶的陰影。當孔子像喪家之犬一樣在列國之間周遊的時候，其人生目標不就是成為「帝王師」嗎？而他夢寐以求的「帝王師」的角色，在他生前沒有實現，在身後卻實現了——他成了被帝王利用的一個道具。在北京國子監的大成殿裡，有康熙親自題寫的「萬世師表」的匾額。然而，在帝王的眼裡，「老師」跟優伶並沒有根本的差別。孔子孜孜以求的身份，居然是他最為不齒的優伶的身份。這種讓人哭笑不得的尷尬，兩千多年來一直就是孔子的徒子徒孫們的尷尬。

如果說中國文化是一棵「根深葉茂」的大樹，那麼專制制度就是它那深深的樹根，而優伶人格就是這棵樹上結出的一顆苦澀的果子。中國沒有一個代代相傳的貴族階層，其官僚不是通過世襲而產生；中國沒有一個生機勃勃的市民社會，其官員也非通過選舉產生。於是，中國便誕生了一個龐大而完備的科舉制度，它導致歷代文人的讀書寫作，目的都是將自己「賣」給「帝王家」。在這個「家天下」的險惡環境下，士人階層如同帝王家中的奴僕，並無任何獨立性可言。士人的榮華富貴全都依賴於帝王的賜予，哪能不以帝王之是非為自己之是非、以帝王之好惡為自己之好惡呢？

正是在這個意義上，文人是優伶的同類和兄弟，文人一點也不比優伶高貴。優伶沒有獨立人格的原因是沒有成熟的市民社會為他們提供經濟獨立的機會，他們只能寄生於宮廷和官場，「一主一奴，涇渭分明。帝王的感情世界和行為方式遠非俳優所能支配或左右，帝王的喜怒哀愁絲毫無需顧及俳優的顏面，而俳優也難以觸摸帝王的思想脈絡，他們不過是侍立、供奉低窪管理眼前的匹夫、小人、奴才、賤伎，茫然無助地飄浮在寵幸與懲罰的邊緣」。（閔定慶《俳優人格》）而伴君如伴虎，優伶既沒有人身自由，也缺乏安全保障，只能唱一天戲算一天了，「俳優的命運操縱在他者的手中。俳優慘遭帝王懲罰的案例不可勝數，杖責、鞭撻、鯨字、放逐、鑿齒、捺頭水底，甚至射殺、腰斬、烹煮，歷史的陣陣涼意撲面而來，令人毛骨悚然。」（閔定慶《俳優人格》）而士大夫的處境又能好多少呢？無論是與意識形態有關的「儒林」，還是專司文學藝術的「文苑」，專制帝王都是「倡優蓄之」罷了。從秦始皇的「焚書坑儒」到當代的「反右」和「文革」，中國文人的悲慘遭遇與優伶極其相似。他們是無根之萍，只能如履薄冰，並屈尊向優伶學習「生存之道」。

所謂的「生存之道」，也就是如何讓自己處於「麻痺」的狀態。漢武帝一朝是文人集團與優伶集團產生最大交集的時代。比如，東方朔這

樣的「滑稽」人物，既是著名的文士，又是典型的優伶。東方朔在臨終時給兒子留下遺言說：「明者處世，莫尚於中；悠哉游哉，於道相從。首陽為拙，柳惠為工。飽食安步，以仕代農。依隱玩世，詭時不逢。才盡身危，好名得華。有累群生，孤貴失和。遺余不匱，自盡無多。聖人之道，一龍一蛇。形現神藏，與物變化。隨時之宜，無有常家。」這是一種赤裸裸的自我糟蹋式的「縮頭烏龜」理論：我都不把自己當人看了，對奴才皇上您總要手下留情吧？

像東方朔這樣的人物，在武帝一朝數不勝數，魯迅在《漢文學史綱要》中指出：「文學之士中漢武帝左右者甚重，先有嚴助……又有吾丘壽王、司馬相如、主父偃、徐樂、嚴安、東方朔、枚皋、膠倉、終軍、嚴蔥奇等，而東方朔、枚皋、吾丘壽王、司馬相如尤見親幸。相如文最高，然常稱疾避事，朔、皋持論不根，見遇如同俳優。」豈止漢武一朝，此後歷朝歷代直至今日，「東方朔」從來沒有離開過政治舞台的中心位置。再偉大的帝王，如果身邊沒有一個「東方朔」陪襯，未免會遜色許多吧。如今，東方朔又在電視屏幕上瘋瘋癲癲、蹦蹦跳跳了。中國人滿足於總結和繼承此類了不起的生存智慧──作家王蒙便津津樂道於種種曲學阿世之「人生哲學」。那麼，今天的中國究竟離東方朔的那個時代有多遠呢？某些「國際化」的大都市裡，有不少精英人士「先富起來」了，他們住洋房、開洋車，但他們仍然是「假洋鬼子」，血管裡流的還是東方朔的血液。

皇帝本人從來沒有將士人看得高於優伶，張載所謂「為天地立心，為生民立命，為往聖繼絕學，為萬世開太平」只是他個人一廂情願的妄想罷了。《清代外史》記載，乾隆皇帝「挾其威權，叱辱群臣如奴隸」，「故六十年間，能不受侮辱者唯劉統勳一人耳。嘗叱協辦大學士紀昀曰：『朕以汝文學尚優，故使領四庫書，實不過倡優蓄之，汝何敢妄談國事？』夫協辦大學士，位亦尊矣，而曰倡優蓄之，則其視群臣如草芥，摧殘士氣何如者！尹會一視學江蘇，還奏云：『陛下幾次南巡，民間疾苦，怨聲載道。』弘歷厲聲詰之曰：『汝謂民間疾苦，試指明何人疾苦；怨聲載道，試指明何人怨言？』夫此何事也，豈能指出何人乎？尹會一於此惟有自伏妄奏，免冠叩首，不久乃謫戍遠邊。」中國的士大夫從來就沒有實現「達則兼濟天下，窮則獨善其身」的理想。亂世之中，當然是求為太平犬而不

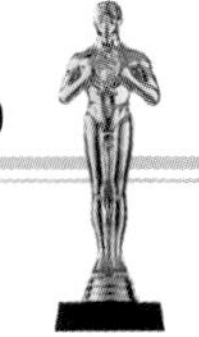

得；盛世卻只是皇上的盛世，而非士子的盛世。如果遇到強勢的皇帝和輝煌的盛世，則只需要「幫閒」而不需要「幫忙」，士大夫必須謹守「幫閒」之界限，而不能有「幫忙」的「非分之想」。對此，魯迅一針見血地指出：「中國的開國雄主，是把『幫忙』和『幫閒』分開的，前者參與國家大事，作為重臣。後者卻不過叫他獻詩作賦，『俳優蓄之』，只在弄臣之列。」（《且介亭雜文二集·從幫忙到扯淡》）可惜紀曉嵐、尹會一之流，聰明一世糊塗一世，錯把「幫閒」作「幫忙」，馬屁拍到馬腿上，便只能招來主子的痛罵和訓斥，真是自作自受。

所以，優伶不是誰想當就能當的，當優伶需要莎士比亞所說的「生活的智慧」以及「審時度勢」的本領。無論在宮廷還是在官場，誰最後能生存下來，關鍵就看誰最能忍受侮辱、誰最能放棄尊嚴。司馬遷在《報任安書》中寫道：「僕之先人非有剖符丹書之功，文史星曆近乎卜祝之間，固主上所戲弄，倡優蓄之，流俗所輕也。」士大夫總是喜歡美化自身的處境、提高自身之地位。其實，無論是飄飄欲仙的李白，還是「奉旨填詞」的柳三變；無論是號稱要「資治通鑒」的司馬光，還是縱情於酒色之中的韓熙載；無論是牢騷滿腹要斷腸的柳亞子，還是被周恩來稱作「文化班頭」的郭沫若……古往今來，中國的文人儒生們，從來都沒有超越過與優伶同等的卑賤地位——那些象徵性的「尊貴」並不能改變此一恥辱的事實。一生享盡榮華富貴的紀曉嵐，寫過一副戲台長聯：

> 堯舜生、湯武淨；五霸七雄丑末耳，伊尹太公便算一隻耍手，其餘拜將封侯，不過搖旗吶喊稱奴婢。
>
> 四書白、六經引；諸子百家雜說也，杜甫李白會唱幾句亂彈，此外咬文嚼字，大都沿街乞食鬧蓮花。

「不過搖旗吶喊稱奴婢」、「沿街乞食鬧蓮花」不正是紀曉嵐自己顧影自憐的寫照嗎？

民間和江湖的「優伶化」

優伶人格「擴大化」的第三個層面，是從儒林和文苑走向了民間與江湖。

中古以前，優伶為宮廷和官府所壟斷，由於城市文化尚未興起，市民社會未形成娛樂習慣，也缺乏足夠的消費能力。所以，在一般的情況

下，優伶都是皇家或官家「包養」起來的，是有「單位」的人，是拿公家「鐵飯碗」的人。除非出現巨大的社會動盪和戰亂，他們一般不會輕易「下海」。安史之亂後，唐王朝的中央政府一蹶不振，原有之梨園與教坊亦無法復原到開元天寶的全盛狀況。故而，大量的優伶流落民間，唐詩中有許多關於梨園子弟人生跌宕、歲月蹉跎的詠歎，如杜甫之《江南逢李龜年》:「歧王宅裡尋常見，崔九堂前幾度聞。正是江南好風景，落花時節又逢君。」又如王建之《溫泉行宮》:「梨園子弟偷曲譜，頭白人間教歌舞」。詩人既是在為優伶哀，也是在為自己哀，沒有主人的士大夫，與沒有主人的優伶一樣可憐。

中唐以後，脫離宮廷和官府的職業性的優伶團體逐漸開始出現。中唐時期的周季南、周季崇及妻子劉采春以家庭組成的戲班，是中國歷史上有記載的最早的民間職業優伶團體。（譚帆《優伶史》）。宋代的優伶班子稱為「社會」，光南宋首都臨安一地，便有「清音社」、「遏雲社」、「鮑老社」等幾十個「社會」，最多的有三百多人。明清兩代，民間的優伶團體更是大盛，看戲不僅是達官貴人的享受，也是尋常百姓常有的娛樂方式。於是，這些戲劇中蘊含的人生觀和價值觀，便日復一日、年復一年地滲透到普通民眾的生活之中，進而形成了一種比儒家倫理更加牢固的「集體無意識」和「國民性」。

在更為大眾化的民間文化和民間信仰中，戲曲是最為重要的傳播渠道，尤其是對那些不認識字、沒有閱讀能力、與精英文化隔絕的農民來說，戲曲是他們惟一的獲得歷史知識和道德訓導的渠道。如果說在歐洲，是教堂的生活幫助普通民眾完成了最基本的啟蒙教育、形成了最初的道德倫理觀；那麼在中國，是戲曲和說書打開了人們心靈的第一扇窗口。美國學者韓書瑞和羅友枝指出:「戲曲和說書使得文人和農民同樣有了瞭解有關中國過去歷史知識的機會，並有助於形成共同的價值觀念和理想。」尤其是到了明清以後，「戲曲對文化的整合以及加強一種所有人能共享的中國文化的活力貢獻最大」。（《十八世紀的中國社會》）於是，無論是救苦救難的觀音菩薩還是瘋瘋癲癲的濟公和尚，無論是獨釣寒江雪的姜子牙還是羽扇綸巾的諸葛亮，無論是古靈精怪的孫悟空還是漂洋過海的「八仙」，無論是千里走單騎的關公還是滿門忠義的楊家將，這些亦真亦假的人物及其身上的精神取向，深深地內在化於民眾的日常生活之中。他們的道德判斷，他們的行事規範，他們的語言風格，都建立在這些戲曲故事的基礎之上。

中國的民間和江湖的「優伶化」，最典型的歷史事件就是發生在清末的義和團運動。義和團運動在中共的官方史學中仍然被譽為「反帝反封建的農民革命」。其實，這是一場愚昧對文明的絕望的反撲，它大大地阻礙了中國的近代化歷程。學者周錫瑞指出，義和團運動的起源之一便是農村的社戲，義和團的精神資源許多都與這些千錘百煉、膾炙人口的戲曲故事有關，「在很多方面，是戲台上的人生劇把與義和團其一有最直接關係的各種民間文化因素結合起來。這裡有對保家衛國的謳歌，有武林高手的形象，還有義和拳拳民祈求附體的眾神，這些神為秘密宗教和非秘密宗教共同擁戴。當年輕的義和拳民被神附體後，他們就好像確如舞台上的演員一樣，開始為正義和榮譽而戰。」（《義和團運動的起源》）然而，依靠這些民間戲劇便可以拯救中國嗎？

正是在這些戲曲故事中，保存著一把打開中國人精神世界大門的鑰匙。朝廷上的決策，士大夫的著述，跟中國人真實的精神生活沒有多大的關係。這些堂而皇之的經史子集，在戲曲故事面前都黯然失色。普通老百姓的生活是依靠另外一些「潛規則」或「小傳統」支撐的。美國學者柯文認為：「義和團降神附體活動的文化模式和使用的文化語言，無不帶有中國民間戲劇的印痕。舉行降神附體儀式的拳壇和拳廠一般都選在廟前的空地上，而這個地方正是村民趕集和過節時觀看戲劇表演的地方。義和團常請的神有關帝、孫悟空、張飛、趙雲、豬八戒等，他們都是小說《三國演義》、《西遊記》和《封神演義》中的人物，說書人、木偶戲和鄉間戲劇的素材主要來自這些小說，中國北方地區的民眾都耳熟能詳。」（《歷史三調：作為事件、經歷和神話的義和團》）中國老百姓的倫理道德和世界觀都是由這些戲曲故事浸潤和打造而成的。

於是，農民們對自然災害的怨恨，對貪官污吏的不滿，以及對外來的西方文明的猜忌，融匯成一股如同火山岩漿。這股火山岩漿如何尋找突破口呢？於是，一出前所未有的「大戲」上演了——說義和團運動是一出「大戲」，並非對其有所不敬，而且描述其真實情況。義和團既愚昧無知又狡猾無比：說他們愚昧，是因為許多參與者確實是抱著唱戲、當主角的心態參與其中的，他們要是知道法術不管用，他們才不會去送死呢；說

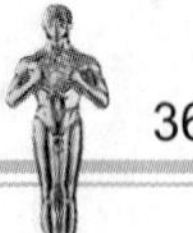

他們狡猾，是因為他們打出了「扶清滅洋」的旗號，這點聰明當然是從戲曲中學來的——「忠於朝廷」、「忠於皇上」是經過時代的淘洗之後保存下來的絕大多數劇目共同的「中心思想」。於是，朝廷中最邪惡的那股勢力遂與之合流，一起向萬國宣戰，最終生靈塗炭、喪權辱國。然而，直到今天，教科書上仍然將其讚美得像一朵鮮花似的。對此，日本學者佐籐公彥分析說：「義和團民眾所體現的，就是傳統中國的人倫價值、宗教文化的秩序、天下的人倫秩序。儘管運動存在著野蠻粗野令人不忍目睹的一面，但卻堪稱彰顯了中國的『民族魂』，因此可以成為愛國主義的永久神話，同時該運動也是漢族民眾文化的陳列館。」(《義和團的起源及其運動》) 在「大國崛起」的虛火之中，義和團的時代並沒有過去，優伶的時代也還沒有過去。

從晚唐杜牧的「商女不知亡國恨，隔江猶唱後庭花」到晚清狄葆賢的「國自興亡誰管得，滿城爭說叫天兒」，我們的夢還沒有醒。在近年來流行的各種古裝電視連續劇中，無論是號稱世界上最長的電視連續劇的《康熙微服私訪紀》，還是一度讓青少年如醉如癡的《還珠格格》，以及《鐵齒銅牙紀曉嵐》、《宰相劉羅鍋》、《快嘴李翠蓮》、《神醫喜來樂》、《楊門女將》等等，其人物設置和情節進展都有驚人的雷同之處。一般都有既對立又互相需要的三方：一方是威而有慈的、充當最高仲裁者的皇帝，一方是智慧幽默的優伶式的官員或皇親國戚（如紀曉嵐、還珠格格、八賢王），還有一方則是陰險狡詐而腐敗貪婪的奸臣（如和珅、潘仁美）。優伶總是能夠盡情地捉弄奸臣，優伶總是能夠得到皇帝的支持，其結局全都是大快人心的「大團圓」。於是，觀眾便享受了一場妥貼的精神按摩。

電視與網絡的普及，使得「優伶中國」迎來了一個「全民作秀」的時代——「我秀故我在」成為這個時代最響亮的宣言。在影視屏幕上是「群丑亂舞」，民間則充斥著各種各樣黃色的政治笑話。從「我就嫖娼，我就吸毒」的小說家王朔到「要狠狠地作秀」的戲劇策劃人張廣天，從「含淚勸說災區父老」的「傳媒學者」余秋雨到「歪講論語」的「學術超女」于丹，從芙蓉姐姐到宋祖德，以及一北一南兩大「怪胎」——「詞壇怪才」張俊以和「影視巨鱷」鄧建國，不論才華之多寡、學歷之高低、地位之尊卑，這些人共同的特點是：作秀之高手，「優伶中的優伶」。在這樣「思想解放」的時刻，就連企業家們也認識到了「作秀是第一生產力」。於是，牟其中宣稱要炸掉珠穆朗瑪峰，張朝陽穿著宇航服走上街頭，楊斌被任命為朝鮮「新義州特區」的「特首」，吳征頂著「克萊登大學」的博士帽四處張揚……真個是：「全民大作秀，全民大發財。」

如果要選擇一個代表今天中國的時代精神的人物，這個人物只能是被「文化大師」余秋雨冊封為「藝術大師」的趙本山。誰能比趙本山更有代表性呢？對於許多中國人來說，沒有春節聯歡晚會便沒有春節，而沒有春節便沒有幸福可言。春晚既然如此重要，趙本山就更重要了，可以說沒有趙本山便沒有春晚——沒有趙本山的春晚，就如同沒有趙子龍的長阪坡，沒有諸葛亮的草船，那還有什麼戲唱呢？當趙本山的節目沒有通過審查的消息傳開後，多少人為之魂牽夢繞啊！十年以來，如果沒有趙本山，過年也沒了味道。趙本山將以「性」為噱頭的東北民間文化「二人轉」提升到央視春晚「主打節目」的高度上，實在是功不可沒，說一個人振興了一種地域文化亦不過譽。他的笑料個個都說到同胞們的心坎上，他知道中國人有多麼卑賤，就像撓癢一樣，只有他才能撓到那個真癢的地方。他清楚地知道：村長可以嘲弄，但縣長不能嘲弄；「超生游擊隊」違反國家政策，而警察叔叔永遠鞠躬盡瘁；美帝國主義是夕陽西下的紙老虎，而中華帝國是冉冉升起的朝陽……誰說趙本山的小品只是逗樂呢？只懂得逗樂的郭德剛就上不了央視、上不了春晚，因為你沒有人家那麼會「講政治」。

不是趙本山引導中國人民的娛樂方向，而是中國人民的審美趣味孕育出趙本山這樣的「天才」。我不知道後人會如何看待以趙本山為表徵的、這個時代「喜聞樂見」的「娛樂形式」，但我知道他是「優伶中國」在「丑角時代」的集大成者。他的「小品」是對中央政策的最為通俗化的闡釋，永遠都是「政治正確」的；被他嘲弄的人物，永遠都是農民、農民工、殘疾人和乞丐等沒有話語權的、社會底層人物——而他本人早已從農民的身份「脫胎換骨」了，他既當過人大代表，也當過政協委員。正如當年的大觀園裡需要瘋言瘋語、打打鬧鬧的劉姥姥，今天的人肉宴席上也需要苦中作樂、雅俗共賞的「趙公公」——大部分中國人都變得沒心沒肺了，所以都能從趙本山對比自己更底層的人的嘲弄中獲得快感和安慰。趙本山並非看上去的那麼憨厚，他比觀眾聰明得多，他知道如何一邊「頌君」、一邊「愚民」。趙本山沒有成為妙語連珠的「東方朔」——他沒有那樣的文化修養；他卻成了大小通吃的「韋小寶」——他有那種來自底層的油滑與卑賤。

趙本山的後繼者還會層出不窮。我們這個時代的文藝只能是「優伶當家」。如果「韋小寶」們依然是這個時代的「幸運兒」，那麼「魯迅」們便無法擺脫被凌辱和被嘲弄的命運。

俄羅斯「聖愚傳統」與中國「優伶傳統」之比較

中國有「優伶傳統」，俄羅斯則有「聖愚傳統」。兩者之間有何異同呢？

關於俄羅斯文化中「聖愚」或「顛僧」的傳統，學者湯普遜有《理解俄國：俄羅斯文化中的聖愚》一書作專門的研究。「聖愚傳統」是在東正教信仰與沙皇絕對專制的政治制度的背景下產生的，它是在「上帝之城」與「世俗之城」之間的巨大張力之下，一群信仰者的生命實踐。所謂的「聖愚」或「顛僧」，類似於舊約聖經中「先知」序列的人物，卻又打上了俄羅斯民族性特有的烙印。「聖愚傳統」可以追溯到十五世紀甚至更早，但直到十八世紀才成為值得注意的對象。蕭斯塔科維奇的回憶錄整理者伏爾科夫指出，這是俄國的一種宗教現象，在其他任何語言中，沒有任何字眼能夠準確地表達這個俄文詞語的意義以及它的歷史和文化的含義。「顛僧能看到和聽到別人一無所知的事物。但他故意用貌似荒唐的方式委婉地向世人說明他的見識。他裝傻，實際上堅持不懈地揭露邪惡與不義。他在公開場合扮演的角色是打破眾人視為天經地義的『道德』準則，藐視習俗。」

這是有關好走極端的民族。湯普遜生動地描述了「聖愚」們古里古怪的外貌：「俄國的聖愚裸體也好，著衣也好，身上都要披掛幾磅重的鐵製物件，有鎖鏈、十字架和其他的金屬物品。有的還佩帶銅環、鐵環，甚至鐵帽盔。」他們的性格誇張而狂放，他們奉行苦修和苦行的生活方式，與正常的世俗生活有一定的隔離，卻又時常針對時局和時尚發出逆耳之言。他們深受民眾的尊崇，這種尊崇讓皇室也不得不忍讓三分。他們摸不著頭腦的預言，農民聽，沙皇也聽。在很長的一段歷史時期，沙皇當局默許了聖愚們的若干「大逆不道」的言行。湯普遜認為：「聖愚平

生所受到的崇敬、懼怕和嘲諷的混合態度對待，被認為是對他們的威權的可以接受的、恰當的反應。」

由於沙皇專制統治之酷烈，連《皇帝的新裝》中的那個孩子的容身之地都沒有，那些熱愛真理的人只能以「聖愚」或「顛僧」的方式存在，真理只能隱蔽於瘋子的包裝之下。於是，「聖愚」不僅是某些教士的生活方式，也逐漸變成了以表述真理為志業的一些俄羅斯知識分子的生存方式。托爾斯泰便是這樣一個聖愚式的人物，他已經擁有了世俗世界所能有的一切——他是文壇泰斗，他是道德楷模，夫復何求？托爾斯泰卻在一個風雪之夜離家出走，最後死在一個小小的車站，多麼不可思議啊！原因其實很簡單，托爾斯泰有一顆激盪衝突的心靈，那顆心抑制不住對真理的渴求。托爾斯泰的女兒後來在回憶錄中這樣寫道：「在阿斯塔波沃車站，父親在彌留之際最後的遺言是：『我熱愛真理！』每一部真正的藝術作品都應當為內心世界所照亮。」

陀思妥耶夫斯基也是一個聖愚式的人物，《罪與罰》的主人公梅什金公爵便是這樣一個「人人不為我，我亦為人人」的「白癡」，但這個白癡卻比其他所有的聰明人更接近上帝原初造人的樣子。耶穌說，你們當回轉到小孩子的樣式。梅什金公爵便是這樣做的，人們卻不能接受他的愛，因為他的存在讓那些習慣與生活在黑暗與邪惡中的人感到被冒犯了。他們疏遠他、辱罵他、毆打他，甚至恨不得置他於死地。陀思妥耶夫斯基在最後一部作品《卡拉馬佐夫兄弟》中，用聖經中的一段作為題詞：「我實實在在地告訴你們：一粒麥子落在地裡如若不死，仍舊是一粒；若是死了，就會結出許多籽粒來。」愛這個不可愛的世界，就是這位聖愚一輩子努力實現的理想。

音樂家蕭斯塔科維奇在回憶錄《見證》中承認自己是「顛僧」群落中的一員。他以「大智若愚」的方式在斯大林瘋狂的殺戮之中生存下來，他的許多朋友都被捲進了那血跡斑斑的絞肉機。他親眼看到在這個國家裡：「虛偽成功了，因為在一個極權主義國家裡，人是無足輕重的，唯一要緊的是要使國家機器無情的運轉。」他要生存下來並繼續批判，怎麼辦呢？回到顛僧傳統之中是惟一的選擇，「蕭斯塔科維奇在他的一生中不時回到這種繼承了對受壓迫人民的關懷的顛僧的角色上來」。正是有了顛僧的面具，他得以用音樂為死難者塑造了一座座「流動的墓碑」。音樂響

起，書本翻開，還有那麼多俄羅斯的靈魂都寄居於「聖愚傳統」之中，果戈裡、左琴科、阿赫瑪托娃、索爾仁尼琴……

與俄羅斯的「聖愚傳統」相比，中國的「優伶傳統」傳統缺乏宗教信仰的背景。沒有信仰，沒有來自於上帝的啟示與托付，沒有以彼岸世界來審視此岸世界的智慧，也就沒有建立在基督信仰上的對人的自由與尊嚴的肯定、對真理至死不渝的堅守以及對「弟兄中最小的那個」的愛、悲憫與同情。沒有信仰，中國人的「優伶人格」便呈現為明哲保身的冷漠與聰明，對世俗功利的狂熱追求，對確定性價值的虛無主義態度，以及拒絕崇高與蔑視弱者的「雙重變奏」。在俄羅斯，每一個聖愚是信心十足的人，因為他們是一群自願選擇追隨基督的人，「為了基督」他們願意承受任何的苦難與挑戰；在中國，每一個優伶都是卑賤到骨子裡的人，因為他們沒有一個可以追隨的遠景，便只能將這種卑賤內在化了——在《儒林外史》中有一名老藝人鮑文卿，有一次他看見另一名藝人戴高帽、身穿寶藍直長袍，腳蹬粉底皂靴，便趕緊斥責說：「兄弟，像這衣服、靴子，不是我們行事的人可以穿得起的，你穿這樣衣裳，叫那讀書人穿甚麼？」這就是魯迅所說的「奴在心在」，已經完全不可救藥了。如果說「聖愚傳統」保存了俄羅斯文化中最偉大的部分的話，那麼「優伶傳統」則複製了中國文化中最卑賤的部分。

「優伶」不是「聖愚」，他們既不「聖」，也不「愚」。魯迅早就看穿了那些以「忠黨愛國」（周星馳《國產零零柒》中醒目的標語）自居的優伶們的真面目。魯迅指出，「二丑藝術」乃是中國人「優伶人格」的巔峰狀態。在紹興的地方戲曲中有一種「二丑」的角色，其特點是「二花臉藝術」。他一方面給主人幫忙，為主人服務，是走狗；另一方面又有點知識文化，對形勢看得比較清楚，常常看到主人也不可靠，時刻注意到主人有一天會垮台，因此也與主人保持距離。莎士比亞的歷史劇《亨利四世》中的福斯塔夫便是這樣一個類似的人物。在舞台上二醜的表現是：既演僕人為主人服務，又常常離開主人，跑到前台對觀眾說，你看這公子多可笑，他準備一旦主子倒台就與主子劃清界限。他是狗，但又不是忠實的狗。因此他的語言有更大的表演性，而這種表演性是雙重表演，既是表演給現在的主子看，對主子表現忠誠，並獲得最大限度的利益，但另一方面，又是表演給現在主人的對立面看的，因為現在主人的對立面將來

可能成為他的新主人。這類「二丑」擠滿了中國的歷史與現實的每一個縫隙。

當我看到川劇中「變臉」的絕招時，發現這是另一種「優伶藝術」的集大成者。諾貝爾文學獎得主卡內提在《群眾與權力》中談到「形象與面具」，他認為在這一個面具後面可能會有另一個面具，沒有什麼阻止演員在一個面具後面再戴上另一個面具。「我們發現很多民族都有雙重面具：揭開一個面具跳躍到另一個面具，而這一個也是面具，是特別的終極狀態。」中國人臉上的面具最多，就像川劇的「變臉」一樣，脫去一層還有一層，無窮盡也。中國人戴著面具生活太久了，明明是在舞台上表演，卻渾然不覺。卡內提揭示說：「面具清楚明瞭的效果就在於它將其背後的一切隱藏起來。面具的完美是基於它的專門存在以及它背後的一切無法辨認。面具本身越是清晰，它背後的一切就越是模糊。沒有人知道面具後面會突然出現什麼。」

在中國浩如煙海的《二十六史》當中，密密麻麻地擠滿了那些利用面具控制別人、而自己也被面具所控制的人。恍惚之間，他們宛如秦陵兵馬俑中那一排排沒有邊際的泥俑。那些如同冰凍的河流般的兵馬俑，確實是中國文化最輝煌的「代表」。鐵屋子是優伶們最為得心應手、最為風光無限的大舞台。先知和聖愚們早已料到，他的吶喊與哀哭會被淹沒在優伶們驚濤駭浪般的「幫腔」之中。從周恩來來溫家寶，優伶當中的影帝真是「江山代有才人出，各領風騷三五年」，而熱愛影帝的人們更是不計其數。

中國人真的生活在現代嗎？不，中國人依舊生活在古代。戴上了面具，抹上了油彩，中國人都是優伶。

中國人擁有了文明嗎？不，中國人依舊陷入在愚昧之中。失去了恥辱感，失去了疼痛感，中國人都是優伶。

二零零三年一月一日至二月十三日初稿
二零零九年二月八日、九日二稿

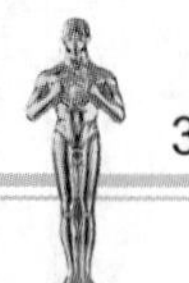

寫給溫家寶總理的福音單張

王怡

溫家寶總理：

我是一個基督徒，家庭教會的傳道人，也是《零八憲章》的簽署人之一。我為《零八憲章》的起草人之一劉曉波先生，被您的政府拘捕，以非法方式秘密羈押至今一事，寫信給你。

四個月來，從國內到國際，有許多我尊敬的知識分子為此事發表聲明，提出抗議。我也認為您和您的政府在這件事上犯的錯，實在配得這樣的抗議。但我寫這封信，不是為著繼續抗議。我一直不太確定作為一個傳道人，要向一個非法關押異見人士、因著內心的怯懦而勇於踐踏人權的政府，如何說我當說的話。

我對這件事本身，充滿憤怒，因為抓捕並秘密囚禁劉曉波，法律上是非法的，道德上也無恥，在一位公義、聖潔、慈愛的上帝面前，則是罪孽深重、無法站立的。但對您和您手下的公務員，我並不怨恨。或許你不相信，我對您也沒有任何道德上的輕視。因為我雖然不曾擔任過您擔任的公共職位，不曾擁有過您擁有的公共權力，但許多時候我在家人、親友面前對未來的恐懼；和您面對您的人民時所懷的恐懼，本質上是一樣的。我在一兩個人的場合，因著內心深刻的罪性，常有剛硬冷酷的舉止；這和您在對您和您的政府提意見的人們面前，常利用和背叛您手中的公共權力，做出剛硬冷酷的決定，其實也是一樣的。

成為基督徒之前，我是一個以批評政府、監督公共權力為志業的知識分子，也曾出現在您的政府的黑名單上，被禁止署名、發表文章、在學校授課，或被跟蹤、受到騷擾、收到恐嚇信等。但有一天，我成了基督徒。意思是說，有一天，我終於開始承認我的道德人品、我對公義的

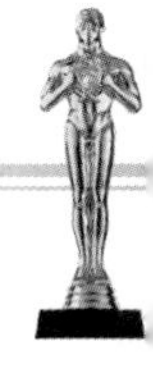

追求，其實並不比溫家寶、胡錦濤更好。我在道德上一點不比我批評的人更高尚。我心裡隱藏的罪性、慾望、驕傲、軟弱和恐懼；我內心對他人的冷漠，對我所愛的人的剛硬；溫總理，請容我這樣說，這一切和您的內心都是一樣的。

因此我並不將您看作劉曉波先生的敵人。據我對劉先生的瞭解，他也不會將您看為他的敵人。儘管作為政府首腦，您的職位決定了您應當對這件事負完全的法律和道義責任。但我和你的真正的敵人，乃是我們內心的罪，是使我們陷在自己肉身的處境、慾望和利益中，無力克服、更無力自拔的那一切。我決定寫這封信給您，是因為當我看到廣場上你站在趙紫陽先生身邊那張照片時，那張臉上曾有過的年輕、忠心、良知和理想，以及一顆尚且不願被政治和環境所轄制的、掙扎中的靈魂，如今哪裡去了呢。我對您的憐憫和哀傷，甚至勝過了我對劉曉波先生的擔憂。因為二十年前，您和他都曾出現在天安門廣場上。今天，是您逮捕了他。看上去，你是勝利者，他是失敗者。但我卻知道，這二十年來，您所失去的，遠遠超過了劉先生所失去的。即使現在，他蹲在黑屋子裡，您坐在中南海明亮的辦公廳；但我卻知道，您內心和周圍的黑暗，也遠遠勝過了那間黑屋子。

魏恩波是羅馬尼亞家庭教會的一位牧師，一九八九年前曾入獄十四年，受過殘酷的迫害。他在回憶錄中說，大約一九八五年，幾個基督徒遇見了從總理府出來的羅馬尼亞總理德喬治。兩個基督徒，不顧一切地衝出人群，向德喬治傳講基督的福音，高聲地呼召他悔改，停止對人民的迫害，並相信基督在十字架上的赦免。你一定知道，這件事若發生在新華門前，會有怎樣的結局。這兩個基督徒被捕、判刑，倍受折磨。幾年之後，德喬治身患疾病，想起當年驚心動魄的一幕，終於悔改信主。在他生命的最後幾年，這位共產黨的前總理，參加了教會的服事。

但中國基督徒的方式，常常是更溫和的。在去年四川五·一二地震後，您到了災區。有一位女基督徒在廣州，心中有強烈的感動，希望為您的悔改得救禱告。她買了機票回都江堰，經過各種努力，進入了您身邊數米之內，在您身後舉手為您禱告。也許您永遠都不會認識她，也不會知道她是如何為您禱告的。但我寫這封信給你，我不願意您不知道，在中國，有成千上萬的基督徒，都一直在為您和您的政治局同僚們禱

告。因為聖經告訴他們，「被人咒罵，我們就祝福；被人逼迫，我們就忍受；被人譭謗，我們就善勸」。

甚至我很遺憾、很難過的一點，是中國的基督徒中，常為您禱告的人，其實遠多於為劉曉波先生禱告的人，也多於為其他被關押在您的正式或非正式的監獄中的異議人士禱告的信徒的總和。但我想，這不是因為您是一個統治者，或一個迫害者。這是因為迄今為止，上帝仍然容許您站在這個管理中國的職位上。您雖然和我一樣是罪人，但您所佔據的那個位置，本身是崇高的，是一個僕人式領袖的位置。基督徒願意為站在這個位置上的人禱告，包括您。所以，儘管我不認為中國今天的政治制度和選舉制度是公平、自由和合乎憲法的，但我依然承認您是這個國家的總理。就如麥凱恩競選失敗後，在演講中宣稱，「奧巴馬是我的總統」。所以我決定寫這封信給您，是因為我也願意說，儘管胡錦濤先生不是我的總書記（因為我不是共產黨員），但溫家寶卻是我的總理。不是因為你的總理職位在民主政體下具有合法性，而是因為我相信上帝掌管著這個世界，也掌管著你的職位。您手中的權柄，在本質上不是人民授予的，不是竊取來的，不是私相授受的，也不是自封的；而是那一位設立權柄的上帝，為著這個世界的益處，也出於對人墮落本性的憐憫，而擺放在人間的。

若有一天，您認識到這一點，您將被震撼，您終將在生命的盡頭失聲痛哭，您曾經在內心為自己辯護的一切理由，都將如草枯乾，被風吹散。

今天，我憑著公民的良心，向您提出要求，請您盡一切努力釋放劉曉波先生，還他以人身、思想和言論的自由。但我知道，這一僅僅基於公民權利的要求，是不會被您接受的。就算您心裡閃過這樣的想法，但沒有一種力量，可以幫助你，勝過內心罪惡、政治壓力和家族利益的可恥的權衡，進而做出一個忠於憲法、並在道德上無虧的、僅僅是盡到您自己本分的正確決定。所以，我更要憑著一個基督徒和基督耶穌的傳道人的身份，向您這位中國政府的首腦，發出懇切的呼召：溫家寶先生，你當悔改，信福音。

因為這個世界上，惟獨只有那一位來到地球上、成為和我們一樣的人，又和我們一樣經歷各種罪的試探誘惑，最後保持祂的聖潔，作為無

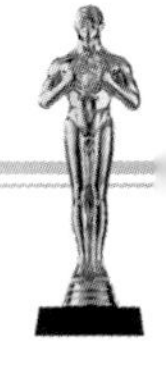

辜的羔羊在十字架上為你、也為我而死，並在一場宇宙性的審判中承擔了我們一切罪孽的刑罰；又為著我們能有永遠的生命，而從死裡復活的上帝；就是那位被稱為拿撒勒人耶穌的基督（彌賽亞），才能幫助您抗拒身陷在政治圈中的一切罪孽，也將您和您的家族從身陷在金錢、肉體、慾望和對安全感的恐懼中，拯救出來，活在靈魂的自由當中。

也唯有當你認識這一位十字架上的基督，進而相信上帝和祂美善、聖潔的屬性，並因著祂的恩典，真正地悔改認罪時；基督說，你就必經歷靈魂的重生，有勇氣、信心和盼望，去做出正確的選擇。無論您的年齡多大，地位多高；基督說，除非你願意順服下來，謙卑下來，變成小孩子的樣子；否則，你將永遠不能從這樣的罪惡和虛空中脫離出來。否則，一切美好的詞語，自由、和平、公義、聖潔、美善，仁愛，都將與您無份，對您的一生而言，這些不過是一堆隨時可以被您捨棄、並且一旦捨棄之後，您就永遠無法靠自己的力量重新去接近的形容詞而已。

您曾寫下「仰望星空」的詩作。您也一定知道康德著名的話，「唯有頭上的星空，和心中的道德律」，使他敬畏。溫總理，您心中的道德律如今在哪裡呢。若沒有上帝，星空就沒有任何形而上的意義。仰望不仰望，不過都是自欺欺人。如果星空之上，時空之外，的確有中國古人稱之為的「昊天上帝」，就是在聖經中啟示祂自己的耶和華、獨一的真神；人類的心中才可能有真正的道德律。因為道德並不是從我們裡面產生的。道德並不是我們的夢想，道德是這個宇宙的法律。就如聖經《詩篇》第八篇，這是一首真正仰望星空的偉大詩篇，您可以讀一讀，思想和您的詩作之間的差別：

我觀看你指頭所造的天，並你所陳設的月亮星宿，

便說，人算什麼，你竟顧念他？世人算什麼，你竟眷顧他？

你叫他比天使微小一點，並賜他榮耀尊貴為冠冕。

你派他管理你手所造的，使萬物，就是一切的羊牛、田野的獸、空中的鳥、海裡的魚，凡經行海道的，都服在他的腳下。

耶和華我們的主啊，你的名在全地何其美！

對您、對我，對這世上的任何一個人來說，如果我們在內心宣告了上帝之死，我們心中的道德也必將隨之而死。我們只剩下一點點可憐的道德感，就是對真正的道德的模仿和扭曲。若沒有上帝，仰望星空，不

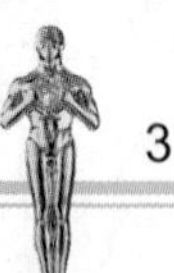

過使我們更加驕傲而已。連仰望本身，都使我們在不仰望的人面前，獲得了貌似高貴的滿足。溫總理，如果您仰望星空的時候，沒有察覺到自己內心道德律的死亡與沉睡，沒有面向浩瀚無窮的星空，對自己一生的所思所為，生出痛悔憂傷的心意來。您的那首詩，不過就是在世人面前假冒為善罷了。我是一個從事寫作和研究的人，在不信基督之前，我也一樣曾以寫作假冒為善。但聖經卻如此說──

「你們這等人的良心，如同被熱鐵烙慣了一般」。

我知道，向您抗議是沒有用的，向您請求也可能沒用。因為你如今的良心，也和我以往一般，如同被熱鐵烙慣了一般。除非，我真誠地向你指出你的罪來；除非，我奉著基督耶穌的命令，懷著愛心而不是懷著憤怒或驕傲，向你發出悔改的呼召，並告訴你基督赦免的福音──因為在聖經裡，基督將呼召世人悔改信主的權柄和使命，交給了每一個相信祂、願意跟隨祂的人。所以，我若在這件事上不向你傳講福音，發出悔改信主的呼召；你的罪有多大，我的罪也會一樣大。我若不因著愛惜你的靈魂，如同我愛惜劉先生的身體和精神，而為您在上帝面前祈求，求祂憐憫恩待您和您家，就如憐憫恩待我和我家一樣，並求主賜給您悔改的心和赦罪的恩，重新去認識上帝，也認識自己；認識永恆的真理，也懺悔一生的罪孽。否則，我的抗議和呼籲，不一定幫得到劉先生，卻一定幫不到您和您家，及您的同事們。

溫總理，在我的信仰裡，沒有一種對人類道德律的描述，勝過了舊約中所記載的「十誡」：

除我以外，你不可有別的神。

不可為自己雕刻偶像；不可跪拜那些像；也不可侍奉它。

不可妄稱耶和華你神的名；因為妄稱耶和華名的，耶和華必不以他為無罪。

當記念安息日，守為聖日。

當孝敬父母，使你的日子在耶和華你神所賜你的地上得以長久。

不可殺人。

不可姦淫。

不可偷盜。

不可作假見證陷害人。

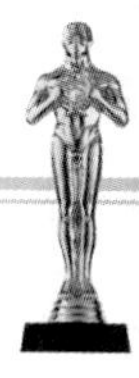

不可貪戀人的房屋；也不可貪戀人的妻子、僕婢、牛驢，並他一切所有的。

您若再一次仰望星空，看見您在總理的職位上，曾命令、參與、同意、容許逮捕一個異議知識分子（以及之前對一切持不同思想、言論的公民的迫害），並對此保持沉默與不作為；您將如何在晚年，為自己悖逆了這永恆的道德律來辯護呢。您若不真心悔改，求告十字架上那位為你承受了鞭傷的救主。那個被永遠關在黑屋子裡、切齒痛哭的靈魂，就會是你。而連你那首仰望星空的詩，也將成為你在永恆而至高的那位法官面前，悖逆、剛硬而不悔改的呈堂證據。

什麼是你行事為人的最高原則，什麼就是你的神。所以溫總理，請你看清自己心中所敬拜的那些虛假的神。

無論是共產主義、還是國家政權，無論是家族利益，個人名聲，還是歷史評價，你為什麼而活，你就在跪拜什麼，侍奉什麼。所以溫總理，請你反思，你的一生難道不都是在為自己雕刻和跪拜偶像嗎。

你手中握有權力，你和你的政黨，以人民的名義、號稱「偉大光榮正確」的名義，以歷史普遍規律的名義，來施行統治。也在這樣的名義下，毫不猶豫地剝奪劉曉波先生的自由。所以溫總理，你心裡害怕一個手無寸鐵的書生，你為著自家的利益而去對付他；你和你的政府，難道不是假冒和妄稱了上帝、真理和美善的名義嗎。

安息日是為著將七天中的一天，歸給上帝，使我們的靈魂可以在對上帝的思想、敬畏和敬拜中，得著安息。但是溫總理，你的心裡卻沒有安息。你的一生迄今為止，只有星期天，沒有安息日。

你口中以僕人自居，以人民為您的父老，以百姓為你的鄉親。你卻不尊敬他們，隨時以傲慢、褻瀆和對權力的濫用來對待他們。就像悖逆的兒子，虐待他年邁無養的父親。所以溫總理，你難道不是這個民族的不肖子孫嗎。用中國人的話說，逮捕那些持不同政見的公民，真的可以使你無愧地面對這個民族的祖先和子孫嗎。

這世上又有誰何德何能，配擁有生殺予奪的權柄呢。但你卻被放在了一個大國領袖的位置上，而這並非因為你是中國人中最高尚、最智慧、最有愛心的一個。你需要何等地謹慎、敬畏你手中的權柄啊——這權柄隨時可以用來傷害、減損、侮辱和殺害你的人民。所以溫總理，基督

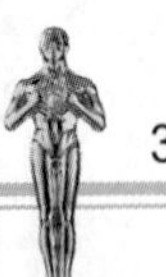

說，凡心中咒罵弟兄是魔鬼的，就是殺人了。何況你將這樣的同胞和公民，捆綁起來，送往囚牢。你的手在簽署文件時，沒有過一次顫抖嗎？你在夜裡做夢，沒有過一次被驚醒、而需要借助安眠藥物才能重新入睡嗎？

溫總理，你曾利用手中的權利，偷竊那屬於公民的一切嗎？

溫總理，你將劉曉波帶離他的家庭，離開他的房屋、妻子、財物和他除了靈魂以外、幾乎所有的一切，你內心的貪戀達到何等的地步呢。為了你和你的同僚的政治利益，將他人的一切都可以隨時犧牲。犧牲的意思是付出屬於自己的東西。所以你先將別人的東西搶過來，然後犧牲。

溫總理，你真的希望這個國家有一群仰望星空的人嗎。難道你不知道，仰望星空的人，往往就是批評地上事物的人嗎。如果連持不同思想與政見的知識分子都可以隨意逮捕、判刑、軟禁、流放，那麼這個國家，還有什麼是你不敢貪污，不敢為你一己之利而葬送的呢。

溫總理，當你發表任何公開演講、提到任何高貴而美好的詞語，對你的官員和人民像一個道德的長者語重心長時，你就不曾為自己虛假的見證、為自己一生活在道貌岸然的謊言中而羞愧過嗎。

幾年前，我和妻子，及我的弟兄余杰夫婦一起，給劉曉波先生唱了一首聖詩，名叫《一百隻羊，有九十九》。這是福音書中耶穌講過的寓言。祂說，人子（指祂自己）來到這個世界，是為著拯救失喪的人，赦免願意悔改的人。中國人有句古話，說「人有病，天知否」。但事實是，人有病，人自己知否？耶穌說，我來是為病人來的。意思是你若認為自己沒有病，十字架的救贖，福音的好消息，就和你沒關係。到底什麼是我要對你說的福音呢。就是溫總理，你悔改吧，如今悔改可得白白的赦免。

上帝愛我如同愛你，儘管我們都是不配被愛的人。上帝獻上聖子耶穌，也就是他自己，來替我們贖罪，在整個宇宙面前付出公義而完全的代價，以致於上帝的公義和上帝的愛，可以在受苦的基督耶穌身上，顯出完美的統一。這就是福音，是一個能使你的生命在本質上與上帝和好，然後使你和劉曉波先生和好，使你和一切你所統治、管理、命令、傷害、恐懼、提防和怨恨的人和好的好消息。

溫總理，您是一個政治家，您知道這樣的統一在人間，是不可想像的。就像您為之服務了大半輩子的共產主義理想。無法在公義與愛之

間，在自由和平等之間，也在個人與群體之間得到和解與安息，最終不得不血流成河，不得不反目成仇，不得不背信棄義。甚至 20 年前，在你親身參與的那場悲劇中，開槍殺死自己的孩子。

所以耶穌用比喻說，「一個人若有一百隻羊，一隻走迷了路，你們的意思如何？他豈不撇下這九十九隻，往山裡去找那只迷路的羊嗎？若是找著了，我實在告訴你們：他為這一隻羊歡喜，比為那沒有迷路的九十九隻歡喜還大呢」！

基督為信祂的人流血，叫我們彼此之間不用再流血。基督為信祂的人死了，叫我們的靈魂活過來，不用再死。溫總理，你覺得這是一個童話呢，還是這宇宙人生中最真實、最動人的故事？你若覺得這是童話，你就繼續活在你的罪孽、怨恨和恐懼裡，活在泯滅了道德、並且面對永恆時心如死灰的人生裡吧。這樣的人生對您的後代來說，或許方興未艾；對您自己來說，也沒有多少光陰了。您若真有勇氣面對自己，生出憂傷痛悔的心來，您必有一天，靠著上帝的恩典，可以去相信，也可以去悔改。那麼您的生命中哪怕只剩最後一秒，都將如同呱呱落地時的第一秒那樣，充滿了真實的盼望。

所以耶穌說，我來，就是為迷失的那一隻羊去死的。因為你們在天上的父也是這樣，「不願意這小子裡失喪一個」。而且祂說，天父賜給我的羊，我一隻也不會丟失。

溫總理，當時我們唱了這首歌，對劉曉波先生說，你就是九十九隻之外的那只迷羊。牧人願意撇下圈中的九十九隻，去找你。並為著你能回永恆的家，而甘心受難。劉先生當時一無所求地說，「那哪能呢」。因為對他來說，苦難過於沉重。他為著自己的良心，承受過和將要承受的都太多了。基督的愛，令人感動，有時也令人卻步。使傷痕纍纍、也罪孽纍纍的我們，無法下決心去信靠、盼望和接受。

但是，溫總理，即使當時我知道幾年之後，您的政府還會再一次抓走劉曉波。我還是一樣會對劉先生說，上帝愛你，祂在找你。因為這樣的恩典與盼望，實在與您的政府抓不抓他，或者與他這輩子還要經歷多少迫害，都沒有關係。基督徒尋求和盼望的，是愛與公義的真理和生命，不是為著天堂的門票、今生的好處，或身體健康、萬事如意的保單。儘管我們常常也因著上帝的憐憫，而得著這一切。

溫總理，今天我也想對您說，您就是九十九隻之外的那只迷羊。牧人已撇下圈中的九十九隻，來找你。並為著你能回永恆的家，而甘心受難。儘管您做的事，和劉曉波不可同日而語。在我眼裡，劉先生是這個墮落民族殘存的良心，是我敬重的知識分子。你是一個雖有抱負卻陷在罪惡和貪婪中無力自拔的、可憐的政治家。您在電視上向人民流露的那一點道德良知，與劉先生相比，不過是更加殘缺、污穢且無恥的。我雖是一個傳道人，願意以基督的愛來饒恕你、為您代禱。但我也承認，我實在很難去愛您，如同我愛劉先生一樣多。但是，我要更加誠實地告訴你，基督耶穌愛你的靈魂，和愛劉先生的靈魂，竟然是一樣多。劉先生是一個受害者，他因為受的傷害太多，而難以相信恩典。你是一個加害者，你是因為害過的人太多，而難以相信恩典。但在基督那裡，溫總理，上帝願意同時將你們抱在祂的懷裡，上帝為此付出了祂自己。

這就是我的信仰。基於這一信仰，溫總理，我請求您盡自己在上帝、憲法和人民面前不可推脫的責任，努力釋放劉曉波先生。在未釋放的時候，也盡您一切努力給他有人道和有尊嚴的對待。我也因著基督耶穌的名，呼召您向上帝悔改，停止在您的職權上傷害和剝奪您的人民的思想、言論、信仰和一切人格的權利與尊嚴。唯有真正的悔改，將使您得著真正的福音，就是在無虧的良心和真理的仁義中的、永遠的生命。如同馬丁·路德·金半個世紀前的演講，有一天，您和您同事們的後代，和劉曉波們的後代，將一起在黃河邊跳舞讚美，弟兄和睦而居，是何等的美，何等的善。

溫總理，難道您就不曾和我一樣，盼望、祈禱過在中國也有這樣一天嗎。時日無多，為什麼還不悔改？

寫於主後二零零九年復活節前

余杰作品年表

一九九八年　《火與冰》，經濟日報出版社
《鐵屋中的吶喊》，中華工商聯出版社
一九九九年　《火與冰》，香港天地圖書公司
《說，還是不說》，文化藝術出版社
《尷尬時代》，岳麓書社
《文明的創痛》（隨筆自選集），百花文藝出版社
二零零零年　《想飛的翅膀》，中國電影出版社
二零零一年　《老鼠愛大米》，大象出版社
《愛與痛的邊緣》，大象出版社
《老鼠愛大米》，香港明報出版公司
《愛與痛的邊緣》，香港新絲路出版公司
二零零二年　《香草山》，長江文藝出版社
《壓傷的蘆葦》，長江文藝出版社
《火與冰》（修訂本），北嶽文藝出版社
二零零三年　《拒絕謊言》，香港開放雜誌社
《鐵磨鐵》，上海三聯書店
二零零四年　《光與影》，東方出版社
《鐵與犁：百年中日關係沉思錄》，長江文藝出版社
《我的夢想在燃燒》，當代世界出版社
《鐵屋中吶喊》（修訂本），當代世界出版社
《曖昧的鄰居》，光明日報出版社
二零零五年　《百年中日關係沉思錄》，香港三聯書店
《日本，一個曖昧的國度》，香港三聯書店
《天安門之子》，香港開放雜誌社
二零零六年　《香草山》（修訂本），珠海出版社
《沉默的告白》（散文自選集），珠海出版社
二零零七年　《致帝國的悼詞》，香港田園書局
《幾番魂夢與君同：小山詞中的愛慾生死》，同心出版社

二零零八年　《彷徨英雄路：轉型時代知識分子的心靈史》，台灣聯經出版公司

《中國教育的歧路》，香港晨鐘書局

《白晝將近：基督信仰在中國》，香港晨鐘書局

《白頭鷹與大紅龍：美中關係及其對世界的影響》，香港晨鐘書局

《不要做中國人的孩子》，美國勞改基金會

二零零九年　《從柏林牆到天安們：從德國看中國的現代化之路》，台灣允晨出版公司

《劉曉波與胡錦濤的對峙：中國的政治體制改革為何停滯？》，香港晨鐘書局

二零一零年　《一生一世的仰望：基督與生命系列訪談錄（第一卷）》，台灣基文社

《我有翅膀如鴿子：基督與生命系列訪談錄（第二卷）》，台灣基文社

《誰為神州理舊疆：中國的信仰重建與社會轉型》，台灣基文社

《泥足巨人：蘇聯解體的秘密》，台灣允晨出版公司